Esoterik

Herausgegeben von Gerhard Riemann

Das Sanskritwort »Karma« bedeutet ursprünglich »Tat«. Da jeder Tat – bewußt oder unbewußt – Gedanken vorausgehen, bedeutet es auch »Gedanke«. Man gebraucht den Begriff »Karma« jedoch meist im übertragenen Sinn mit der Bedeutung: die Folgen von individuellem und kollektivem Denken und Tun. In der Bibel finden wir diese Idee knapp und präzise ausgedrückt: »Wie ihr säet, so sollt ihr ernten.« Und naturwissenschaftliche Gesetzmäßigkeit formuliert: »actio = reactio.«

So weit, so gut. Darüber herrscht allgemeiner Konsens. Nur bei Tod und Geburt will unser westliches, christlich geprägtes Denken die Grundidee psychischer Schuldenbegleichung nicht wahrhaben. Denn der Verbrecher stirbt oft ungestraft, und »unschuldiges« Le… …lickt verkrüppelt das Licht der Welt. Das erscheint ungerech… …wir die größeren Zyklen nicht überblicken können u… …mäßigkeiten des Karma verborgen bleiben.

Karma-Astrologie kann uns a… …is für dieses und für vergangene… …t erläutert ausführlich alle releva… …den *ayanamsa*, den um die Präzession k… …, wobei sich der Leser selbst ein Urteil bilden m… …etationsvermischung von normalem und korrigierten… …voll und legitim erscheint.

Deutsche Erstausgabe

Titel der Originalausgabe »L'Astrologie Karmique«

Umschlaggestaltung Dieter Bonhorst
Zeichnungen im Innenteil Johannes Fleischer, München
Satz IBV Satz- und Datentechnik, Berlin
Druck und Bindung Clausen & Bosse, Leck
Printed in Germany 6 5 4
ISBN 3-426-04131-6

Dorothée Koechlin de Bizemont:
Karma-Astrologie

Das Horoskop als Spiegel vergangener Leben

Aus dem Französischen von Bettine Braun

Mit 58 Zeichnungen

Knaur®

Inhalt

Verschiebung des Frühlingspunkte 53 - 56

Danksagung

Ich möchte vor allem meinem Vater, Philippe Koechlin-Schwartz, danken. Zu seinen Lebzeiten war er ein außerordentlich kultivierter Mann mit wissenschaftlichen wie literarischen Fähigkeiten, ein wahrer Humanist. Aber erst nach seinem Tod sprach er zu mir über Reinkarnation und ermutigte mich, dieses Buch zu schreiben.

Da er zu Lebzeiten kein Astrologe war, hat er mir dann erst die Begegnung mit Fachleuten ermöglicht: mit der Astrologin Henriette Guyot, die mir durch ihren Sohn, das Medium Jacques Guyot, und durch Anne-Marie Plessif, ebenfalls ein Medium, treffende und kluge Ratschläge gab; manchmal geschah das auch durch Edgar Cayce, der in seinen berühmten *Lectures* über Astrologie gesprochen hatte.

Aus dieser dauernden Zusammenarbeit zwischen Lebenden und »Toten« entstand dieses Buch. Ich möchte meinen Dank also den einen wie den anderen aussprechen in dem Bewußtsein, daß meine Aufgabe nur darin besteht, ein sehr altes Wissen (das nicht von mir stammt) mit ihrer Hilfe zu übermitteln.

Ich bin nicht die einzige auf diesem Gebiet; in den Vereinigten Staaten sind Martin Schulman, Donald Yott, Stephen Arroyo, Manly Palmer Hall und Jane Evans, die amerikanischen Pioniere der Reinkarnations-Astrologie, den gleichen Weg gegangen und arbeiten ebenfalls unter spiritueller Führung. Ich verdanke ihnen viel und möchte ihnen hier meinen Dank aussprechen. Dank schulde ich auch Guy Dupuis und der französischen Bruderschaft der Rosenkreuzer von Saint-Michel-de-Boulogne (Aubenas), die mir die Veröffentlichung eines Horoskops aus Max Heindels »Botschaft der Sterne«, einem wichtigen Buch, das jeder Astrologe lesen sollte, gestatteten.

Herzlich gedankt sei auch Kenneth M. Skidmore, der die Lectures von Edgar Cayce bei der A. R. E. in Virginia Beach herausgibt. Ich habe durch sie viele Anregungen empfangen, vor allem durch das Buch von Margaret Gammon: *Astrology and the Edgar Cayce Readings.*

Viel verdanke ich auch Herrn Masson-Deblaize, Herrn Berthier und Herrn Le Corre, den Mitarbeitern von »Astroflash-

Ordinastral«, die mir die historischen Horoskope errechnet haben.
Ich hatte das große Glück, einem außergewöhnlichen und für solche Fragen offenen Herausgeber zu begegnen: Robert Laffont. Es sei ihm an dieser Stelle herzlich gedankt, ebenso Gérard Klein, meinem Lektor, für den interplanetarische Aufenthalte nichts Geheimnisvolles haben, da er ein Meister der Science-fiction ist.
Schließlich hätte ich dieses Werk nie ohne die Hilfe von Hugues de Bizemont zu Ende führen können, der das gesamte Manuskript mit der Maschine geschrieben hat (allerdings etwas erstaunt darüber, was er dabei entdeckte...!).

Vorwort

Als mein Sohn zwei Jahre alt war, redete er in einer völlig unverständlichen Sprache.
Es war eine wirkliche Sprache, die offensichtlich aus unterschiedlichen Wörtern und Sätzen bestand und eine eigene Grammatik hatte. Also ganz und gar nicht das typische »Rahrah« des Kleinkindes. Stundenlang führte er richtige Gespräche mit uns: »Burugadudoch? Nigobudo? Ratucabubata? ...« usw. Als er merkte, daß er sich nicht verständlich machen konnte, daß ihm niemand in der gleichen Sprache antwortete, schien er sehr enttäuscht zu sein. Es hörte sich schön an, aber es war weder Französisch noch Englisch noch Arabisch noch Hebräisch noch irgendeine andere europäische oder klassische Sprache, die wir gekannt hätten.
Ich nahm Gilles mit zu unserer Freundin Marthe Robin, einer sehr bekannten Mystikerin. Sie empfing uns mit der ihr eigenen charmanten Höflichkeit und sagte: »Dieses Kind spricht noch mit den Engeln.«
Ich verstand diese Antwort nicht recht; sprach sie vielleicht von einem geheimnisvollen Land, in dem Gilles vor seiner Geburt Beziehungen angeknüpft hatte ...?
Einige Jahre später – Gilles war vielleicht sechs oder sieben Jahre alt – begann er merkwürdige Dinge zu zeichnen, phantastische Maschinen und märchenhafte Raumschiffe. Die Zeichnungen waren zugleich grafisch sehr schön und außerordentlich genau. Sie bestanden aus einer Fülle fein gezeichneter technischer Details, es fehlte nicht die kleinste Schraube, nicht die kleinste Niete ... Die Leute waren erstaunt und fragten: »Wo hat er denn das her?«
Zudem äußerte unser Sohn merkwürdige Dinge. Er gehorchte ungern, zeigte viel Initiative und Selbstsicherheit und meinte: »Ich möchte nicht, daß man mir Vorschriften macht. Früher habe ich befohlen, ich weiß, was ich zu tun habe.« (Was natürlich den Zorn abendländischer Eltern erregt, die meinen, es besser zu wissen als ihr Kind!)
Gilles weigerte sich, Interesse für die Schule zu zeigen, und vernachlässigte sie oft mehr als alles andere. Zugleich wußte und

konnte er aber Dinge, die er nicht gelernt hatte. Er besaß außerordentliche manuelle Geschicklichkeit und bastelte wie ein gelernter Elektriker, Spengler, Elektroniker oder Schreiner. Eigenhändig schuf er erstaunliche Kleidungsstücke, überraschend schöne und ausgefallene Werkzeuge und mechanische Apparate. Woher hatte er all diese Ideen, diese außerordentlichen manuellen Fähigkeiten? Darüber hinaus waren wir über seinen Scharfsinn, sein sachliches und treffendes Urteil über Menschen erstaunt.

Jemand sagte mir eines Tages: »Gilles ist sicher eine sehr alte Seele.« Das schien mir dieses Kind, das seinem Alter weit voraus war, genau zu beschreiben. Ich begann sein Horoskop zu studieren. Er war im Zeichen des Steinbocks geboren (dem Zeichen des Alters und der Weisheit), mit einem rückläufigen Merkur: Merkur, das Symbol für die Sprache, der sich zum Zeitpunkt seiner Geburt rückwärts bewegte, erklärte vielleicht die gewisse Schwierigkeit, seine »vorgeburtliche Sprache« zu vergessen und die unsere zu erlernen.

Als er etwa neun oder zehn Jahre alt war, begann Gilles seine Bücher, seine Hefte, die Dinge, die ihm gehörten und die Wände seines Zimmers mit merkwürdigen Hieroglyphen zu bedecken.

»Was ist das?« fragte ich, völlig überzeugt davon, daß meine Bildung große Lücken hatte.

»Na ja, das ist muvianisch, weißt du«

»...?«

»Ja, so schrieb man im Land Mu.«

»In was für einem Land?«

»Ach, es ist furchtbar mit den Erwachsenen, denen man alles erklären muß! In Mu war ich ein großer Führer. Das hier ist mein Name auf muvianisch.«

»...!!!«

Analphabeten haben die absolute Pflicht, etwas zu lernen. Ich versuchte also etwas über das Land Mu zu erfahren. Mir fielen einige Comics in die Hand, in denen archäologisches Wissen sehr populär und vereinfacht dargestellt war und die mir damals sehr imponierten.

Ich fand auch einige Bücher, vor allem *Le Paradis perdu de Mu* von Louis-Claude Vincent (Editions Copernic) und die Arbeiten von Robert Churchward. Schließlich wurde mir klar, daß

Mu Lemurien war, ein angeblich im Pazifik untergegangener Kontinent (ein Vorläufer von Atlantis, dem Kontinent, der im Atlantischen Ozean versunken sein soll).
Daß das Kind Gilles sich von den zweifelhaften populärwissenschaftlichen archäologischen Traktaten hat beeinflussen lassen, ist sicher. Aber viele Kinder lesen die phantastischsten Comics, ohne davon derartig beeindruckt zu sein...
Der Mythos vom versunkenen Kontinent hatte Gilles tief berührt. Warum? Wenn man für etwas besonders sensibel ist, dann liegt es daran, daß diese Sache einen in einer tiefen Schicht berührt. Sie weckt bestimmte, im Unbewußten versunkene, vergessene Traumata.
Was es nun auch gewesen sein mag, Mu oder etwas anderes, Gilles bestätigte auch jetzt wieder eine Vertrautheit mit einer anderen Sprache, einer anderen Zivilisation, einer anderen Denkweise als der unseren (der er sich, so von alten Erinnerungen beladen, nur mühsam anpaßte).
Zum größten Ärger seiner Eltern und Lehrer warf Gilles auf diese Welt einen distanzierten, verächtlichen Blick, so als käme er wirklich von einem anderen Planeten. Es war, als sagte er immerzu: »Wie kann man nur Perser sein?« Er, der lemurische Mensch von vor 300000 Jahren, der im Persien des 20. Jahrhunderts (vor Khomeini) gelandet war. Die Perser, das waren wir.
Man kann sich immer lustig machen über das, was ein Kind sagt, und mit einem Achselzucken über seine komischen Einfälle hinweggehen.
Das ist jedoch weder ehrlich noch konstruktiv. Freud, Jung, Maria Montessori, Bettelheim und einige andere große Psychologen gingen von dem Prinzip aus, daß man zuhören muß... das Kind verdient es, daß man seine Reden ernst nimmt. Wenn es von etwas spricht, das wir nicht wissen, ist das ein Grund, um es zu leugnen oder lächerlich zu machen?
Und wenn es stimmte, was das Kind erzählt?
Viele Kinder erinnern sich an ihre vorigen Leben. Ihr Gedächtnis ist noch ganz frisch, und sie sprechen in aller Unschuld über das, was sie noch wissen, solange der Konformismus der Erziehung ihnen diese Erinnerungen noch nicht ausgetrieben hat.
Einige Jahre später begann ich mich schließlich für Edgar Cayce zu interessieren. Ich erfuhr, daß er von Lemurien oder dem Land »Mu« gesprochen hatte. Er hatte einigen Menschen,

die ihn um Rat fragten, ihr früheres Leben auf diesem Kontinent beschrieben, bevor sie nach Nordamerika ausgewandert waren »weil (diese Völker) wußten, daß das Land Mu bald zerstört werden würde«.
Cayce hatte jedoch noch mehr von Atlantis gesprochen, dem nach dem lemurischen untergegangenen Kontinent. Das Land »Mu« ist sehr, sehr alt. Und die »alte Seele« meines Sohnes sollte diese Katastrophe also erlebt haben? *Why not?* Sein Horoskop* weist jedenfalls auf viele frühere Leben hin: drei Planeten im achten Haus, das, analog zu der Bedeutung des Zeichens Skorpion, mit »Tod und Auferstehung« in Verbindung steht. Nicht nur die Sonne, sondern auch zwei andere Planeten stehen im Zeichen des Alters. Saturn, der Planet der Zeit und des Alters, dominiert dieses Horoskop in starkem Maße. Drei rückläufige Planeten bestätigen diesen Hinweis auf eine »sehr alte Seele«.
Heute weiß ich etwas mehr darüber. Ich weiß, daß Gilles wohl einige erfolgreiche frühere Leben als Ingenieur und Künstler in sehr fernen Epochen in Mu oder Atlantis (oder in beiden!) erlebt hat. Deshalb hat er sich jetzt zu einer Ausbildung zum Grafiker und Architekten entschieden. Übrigens waren durchaus nicht all seine früheren Leben erfolgreich, und deshalb bestand die Notwendigkeit, daß er sich reinkarnierte. Die Psychologen, die sich mit diesem Fall eines in der Schule rebellischen, aber außergewöhnlich intelligenten und schöpferischen Kindes befaßten, konnten mir *keinerlei* Erklärung für sein Verhalten geben, das jedoch angesichts seiner Erfahrungen aus früheren Leben ganz sinnvoll erscheint.
Der Reinkarnationsgedanke soll die Mechanismen eines Menschen auf einer sehr tiefen Ebene erhellen, die viel weiter geht als die Psychoanalyse. Der Astrologie geht es darum, neue Möglichkeiten zur Erforschung dieser früheren Leben zu bieten.

* Siehe sein Horoskop auf Seite 337, Kapitel 10 (Beispielhoroskope) unter der Unterschrift: »Gilles und Joe, die karmischen Zwillinge.«

Die in der Astrologie verwendeten Symbole

☉	Sonne	Himmelskörper
☽	Mond	Himmelskörper
☿	Merkur	schnell laufende Planeten
♀	Venus	schnell laufende Planeten
♂	Mars	schnell laufende Planeten
♃	Jupiter	langsam laufende Planeten
♄	Saturn	langsam laufende Planeten
♅	Uranus	langsam laufende Planeten
♆	Neptun	langsam laufende Planeten
♇	Pluto	langsam laufende Planeten

☊	nördlicher Mondknoten
☋	südlicher Mondknoten

AC	Aszendent
DC	Deszendent
MC	Medium Coeli
IC	Immum Coeli

♈	Widder	♎	Waage
♉	Stier	♏	Skorpion
♊	Zwillinge	♐	Schütze
♋	Krebs	♑	Steinbock
♌	Löwe	♒	Wassermann
♍	Jungfrau	♓	Fische

Kapitel 1

Einige Gedanken und historische Tatsachen zum Thema Reinkarnation

Bevor man praktische astrologische Techniken studiert, mit denen man etwas über seine früheren Leben erfahren kann, sind einige erklärende Worte zum Begriff der Reinkarnation notwendig; zunächst aber möchte ich einige in diesem Buch oft gebrauchte Ausdrücke erklären.

Karma

Dieses indische Wort wird viel verwendet, ohne daß man immer genau weiß, was es bedeutet. Karma ist das Schicksal, das aus dem entsteht, was wir im Laufe früherer Leben selbst geschaffen haben; jede unserer Handlungen erzeugt in diesem oder im folgenden Leben eine Wirkung, das ist der Sinn des Wortes Karma, so wie ich es gebrauche. Die nächsten Leben werden ebenfalls als Folge unserer heutigen Entscheidungen geprägt. Man reinkarniert sich so lange, bis man die kosmischen »Lektionen« gelernt hat und innerlich gelöst ist vom eigenen Handeln und seinen Ergebnissen. Dann werden wir uns als befreite Geister in aller Ungebundenheit im endlosen Raum im Licht und in einem kosmischen Glückszustand bewegen.
Im Laufe der folgenden Kapitel werde ich noch oft auf diesen Karmabegriff zurückkommen und ihn allmählich immer mehr präzisieren.

Warum muß man sich überhaupt reinkarnieren?

Alle Traditionen sind sich darin einig, daß man sich reinkarnieren muß, um sich geistig weiterzuentwickeln. Damit diese Weiterentwicklung geschehen kann, begegnet man vielleicht einem Bruder, einem Vater, einer Mutter, einem Freund (und so weiter) wieder.
Wenn Sie einmal Salzgärten gesehen haben, z. B. auf der Île de Ré oder in Guerande, dann haben Sie gesehen, daß das Meer-

wasser eine ganze Reihe von Becken durchlaufen muß, um sich zu konzentrieren und zu reinigen: erst nach einem langen Prozeß können die Salzarbeiter das berühmte graue Salz mit dem Veilchengeschmack sammeln, das früher so wertvoll war.
Für die Seele gilt im Grunde das gleiche: Sie braucht viel Zeit und viel Mühe, um sich zu verfeinern wie das Salz. So sagte Christus auch zu seinen Jüngern: »Ihr seid das Salz der Welt.« Jedes Leben ist eine Möglichkeit für die Seele, sich zu klären, sich von ihren Schlacken zu reinigen.
Doch während manche den direkten Weg gehen und schnell zum Ziel, zum absoluten Licht kommen, wo sie befreite Geister sind, wählen andere den Weg der unwilligen Schüler. Sie schwänzen die Schule immer wieder, bis sie einmal begreifen, daß das sehr unangenehme Folgen haben kann.

Die karmischen Beziehungen

Seit 50 Jahren begegnen immer mehr Psychologen, Therapeuten und Ärzte unter ihren Patienten Menschen, die ihnen unter Hypnose oder auf andere Weise versichern, sich reinkarniert zu haben. Viele von ihnen sagen, daß sie in einem neuen Leben diesem oder jenem bestimmten Menschen begegnen wollten: dem Vater, der Mutter, den Kindern, Geschwistern etc. So werden in einer neuen Familie wieder neue Bande geknüpft. Das erklärt die »spontanen« oder »unwiderstehlichen« Sympathien und Antipathien, die kein Geschehnis erklären kann.
Die esoterische Tradition meint, daß Zwillinge Wesen seien, die sich so geliebt hätten, daß sie sich nicht mehr trennen wollten und sich deshalb in der gleichen Mutter inkarniert haben. Man reinkarniert sich also nicht immer, um »eine Schuld zu bezahlen«, sondern auch, um eine besondere Beziehung fortzusetzen und, obwohl die Ähnlichkeit der Geburtshoroskope auf den gleichen karmischen Weg hinweist, hat jeder der Zwillinge doch seine eigene Freiheit. Sie konnten sie in ihren früheren Leben unterschiedlich gebrauchen, und so erklären sich auch die Unterschiede in den Charakteren in diesem Leben.
Andererseits reinkarnieren sich manche Zwillinge von früher in zwei verschiedenen Familien, die vielleicht benachbart, verwandt oder befreundet sind, wodurch die früheren Zwillinge die Gelegenheit haben, sich als Freunde wiederzufinden.

So begegnete mein Sohn – der Überlebende des Landes Mu – im Kindergarten seinem Zwilling aus einem früheren Leben. Ihre spontane und intensive Freundschaft zeugt nicht nur davon, daß sie sich schon lange gekannt haben, sondern auch von einer merkwürdigen Ähnlichkeit ihrer physischen Rhythmen. Die beiden Jungen haben beispielsweise die gleichen Krankheiten zur gleichen Zeit. Früher fehlten sie aus den gleichen Gründen an den gleichen Tagen in der Schule, ohne daß sie das je verabredet hätten (siehe Seite 336ff. Ein Vergleich der beiden Horoskope zeigt astrologisch, daß es sich um karmische Zwillinge handelt).

Es ist aber durchaus nicht so, daß alle Zwillinge einander in Liebe zugetan sind. Auch wenn sie Erzfeinde sind, können sie sich zusammen inkarnieren, um noch einmal zu versuchen, Frieden zu schließen... die Bibel spricht von Esau und Jakob, die sich schon im Leib ihrer Mutter Rebecca stritten: »Als aber die Kinder sich in ihrem Schoße stießen...« (Genesis XXV, 22).

Es gibt im Bereich des Familienlebens sehr rührende Fälle: so den jener jungen Frau, die in ihrem vorigen Leben, im 18. Jahrhundert, in Frankreich die Gouvernante fürstlicher Kinder war.

Sie hatte diese Kinder sehr geliebt und darunter gelitten, nicht ihre wirkliche Mutter zu sein. Dieser tiefe Wunsch brachte sie dazu, sich heute zu reinkarnieren in einer Familie, in der die fürstlichen Kinder diesmal ihre eigenen waren. In diesem Leben erlebte sie das Glück, ihnen physisch das Leben zu schenken und ihre rechtmäßige Mutter zu sein (siehe Horoskop von Elizabeth, Seite 342).

Die karmischen Schulden

Eine karmische Krankheit ist eine aus früheren Leben ererbte Krankheit. Das ist für die medizinische Astrologie und für die Medizin selbst sehr interessant, da es neue Perspektiven über die Beziehungen zwischen Geist und Körper eröffnet.

Gina Cerminara* berichtet von einem Mann, der Edgar Cayce

* Gina Cerminara, Erregende Zeugnisse von Karma und Wiedergeburt, Droemer Knaur, München 1983.

konsultierte, weil er blind geworden war. Cayce analysierte vier frühere Leben dieses Mannes, von denen er eines im alten Persien, etwa 1000 v. Chr., gelebt hatte. Damals gehörte er zu einem Stamm mit primitiven Gebräuchen, der seine Gefangenen mit glühenden Eisen zu blenden pflegte. Nach Cayce hatte dieser Mann sich als Henker besonders sadistisch verhalten, ohne dazu gezwungen gewesen zu sein. In seinem jetzigen Leben in den Vereinigten Staaten mußte er die Konsequenzen seiner Grausamkeit tragen: er erlebt selbst das Los jener, die er früher geblendet hat, um dadurch die Achtung vor anderen Menschen und Mitgefühl für ihr Leiden zu lernen. Cayce verordnete ihm jedoch eine Therapie, Medikamente, Diät, Vertebral-Therapie etc., die sein Sehvermögen wesentlich verbesserten. Außerdem erklärte Cayce, daß Geduld, Gebet und Güte seine Prüfungszeit erleichtern oder verkürzen würden.
Diese Geschichte macht auch deutlich, was eine karmische Schuld anderen oder sich selbst gegenüber ist, wobei das eine offenbar nicht ohne das andere existiert. Die Seelen scheinen sich zur gleichen Zeit zu inkarnieren wie jene, denen sie in einem früheren Leben Unrecht zugefügt haben, und so ist es, als würde ihnen nochmals eine Chance gegeben, die »heruntergefallene Masche« eines alten Strickzeugs aufzufangen...
Die sich wiederverkörpernden Seelen sind Geistwesen, die zu einem Mann oder zu einer Frau werden, wenn sie bei der Geburt einen Körper annehmen. Jeder von uns ist eine Seele, ein Geist, ein unsterbliches Wesen.

Das geheimnisvolle Buch des Lebens

Die schriftlichen wie die mündlichen Überlieferungen der verschiedenen Weltreligionen beziehen sich auf ein geheimnisvolles Buch des Lebens, das jeder Mensch lesen kann, wenn er sich in entsprechend hohem Maße vervollkommnet hat.
Es soll sich um eine Art »Gedächtnis« des Universums handeln, in dem *alles* aufgezeichnet ist, was die Erschaffung der Welt und alle Ereignisse seither betrifft. Jedes lebende Wesen, all seine Taten und Gedanken, sind in dieses »Buch des Lebens« eingetragen. Es ist wie eine Universalbibliothek, in der nichts fehlt; jeder von uns kann theoretisch darin lesen.
Übrigens steht in der Apokalypse des Johannes (V, 1): »Und

ich sah in der rechten Hand des, der auf dem Stuhl saß, ein Buch, beschrieben inwendig und auswendig, versiegelt mit sieben Siegeln.«
In der indischen Tradition heißt das Buch des Lebens *Akasha*. Jetzt wird auch verständlich, warum Cayce bei seinen Beratungen das Wort »Lesung« (lecture) gebrauchte. Er sagte, er könne im Buch des Lebens lesen. Wir alle erscheinen persönlich in dieser Chronik. Von esoterischen Schriftstellern wird sie, wie von Cayce, als die *Akasha-Chronik* bezeichnet. Im Altertum, ja noch im Mittelalter, war hier ein großes Wissen vorhanden. Die Kirchen vermochten es nicht zu bewahren, seine Wiederentdeckung jedoch wird eines der bedeutendsten Phänomene der zweiten Hälfte des 20. Jahrhunderts sein.

Haben Frauen eine Seele?

Geben Sie zu, meine Herren, einige von ihnen wären keineswegs begeistert zu erfahren, daß sie in einem anderen Leben eine Frau waren – so tief ist die Vorstellung von der »weiblichen Unterlegenheit« verwurzelt.
Was die Phallokraten auch sagen mögen, es scheint so, daß Seelen kein Geschlecht haben, bevor sie sich in dieser Welt inkarnieren. Viele Zeugnisse scheinen das zu belegen. In dem Buch *Das Buch der Geister – Das Buch der Medien* fragt Allan Kardec seinen Seelenführer: »Kann der Geist, der den Körper eines Mannes beseelt hat, in einer neuen Existenz den einer Frau beseelen oder umgekehrt?« »Ja, es sind die gleichen Geister, die Männer wie Frauen beseelen.«
Die gleiche Aussage finden wir bei den alten Ägyptern. In den Schriften des Hermes Trismegistos ist der folgende Dialog wiedergegeben: Horus fragt seine Mutter Isis, ob die Seelen als männlich oder weiblich geboren werden. Und die Göttin antwortet: »Die Seelen, mein Sohn Horus, sind von Natur aus gleich: Es gibt weder männliche noch weibliche Seelen; diese Unterscheidung gibt es nur in inkarnierten Körpern.« (Rede von Isis an Horus)
Nach Buddha kann die letzte Inkarnation jedoch nur männlich sein. Die Inkarnation als Frau ist gemäß indischer Tradition ein Verfallszustand, in dem die Seele ihre Fehler der Vergangenheit sühnt. Solch ein Glaube wird natürlich durch die christliche

Religion, ob katholisch oder orthodox, widerlegt, in der die Gläubigen als Bild der Vollkommenheit Maria, die Mutter Christi, verehren. Der Apostel Paulus soll dazu das letzte Wort haben: »Hier ist kein Jude noch Grieche, hier ist kein Knecht noch Freier, hier ist kein Mann noch Weib; denn ihr seid allzumal *einer* in Christo Jesu.« (Brief an die Galater, III, 28)

Als weiße Maus wiedergeboren werden...

Die große Frage, ob sich eine menschliche Seele als Pflanze oder Tier verkörpern kann, bleibt ungelöst. Bei den alten Ägyptern glaubten einige Weise daran, einige nicht. Thôt-Hermes, der mutmaßliche Schöpfer des berühmten *Totenbuches* und anderer religiöser, sogenannter »hermetischer Schriften«, hielt es für unmöglich.

Die Griechen, wie z. B. Pythagoras, glaubten dagegen, daß man sich in einem Tier oder in einer Pflanze verkörpern könne (Seelenwanderung). Dies wurde als Strafe für ein vergangenes Leben angesehen, das von physischen Bedürfnissen bestimmt war und in dem die Seele sich der Gewalt oder sinnlichen Exzessen hingegeben hatte. Kurz gesagt, wenn der Mensch sich »bestialisch« oder »unmenschlich« verhalten hatte, würde er, durch die Macht der Gewohnheit getrieben, eine animalische Inkarnation wählen.

Manche Menschen, mit denen man über Reinkarnation spricht, brechen in schallendes Gelächter aus. »Ich soll als Frosch wiedergeboren werden? Hahaha!« Sie finden die Vorstellung der Seelenwanderung absurd, ihrer Meinung nach bringt sie die ganze »Reinkarnations-Theorie« in Mißkredit. Ich schreibe dieses Wort in Anführungszeichen, weil es sich nicht um ein Denkgebäude handelt, sondern um gelebtes Leben, um die Erfahrung Tausender Männer und Frauen.

Allan Kardec, der in Frankreich einer der ersten war, der sich mit Reinkarnation beschäftigte, ist der Ansicht, daß sich ein Mensch nicht mehr als Tier verkörpert. Hat er das früher einmal getan? In Indien, wie in zahlreichen sogenannten »primitiven Gesellschaften«, glaubt man an die Seelenwanderung (Inkarnation in der Gestalt von Pflanze oder Tier). Für die Buddhisten bedeutet es einen Abstieg, eine Strafe für begangene Fehler.

Über den Ursprung der menschlichen Seelen weiß man nichts Genaues. Manche Traditionen sagen, daß sie zunächst eine Reihe von Erfahrungen im Mineral- und Pflanzenreich, dann im Tierreich und schließlich als Menschen machen müßten (Seelenentwicklungslehre), um eines Tages zur Stufe der Engel aufzusteigen (das ist die christliche Tradition, derzufolge die Menschen geschaffen wurden, um an die Stelle der gefallenen Engel zu treten).*

Möglicherweise wurde der Mensch erst nach vielen Versuchen geschaffen. Manche menschlichen Seelen sollen sich in Tierkörpern inkarniert haben, woraus unglückliche und bösartige Hybriden entstanden. Man mag sich fragen, warum die Griechen und Ägypter so viele halb menschliche, halb tierische Wesen dargestellt haben wie Sphinxen, Kentauren, Tritonen etc. Sollte es sich um Erinnerungen an eine Epoche handeln, wo es solche Wesen wirklich gegeben hat?

Es gibt in den Evangelien eine merkwürdige Episode, in der Christus Besessene erlöst. Die ausgetriebenen Dämonen bitten, in eine vorbeiziehende Schweineherde fahren zu dürfen. Wer sind diese »Dämonen«? Herumirrende Geister? Tief herabgesunkene menschliche Seelen? Man weiß es nicht.

Kürzlich berichtete Isola Pisani in einem 1981 erschienenen Buch *La Vie avant la vie* (Das Leben vor dem Leben) von einem Freund, der, in der Hypnose in die Vergangenheit zurückgehend, auf eine ganze Reihe seiner früheren Leben gestoßen war, von denen er eines davon als Löwin in Afrika verbracht hatte. Der Held dieses Berichtes, Thomas Orville, äußert, daß er diese Tier-Inkarnation freiwillig gewählt habe, um eine Erfahrung zu machen.

Es sei in diesem Zusammenhang an Apollonius von Tyana erinnert, den letzten der großen »heidnischen« (oder zumindest nicht offiziell als christlich anerkannten) griechischen Philosophen, der um seines vorbildlichen Lebens willen jahrhundertelang als Heiliger verehrt wurde. Dieser Mystiker, Arzt, Gelehrte, Astrologe, Verehrer von Plato und Pythagoras, war nach Indien gereist, wo er bei den Brahmanen sein Wissen über

* Das ist auch die Meinung von Max Getting, die er in seinen medialen Diktaten an seine Frau äußert. (*Les Missionaires de l'Astral,* Souvenir de Palestine, Ed. Leymarie, 1930.)

die Seelenwanderung vertiefen wollte. Eines Tages, als er in Alexandria war, sah er, wie ein Bettler mit einem gezähmten Löwen in den Tempel kam. Als das Tier Apollonius sah, legte es sich ihm zu Füßen und begann zu schnurren. Die erstaunten Umstehenden fragten Apollonius, was das zu bedeuten habe. Der Philosoph antwortete: »Dieser Löwe bittet mich, euch den Namen der menschlichen Seele zu sagen, die sich in ihm verkörpert hat: Es handelt sich um Amasis, König von Ägypten im ›nome‹ (Distrikt) von Saïs.« Bei diesen Worten begann der Löwe zu seufzen und vor den Augen aller Anwesenden sogar Tränen zu vergießen. Da streichelte ihn Apollonius und sagte: »Ich denke, dieser Löwe sollte nach Leontopolis (Löwenstadt) gebracht werden und dort im Tempel leben. Es schickt sich nicht, daß ein König, dessen Seele in den Körper dieses königlichen Tieres übergegangen ist, wie ein Bettler herumirrt.«
So geschah es, und niemand hatte einen Einwand dagegen: weder der Bettler, der damit seinen Broterwerb verlor, noch die anderen Anwesenden, die sich darüber hätten lustig machen können, noch die Priester. (Zitiert nach Dr. Bertholet, La Réincarnation, Ed. Rosicruciennes, Paris.)
Wenn ich über diese Frage gesprochen habe, so deshalb, weil sie in jedem Gespräch über Reinkarnation als Problem auftaucht. Bei der Reinkarnations-Astrologie jedoch müssen wir sie ausklammern, weil wir zu wenig darüber wissen.

Die Reinkarnation erklärt soziale Ungerechtigkeiten und schwere Schicksale

Warum gibt es das Leiden? Warum werden manche Kinder behindert geboren? Warum scheinen manche Menschen vom Unglück verfolgt zu sein? Und warum gibt es Reiche und Arme? Warum Hochbegabte und Schwachsinnige?
Wie wir sahen, erlaubt uns die Reinkarnationslehre, auf diese Fragen logische Antworten zu finden. In den esoterischen Traditionen des Ostens wie des Westens erntet der Mensch hier und jetzt, was er in früheren Leben gesät hat. Aber er erntet nicht nur, er trifft auch Entscheidungen. Wenn er nach seinem »Tod« von seinem Körper befreit ist, sieht der Geist klar, was er richtig und was er falsch gemacht hat. Er entscheidet sich dann, sich zu reinkarnieren, d. h. auf der Erde weiterzulernen.

Natürlich ist er in seinem neuen Körper durch das Land, die Rasse, die Familie, die Religion, die er vor seiner Geburt gewählt hat, begrenzt... unter diesem Blickwinkel ist eine Versöhnung von Freiheit und Prädestination möglich.
Mein Sohn, der Muvianer, sagt zu mir: »Gut, ich verstehe. Das nächste Mal suche ich mir griechische Milliardäre als Eltern aus!« Da er noch unschuldig und ahnungslos ist, sieht er nicht, daß es schwieriger ist, als reicher Mensch geboren zu werden: Man versandet womöglich im Genuß und versäumt sein Lernprogramm.
Viele Seelen wählen sich ein schwieriges Leben, um raschere Fortschritte machen zu können. So haben die Armen, Kranken und Ungeliebten ihr Los oft selbst gewählt, um eine karmische Schuld wiedergutzumachen. Der Tradition nach wählen jene, die mehrere Leben hintereinander einen einfachen Weg gegangen sind, schließlich ein sehr leidvolles Leben und geraten in die »großen Fegefeuer der Geschichte«, werden Opfer der Weltkatastrophen. So begeben sie sich selbst in läuternde Erfahrungen.
Eine meiner Tanten, Renée Viéé, hatte ein ungewöhnlich schweres Leben. Ihr Verlobter war im ersten Weltkrieg gestorben, und sie wurde eine »alte Jungfer«, ohne je einen Beruf gelernt zu haben. Weniger hübsch und begabt als ihre Geschwister war sie zu deren Aschenputtel geworden, dem Mädchen für alles, dem Prügelknaben. Ihre letzten Jahre waren schrecklich: In einem Pflegeheim für alte Menschen, die man aufgegeben hatte, abgeschoben in ein düsteres Zimmer, in das nie jemand kam, schlecht behandelt vom Personal, vegetierte sie dahin, blind, taub, an Inkontinenz leidend, halb gelähmt. Als ich sie besuchte, hielt ich mir die Nase zu. Ein gräßlicher Gestank lag in der Luft. Von diesen Besuchen kam ich weinend nach Hause und fragte mich immerzu, warum, warum nur?
Meine Tante jedoch lächelte, fragte nach dem Ergehen der Familie, zeigte nicht die mindeste Bitterkeit und beklagte sich kaum. Sie starb, ohne daß ich etwas davon erfuhr; ich glaube, daß nicht mehr als zwei Menschen bei ihrer Beerdigung waren.
Ein Jahr nach ihrem Tod befragte ich sie. Aus der unsichtbaren Welt, in der sie war, antwortete sie mir, und diese Antwort erhellt jetzt noch mein Leben: »Ich war in mehreren früheren Le-

ben böse und habe Schlechtes getan. Endlich habe ich mich – ganz bewußt – für dieses Leben entschieden, um alle Fehler wiedergutzumachen. Ich bin sehr froh darüber. Ich habe sehr viel Karma auf einmal abgetragen. Jetzt bin ich befreit. Ich bin glücklich, ich bin im Licht, ganz hoch oben.«

Karmische Gruppen

Es scheint, als inkarnierten sich Seelen nicht immer sofort. Es können Jahrhunderte zwischen zwei Leben vergehen. Manche Seelen, die durch eine furchtbare Erfahrung im Erdenleben traumatisiert sind, haben keinen Mut zu einem Neuanfang. Andere müssen darauf warten, bis die Entwicklung der Geschichte ihnen die geeigneten Lebensumstände ermöglicht. Edgar Cayce spricht von einem gefangenen Gallier, der von schwarzen Sklaven gefoltert worden war und das zwanzigste Jahrhundert abgewartet hatte, um sich in Nordamerika zu reinkarnieren: Die dort herrschenden Rassenkonflikte gaben ihm die Chance, seinen karmischen Haß gegen die Schwarzen zu überwinden.
Wenn Esoteriker von karmischen Gruppen sprechen, meinen sie Menschen, die in einer bestimmten Epoche gleichzeitig gelebt haben und sich nun wieder am gleichen Ort und zur gleichen Zeit gemeinsam reinkarnieren. So erinnert Cayce an den Spanischen Bürgerkrieg (zwischen erstem und zweitem Weltkrieg) und sagt, daß die Seelen, die diesen furchtbaren Krieg mitmachten, zum größten Teil jene der spanischen Konquistadoren des sechzehnten Jahrhunderts gewesen seien. (Sie hatten bestimmt eine gewaltige karmische Schuld zu bezahlen!) Die Menschen aus Atlantis sollen sich jetzt im zwanzigsten Jahrhundert in den westlichen Ländern reinkarnieren (was bei meinem Sohn der Fall zu sein scheint) und ihre großen technologischen Kenntnisse, von denen schon Platon* gesprochen hatte, mitbringen.
Andererseits inkarnieren sich bestimmte Seelen so schnell wieder, daß sie die Erinnerung an ihren vorigen Tod mit der an ihre jetzige Geburt vermischen. In diesem Fall erinnert sich der Betreffende leicht an sein letztes Vorleben.

* In: *Timeas und Kriton.*

Das Gesetz der Gnade

Die westlichen Reinkarnations-Anhänger meinen, daß das Gesetz von Ursache und Wirkung, das Karma erzeugt, erträglicher werden kann, wenn man sich an die Gnade Christi wendet. Unsere Entscheidungsfreiheit erlaube es uns also, uns ihm anzuvertrauen, um uns schneller von unserer Schuld befreien und unsere Aufgabe erfüllen zu können. Diese Freiheit kann natürlich auch destruktiv verwendet werden; in diesem Fall haben wir unser Leben verfehlt und müssen uns wieder reinkarnieren. Früher oder später werden alle Menschen auf diesem Weg zum Glück gelangen. Das »Gesetz der Gnade« wird schließlich für alle wirksam werden, auch für die Widerspenstigen, die ihre Umwege teuer bezahlt haben.

Die katholische Kirche selbst beginnt die »ewige Verdammnis« in Frage zu stellen. Sie fragt sich, ob dieser geheimnisvolle Ort des Leidens »objektiv« ewig ist oder nur »subjektiv«, das heißt für jene, die ihn durchschreiten und für die das Leiden unendlich erscheint. Wie könnte Gott in seiner unendlichen Güte den Verdammten seine Verzeihung verweigern, wo er doch allmächtig ist? Das »Fegefeuer« könnte in Form einer neuen Reinkarnation oder auf anderen kosmischen Ebenen erlebt werden.

Allan Kardec befragt seinen Seelenführer in seinem Werk *Das Buch der Geister – Das Buch der Medien*, S. 474 (allerdings in dem etwas schnörkeligen Stil seiner Zeit):

»Wie wirkt sich die Reue auf den spirituellen Zustand aus?«

»Sie führt zum Wunsch nach einer neuen Inkarnation, durch die man sich reinigen möchte. Der Geist erkennt die Unvollkommenheiten, die ihn daran hindern, glücklich zu sein, und strebt deshalb nach einer neuen Existenz, in der er seine Fehler sühnen kann. In dem Maß, wie sich die Seelen reinigen, inkarnieren sie sich in immer vollkommeneren Welten, bis sie alle Materie abgestreift und sich von jedem Makel reingewaschen haben, um sich nun ewig der Glückseligkeit der reinen Seelen im Angesicht Gottes zu erfreuen.«

Später sagt Kardec: »Die Seele kann sich in der gleichen Welt reinkarnieren, wenn sie ihre Mission nicht erfüllen konnte; sie selbst kann um eine neue Existenz bitten, um sich zu vervollkommnen, dann aber ist es für sie keine Buße mehr.«

Platon und Sokrates glaubten an die Reinkarnation

In all den Jahren meines Studiums der Literatur und der Geschichte sprach keiner meiner Professoren je über diese Frage! Und dennoch glaubten Pythagoras, Platon und Sokrates an die Reinkarnation. Lesen Sie Platon: dort steht es schwarz auf weiß, immer wieder! In den Philosophie-Kollegien, die ich besuchte, wurde manchmal von Reinkarnation unter dem Begriff Metempsychose* gesprochen, als handle es sich um eine lächerliche Theorie, mit der sich intensiver zu beschäftigen krankhaft wäre... »die groteske Vorstellung, ein Mensch könne in Gestalt einer Maus wiedergeboren werden«.
Es wäre jedoch unlogisch zu behaupten, daß die alten Griechen nicht bei Sinnen waren, wenn sie von »Seelenwanderung« sprachen, da doch seit zweitausend Jahren im Westen eine grenzenlose Bewunderung für die griechische Weisheit, aus der unsere Zivilisation hervorgegangen ist, herrscht, und schließlich hatten die Philosophen der Antike schon die Existenz der Atome und Elektrizität (zwei griechische Worte) vorausgeahnt. Wie konnten wir so töricht sein, diese grundlegende Idee von der Unsterblichkeit der Seele über ihre verschiedenen Reinkarnationen hinweg aus den Texten von Platon auszumerzen? Wie konnten in einem Jahrtausend des Studiums der klassischen Antike diese expliziten Texte derart verdunkelt werden? Im Phaidon läßt Platon Sokrates sprechen: »Es ist eine sehr alte Meinung, daß die Seelen in die Unterwelt gehen, wenn sie diese Welt verlassen, und daß sie von dort in diese Welt zurückkehren ins Leben, nachdem sie durch den Tod geschritten sind. Es scheint mir, Zebes, daß man diesen Wahrheiten nichts entgegensetzen kann und daß wir uns nicht täuschten, als wir sie bekräftigten... dann ist es gewiß, daß die Lebenden aus den Toten geboren werden.«
»Was du da sagst, Sokrates«, entgegnete Zebes, indem er ihn unterbrach, »ist die notwendige Folge eines anderen Prinzips, das ich dich oft aufstellen hörte, daß unser Wissen nämlich nichts als Erinnerung sei. Wenn dieses Prinzip wahr ist, müssen wir notwendigerweise in anderen Zeiten die Dinge gelernt haben, deren wir uns in der Gegenwart erinnern...«

* Das Wort Reinkarnation stammt aus dem Jahr 1875; es wurde von den Schülern Allan Kardecs populär gemacht.

Sokrates stimmt zu und sagt: »Was wir ›lernen‹ nennen, ist es nicht ein Wiederaufnehmen des Wissens, das wir hatten, und haben wir nicht Grund, das ›sich wiedererinnern‹ zu nennen?«
An anderer Stelle (in *Der Staat*) fügt Platon hinzu: »Man ist verantwortlich für seine Entscheidung; Gott ist unschuldig... Die Seelen werden vor allem von den Gewohnheiten geführt, die sie in ihrem früheren Leben angenommen hatten.«
Platon, Schüler des Sokrates, war auch ein Anhänger des Pythagoras, der im sechsten Jahrhundert vor Christi Geburt gelebt hatte und der ganz ohne Umschweife von seinen früheren Leben sprach. Eines Tages sah er beim Besuch eines Tempels einen Schild, der als Ex-Voto an der Wand hing; er erkannte ihn wieder und sagte, es sei jener, den er im Krieg von Troja, ein paar Jahrhunderte zuvor, getragen habe, als er noch Euphorbus hieß (Homer berichtet davon in der *Ilias,* XVII, 50). Pythagoras erinnerte sich auch, lange Zeit zuvor ein berühmter Wahrsager in Ionien gewesen zu sein. Seine Meisterschaft in der Fähigkeit, seinen Körper zu verlassen, führte zu seinem Tod: Als er sich wieder einmal in den Astralbereich begeben hatte, verbrannte seine Frau seinen Körper, so daß seine Seele nicht mehr von ihm Besitz nehmen konnte (nach Dr. Bertholet in: *La Réincarnation,* Seite 167, éditions Rosicruciennes).
Pythagoras soll auch in die »orphischen« Mysterien »eingeweiht« gewesen sein, wo der Schüler gelehrt wurde, wie er seine Reise nach dem Tode am besten vollführte, wie er im Hades wieder erwachte, wie er dort seinen Weg wiederfinden und dem Unglück, sich wieder reinkarnieren zu müssen, entrinnen konnte. Dieser »Einführungskurs für Reisende ins Jenseits« scheint im antiken Griechenland sehr erfolgreich gewesen zu sein, und auch die Tibeter gaben ein ähnliches Wissen in ihren heiligen Büchern, wie dem *Bardö Thödol,* weiter. Ebenso die Ägypter, die, wie Platon berichtet, Erben der Atlanter waren, der Überlebenden der letzten Sintflut (oder genauer der verschiedenen Katastrophen, die zehn- bis zwölftausend Jahre vor unserer Zeitrechnung zum Untergang von Atlantis geführt hatten). Die Atlanter bzw. die Ägypter sollen Platon ein umfassendes esoterisches und religiöses Wissen über das Leben nach dem Tod überliefert haben, von dem auch einiges im ägyptischen *Totenbuch,* das nicht ohne Verwandtschaft zum *Bardö Thödol* ist, niedergeschrieben wurde.

Man hat sich oft gefragt, warum die Ägypter ihre Toten in Mumien verwandelten. Diese Tradition findet sich auch in Südamerika, dessen präkolumbianische Zivilisationen teilweise von geflüchteten Atlantern begründet worden sein sollen. Auf die Frage »Wozu dient eine Mumie?«, antworten die Ägyptologen: »Das ist ein religiöser Ritus, die Ägypter glaubten nämlich an das Weiterleben der Seele« – was gar nichts erklärt. Warum sollte man sich auch so viel Arbeit mit einem Leichnam machen, nur weil man an die Unsterblichkeit der Seele glaubt? Thôt-Hermes (Hermes Trismegistos), der legendäre Initiierte und Gründer der ägyptischen Religion, der die von den frühen Kirchenvätern sehr geschätzten »hermetischen Bücher« verfaßt hat, lehrte die Reinkarnation. Man darf nicht vergessen, daß diese »hermetischen Lehren« die alte ägyptische Theologie begründeten, nach der auch Moses erzogen worden war. Die durch den westlichen Materialismus des zwanzigsten Jahrhunderts beeinflußten Ägyptologen messen dem bei den Ägyptern allgemein verbreiteten Glauben an die Reinkarnation nicht genug Bedeutung bei. Indem die Ägypter den Leichnam konservierten, wollten sie der Seele ihre materielle Basis erhalten, um ihr ein blindes Umherirren in den unsichtbaren Welten und eine Reinkarnation in einer unerwünschten Gestalt zu ersparen. Vielleicht sollte ihr dadurch auch ermöglicht werden, in den gleichen Körper zurückzukehren; in diesem Fall meinte man, die Mumie »keime«.
Tatsächlich hingen in der Anfangszeit des Christentums alle im Römischen Reich herrschenden Religionen dem Reinkarnationsglauben an: die ägyptischen Mysterien, der Neoplatonismus von Alexandria, der Mithras-Kult, das Christentum und selbst das Judentum.
Die armen Schüler von früher, die sich so lange mit Griechisch und Latein abplagten... die Jahre, die sie in den Gymnasien absaßen, hätten reich und lebendig sein können, wenn man ihnen von diesen Mysterien erzählt hätte. Ist es nicht aufregend zu erfahren, was man jenseits des Todes getan hat und tun wird?
Wenn Alice durch die Spiegel geht, um ins Wunderland zu gelangen, tut sie nichts anderes: Es gelingt ihr, aus dem Gefängnis der Materie auszubrechen. Es ist das gleiche, was heute die Menschen des Westens suchen, wenn sie sich den indischen

oder tibetischen Philosophen zuwenden: Reinkarnation ist der Schlüssel, der die Tore zu Raum und Zeit öffnet. Wir hier im Westen haben den Schlüssel in die Tiefe eines Brunnens geworfen... und nun können wir weder sehen noch hören.
Unsere Philosophie ist kurzsichtig geworden, unsere religiösen Dogmen sind fade, und die Menschenmassen des Westens haben sich in den Sümpfen des Konsums hoffnungslos verirrt.

Die Kelten

Auch unsere Vorfahren, die Gallier, lebten in dem Glauben an die Reinkarnation. Die Kelten waren ein sehr entwickeltes Volk, keineswegs die Barbaren, als die sie uns die römischen Eroberer hinstellen wollten. Sie schufen nicht nur ein bewundernswertes Straßennetz (das die römische Invasion ermöglichte!), waren Meister in der Kunst der Keramik und der Stoffherstellung und schon damals große Modeschöpfer, berühmte Hydraulik-Ingenieure und Erfinder der Seife, sondern galten auch als außerordentlich mutig. Ihre Todesverachtung setzte sogar die Römer in Erstaunen, die doch selbst nicht gerade Feiglinge waren.
Cäsar gibt in *De Bello Gallico,* Buch 6, die Erklärung dafür: Er berichtet, daß die Druiden die Seelenwanderung lehrten. »Einer ihrer wichtigsten Leitsätze ist es, daß die Seele nicht stirbt, daß sie jedoch beim Tode von einem Körper in den anderen übergeht. Was sie glauben, ist sehr nützlich, um ihre Tugendhaftigkeit und Todesverachtung zu stärken. Sie lehren noch vielerlei Dinge über die Sterne und ihre Bewegungen...«
So waren die Druiden also zugleich in der Reinkarnation wie auch in der Astrologie bewandert. Wie schade, daß sie uns nichts Schriftliches hinterlassen haben.
Übrigens äußern sich alle römischen und griechischen Historiker im Sinne Cäsars: Amienus Marcellinus, die Geographen Pomponius Mela und Diodorus von Sizilien, Straban, der Dichter Lucan, Valerius Maximus und andere.
Die Iren, die Gallier und die Bretonen glaubten noch bis vor nicht allzu langer Zeit an die Reinkarnation, noch lange nach ihrer Konversion zum Christentum. Der Barde Taliesin, ein Erbe der druidischen Traditionen, sagt, daß »die Seele eine große Zahl von Körpern« benutze.

Noch im neunzehnten Jahrhundert spricht der irische Dichter W. B. Yeats von dem Geist, der in ihm reinkarniert ist, und erzählt von dessen früherem Leben als »Léon l'Africain«.
Nachklänge dieser Tradition finden sich bei den englischen Schriftstellern und Dichtern der letzten drei Jahrhunderte. Es ist immerhin erstaunlich, daß die Größen der britischen Literatur, wie Shelley, Robert Browning, Tennyson, William Blake, William Wordsworth, Edgar Allan Poe, um nur die berühmtesten zu nennen, Gedichte oder Prosatexte über die Reinkarnation verfaßt haben, also alle unverkennbar zum Ausdruck brachten, daß sie daran glaubten.

Auch die Juden und die ersten Christen glaubten an die Reinkarnation

Die Essener, die geheimnisvolle Sekte, zu der die Familie Christi gehörte, scheinen an die Reinkarnation geglaubt zu haben, ebenso wie eine jüdische Tradition von Initiierten.
So sagt Flavius Josephus in seiner *Geschichte des jüdischen Krieges* (Buch III, Kapitel 8) zu seinen Mitbürgern: »Wißt ihr nicht, daß jene, die das Leben verlassen... und sich von ihren Schulden vor Gott befreit haben, ewige Herrlichkeit erlangen..., und daß ihre Seele in Reinheit und Gehorsam weiterlebt, nachdem sie einen Platz im Himmel erlangt hat, von wo aus sie durch die Wirkung der Revolution der Zeitalter wieder hinabsteigt, um unbefleckte Körper zu bewohnen?«
Der Glaube an die Reinkarnation wurde von einigen Kabbalisten bewahrt, die glaubten, daß Adam sich in David reinkarniert habe und sich in dem Messias wieder reinkarnierern wird (oder anderen Versionen zufolge in Seth, Noa, Abraham, Moses). Zur Zeit Christi war der Glaube an die Rückkehr der großen Propheten Israels weit verbreitet.
Im Mittelalter wird diese Tradition bewahrt: Der *Sohar* spricht von der Seelenwanderung. Zwei bedeutende jüdische kabbalistische Theologen wie Rabbi Isaac Luria im 16. Jahrhundert und Rabbi Manasseh Ben Israel (18. Jahrhundert) sprechen nicht nur von der Reinkarnation, sondern auch von der Möglichkeit einer gegenseitigen Durchdringung zweier Seelen in ein und demselben Körper (»Ibbour«).
Die Christen in den ersten fünf Jahrhunderten wären nie auf

den Gedanken gekommen, daß die Reinkarnation den Lehren Christi widersprechen könne. Manche Verse des Evangeliums sind nur verständlich, wenn man die Reinkarnation in Betracht zieht, auch wenn dieser Begriff nicht wörtlich vorkommt. So berichtete Matthäus (XVII, 10–15), wie Christus auf die Frage seiner Jünger nach der Wiederkunft des Elija antwortete: »Elija soll ja zuvor kommen und alles zurechtbringen. Doch ich sage euch: Es ist Elija schon gekommen, und sie haben ihn nicht erkannt!« Und so »verstanden die Jünger, daß er von Johannes dem Täufer zu ihnen geredet hatte«, heißt es weiter im Text. An anderer Stelle (XI, 11–15) sagt Christus: »Wahrlich, ich sage euch, unter allen, die von Weibern geboren sind, ist nicht aufgekommen, der größer sei denn Johannes der Täufer... und (so ihr's wollt annehmen) er ist Elija, der da soll zukünftig sein.«

Das brachte die Übersetzer natürlich in Verlegenheit! Ein weiteres Beispiel:

Christus sagt zu Nikodemus: »Wahrlich, wahrlich, ich sage dir, es sei denn, daß jemand von neuem geboren werde, so kann er das Reich Gottes nicht sehen.« (Johannes III, 3) Nikodemus fragt verwundert: »Wie kann ein Mensch geboren werden, wenn er alt ist? Kann er auch wiederum in seiner Mutter Leib gehen und geboren werden?« Es folgt eine Erklärung von Christus, von der die Übersetzer unserer Bibel offenbar nichts verstehen: Die verschiedenen Versionen weichen stark vom Originaltext ab, um seine Worte »normal« klingen zu lassen, daher lauten die Übersetzungen so verschieden.

Aus dem Blickwinkel der Reinkarnation werden die Worte Christi jedoch klar. Ein letztes Beispiel aus Matthäus (XXVI, 51): »Einer aus denen, die mit Jesu waren... zog sein Schwert aus und schlug des Hohenpriesters Knecht und hieb ihm ein Ohr ab. Da sprach Jesus zu ihm: Steck dein Schwert an seinen Ort; denn wer das Schwert nimmt, der soll durch das Schwert umkommen...« Auch hier wieder muß es, damit sich die Worte Christi bewahrheiten, wohl eine Art Aufschub geben: das Gesetz des Karma fällt auf den Betreffenden zurück und wirkt sich im nächsten Leben aus.

Fast alle Kirchenväter, von denen einige ganz ordnungsgemäß kanonisiert wurden, sprachen von Reinkarnation. Der heilige Hieronymus (331–420) betonte die Notwendigkeit mehrerer

Leben. Der heilige Augustinus schrieb: »Habe ich nicht in einem anderen Körper gelebt, bevor ich in den Leib meiner Mutter einging?« Clemens von Alexandria erklärt, die Reinkarnation sei eine durch die Tradition überlieferte und von dem heiligen Paulus autorisierte Wahrheit. Der heilige Gregor von Nyssa (ca. 340–400) sagt: »Die unsterbliche Seele muß geheilt und gereinigt werden; geschieht das nicht während ihres Erdenlebens, so wird sie durch die zukünftig aufeinanderfolgenden Leben geheilt.« Der heilige Justinus (gestorben 165) spricht nicht nur von »Seelen, die mehr als einmal in einem menschlichen Körper wohnen«, sondern lehrt auch, daß »jene, die sich durch ihre Handlungen während der irdischen Inkarnationen als unwürdig erwiesen haben, Gott zu schauen, die Körper niedriger Tiere annehmen« (eine Ansicht, die, wie wir sahen, keine allgemeine Zustimmung fand).
Origenes (185–254), den der heilige Hieronymus verehrte, ist der berühmteste christliche Verfechter der Reinkarnationslehre. Er hat viel darüber geschrieben und seine Zeitgenossen stark beeinflußt. Er äußert sich weitschweifig darüber, daß die Zustände, in denen die Menschen leben und ihre unterschiedlichen Begabungen und moralischen Fähigkeiten aus früheren Leben stammen. Er analysiert auch die Geschichte der Zwillinge Esau und Jakob aus dem Alten Testament. Warum ist der eine dieser Söhne Rebekkas von Anfang an der gute und geliebte und der andere der böse? Wäre es ihre erste Inkarnation, so müßte man von einer unbegreiflichen Ungerechtigkeit sprechen. Origenes ist der Ansicht, daß diese Zwillinge, bevor sie sich durch Rebekka inkarnierten, eine Vergangenheit hatten, die bei dem einen von guten Werken und bei dem anderen von bösen Taten erfüllt war. Origenes glaubt also, daß das »Fegefeuer« hier auf der Erde in aufeinanderfolgenden Existenzen erlebt wird und daß Gott in seiner Güte uns die Zeit, die wir zu unserer Besserung brauchen, nicht vorschreibt (er glaubt jedoch nicht an Inkarnationen in Tiergestalt). Zeitlich noch ganz in der Nähe der ersten Apostel schreibt er: »Stimmt es nicht mit der Vernunft überein, daß jede Seele aus geheimnisvollen Gründen (nach Meinung des Pythagoras, des Platon und des Empedokles) in einen ihren Verdiensten und ihren vergangenen Handlungen entsprechenden Körper gelangt? Ist es nicht vernünftig, daß die Seelen, die ihren Körper benutzt haben, um

Gutes zu tun, später das Recht auf einen Körper haben, der höhergestellt ist als der anderer?« (Contra Celsium). In einem anderen Buch mit dem Titel *De principis* sagt er: »Jede Seele ... tritt gestärkt durch die Siege oder geschwächt durch die Niederlagen ihrer früheren Leben in diese Welt ein ...« Deutlicher kann man es nicht sagen.
Der Heilige Gregor, der »Erleuchter« genannt (257–332), bekräftigt ebenfalls: »Es ist absolut notwendig, daß die Seele geheilt und gereinigt werde, und wenn das nicht während ihres Lebens auf der Erde geschieht, so muß es sich in zukünftigen Existenzen vollziehen.«
Die katholische Kirche von heute kann kaum behaupten, daß all ihre gelehrten Kirchenväter, die von den Gläubigen verehrt werden sollen, Häretiker seien (dabei habe ich die wichtigsten von ihnen noch gar nicht genannt, wie z. B. den heiligen Hilarius von Poitiers sowie Lactance und Synesius, die alle die gleiche Meinung geäußert haben).

Wie konnte die Reinkarnation im Westen in Vergessenheit geraten?

Wie konnte eine so weit verbreitete Lehre in den folgenden Jahrhunderten nahezu ganz ausgelöscht werden?
Historisch gesehen scheint diese Lehre dem Ehrgeiz der Kaiserin Theodora zum Opfer gefallen zu sein. Diese hoffte wohl nach ihrem Tod als Göttin verehrt zu werden und lehnte die Theorien des Origenes über die aufeinanderfolgenden Reinkarnationen ab. Sie überzeugte ihren Kaisergemahl, den schwachen Justinian, davon, daß Origenes ein Häretiker sei, und tat alles, um ihn in Verruf zu bringen. Das ging so weit, daß Justinian beim zweiten Konzil von Konstantinopel im Jahre 553 die Thesen des Origenes von gehorsamen Bischöfen als Ketzerei verurteilen ließ ... ein Gehorsam, der verständlich ist, wenn man bedenkt, daß Theodora immerhin zwei Päpste hatte hinrichten lassen.
Dieses Konzil von Konstantinopel ist der Beginn einer jahrhundertelangen Unterdrückung spirituellen Wissens, einer Zeit, in der die Inquisition Christen für ihre »Ketzereien« verfolgte mit einer Grausamkeit und in einer reaktionären Mentalität, die zum christlichen Geist im krassesten Widerspruch stehen.

So wurden die Bogomilen, die Katharer*, die Albigenser, die Gnostiker, die spanischen Priscillier und andere verbrannt. Giordano Bruno** (1550–1600), ein unbeirrbarer Verfechter der Reinkarnation, mußte dafür sein Leben auf dem Scheiterhaufen lassen. Campanella (1568–1639) verbrachte um seines Glaubens an die Reinkarnation willen siebenundzwanzig Jahre in Gefängnissen der Inquisition.

Mutige Menschen nahmen jedoch kein Blatt vor den Mund, so Bonaventura (im 13. Jahrhundert) und Johannes Scotus Erigines im 9. Jahrhundert in Irland, der natürlich den Vorteil hatte, weit entfernt von Rom zu leben. Ebenso Paracelsus (1493–1540), der Schweizer war und eigentlich Bombastus von Hohenheim hieß, Jacob Boehme, Leibniz, David Hume, Friedrich Schlegel, Goethe, Voltaire, Schopenhauer – sie alle glaubten an die Reinkarnation. Sie hatten Glück, da sie entweder in einem protestantischen Land, also außerhalb der Reichweite der Inquisition, oder zur Zeit der Aufklärung geboren wurden, in der diese ungeheuerliche Institution ihre Allmacht verloren hatte.

Benjamin Franklin (1706–1790), dieser freie Sohn des jungen Amerika, hat im Alter von 23 Jahren seine eigene berühmte Grabinschrift folgendermaßen formuliert: »Hier ruht die sterbliche Hülle von Benjamin Franklin, Drucker, wie der Einband eines alten Buches, dessen Inhalt man herausgerissen hat und dessen Titel und Goldschnitt Fraß der Würmer wurden. Das Werk jedoch geht nicht verloren. Es wird, wie sein Autor glaubt, in einer neuen, schöneren, vom Autor durchgesehenen und korrigierten Ausgabe wiedererscheinen.«

Wundern Sie sich nicht, wenn Sie unter den Reinkarnationsanhängern sogar den »Positivisten« Auguste Comte finden. Ebenso den Astronomen Camille Flammarion, die Romanciers

* Was die Katharer anbelangt, so glaubt man, daß das »consolamentum«, ein geheimnisvolles Sterbesakrament, die Gestorbenen endgültig von der Kette der Wiedergeburten erlösen sollte. Von einem »Vollkommenen« erteilt, sollte das »consolamentum« den Sterbenden die Erleuchtung bringen, die für alle sichtbar war (was den erstaunlichen Erfolg der Bewegung bewirkte).

** Zu Giordano Bruno sollte man das ausgezeichnete Buch von Ivonne Caroutch lesen (Sammlung »Les Maîtres du Sécret«, Ed. Retz, 114 Champs-Elysées, 75008 Paris, 1975).

Honoré de Balzac und Gustave Flaubert, die Dichter Théophile Gautier, François Coppée, Béranger, Gérard de Nerval, den Philosophen Amiel und selbst Victor Hugo – eine beachtliche Schar; natürlich erwähnt keine Literaturgeschichte ihre Anschauungen. Waren sie alle nicht bei Sinnen, diese Dichter, die man den Schülern und Studenten von heute als Vorbilder hinstellt?
»Die Unterschiedlichkeit der Seelen, der Lebensumstände und der Schicksale kann tatsächlich nur durch die Vielzahl der Existenzen und durch die Lehre von der Reinkarnation gerechtfertigt werden«, sagt der Philosoph Amiel.
In Europa und in den Vereinigten Staaten werden die Reinkarnationstheorien von Madame Blavatsky (die in Tibet ihre Initiation erfuhr) und von ihren Nachfolgern Rudolf Steiner und Annie Besant weiterentwickelt. Die Theosophen und die Anthroposophen sollten weltweite Beachtung finden.
Zum Schluß sei ein berühmter Industrieller erwähnt, dem man nicht vorwerfen kann, von Luft und Mystizismus gelebt zu haben: Henry Ford. »Ich möchte gerne die Menschen überzeugen, wie ich selbst überzeugt wurde: Ich wünschte so sehr, ich könnte ihnen die Ruhe und die Selbstbeherrschung vermitteln, die der Gedanke der Reinkarnation bewirkt!«
Die Zahl derer, die diesen Glauben teilen, wird im Westen immer größer.

Die Reinkarnation östlich des Mittelmeeres

»Jene, die in den Zeiten des Wohlergehens Leiden und Schmerz erfahren, lösen damit ihre Worte und ihre Taten aus einer früheren Inkarnation ein – Worte und Taten, für die der gerechte Gott sie nun bestraft.« ... *So spricht Zarathustra.*
Die Heiligen Drei Könige, die zu Christus kamen, waren Anhänger des Zoroaster (Zarathustra), eine Religion, die sich bis heute bei den indischen Parsen erhalten hat.
Der Mithras-Kult, der sich zu Beginn unserer Zeitrechnung bei den Römern großer Beliebtheit erfreute (man findet noch heute in ganz Europa, selbst mitten in London, Tempel dieses Kultes), hatte sich aus der zoroastrischen Religion entwickelt. Er legte großen Wert auf die Lehre von der Seelenwanderung und hatte einen tiefgreifenden Einfluß auf die religionsge-

schichtliche Entwicklung des Westens. Es besteht zwar eine starke Beziehung zur indischen Tradition, die »Mithras-Mysterien« wurden jedoch von den Römern ihren Gebräuchen angepaßt und vereinfacht (»Mithras« ist im Zendavesta, dem heiligen Buch der Parsen, der Name für Sonne).

Hinduismus und Buddhismus

Die altindischen Traditionen, die vom Westen lange Zeit nicht beachtet oder als unannehmbar betrachtet wurden, haben die Verachtung durch den abendländischen Rationalismus nicht verdient. In ihnen war die Realität der Reinkarnation immer lebendig.

Wenn die Veden, die uralten heiligen Schriften Indiens nur seltene Anspielungen darauf enthalten, so finden wir in den Upanishaden, dem Kommentar zu den Veden, um so ausführlichere Aussagen darüber, z. B. genaue Beschreibungen des »Rades der Wiedergeburten« (oder *Samsara*) im *Mahabharata* (zu dem die *Bhagavad-Gita* gehört) und in den *Gesetzen des Manon*.

Da die verschiedenen Reinkarnationen als Buße betrachtet werden, ist es noch heute das wichtigste Bestreben der gläubigen Inder, demütigende und schmerzhafte Inkarnationen im Körper benachteiligter Menschen oder kranker Tiere oder Pflanzen zu vermeiden und in den glückseligen Zustand zu gelangen, in dem man sich nicht mehr reinkarnieren muß.

Größtes Vorbild der Buddhisten ist die Geschichte des Gautama Buddha, von dessen 547 Reinkarnationen im *Buch der Jatakas* berichtet wird. Sind also so viele Leben nötig, um zur Erleuchtung zu gelangen? Manchmal noch mehr, behaupten die Buddhisten. Aber nur jene, die einen hohen Grad von Weisheit erreicht haben, können mit ungetrübtem Blick und ruhigem Herzen ihre früheren Inkarnationen betrachten. Die Fähigkeit zu vergessen erspart uns einige Traumata. Das glaubten übrigens auch die alten Griechen, nach deren Ansicht die Schatten der Verstorbenen aus dem Fluß Lethe (»das Vergessen«) trinken mußten, bevor sie sich reinkarnierten.

Die Buddhisten versuchen sogar, ihre zukünftigen Reinkarnationen vorauszusehen und zu beeinflussen, zunächst durch die Lebensregeln: niemandem Schaden zufügen, nicht töten, nicht lügen, nicht stehlen, nicht fluchen, in Gedanken und Worten rein sein und alles nur mit Maßen genießen. So werden heftige Leidenschaften vermieden, die zu niedrigen Inkarnationen führen. Das ist das Ziel des klösterlichen Lebens in Indien und in Tibet, wo man glaubt, daß die Entwicklung der höchsten Seelenfähigkeiten dem Menschen erlaubt, seine zukünftigen Inkarnationen selbst im voraus zu wählen. Diese Wahl geschieht, wenn es noch notwendig ist, sich zu inkarnieren, durch spezielle Riten und Zeremonien, die entweder vor oder nach dem Tod vorgenommen werden. Die Angehörigen des Sterbenden lesen ihm Gebete und Ratschläge vor, die ihm helfen, seinen Weg zu finden.

Das *Bardö Thödol* ist ein Buch, das sich ausschließlich mit dieser Frage beschäftigt; es ist eine Art »Reiseführer« für das Jenseits, der den Sterbenden vorgelesen wird. Das »Bardö« entspricht dem »Amenti« der Ägypter, dem »Hades« der Griechen und der »Hölle« der christlichen Schriften. Für den Lama, den Mönch, ist die Wiedergeburt in einem materiellen menschlichen Körper so lange notwendig, bis er die Erleuchtung erlangt hat. Wenn er in diesem Leben schmerzhafte Erfahrungen macht, so freut er sich, weil er glaubt, dadurch schlechtes Karma abtragen zu können. Wenn er nach seinem Tod im »Bardö« angelangt, muß er seinen Weg finden, ohne sich von den Projektionen seiner eigenen Gedankenformen, die Angst einflößende Bewegungen, Farben und Töne annehmen, erschrecken zu lassen.

Wenn er wie ein Heiliger gelebt hat, also von allen Bindungen frei geworden ist, kann er das »Tor der Gebärmutter« schließen, durch das man sich inkarniert. War er dazu noch nicht in der Lage, so muß er sich inkarnieren und die Familie, die ihn aufnimmt, sorgfältig auswählen. Für diesen entscheidenden Augenblick gibt ihm das Buch Anweisungen:

»Betrachte die Kontinente (der Erde), wähle den aus, in dem die Religion stark ist, und tritt dort ein. Wenn die Geburt geschehen soll, wird dich ein angenehmer Duft zu jener unreinen Masse hinziehen, und so wirst du geboren werden. Bemühe dich, weder angezogen noch abgestoßen zu sein. Dann wirst du einen guten Samen wählen können.«*

Um eine gute neue Geburt zu ermöglichen, muß die Seele des

* Das Tibetanische Totenbuch.

Toten das heilige Mantra: *Om Mani Padme Hum*, sprechen und sich auf die ihm angegebenen Gebete und Gedanken konzentrieren. In Tibet reinkarnieren sich so die *Tulkus,* das sind die Heiligen, meist Vorsteher eines Klosters, um bei ihren Mönchen bleiben zu können. Alexandra David-Neel berichtet: »Der letzte Tulku, Angnai-Tsang, war schon sieben Jahre lang tot, und man hatte seine neue Inkarnation immer noch nicht entdeckt. Der Verwalter des Klosters schien nicht darauf erpicht zu sein, daß man ihn fand, da die Verteilung der Güter des Verstorbenen zu seinem Reichtum beitrug...« Eines Tages besuchte dieser Verwalter einen Bauernhof. Während er mit der Herrin des Hauses sprach, zog er eine Tabakdose aus Jade aus seinem Gewand, um Tabak herauszunehmen. Da kam der kleine Junge, der bisher in der Küche gespielt hatte, zu ihm und sagte: »Warum nimmst du meine Tabakdose?« Der Verwalter erschrak; es war nämlich die Tabakdose des verstorbenen Tulkus, die er sich genommen hatte. »Gib sie mir sofort zurück«, sagte das Kind. Von schlechtem Gewissen geplagt, gab der Mönch ihm die Tabakdose zurück und gestand alles. Man brachte den Jungen ins Kloster und ließ ihn aus einem Berg von Gegenständen jene heraussuchen, die dem Verstorbenen gehört hatten. Alexandra David-Neel erzählt, daß sie dieser Szene beiwohnte und daß das Kind alle Türen, alle Räume, alle Geheimgänge des Klosters »wiedererkannte«, die er »zu seinen Lebzeiten« noch nie betreten hatte. Er forderte sogar eine tief in einer Truhe versteckte Porzellanschale zurück, die die Mönche vergessen hatten und die dem Verstorbenen tatsächlich gehört hatte (A. David-Neel, *Heilige und Hexer in Tibet*).
Meist machen sich einige Monate oder Jahre nach dem Tod eines höheren Lamas und des Dalai-Lamas seine Mönche auf die Suche nach seiner Reinkarnation. Sie machen die Kinder ausfindig, von denen sie erfahren haben, daß sie besonders intelligent und wach sein sollen. Die Namen dieser Kinder werden auf Zettel geschrieben, und einer von ihnen wird ausgelost. Das entsprechende Kind wird einer Reihe von »Prüfungen«, wie der eben beschriebenen, unterzogen, und wenn alle positiv ausfallen, wird es geweiht. Der jetzige Dalai-Lama, der vierzehnte, wurde so ausgewählt oder, besser, »gefunden«. Man glaubt, er sei die Reinkarnation seines unmittelbaren Vorgängers, der 1933 starb.

In China glauben die Taoisten, Buddhisten und die Schüler des Konfuzius an die Reinkarnation. Konfuzius hatte nichts dagegen. Lao-Tse (7. bis 6. Jahrhundert vor Christi Geburt) deutet in seinem Buch *Tao-Te-King* die periodische Wiederkehr des Menschen auf die Erde nur an; sein Lieblingsschüler Tschuang-Tse äußert sich wesentlich ausführlicher darüber. Lao-Tse, der Zeitgenosse von Buddha, Pythagoras und Ezechiel war, soll sich selbst mehrmals reinkarniert haben, vor allem in der Person des »Gelben Kaisers« Kuang-Tchang-Tse ... Auch in Japan lebt die Vorstellung von der Reinkarnation ganz selbstverständlich in der Umgangssprache. Dem Europäer, der davon nichts weiß, fehlt ein wesentlicher Schlüssel zur Psychologie des Ostens.

Reinkarnation in Afrika und in der muselmanischen Welt

Auf dem gesamten afrikanischen Kontinent hat der Glaube an die Reinkarnation bei den verschiedenen Volksstämmen verschiedene Formen angenommen. Er ist aber noch sehr lebendig, wie es die folgende Geschichte bezeugt:
Bei einer Fahrt im Landrover durch den Busch sieht der Fahrer, ein Weißer, vor sich einen Hasen über den Weg laufen. Er hält sein Fahrzeug an, holt sein Gewehr heraus und tötet das Tier.
Die junge afrikanische Nonne, die neben ihm sitzt, bricht in Tränen aus.
»Was haben Sie denn?« fragt der Weiße überrascht.
»Sie haben gerade meine Großmutter getötet!« antwortet sie schluchzend.*
Dieses Beispiel zeigt, wie lebendig der Glaube an die Seelenwanderung geblieben ist: Das abendländische Christentum hat diese aus der Antike stammende Gewißheit nicht ausräumen können, ebensowenig übrigens wie die Islamisierung. Der Koran überlagerte die regionalen Traditionen, ohne sie auszulöschen und ohne sie für überholt zu erklären.
Die persischen Sufis (Al-Hallaj im 10. Jahrhundert, Rumi im 13. Jahrhundert) und die syrischen Sufis (die Drusen vom Liba-

* Zitiert von J. Gaillard in *Bulletin de protection animale,* 7 rue Marie-Rose, 75014 Paris.

non) haben die Rcinkarnation als fundamentale Wahrheit anerkannt und bewahren diesen Glauben bis heute.
Er ist in den islamischen Ländern lebendig; dort nimmt man die Kinder ernst, die behaupten, in einem früheren Leben ein bestimmter Mensch gewesen zu sein. So hat Dr. Jan Stevenson* 1958 im Libanon einen Fall von Reinkarnation erforscht und ist zu überzeugenden Ergebnissen gekommen.

Techniken, mit denen man seine früheren Leben wiederentdecken kann

Von dem Tag an, an dem Sie beginnen, die Möglichkeit früherer Leben zuzulassen, wird alles möglich. Verschiedene östliche wie westliche Techniken erlauben es, auf der Suche nach vergangenen Existenzen das Rad der Zeit zurückzudrehen.
In Indien sind diese Techniken seit jeher bekannt und in Gebrauch. Swami Vivekananda gab seinen Schülern die Körperhaltungen und Übungen an, mit deren Hilfe man die wirbelnden Gedanken *(vrittis)*, die den Geist beunruhigen, verjagen kann. So gelangt man zu einer spirituellen Ruhe, die die Erinnerungen aus früheren Leben auf die Ebene des Bewußtseins aufsteigen läßt.
Denise Desjardins erzählt**, wie sie diese Methode in Indien unter der Führung eines großen indischen Meisters ausgeübt hat. Dieser ließ seinen »Patienten« sich zunächst hinlegen, um sich zu entspannen. Swani Prâjnanpad benutzte dazu nicht einmal Hypnose (darüber später mehr), er riet jedoch davon ab, diese Arbeit ohne Hilfe eines erfahrenen Führers zu tun. Sobald man begonnen hat, den Faden zu entdecken, der die vorhergehenden Inkarnationen verbindet, steigen sie allmählich an die Oberfläche auf, wodurch sehr alte, vergessene Emotionen frei werden. Allmählich verschwinden die Blockierungen, der Geist wird klar und stark und findet wieder zu seiner tieferen Wahrheit zurück.
Die buddhistischen Mönche praktizieren täglich Konzentrationsübungen, durch die ihr Erinnerungsvermögen verfeinert

* Jan Stevenson, *Reinkarnation,* Aurum, Freiburg 1980.
** Denise Desjardins, *La Mémoire des Vies antérieures,* La Table Ronde, Paris 1980.

werden soll. Eine dieser Übungen besteht darin, sich jeden Abend vor dem Einschlafen die Tagesereignisse wieder ins Gedächtnis zu rufen. Wichtig dabei ist jedoch, daß man es rückwärts tut, also bei dem gerade Vergangenen anfängt. Es ist ebenfalls wichtig, sich beim Erwachen an seine Träume zu erinnern, da manche von ihnen mit dem früheren Leben in Beziehung stehen.
Die Inder verwenden dazu Musik; ich habe selbst einen Klang-Karma-Kurs miterlebt. Die Stimme des »Meisters« (oder Kursleiters), begleitet von einer bestimmten Art von Musik, erlaubt es einem, ganz tief in das eigene Innere hinabzusteigen. Nach einigen klassischen Entspannungsübungen wird einem gesagt: »Sie sind hoch auf einem Berg und steigen auf kleinen, gewundenen Wegen ins Tal hinab. Sie steigen noch weiter hinab, noch weiter, Sie sehen die Kieselsteine, die Felsen, die Bäume, die Landschaft etc., steigen Sie hinab, immer weiter hinab. Sie kommen in die Tiefe des Tales und sehen den Eingang zu einer Höhle vor sich; Sie treten ein, Sie gehen in einen schmalen, dunklen Stollen hinab, Sie gehen weiter, weiter hinab etc. Sie kommen zu einem Gang mit vielen Türen. Eine von ihnen ist Ihre Türe ... Sie öffnen sie ... und das erste, was Sie dort sehen, ist ein Bild, das aus Ihren früheren Leben aufsteigt.«
(Als ich meine Türe öffnete, war ich geblendet, ja überwältigt vom Licht des Persischen Golfes. Ich war am Meeresstrand in der Höhle von Ali Baba (allerdings ohne die vierzig Räuber!), das Meer war sehr blau, der Himmel sehr mild, die Felsen leuchteten goldgelb ... ich weiß übrigens, daß ich verschiedene frühere Leben im mittleren Orient, im Iran und in Ägypten verbracht habe und fühle mich immer sehr wohl in diesen Ländern.)
Man kann sich auch an ein hellsichtiges Medium wenden. Der mit parapsychologischen Fähigkeiten Begabte kann Ihnen sagen, in welchem Land er Sie sieht, welche Kleidung Sie tragen etc.
Wie kann man sicher sein? Für mich hat die Wahrheit einen Geruch *sui generis,* der nicht trügt. Wenn etwas wahr ist, erlebt man eine Art Schock, der angenehm oder unangenehm sein kann. Wenn Sie bei Ihrem ersten Besuch in der Bretagne oder in Ägypten *den* Schock erleben, wenn Sie sich mit bestimmten Orten, mit einer fremden Sprache auf unerklärliche Weise ver-

traut fühlen, so ist es ein ziemlich sicherer Hinweis. Viele Menschen sehen auch ganz unvermittelt ein Bild, in dem sie einige Sekunden lang eine Landschaft oder einen Menschen erblikken, den sie in ihrem früheren Leben gekannt haben; das ist keine Illusion.

Im Jahre 1911 veröffentlichte Oberst de Rochas ein Buch mit dem Titel *Les Vies successives,* das die Frucht seiner Forschungen war. Er erzählte, wie er durch hypnotische Suggestion bei seinen Patienten ein Zurückgehen in Erinnerungsschichten bewirkte, durch das sie ihre früheren Reinkarnationen wiedererleben konnten. Rochas war der Vorläufer einer Bewegung, die damals in Frankreich kaum verstanden wurde.

Die Technik der Hypnose besteht darin, jemanden durch Suggestion in einen Tiefschlaf zu versenken. Der »Hypnotiseur« stellt in einer bestimmten Sprechweise Fragen, auf die die »hypnotisierte Person« im Zustand der »hypnotischen Trance« antwortet. Diese Technik benutzte Edgar Cayce; sie führte zu seinen sensationellen *»Lectures«,* von denen wir schon sprachen. Auch Morey Bernstein benutzte die hypnotische Suggestion, als er im Jahre 1952 auf das frühere Leben einer seiner Patientinnen in Irland stieß.*

Den Hypnoseschlaf erlangt man nicht nur durch die Stimme und die Suggestion des Hypnotiseurs, sondern auch durch Atemtechniken; die Kontrolle über bestimmte Atemrhythmen führt zu bestimmten Bewußtseinszuständen, in denen der Betreffende seine Geburt wiedererlebt, um sich von den damit verbundenen Traumata zu befreien. Das geschieht nicht nur beim Yoga, sondern auch bei der Anwendung westlicher Techniken wie dem »Rebirthing«. Auch die Trancezustände der afrikanischen Kulte können zu Erinnerungen an frühere Leben führen.

All diese Techniken der Suche nach den früheren Leben beruhen auf dem großen Prinzip des »universellen Gedächtnisses«. In ihm ist alles, was je existiert hat, gespeichert und kann von einem entsprechend sensitiven Menschen »abgerufen« werden.

Gebet und Meditation sind dabei eine große Hilfe, auf dem

* Morey Bernstein, *Protokoll einer Wiedergeburt,* Droemer Knaur, München 1984.

Pfad der Selbsterkenntnis fortzuschreiten. Zahlreiche Mystiker haben diese Erfahrung gemacht. Ich denke besonders an Anna-Katharina Emmerich, die sich selbst sah, wie sie Christus zu seinen Lebzeiten begleitete. Sie beschrieb jene Zeit in allen Einzelheiten in bezug auf Kleidung, Sitten und Landschaften mit erstaunlicher Genauigkeit, ohne jedoch meines Wissens den Begriff »frühere Inkarnation« zu gebrauchen.

All die besprochenen Techniken sind nicht ungefährlich. Man sollte sie nur unter behutsamer Führung anwenden. Die plötzliche Entdeckung eines dramatischen früheren Lebens kann einen Schock verursachen.

Hier ist die Astrologie von Nutzen. Das universelle Gedächtnis findet sein Spiegelbild in den Sternen, und es liegt nur an Ihnen, darin zu lesen. Die Suche nach den früheren Leben mit Hilfe der Astrologie verursacht keine Traumata, durch sie wird man zur Reflexion und zur Meditation angeregt, und es werden keine emotionalen Wunden aufgerissen. Die Arbeit, die sie erfordert, ist schon für sich genommen eine Übung in geistiger Konzentration. Ein anderer, nicht zu unterschätzender Vorteil: die Reinkarnationsastrologie gibt Ihnen Antworten, ohne Sie von jemand anderem, von »einem Guru«, abhängig zu machen, der seine Macht mißbrauchen könnte, wie das leider ab und zu geschieht. Und wenn Sie mit Hilfe der Astrologie Ihre Lebensaufgabe in dieser Inkarnation entdeckt haben, werden Sie ein weitaus größeres Maß an Sinnhaftigkeit empfinden und möglicherweise auch glücklicher sein.

Kapitel 2

Astrologie und Reinkarnation

Man kann die Astrologen heute in zwei Gruppen einteilen: die Rationalisten und die Spiritualisten.

Erstere praktizieren die Astrologie als Mittel zu einer direkteren Erkenntnis über menschliche Charakterzüge und Eigenschaften; sie stützen sich auf die psychologischen Forschungstechniken des 19. Jahrhunderts (Psychoanalyse etc.) und schließen die esoterischen und spirituellen Dimensionen aus. Diese Astrologie ist im Grunde die Zwillingsschwester der westlichen Schulmedizin, die nur den materiellen Körper kennt. Da sie die Existenz des Ätherleibes und des Astralleibes leugnet, sieht diese Medizin im Menschen nur eine Gesamtheit von physischen und chemischen Abläufen. Wie sie weiß die rationalistische Astrologie nichts von der kosmischen Finalität des Menschen.

Für die spirituellen Astrologen wird das Studium des individuellen Horoskopes nicht nur Hinweise auf Störungen des körperlichen, geistigen oder emotionalen Gleichgewichtes geben, sondern auch Antwort auf die Grundfragen des Menschen: Wer bin ich? Welchen Sinn hat meine Existenz? Wohin gehe ich nach meinem Tod? Woher komme ich?

Die spirituelle Astrologie stellt den Menschen wieder in eine raum-zeitliche Ordnung, die Sinn und Ziel seines Lebens erhellt. Die spirituelle oder esoterische Astrologie bezieht natürlich die Reinkarnation ein. So ist ihre Deutungsebene viel breiter. Das jetzige Horoskop stellt nur eine Inkarnation dar, die letzte, die das Ergebnis der vorigen ist... Das Horoskop (vor allem im Augenblick des Todes) gibt sogar Hinweise auf die nächste Inkarnation.

Ein aus dieser »karmischen« Perspektive analysiertes Horoskop erklärt die Vorleben, das Temperament, die Fehler und die positiven Eigenschaften des Horoskopeigners auf einleuchtende Weise. Wir begeben uns hier auf eine Ebene, die viel tiefer geht als die Psychoanalyse, da die esoterische Astrologie erkennt, wie die Erfahrungen aus früheren Leben das heutige

Verhalten des Individuums prägen (siehe in diesem Zusammenhang das Buch *La Mémoire des Vies Anterieures* von Denise Desjardins*, in dem sie den Fall einer jungen Frau zitiert, deren Frigidität kein Psychologe erklären konnte. Ihre Abneigung gegen jede Art von Sexualität rührte aus einer früheren Inkarnation her, in der diese junge Frau an den Folgen einer Vergewaltigung gestorben war). Die Traumata früherer Leben lassen sich aus einem Horoskop ablesen, wenn der Astrologe wirklich kompetent und urteilsfähig ist.

Ohne selbst eine Religion zu sein, enthüllt die spirituelle Astrologie die göttliche Ordnung des Kosmos. Die Astrologie setzt uns in Verbindung mit einem »göttlichen Plan«. »Im Anfang schuf Gott Himmel und Erde«, heißt es in der Schöpfungsgeschichte. Und Gott sprach:

»Es sollen Leuchten werden am Firmament des Himmels, damit sie scheiden zwischen dem Tag und der Nacht; sie sollen als Zeichen dienen für Festzeiten und Tage und Jahre.« (Genesis I, 14)

Das Studium dieser Gestirne sollte eine Art transzendierender Meditation sein. So angewendet, führt die Astrologie zu einer Erleuchtung. Die Astrologie, die Kabbala, die Zahlenlehre, die Alchimie, das I Ging etc. sind die Arkana der höheren Erkenntnis.

Das war auch die Betrachtungsweise der großen Meister der Antike. In den alten Zivilisationen standen deshalb auch Reinkarnation und Astrologie nie in Widerspruch. Sie hatten, von den Priestern und Initiierten praktiziert, ganz selbstverständlich eine gleichberechtigte Stellung. Gelangte man jedoch zu einer Synthese beider Erkenntniswege?

Im Orient ja. Im Westen weiß man weniger darüber. Eine große Zahl westlicher esoterischer Traditionen, die mündlich überliefert wurden, gingen verloren. So erging es beispielsweise der Lehre der Druiden, die in Gallien und Großbritannien offenbar eine Synthese aus Astrologie und Reinkarnation geformt hatten – so berichtete Cäsar.

* Ed. La Table Ronde, Paris 1980.

Chaldäer, Griechen und Römer

Die Chaldäer, geduldige und leidenschaftliche Beobachter des Himmels, haben die westliche Astrologie geschaffen. Ihre erstaunlichen astronomischen Kenntnisse führten sie zur Entdekkung der Planeten einschließlich Saturns. Sie konnten bereits ihre siderische und synodische Umlaufzeit mit geringen Schwankungen errechnen und ihre Position prognostizieren. Besonders gut wußten sie über die verschiedenen Mondphasen Bescheid. Sie waren es auch, die die Ekliptik in zwölf Teile unterteilten, aus denen die »Tierkreiszeichen« wurden. Und da sie erkannten, daß gewisse astronomische Positionen offenbar die gleichen Ereignisse (die gleichen Charakterzüge) mit sich brachten, entwickelten sie die symbolische Interpretation der Planetenstellungen – also unsere Astrologie.

Man weiß jedoch nicht genau, ob sie in der Lage waren, aus einem Horoskop etwas über vergangene Leben auszusagen. Interessierten sich die Chaldäer als Meister der Zukunftsschau für die Vorvergangenheit? Der Begriff Reinkarnation war ihnen bestimmt nicht fremd, wie er es uns heute ist. Zarathustra scheint der Erbe einer sehr alten, lokalen Tradition gewesen zu sein. Es ist sehr wahrscheinlich, daß gewisse initiierte Priester-Astrologen die Sternenkonstellationen benutzten, um etwas über die karmische Entwicklung der Seelen zu erfahren. Bis heute haben wir jedoch darüber keine Schriften oder Dokumente entdeckt. Die Babylonier, die nach den Chaldäern kamen, übernahmen deren astronomisch-astrologisches und esoterisches Wissen und entwickelten es weiter. Sie überlieferten es den Griechen, von denen wir es haben.

Man glaubt, daß den Ägyptern die Reinkarnations-Astrologie keineswegs fremd war; ihr Wissen auf diesem Gebiet bleibt für uns jedoch ebenso geheimnisvoll wie die Bedeutung der Sphinx und der großen Pyramide. In Griechenland war, wie wir sahen, der Glaube an die Reinkarnation weit verbreitet. Die Philosophen der klassischen Periode, die darüber sprachen, brachten sie jedoch nicht mit der chaldäischen Astrologie in Verbindung, die bei den Griechen erst sehr spät, im 3. Jahrhundert v. Chr., Allgemeingut wurde.

Alexander der Große hatte von seiner Reise nach Indien jedoch Brahmanen mitgebracht und so den religiösen Austausch mit der griechischen Welt gefördert. Chaldäische und ägyptische Tradition, griechische Mythologie und der indische Einfluß vermischten sich und führten zur Entstehung jener Initiationsmysterien, die zum Beginn des christlichen Zeitalters so verbreitet waren, schienen aber nicht zur Schaffung einer wirklichen Schule der Reinkarnations-Astrologie zu führen. Niemand scheint sich im Westen darum bemüht zu haben, Astrologie und Reinkarnation zu vereinen.

Eine Ausnahme bildeten vielleicht die Druiden, die jedoch rasch verschwanden und ihre Geheimnisse mit sich nahmen. Das Wissen von den früheren Leben erlischt in Europa vom 7. Jahrhundert an allmählich. Die Astrologie jedoch bleibt noch tausend Jahre lang offiziell anerkannt. Niemand jedoch fordert von ihr, die Reinkarnation einzubeziehen. Der Westen hat alles vergessen...

Das 18. und 19. Jahrhundert ist eine dunkle Zeit, in der die Astrologie völlig in Mißkredit gerät. Einige wenige Esoteriker, Rosenkreuzer, Alchimisten und Kabbalisten hüteten die Flamme jedoch, manchmal unter Lebensgefahr. Sie stehen am Anfang einer Renaissance, die jedoch erst im folgenden Jahrhundert stattfinden sollte. In Deutschland gab es jedoch jemanden, der von der Wirklichkeit der Reinkarnation überzeugt und von der Astrologie begeistert war: Goethe. Er verband die beiden Disziplinen jedoch nicht miteinander.

In der 2. Hälfte des 19. Jahrhunderts und zu Beginn des 20. Jahrhunderts wandten sich einige große Geister nach Osten zu den indischen und tibetischen Quellen, wo die Astrologie wie der Gedanke der Reinkarnation lebendig waren, ja sogar auf ganz natürliche Weise miteinander verquickt waren. Mutige europäische und amerikanische Pioniere führten im Westen wieder jene beiden Schreckgespenster ein. Jene »diabolischen Illusionen«, jene gefährlichen Spekulationen, die einem »vorwissenschaftlichen, magischen Bewußtsein« entsprangen.

Neulich sagte eine alte Dame zu mir: »Reinkarnation? Es ist sehr gefährlich, sich mit solchen Dingen zu beschäftigen, meine Kleine. Lassen Sie die Finger davon. Alle, die ich kannte, die sich damit befaßten, gerieten in die größten Schwierigkeiten!«

Die indische und tibetische Astrologie

Östlich von Eden hat man den Baum der Erkenntnis nicht überall verworfen. In Indien, in Tibet und in anderen Ländern des Fernen Ostens ist die Reinkarnation wie die Astrologie ein Teil des alltäglichen Lebens. Die indischen Astrologen haben, wenn sie ein Horoskop studieren, nur das »Rad der Wiedergeburten« vor Augen. Sie glauben mit dem Horoskop einen »Augenblick« des jahrtausendelangen Weges einer Seele vor sich zu haben. In Indien und Tibet nimmt man asketische Übungen auf sich, um unter der Anleitung eines Meisters, eines Gurus, eines Swamis, eines Rishis, der den Schüler auf diesem oft schwierigen Weg begleitet, etwas über die Fehler und Irrtümer seiner früheren Leben zu erfahren. Die Astrologie wird ganz natürlich in diese spirituelle Forschung mit einbezogen. Die indischen Astrologen arbeiten nicht nur mit der »logischen Analyse des Horoskops«, sondern benutzen auch ganz selbstverständlich ihre medialen Fähigkeiten, um via Horoskop etwas über die früheren Leben zu lesen. So ist der gute indische Astrologe im Grunde ein Eingeweihter und Weiser, der eine religiöse Funktion ausübt. Ohne auf die Einzelheiten einzugehen, mit denen wir uns in späteren Kapiteln näher befassen werden, sei hier angedeutet, welche Konstellationen die indischen Astrologen benutzen, um Aussagen über die früheren (und zukünftigen) Leben zu machen.

Die Nidânas

Die »Tierkreiszeichen« in der indischen Astrologie entsprechen nicht genau den unseren, da sich durch das Vorrücken der Tagundnachtgleichen (siehe unten) eine Verschiebung zwischen astrologischen Zeichen und astronomischen Konstellationen ergeben hat. Das Jahr wird jedoch, wie bei uns, entsprechend den zwölf astronomischen Konstellationen, in zwölf Teile eingeteilt. Jede dieser Konstellationen ist wie eine »Tür«, durch die die sich wieder inkarnierende Seele eintritt. Die Türen oder »Nidânas« entsprechen dem Wunsch oder der Sehnsucht, die diese Seele zur Inkarnation getrieben haben. Es besteht eine symbolische Entsprechung zwischen den zwölf Nidânas und den Tierkreiszeichen.

Sie werden in einem Kreis, dem *Bhava Chakra* als Bild für das

Rad der Wiedergeburten, dargestellt, das der Meditation dient.
Das *erste Nidâna* ist der unbewußte Wille, der die Seele dazu bringt, sich zu reinkarnieren. Diese Symbolik erinnert an die des Widders, der oft von blinden Impulsen getrieben wird.
Das *zweite Nidâna* wird durch einen Töpfer verkörpert, der Ton modelliert. Er ist ein Symbol der Bindung an die Formen des physischen Lebens und damit dem Stier verwandt.
Das *dritte Nidâna* wird durch einen Affen dargestellt, der geschickt auf einen Baum klettert. Das symbolisiert die Sehnsucht nach Wissen und eine gewisse Instabilität, die an die Zwillinge erinnern.
Das *vierte Nidâna* wird durch ein Boot dargestellt, in dem manchmal nur ein Mann, manchmal eine ganze Familie sitzt. Es symbolisiert den Wunsch, selbständig zu leben, autonom zu sein. Dieser Wunsch entsteht im Westen auf der Ebene des Krebses (der auch an das Urmeer erinnert, wie das Boot).
Das *fünfte Nidâna* wird durch ein leeres Haus oder durch eine menschliche Maske symbolisiert und deutet auf den Trieb hin, sinnliche Kraft und auch Ehrgeiz zum Ausdruck zu bringen (was dem Löwen entspricht).
Das *sechste Nidâna* wird durch ein Ehepaar oder einen Bauern hinter dem Pflug dargestellt. Es symbolisiert den Wunsch nach konkreter Verwirklichung, nach Befruchtung und entspricht unserer Jungfrau (die im Westen mit einer Kornähre in der Hand dargestellt wird).
Das *siebente Nidâna* wird durch eine menschliche Gestalt dargestellt, deren eines Auge von einem Pfeil durchbohrt ist. Es symbolisiert den Wunsch nach Zärtlichkeit und Vergnügen, nach Liebesabenteuern, die mit Schmerzen enden. Es entspricht der Waage.
Das *achte Nidâna* wird durch einen Mann dargestellt, der sich berauscht, und durch eine Frau, die eine Weinkaraffe hält. Es symbolisiert den unersättlichen Durst nach Genuß, der den Menschen an das Rad der Wiedergeburten fesselt, und entspricht dem Skorpion.
Das *neunte Nidâna* wird durch einen Mann dargestellt, der Früchte in einem Korb sammelt. Es ist der Wunsch nach materiellen Gütern, die Bindung an die Freuden dieser Welt, die der Symbolik des Schützen entspricht.

Das *zehnte Nidâna* wird von einer schwangeren Frau repräsentiert. Sie symbolisiert die Fülle der materiellen Existenz und die irdische Knechtschaft. Dieses Nidâna entspricht dem Steinbock.
Das *elfte Nidâna* wird durch ein Kind dargestellt, das gerade geboren wird. Es symbolisiert den erlangten Zustand der Loslösung und weckt in der Seele den Wunsch, ein letztes Mal wiedergeboren zu werden, um alles Karma aufzulösen. Diese spirituelle Motivation entspricht dem Wassermann.
Das *zwölfte Nidâna* wird durch einen Toten und einen Leichenzug dargestellt. Es symbolisiert die für Neptun sehr typische Auflösung aller irdischen Bindungen, die die Seele gefangenhielten. Es entspricht den Fischen.

Dekanate, Grade und andere Unterteilungen des Tierkreises
Jedes Tierkreiszeichen umfaßt in Indien wie im Westen dreißig Grad des Kreises. Das *Dekanat* ist das Drittel eines Zeichens, umfaßt also zehn Grad. Die indischen Astrologen schenkten den Unterteilungen des Tierkreises große Beachtung: die Dekanate geben ihnen zufolge Hinweise auf die zukünftige Entwicklung der Seele. Auch jeder Grad des Himmelskreises weist auf Einzelheiten des Karmas hin. Darauf kann ich hier im einzelnen aus Platzgründen nicht eingehen, obwohl das sehr interessant wäre. Die Dekanate jedoch sind das Thema eines eigenen Kapitels (Seite 105ff.).

Der Aszendent
wird als sehr wichtig angesehen. Das Zeichen, das an der Spitze des zwölften Hauses, also genau über dem Horizont steht, gilt als der Aszendent des vorigen Lebens. Ein Beispiel: Ein Horoskopeigner, der mit dem Aszendenten Waage geboren wird, hatte in der letzten Inkarnation den Aszendenten Jungfrau; man muß sich aber nicht wundern, wenn er, vor allem zu Beginn dieses Lebens, noch Eigenschaften hat, die dem Zeichen Jungfrau entsprechen.
So durchläuft die Seele den Tierkreis und erfährt in jeder Inkarnation nach und nach die Möglichkeiten der aufeinanderfolgenden Zeichen.

Die sechs Welten
Für das Verständnis der indischen Astrologie sind die sechs Welten sehr wichtig, die sich von unten her folgendermaßen aufbauen:
Die *Unterwelt,* die der Saturnebene entspricht.
Die Welt der *hungrigen Seelen,* die der Mondebene entspricht.
Die *animalische Welt,* die der Venusebene entspricht.
Die *menschliche Welt,* die der Merkurebene entspricht.
Die *Welt der Titanen,* der Heroen oder eifersüchtigen Götter, die der Marsebene entspricht.
Die *Welt der Götter,* die Welt des Glücks und des Lichtes, die höchste aller Welten, die der Jupiter-Ebene entspricht. Zu diesen drei letzteren Welten hat man durch ein gutes Karma Zugang, während ein schweres Karma die Seele zwingt, sich in einer der unteren Welten, in denen das Leid herrscht, zu reinkarnieren.
Je nach ihren Verdiensten können die Seelen von der einen Welt zur nächsten fortschreiten. Die Astrologie erlaubt es, festzustellen, aus welcher Welt der Neugeborene kommt und in welcher er sich nach seinem Tod wiederverkörpern wird. Die Sonne, die Lichtenergie, die Gestalt des Buddha, zeigt durch ihre Position im Zeichen und im Dekanat an, aus welcher Welt der Horoskopeigner kommt.
Ich habe die Betrachtungsweise der indischen Astrologie hier nur sehr grob umrissen und bitte Spezialisten, mir diese Vereinfachung zu verzeihen.

Die Pioniere des Westens

Die ersten westlichen Pioniere der Reinkarnationsastrologie wandten sich nach Osten: Theosophen, Anthroposophen und Rosenkreuzern waren die indischen Quellen nicht unbekannt. Danach folgte eine Generation von Astrologen, die die esoterische Astrologie entwickelten und sich dabei mehr auf die mediale Inspiration als auf indische Texte stützten (Alice Fowler, Irys Vorel, Donald Yott, Charles Vouga). Die Übereinstimmung zwischen Inspirationen dieser Suchenden und der indischen Tradition ist jedoch bemerkenswert.
Ein Grenzfall ist Edgar Cayce, der nie einen Fuß in einen Ash-

ram setzte, sich nie mit indischer Astrologie beschäftigte und keine Tradition kannte, die von Reinkarnation sprach, und der ausschließlich durch mediale Inspiration zu dem Wissen gelangte, das in Indien bewahrt worden war, das unsere Astrologie jedoch vergessen hatte. Übrigens erwähnte Cayce im Zusammenhang mit dem Horoskop seines Freundes Lammers zum ersten Mal die Tatsache der Reinkarnation. Zu seinem eigenen Erstaunen erklärte er im hypnotischen Schlaf: »Früher war er (Lammers) Mönch.« Es folgte für Cayce wie für die Astrologen des Westens ein langer Entwicklungsweg, bis man zu der hier dargestellten Reinkarnationsastrologie gelangte.
Für einen »klassischen« westlichen Astrologen sind die in den Lectures von Edgar Cayce zu findenden Hinweise auf Reinkarnation im Zusammenhang mit Astrologie sehr überraschend.*
In den meisten der von Cayce zwischen 1923 und 1945 gehaltenen 2500 *Lectures* wird die Reinkarnation erwähnt. Seiner Ansicht nach leben die Seelen nicht nur mehrmals auf der irdischen Ebene – was wir die aufeinanderfolgenden Inkarnationen nennen –, sondern (davon spricht auch Alan Kardec): »In dem Maß, in dem die Seelen sich reinigen, inkarnieren sie sich in immer vollkommeneren Welten.« Auch die *Lettres de Christopher* von Rose-Marie Tristram (Ed. Colombe, Paris) sprechen davon. Christopher spricht über seine Erlebnisse in anderen Welten: »Nachdem wir Sirius verlassen hatten, besuchten wir verschiedene Satelliten rings um das große Lichtzentrum...« (Seite 233). Er spricht auch von Reisen auf den Mars, den Jupiter und den Orion.
Albert Pauchard spricht in seinem Buch *l'Autre Monde* (Ed. Amour et vie, Genf, S. 162) ebenfalls vom »Lichtstrahl des Neptun«, der den »letzten Teil eines Sonnenzyklus erhellt«, d. h. jene, die zwischen dem 20. Februar und dem 20. März im Zeichen der Fische geboren werden. Auch die wunderbaren *Lettres de Pierre* sprechen davon (herausgegeben von Fernand Lanore, Paris 1981).
In den Vereinigten Staaten hatte das berühmte Medium Arthur

* Lesern, die sich für dieses Thema interessieren, empfehle ich das hervorragende Buch von Margaret H. Gammon, *Astrology and the Edgar Cayce Readings,* A.R.E. (Edgar Cayce Foundation, 1967 und 1973).

Ford von seinen Reisen auf andere Planeten gesprochen, die er nach dem Verlassen seines Körpers im Astralleib erlebte. Er berichtete sogar von einem Besuch des Arcturus.
Um auf Cayce zurückzukommen: Seinen Angaben nach erleben die Seelen auf anderen planetarischen Ebenen oder Sternen Aufenthalte, die er »sojourns« nennt. Wozu geschieht das? Nach seinen Worten sieht der göttliche Plan zur Entwicklung der menschlichen Seelen für sie eine Reihe von planetarischen Erfahrungen vor, durch die sie ihre Erkenntnisse erweitern sollen. Anhänger des Reinkarnationsgedankens sind sich im Osten wie im Westen einig: die irdische Ebene ist zu begrenzt. Die Seele muß, bevor sie zum vollkommenen Wissen gelangt, eine große Vielfalt kosmischer Erfahrungen durchlaufen.
Nach Cayce werden diese »sojourns« auf den verschiedenen Bewußtseinsebenen im individuellen Horoskop durch die Planeten, die unterschiedliche Ebenen kosmischer Energie symbolisieren, beschrieben. Man kann aus unserem Horoskop also etwas über frühere planetarische Erfahrungen ablesen. Durch diese Reisen in andere Welten entwickeln sich unsere geistigen Fähigkeiten. Unsere Ideen, unsere Intuitionen, unsere angeborenen Kenntnisse, kurz unsere intellektuellen und imaginativen Fähigkeiten entstünden demnach direkt aus planetarischen Erfahrungen jenseits der Erde. Diese »Ausbildung« an verschiedenen Orten des Sonnensystems würde nach dieser Theorie unsere geistige Dynamik formen, während unser Gefühlsleben eher die Frucht irdischer Inkarnationen wäre.
Cayce sagte oft: »Diese Seele kommt vom Saturn« (oder vom Merkur, der Venus etc.). Diese Aufenthalte auf anderen Planeten sind nicht auf das Sonnensystem beschränkt; Cayce erwähnt mehrmals Sterne wie Arcturus (der ein sehr spiritueller Ort zu sein scheint), Sirius, die Plejaden, Rigel, Bellatrix, Beteigeuze, den Polarstern oder Konstellationen, die außerhalb des Tierkreises liegen wie der Große Bär, Orion etc.
Man weiß, daß die Astrologen der Antike und die arabischen Astronomen den Fixsternen einen großen Einfluß zumaßen. Sie unterschieden sie deutlich von den »wandernden Sternen«, also den Planeten. Die westliche Astrologie verkennt oder übersieht diese Sterne bis auf wenige Ausnahmen, wie Vivian Robson oder Volguine oder wie die rosenkreuzerische Astrologie, für die bestimmte Sterne wie Alcyone, die Plejaden (Stern-

bild des Stieres), die Aselli oder Anons (Sternbild des Krebses) und Antares (Sternbild des Skorpions) besondere Bedeutung haben.
Alice Bailey, ebenfalls eine Anhängerin der Reinkarnations-Astrologie, spricht vom Einfluß des Sternbildes Beteigeuze, des Großen Bären und des Sirius. Auch für die indischen Astrologen spielten Fixsterne natürlich eine große Rolle.
Für Cayce sind die Aspekte zwischen den Planeten und die Tierkreiszeichen weniger wichtig. Ihre Bedeutung ist in unserer westlichen Astrologie durch das Fortschreiten der Tagundnachtgleichen verfälscht.

Die Tierkreiszeichen und die Präzession der Tagundnachtgleichen

Für den ernsthaften Astrologen, auch wenn er sich nicht mit Reinkarnation befaßt, ist diese Präzession ein wichtiger Punkt. Die Menschen, die wenig über Astrologie Bescheid wissen, glauben, die Tierkreiszeichen seien das Wichtigste. »Ach, Sie sind Stier? Stiere mag ich sehr!« Dringt man etwas tiefer in die Materie ein, so erfährt man, daß die Tierkreiszeichen nur *ein* »Schlüssel« der Astrologie sind. Die Planeten sind ebenso wichtig, wenn nicht wichtiger. Manche Astrologen sehen die Tierkreiszeichen nur als eine Art farbigen Filter an, durch den die Schwingungen der einzelnen Planeten ihre Tönung erhalten.
Manchmal wundert man sich, daß gewisse Menschen sehr wenige Charakteristika ihres Sternzeichens verkörpern, sondern sich eher dem vorangegangenen Zeichen gemäß verhalten. Viele Menschen sind z. B. erstaunt, daß Hitler mit der Sonne im Stier* geboren wurde, einem außerordentlich friedlichen Zeichen. Es wäre viel logischer, wenn er die Sonne im Widder gehabt hätte, einem kriegerischen Zeichen unter der Herrschaft des Mars. Und das ist auch der Fall – wenn man das Fortschreiten der Tagundnachtgleichen in Betracht zieht. Ebenso ist es bei Ludwig XIV., der sich die Sonne zum Symbol gewählt hat und sich wie ein wahrer Löwe verhielt; er wurde tatsächlich,

* 20. April 1899. Dieses ungewöhnliche Horoskop wird in Kapitel 6 als Beispiel für ein dissonantes 8. Haus besprochen.

die Präzession berücksichtigt, nicht mit der Sonne in der Jungfrau geboren, dem Zeichen der vollkommenen Unterordnung (5. September 1638).
Die Sternbilder stimmen nicht mehr mit dem Zeichen des gleichen Namens überein, und der Tierkreis, mit dem wir arbeiten, hat sich verschoben. Es sei daran erinnert, daß die Astronomen die Fixsterne zu 89 Sternbildern gruppiert haben. Diese Gruppierungen sind natürlich willkürlich. Die Sonne hält sich immer an die zwölf Zeichen, die sie jedes Jahr durchläuft und denen die Alten aus Gründen, die uns nicht bekannt sind, Tiernamen gaben. Man darf jedoch nicht glauben, daß diese Namen völlig aus der Luft gegriffen sind. Die chaldäischen Astronomen und Astrologen hatten ein profundes esoterisches Wissen über das Tierreich.
Der Beginn des Tierkreisjahres, der Frühlingspunkt oder »Null Grad Widder«, soll also mit dem ersten der zwölf Sektoren oder Zeichen, in die man den jährlichen Weg der Sonne aufgeteilt hat, zusammenfallen. Diese zwölf Abschnitte von je 30° ($30 \times 12 = 360°$) werden nach den Sternbildern benannt, die sie umschließen sollen.
Die Präzession der Tagundnachtgleichen bewirkt nun, daß die Sonne heute nicht mehr am 21. März über dem Sternbild Widder aufsteigt. Das war im Jahre 228 n. Chr. noch der Fall. Damals fielen das Tierkreiszeichen Widder und die Konstellation Widder noch zusammen, wie es sich gehört. Allmählich jedoch begann die Sonne am Ende des Zeichens Fische aufzugehen. Die Astrologen wie Ptolemäus achteten nicht darauf, da es sich nur um eine so geringe Verschiebung handelte. Heute jedoch ist es eine ganz beträchtliche Verschiebung. Das liegt daran, daß sich die Erdachse in 26000 Jahren einmal langsam um sich selbst dreht. Dieses Phänomen nennt man die »Präzession der Tagundnachtgleichen«, die bewirkt, daß die Sonne an jedem 21. März ein klein wenig früher im Tierkreis aufgeht.
Durch diese allmähliche Verschiebung stimmen die zwölf Abschnitte von 30° nicht mehr mit den Konstellationen überein, die ihnen die Namen gaben. Die Verschiebung erreicht heute (1983) schon 24°. Die indischen Astrologen wußten von dieser Verschiebung und nannten sie *ayanamsa*. Bei der Interpretation der Horoskope bezogen sie sie mit ein.
So hätte jemand, der 1983 mit der Sonne auf 5° im Skorpion ge-

boren worden ist, für die Astrologen vor 2000 Jahren wie für die heutigen indischen Astrologen die Sonne auf 11° Waage. Es ist also nicht erstaunlich, wenn er in seiner Jugend typische Waage-Charakterzüge zeigte.

Seit dem Jahr 228 n. Chr. bis heute findet die Frühlings-Tagundnachtgleiche im Sternbild Fische statt, und zwar bis zum Jahr 2377, um danach ins Sternbild Wassermann einzutreten.

Ein seriöser Astrologe, dem es wirklich um Wahrheitsfindung zu tun ist, müßte also in seinen Interpretationen die *ayanamsa*-Verschiebung miteinbeziehen. Ein Geburtsmond auf 6° Stier ist z. B. am Tag der Geburt eindeutig im Sternbild Widder.

Wenn ich in den folgenden Kapiteln von einem Planeten oder einem Mondknoten in einem Zeichen spreche, so handelt es sich natürlich um das *wirkliche* Zeichen unter Berücksichtigung der *ayanamsa*-Korrektur. Die »Progression« der Planeten läßt sie jedoch den Tierkreis durchlaufen. So hat das Kind, das heute mit der Sonne auf 5° Schütze geboren wird, die Sonne in Wirklichkeit im Skorpion und wird auch die entsprechenden Charakteristika zeigen. Durch die Progression von 1° pro Jahr wird die Sonne jedoch, wenn es 25 Jahre alt ist, auf den 1° Steinbock gelangen. Zieht man jedoch das *ayanamsa* ab, so wird die Sonne in Wirklichkeit auf 6° des Sternbildes Schütze stehen. Dann wird der junge Mann sich eher einem Schützen entsprechend verhalten. In der Praxis sollte man also beide Zeichen, vor und nach Abzug des *ayanamsa,* in Betracht ziehen.

Die altpersischen und chaldäischen und babylonischen Astrologen stellten dieses Phänomen in Rechnung und korrigierten ihre Horoskope entsprechend. Die Ägypter, die Astrologen des Römischen Reiches, ihre mittelalterlichen Nachfolger und die modernen Astrologen vergaßen das *ayanamsa,* das jedoch von Jahrhundert zu Jahrhundert größer wird. Die westliche Astrologie arbeitet also heute teilweise mit falschen Grundlagen. Die Tabelle auf der folgenden Seite zeigt die Verschiebungen, die sich jeweils zum 1. Januar 1901 bis zum 1. Januar 2000 jährlich ergeben.

Tabelle zur Errechnung des ayanamsa
Die jährlich abzuziehende Zeitverschiebung.
Die Zahlen gelten jeweils für den 1. Januar des betreffenden Jahres.

1901	23°21′14″	**1921**	23′37′59″	**1941**	23°54′43″	**1961**	24°11′28″	**1981**	24°28′13″
1902	22′05″	1922	38′49″	1942	55′33″	1962	12′18″	1982	29′03″
1903	22′55″	1923	39′39″	1943	56′24″	1963	13′08″	1983	29′53″
1904	23′45″	1924	40′30″	1944	57′14″	1964	13′59″	1984	30′43″
1905	24′35″	1925	41′20″	1945	58′04″	1965	14′49″	1985	31′34″
1906	25′26″	**1926**	42′10″	**1946**	58′54″	**1966**	15′39″	**1986**	32′24″
1907	26′16″	1927	43′00″	1947	59′45″	1967	16′29″	1987	33′14″
1908	27′06″	1928	43′50″	1948	24°00′35″	1968	17′20″	1988	34′04″
1909	27′56″	1929	44′41″	1949	01′25″	1969	18′10″	1989	34′54″
1910	28′46″	1930	45′31″	1950	02′15″	1970	19′00″	1990	35′45″
1911	23°29′37″	**1931**	24°46′21″	**1951**	24°03′06″	**1971**	24°19′50″	**1991**	24°36′35″
1912	30′27″	1932	47′11″	1952	03′56″	1972	20′40″	1992	37′25″
1913	31′17″	1933	48′02″	1953	04′46″	1973	21′31″	1993	38′15″
1914	32′07″	1934	48′52″	1954	05′36″	1974	22′21″	1994	39′06″
1915	32′58″	1935	49′42″	1955	06′27″	1975	23′11″	1995	39′56″
1916	33′48″	**1936**	50′32″	**1956**	07′17″	**1976**	24′01″	**1996**	40′46″
1917	34′38″	1937	51′22″	1957	08′07″	1977	24′52″	1997	41′36″
1918	35′28″	1938	52′13″	1958	08′57″	1978	25′42″	1998	42′27″
1919	36′18″	1939	53′03″	1959	09′48″	1979	26′32″	1999	43′17″
1920	37′09″	1940	53′53″	1960	10′38″	1980	27′22″	2000	44′07″

Ein vielsagendes Beispiel: das Horoskop von Hitler
Für seine Geburt am 20. April 1898 um 18.21 Uhr in Braunau am Inn in Österreich ergibt sich im normalen Tierkreis 0° 48′ Stier. Korrigiert man nach Abzug des *ayanamsa* die Stellung der Sonne, so findet man sie im Widder auf 7° 48′, wo dieses Kriegs- und Feuerzeichen seine ganze Kraft hat (siehe vollständige Analyse des Horoskopes auf Seite 137ff.).

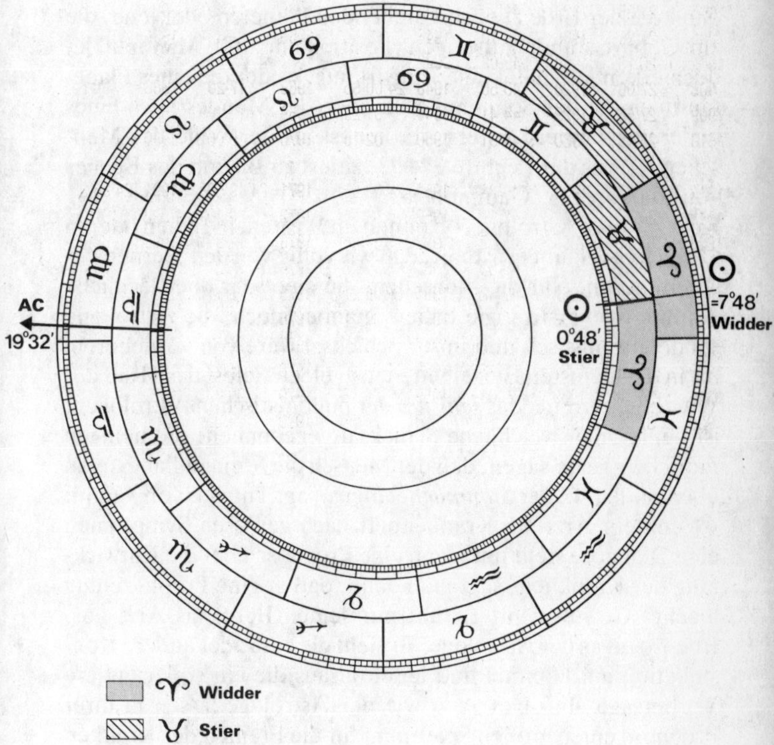

Innerer Kreis: gewöhnlicher Tierkreis
Äußerer Kreis: korrigierter Tierkreis (ayanamsa etwa 23°)

Der Weise beherrscht die Sterne

Die Tradition wußte schon immer: Astra inclinant sed non cogunt, d. h., die Sterne machen geneigt, aber sie zwingen nicht. Thomas von Aquin sagt: »Alles, was auf dieser Erde lebt, ist dem Einfluß der Sterne unterworfen – aber der Weise beherrscht die Sterne.«

Auch Cayce ist dieser Ansicht. Bei ihm lesen wir: »Den stärksten Einfluß auf das Schicksal des Menschen hat die Sonne, dann die der Erde zunächst stehenden Planeten oder jene, die zur Geburtsstunde aufsteigen (Position am AC). Man muß jedoch erkennen, daß keine Einwirkung, weder die eines Planeten noch die der Sonnenphasen noch des Mondes noch eines anderen Himmelskörpers, stärker ist als der Wille des Menschen.« (Aus der Lecture 3744/3, zitiert zu Beginn des Buches von Margaret H. Gammon.)

Kein seriöser Astrologe, ob er nun im Westen, in Indien oder in China lebt, glaubt ernsthaft, daß wir völlig von den Sternen bestimmt seien. Nur die Menschen, die eine sehr oberflächliche Ahnung von Astrologie haben, glauben noch, die Astrologie sei deterministisch und unser Schicksal wäre von vorneherein bis in die kleinsten Einzelheiten festgelegt. Selbst das »Rad der Wiedergeburten«, das *samsara* der buddhistischen Astrologen, ist keine unausweichliche Schicksalsgegebenheit: die heiligen indischen Texte sagen, daß der Mensch die Freiheit habe, es zu überwinden. In der *Summa theologica* sagt Thomas von Aquin: »Wenn ein Arzt am Krankenbett nach gewissen Symptomen eine Diagnose stellt und dann eine Prognose über die Entwicklung der Krankheit, sagt man dann, daß er eine Prophezeiung macht? Gewiß nicht! Er übt nur seinen Beruf als Arzt aus. Ebenso tut es der Astrologe: Er sieht die eine oder andere Konstellation am Himmel und leitet daraus die eine oder andere Vorhersage ab.« Der Arzt wie der Astrologe lassen in ihrer Prognose einen großen Spielraum für die Freiheit des Kranken (oder des Horoskopeigners). Dieser kann die Prognose des Arztes (oder des Astrologen) durch seine geistige Haltung unwirksam machen. Es gibt Kranke, die resignieren, und andere, die eigentlich dem Tod geweiht wären, aber durch ihre Willenskraft wieder genesen.

Eine Astrologie, die die menschliche Freiheit leugnete, wäre völlig unsinnig. Jeder, der seine Macht im Namen der Sterne mißbrauchen und den Klienten erschrecken würde, indem er aus seinem Horoskop ein unausweichliches Schicksal liest, ist des Namens »Astrologe« nicht würdig.

Kapitel 3

Die Tierkreiszeichen

Alle astrologischen Handbücher beschreiben detailliert die Symbolik der einzelnen Tierkreiszeichen, denen oft sogar ein ganzer Band gewidmet ist. Es ist also nicht nötig, sie hier noch einmal im einzelnen zu beschreiben. Die Symbolik der Zeichen ist in der karmischen Astrologie die gleiche wie in der gewöhnlichen.

Die Tierkreiszeichen sind wie Energiefelder, die durch die Planeten belebt werden. Wir wählen uns vor der Geburt entsprechend unserem astralen Zustand die Stellungen der Planeten in den einzelnen Tierkreiszeichen aus. Wie Thomas von Aquin und Edgar Cayce betonten, ist unser Wille, wenn wir inkarniert sind, stärker als die Planetenkonstellationen und Zeichen, unter denen wir geboren sind. Die Erde ist also ein Ort, an dem wir praktisch tätig werden und das auf anderen Planeten, also anderen Bewußtseinsebenen, erworbene Wissen anwenden können.

Die zwölf Zeichen entsprechen zwölf verschiedenen Arten, die kosmische Lektion anzuwenden. Sie entsprechen zwölf Stadien des spirituellen Wachstums, zwölf Bewußtseinsphasen. Wie es verschiedene Körperteile gibt, so sind die Zeichen die verschiedenen Segmente des universellen Wissens, die wir eines nach dem anderen entwickeln müssen.

Unsere Erde selbst durchläuft ein »großes Jahr« in zwölf Stationen. Es ist der Zyklus von 24000 Jahren in zwölf Abschnitten (Fische-Zeitalter, Wassermann-Zeitalter etc.). Die Zeichen beeinflussen unser Leben also nur durch das Wirken der Planeten, die sie durchlaufen und die uns beleben. In dieser Einteilung des Himmels in zwölf Teile liegt jedoch eine tiefe, uralte Weisheit, die es sich zu ergründen lohnt.

Die Progression der Zeichen von einem Leben zum nächsten

Die esoterischen Astrologen sind der Ansicht, daß die Seelen in ihren verschiedenen Inkarnationen den ganzen Tierkreis

durchlaufen, sich demnach mit der Sonne und dem Aszendenten im jeweils vorigen Zeichen neu inkarnieren. Will man also die früheren Leben des Horoskopeigners aus dem Horoskop ablesen, würde jedes Zeichen an der Spitze eines Hauses auf eine vergangene Inkarnation hinweisen. Das ist eine Theorie, von der es jedoch Ausnahmen zu geben scheint. Es gibt Zeugnisse von Menschen, die sich zweimal hintereinander im gleichen Sonnenzeichen inkarniert haben (beispielsweise die von Edgar Cayce zitierten Fälle, siehe Seite 317ff.). Jane Evans spricht auch von einem Kind, das sich nach seinem Tod wieder in derselben Mutter inkarnierte.* In diesem Fall befanden sich Sonne und Aszendent beide Male in verschiedenen und weit voneinander entfernten Zeichen.
Das Zeichen an der Spitze des zwölften Hauses scheint eher die allgemeine »Stimmung« der letzten Inkarnation als das genaue Sonnenzeichen oder den Aszendenten zu definieren. Man müßte es ähnlich interpretieren wie das 7. Haus, von dem man weiß, daß es das Porträt des Partners enthält. Das Zeichen jedoch, das vom 7. Haus angeschnitten wird, weist nicht unbedingt auf einen Partner hin, der die Sonne oder den Aszendenten in diesem Zeichen hat, obwohl das sehr häufig vorkommt. Es kann auch auf jemanden hindeuten, dessen allgemeine Charakteristik durch den das Zeichen beherrschenden Planeten definiert ist. Nehmen wir ein Beispiel: Martines Aszendent ist Stier; sie hat sich natürlich einen Mann gesucht, der ihrem vom 7. Haus angesprochenen Zeichen entspricht, d. h. dem Skorpion. Ihr Mann ist zwar mit der Sonne in der Waage und dem Aszendenten im Krebs geboren; sein Charakter entspricht jedoch dem Skorpion, da bei ihm Pluto, der Herrscher des Skorpions, am Aszendenten steht. So weist das Haus 7 auf einen plutonischen Partner hin, der nicht unbedingt unter dem von Pluto beherrschten Zeichen Skorpion geboren sein muß. Oft stellt man bei der Analyse eines Geburtshoroskopes fest, daß die allgemeine Persönlichkeit des Partners, nicht jedoch seine Sonne, dem Zeichen im siebenten Haus des anderen entspricht. Man sollte also nie vergessen, daß Zeichen, Planeten und Häuser gleichwertig sein können.
Eine Klientin sagt zu mir: »Meine Mutter ist Wassermann.« Ich

* Jane A. Evans, *Twelve Doors to the Soul.*

betrachte den Mond, der für die Mutter steht, im Horoskop der Tochter. Der Mond steht bei der Tochter aber nicht im Wassermann, wie man erwarten könnte, sondern in Konjunktion mit Uranus, dem Herrscher des Wassermanns. In einem anderen Fall könnte eine Mutter vom Wassermann-Typ gekennzeichnet sein durch den Mond im elften Haus, das dem Wassermann entspricht.

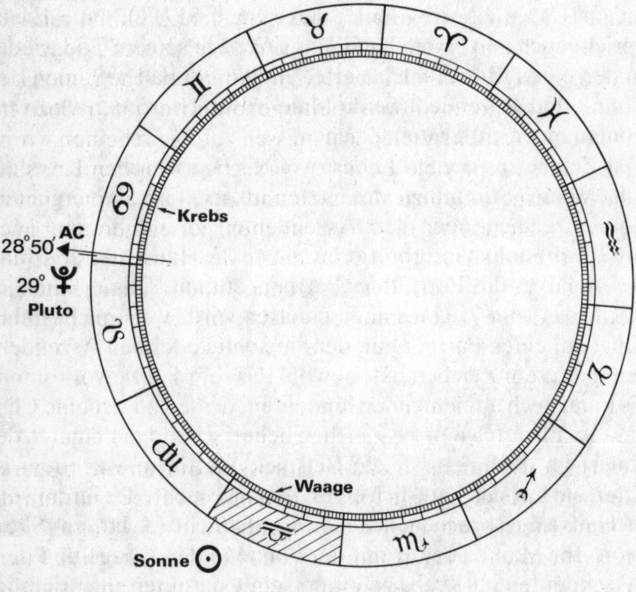

Äquivalenz der Zeichen und Planeten: Der Horoskopeigner hat die Sonne in der Waage. Er verhält sich jedoch eher wie ein Skorpion-Geborener, da Pluto, der Herrscher des Skorpions, zur Geburtsstunde über dem Aszendenten aufging.

Ich glaube, daß das gleiche für das Zeichen des zwölften Hauses gilt: Man müßte es entsprechend der Symbolik des das jeweilige Zeichen beherrschenden Planeten interpretieren. Das habe ich bei den Beispielhoroskopen getan, die ich in Kapitel 10 analysiere.

Der Planetenherrscher des zwölften Hauses sagt viel über das vorige Leben des Horoskopeigners. Es ist wichtig, in welchem

Zeichen und in welchem Haus er steht und welche Aspekte er hat (siehe das Kapitel über die Häuser). Das Zeichen an der Spitze des 12. Hauses beschreibt also die letzte wichtige Inkarnation oder das schwierigste Karma, das die jetzige Inkarnation bestimmt, möglicherweise auch ein neu geschaffenes Karma, was nicht das gleiche ist. Sehr kurze, wenig wichtige Leben (Kinder, die früh starben), erscheinen nicht immer im zwölften Haus.
Manche Esoteriker glauben, daß man sich zwölfmal reinkarniert, in jedem Zeichen einmal, und daß damit die Aufgabe auf der irdischen Ebene erfüllt sei. Ich halte Menschen, die glauben, daß wir nur zwölfmal wiedergeboren werden, jedoch für etwas optimistisch. Vielen Zeugnissen zufolge scheinen wir im allgemeinen sehr viele Leben zu brauchen, um den Kreislauf der Wiedergeburten zu verlassen und zur Vollkommenheit zu gelangen. Sicher sind die Möglichkeiten vielseitiger, aber auch genauer festgelegt, als wir glauben. In der indischen Tradition heißt es, wie erwähnt, daß Gautama Buddha immerhin nicht weniger als 547 Inkarnationen erlebte bis zu seiner Erleuchtung.

Karmische Zeichen

Natürlich weist alles in einem Horoskop auf unsere früheren Leben hin, da die jetzige Inkarnation nur das Ergebnis der irdischen und planetarischen Vergangenheit ist. Obwohl alle Zeichen karmisch sind, geben manche von ihnen doch stärkere Hinweise auf die Vergangenheit: Krebs, Jungfrau, Skorpion und Fische. Menschen, in deren Geburtshoroskop diese Zeichen besonders stark besetzt sind, erinnern sich leichter als andere an ihre früheren Leben. Das gilt vor allem für den Krebs. Jungfrau, Skorpion und Fische scheinen mit besonders schwerer karmischer Schuld beladen zu sein. Warum? Weil die Fische am Ende eines Zyklus stehen und deshalb eine Art letzte Reinigung der Seele darstellen. Dem Horoskopeigner hilft seine Duldsamkeit, besondere Prüfungen auf physischer, emotionaler und sozialer Ebene zu bestehen. Die Fische nehmen das Leiden willig an und opfern gern, ja manchmal fordern sie Prüfungen geradezu heraus. Die anderen bezeichnen das als masochistisch, weil sie den Wert des Leidens nicht erkannt haben wie die Fische. Als Zeichen des großen Opfers, des »leidenden Dieners«, so wird Christus, für den der Fisch ein Symbol ist, vom Propheten Jesaia bezeichnet. Fische sind überdurchschnittlich an Alchimie interessiert, die Leiden in spirituelle Befreiung verwandelt. Sie müssen jedoch lernen, nicht mehr vor den selbstgewählten Prüfungen zu fliehen, denn darin sind sie ganz groß!

Auch die Jungfrau repräsentiert ein Stadium der Reinigung, in dem die Seele lernt, sich in den Dienst am anderen zu stellen und den Körper zu beherrschen. Deshalb interessieren sich Jungfrau-Geborene so leidenschaftlich für Medizin und Diätetik; oft müssen sie ein physisches Karma bewältigen. Die Jungfrau ist das Zeichen der Ernte: Hier zeigen sich die Früchte dessen, was man in früheren Leben gesät hat; die Jungfrau beendet die erste Hälfte des Tierkreises, die Waage eröffnet nach ihr einen neuen Halbkreis.

Skorpionbetonte Menschen sind an einen Höhepunkt ihrer karmischen Krisen gelangt. Obwohl der Skorpion offiziell nicht als doppeltes Zeichen betrachtet wird, ist er es doch im tieferen Sinne: das achte Zeichen steht unter der Symbolik der Zahl 8, die aus zwei sich an einem Punkt berührenden Kreisen gebildet wird. Der eine Kreis stellt die sichtbare Welt der Materie dar, der andere die unsichtbare Welt. Der Skorpion steht am Berührungspunkt, zerrissen zwischen zwei Welten, was seine Situation nicht angenehm macht. Er ist zwar tief verwurzelt in der physischen oder irdischen Welt, streckt aber immer einen Fühler in die unsichtbare Welt aus. Daher kommt seine dauernde Unzufriedenheit, seine Angst, seine Zwiespältigkeit. Er lebt in einer extremen Spannung. Seine Grundbedeutung »Tod *und* Auferstehung« ist durch und durch karmisch. In der Antike geschahen die »Initiationsmysterien« an unterirdischen Orten, die dies symbolisierten. Der skorpionbetonte Mensch muß sich deshalb mit dem Sterben auseinandersetzen, um zu einer Auferstehung zu gelangen. Es geht um den symbolischen Tod gewisser karmischer Gewohnheiten und Bindungen, die ihn am Weiterkommen hinderten. Armer Skorpion! Er ist in seinen früheren Leben durch seine Leidenschaften oft so tief gesunken, daß nun ein Teil von ihm sterben, im Feuer des Mars verbrannt werden und sich durch die Wirkung der plutonischen Strahlung auflösen muß. Durch diesen Tod wird er von seinen

Schlacken gereinigt, die durch das schwarze Wasser der Sümpfe zersetzt werden (das Wasser des Skorpions ist das der Moore). Er ist sich dessen bewußt und kann so zu einer Wiedergeburt gelangen. Niemand ist so bewußt wie der Skorpion: ein sehr introvertierter Mensch, der sich selbst wie die anderen mit erbarmungslosen Blicken durchschaut.
Begibt er sich auf die Suche nach seinen früheren Leben, so findet er sie leichter wieder als die anderen, da er keine Angst davor hat, sich mutig seinem eigenen Schatten zu stellen. Gewöhnlich erinnert er sich sehr lebhaft an alles. Der Skorpion vergißt nichts. Er weiß, daß alles im Gedächtnis der Zeit eingraviert ist.
Das trifft auch für den Krebs zu, für den das ganze Leben eine Meditation über die Vergangenheit und über seine eigenen Ursprünge ist. Das ist der karmischen Bedeutung des vierten Hauses sehr ähnlich. Das Problem des Krebses besteht darin, daß er emotional noch ganz im vorigen Leben versunken ist. Er erinnert sich nicht nur daran, er ist davon besessen. Ich frage mich manchmal, ob er sich überhaupt für etwas anderes interessieren kann als für das, was er schon kennt (und seine Erinnerungen gehen weit hinter seine Geburt in dieses Leben zurück, siehe die Analyse des Horoskopes von Marcel Proust, Seite 116, das sehr typisch ist für das Wühlen des Krebses in seiner Vergangenheit). Dadurch ist eine große Begabung für Geschichte und Psychologie vorhanden. Diese karmische Bindung an die früheren Kindheiten äußert sich jedoch in einer panischen Angst, sich weiterzuentwickeln. Es ist mir aufgefallen, daß der Krebs Feuerzeichen braucht, die ihn antreiben (vor allem Widder und Löwe und das Mars-Feuer des Skorpions). Der Krebs ist in gewisser Weise das Urei, in dem sich der Lebenskeim entwickelt, und das, um sich zu öffnen, Wärme von außen braucht.

Feste, bewegliche und kardinale Zeichen

Die vier festen Zeichen (Stier, Löwe, Skorpion, Wassermann) sind die vier Pfeiler der Welt. Sie sind der symbolische Schlüssel zu den vier großen Initiationen, die alle Seelen durchlaufen müssen. Diesen vier Zeichen wird Stabilität und Verwurzelung zugeschrieben, sie sind die vier Säulen des kosmischen Wissens. Die vier Evangelisten wurden ebenfalls durch die vier »festen« Zeichen des Tierkreises symbolisiert: als der Stier, als Löwe, als Engel (Wassermann) und als Adler (Symbol des Evangelisten Johannes, der auch der »Adler von Patmos« genannt wurde). Der Adler symbolisiert die höhere Oktave des Skorpions, der zugleich Adler und Schlange ist – zwei Tiere, welche die Initiation in die Arkana des Wissens symbolisieren; der Adler benutzt seine Weisheit, um höher zu fliegen, während die Schlange sie dazu benutzt, zu kriechen und andere zu Fall zu bringen. Die karmische Lektion, die diese Zeichen geben, ist die Konzentration der Energien, die zur Dauerhaftigkeit, d. h. zur Ewigkeit führt. Ein durch diese festen Zeichen beschriebenes Karma ist schwerer und wirkt sich auf eine heftigere, drastischere Weise aus, da die Seele es schwerer hat, sich von ihnen zu lösen.

Die vier beweglichen Zeichen (Zwillinge, Jungfrau, Fische und Schütze) steigen spiralförmig nach oben auf. Sie sind die Bewegung selbst, das schwer Faßliche, die Anpassungsfähigkeit. Unendlich sensibel für die ätherischen Schwingungen sind sie dazu da, uns die Dynamik der Weiterentwicklung zu lehren. Sie verbinden immerzu Vergangenheit und Gegenwart (Fische und Jungfrau), Liebe und Weisheit (Schütze und Zwillinge). Sie verbinden die Yin-Werte mit den Yang-Werten, das Weibliche mit dem Männlichen. Die beweglichen Zeichen befreien sich schneller als die festen vom Karma... wenn ihre Geschmeidigkeit sie nicht dazu verleitet, ihre ursprüngliche Aufgabe zu fliehen. Dann fliehen sie vor sich selbst und sind in Versuchung, das Karma, das in diesem Leben bewältigt werden müßte, auf das nächste zu verschieben.

Die vier kardinalen Zeichen (Widder, Krebs, Steinbock, Waage) strahlen Energie aus. An der Verbindungsstelle (»cardo« heißt auf lateinisch Angel, Scharnier) von Materie und Geist sind sie die eigentlichen Zeichen der irdischen Inkarnation, durch die das spirituelle Wissen auf die irdische Ebene übertragen wird. Als Verbindung der Geschmeidigkeit der beweglichen und der Stabilität der fixen Zeichen haben sie eine konstruktive Kraft, können positiv handeln und auf praktischer Ebene die vorgesehene karmische Lektion lernen. Selbst der Krebs, über den ich mich im vorigen Abschnitt kritisch geäußert habe, hat im familiären Bereich konstruktive Fähigkeiten, und seine emotionale Kraft ist größer, als man glaubt. Diese kardinalen Zeichen haben allerdings auch eine starke Neigung, neues Karma zu schaffen.

Karmische Bedeutung der Elemente

Die chinesische wie die westliche Astrologie haben die universelle Grundlage der vier Elemente gemeinsam. Bei uns sind das Erde, Luft, Feuer und Wasser, bei den Chinesen gibt es fünf »Substanzen«: Erde, Wasser, Metall, Feuer und Holz. Die Idee der vier Elemente ist hier die gleiche: nur wird ein fünftes, auf eine höhere Dimension hinweisendes, quasi als Quinta Essentia hinzugefügt.

Die Wasserzeichen (Krebs, Skorpion, Fische) sind an ein emotionales Karma gebunden. In den früheren Leben ist es der Seele nicht gelungen, ihre Emotionen genügend zu beherrschen. So hat sie beschlossen, im gegenwärtigen Leben an dieser Ebene zu arbeiten. Sie versucht zu lernen, ihre Gefühle zu disziplinieren und es nicht zuzulassen, daß das Element Wasser die negativen Einflüsse heranträgt, die das Gleichgewicht zerstören. Es ist nicht so einfach zu lernen, seine Gefühle in den Dienst einer wahren Liebe zu stellen. Die Bindung an Herzensangelegenheiten und Gefühle, an die Menschen und Dinge, die sie auslösen, wird eine starke karmische Bindung, von der man sich eines Tages befreien muß. Die intensive Pflege dieser emotionalen und sinnlichen Befriedigungen führt zu extremen Besitzansprüchen anderen gegenüber.

Die Feuerzeichen (Widder, Löwe, Schütze) sind an ein Karma der Ich-Entwicklung gebunden. Bitter ist der Glaube jener, die meinen, man verlöre nach dem Tod seine Individualität und die Menschen, die wir waren und die wir geliebt haben, lösten sich im Kosmos auf oder kehrten gar ganz in die tote Materie zurück. Ich bin wie Cayce und Allan Kardec und viele andere der Überzeugung, daß die Wesenheit, auch wenn sie eine Reihe von Verwandlungen erlebt, ihren besonderen Charakter beibehält. Jede Wesenheit muß im letzten Stadium wie eine vollkommene und dennoch einzigartige Symphonie sein. Dazu ist die Selbstbehauptung ein notwendiger Schritt, und diese Lektion ist das Karma der Feuerzeichen.

Liebe ist nur möglich, wenn die Wesenheit existiert und andere mit ihrem inneren Feuer erwärmen kann. Das Feuer kann jedoch brennen, ohne die Existenzberechtigung der anderen Elemente zu erkennen: Es kann die Erde verdorren lassen, das Wasser austrocknen und die Luft zu seinem persönlichen Nutzen verbrauchen. Das Feuer muß die Tugenden des Dialoges lernen. Die Dominanz von Feuerzeichen in einem Horoskop weist darauf hin, daß die Wesenheit in früheren Leben ihre Individualität nicht genügend entwickelt hat und das nun tun muß oder (entsprechend den Planeten und ihren Aspekten) das Ich hat zu stark werden lassen und es dem Feuer erlaubt hat, zu einem alles verzehrenden Brand zu werden. Dann muß durch eine größere Öffnung anderen gegenüber eine Läuterung geschehen.

Die Luftzeichen (Zwillinge, Waage, Wassermann) sind mit dem Geist verbunden. Im Hebräischen heißt *rouah* sowohl der Wind als auch der göttliche Hauch, der Geist. »Der Geist weht, wo er will...« und die Unabhängigkeit ist zugleich Größe und Gefahr dieser intelligenten Zeichen. Zwillinge-, Waage- oder Wassermann-Geborene, die sofort erspüren, was in der Luft liegt, haben sich in ihren früheren Leben möglicherweise in abstrakte Ideen geflüchtet, um sich nicht dem Leben aussetzen zu müssen. Vielleicht haben sie sich auch an falsche, aber angenehme Vorstellungen geklammert. Es ist auch möglich, daß sie den anderen falsche Ideen aufzwingen wollten, obgleich ihnen die Wirklichkeit ihren Irrtum gezeigt hat. Der Hochmut ist übrigens eines der Grundprobleme der Luftzeichen; sie verachten souverän die biologische Realität. Die Menschen mit luftbetonten Zeichen haben sich in ihren früheren Leben möglicherweise auch geweigert, sich zu engagieren, weil sie vor der Vorstellung zurückschreckten, einen Teil ihrer sakrosankten Unabhängigkeit zu verlieren. Besessen von der Furcht, eingeschränkt zu werden, schreckten sie davor zurück, sich auf ein konstruktives Werk einzulassen, und das möglicherweise schon in mehreren früheren Leben. Es gibt jedoch auch Fälle, in denen die Wesenheit ihre geistige Beweglichkeit und ihre Empfänglichkeit für Inspirationen nicht genügend entwickelt hat und deshalb beispielsweise am Aszendenten ein Luftzeichen wählt, um diese Fähigkeit zu vertiefen.

Die Erdzeichen (Stier, Jungfrau, Steinbock) sind ganz der irdischen Erfahrung hingegeben. Sie setzen ihre ganze Kraft ein, bauen auf, vergessen dabei manchmal das spirituelle Ziel ihrer Arbeit. Der Stier liebt die Arbeit um ihrer selbst willen so sehr, daß er manchmal Dinge tut, ohne sich zu fragen, ob sie überhaupt einen Sinn haben. Die Jungfrau verliert sich im Detail, und der Steinbock vergißt den spirituellen Sinn der Macht, um die er sich so hartnäckig bemüht. Ob die unter Erdzeichen Geborenen in früheren Leben diesen Versuchungen verfallen sind, kann man dem Horoskop entnehmen. Wahrscheinlich haben sie mit der Materie, mit irdischem Besitz, mit Geld und Ehre Mißbrauch getrieben. Es ist jedoch auch möglich, und das kann man dem Gesamt-Horoskop entnehmen, daß sie in diesen Bereichen eine »irdische Lektion« zu lernen haben, da sie nach einigen früheren Leben, in denen sie zu schwebend oder verträumt waren, nun das Bedürfnis verspürten, mit beiden Beinen auf die Erde zu kommen. Wenn sie in ihrem früheren Leben zu ätherisch, zu sehr vom Kopf bestimmt oder zu unruhig waren, haben sie es sich diesmal zur Aufgabe gemacht, ihre Inkarnation intensiv zu leben.

Die Häuser- und Zeichenspitzen

Den Ausdruck »Spitze« gebraucht man in der Astrologie, um den Beginn eines Hauses oder eines Zeichens zu bezeichnen. Häufig fragen mich Zuhörer in Vorträgen oder nach Radiosendungen mit bekümmerter Miene: »Ich weiß nicht, ob ich zu diesem oder jenem Zeichen gehöre, denn ich bin genau an der Grenze zwischen beiden geboren!« Beispielsweise: »Ich bin am 19. Februar geboren, bin ich noch Wassermann oder schon Fische?«

Diese Menschen scheinen von der Vorstellung beunruhigt zu sein, zu mehreren Zeichen zu gehören. Dem Astrologen erscheint das gar nicht ungewöhnlich, denn wir sind alle mit einer Kombination der vielfältigsten Einflüsse geboren. Ist man zwischen zwei Zeichen geboren, so ergibt sich eine Verbindung der Charakteristika beider Zeichen, wie es auch bei der Konjunktion zweier Planeten der Fall ist.

Cayce spricht in seinen *Lectures* viel über dieses Problem. Seiner Meinung nach ist es, als stünden diese Menschen vor einer

schmalen Tür, einem schwierigen Durchgang. Sie müssen sich vom Einfluß des vorigen Zeichens, das ihr letztes Leben bestimmte, frei machen, um sich im Bereich des neuen Zeichens zu engagieren. In der jetzigen Inkarnation müssen sie sich von einem Zyklus von Erfahrungen frei machen, um einen neuen zu beginnen. So befinden sich die meisten auf unangenehme Weise zwischen zwei Stühlen.
Vor Entscheidungen gestellt, müssen sie ihren freien Willen einsetzen. Sie haben die Neigung, sich gegen jene zu wehren, die ihre Entscheidungen beeinflussen wollen. Das erinnert auch an das Verhalten der *doppelten* Zeichen: sie rebellieren gegen jeden Zwang, setzen immer nur einen Fuß in eine Sache, jederzeit bereit, ihn zurückzuziehen, wenn man ernsthaftes Engagement von ihnen verlangt. Der Schütze engagiert sich rückhaltlos, aber nie für lange Zeit. Fische haben eine hervorragende Begabung, sich zu entziehen. Die Jungfrau neigt dazu, wenn man eine Zeitlang glaubt, sie habe sich stabilisiert, total umzuschwenken, wenn sie den Moment für gekommen hält (übrigens nicht ohne Schuldgefühle zu haben, was ihr persönlicher und moralischer Luxus ist).
Je größer die Zahl der Häuserspitzen ist, die mit Zeichenspitzen zusammenfallen, um so schwieriger ist die von der Wesenheit gewählte Inkarnation. (Siehe in diesem Zusammenhang Kapitel 5 über die Dekanate.) Menschen, deren Sonne mehr am Ende des letzten (spirituellen) Dekanates eines Zeichens steht, müssen also – aufgrund der Progression – in das erste, das physische Dekanat des folgenden Zeichens eintreten. Es bereitet ihnen große Schwierigkeiten, diesen Schritt zu tun, und diese große Veränderung gegenüber ihrer Orientierung im letzten Leben geht nicht ohne Angst vor sich. Dieser Konflikt bringt sie oft dazu, innerhalb ihres Lebens den Kurs plötzlich zu wechseln. Während sie in ihrer Jugend damit beschäftigt sind, sich von den Einflüssen des vorigen Zeichens frei zu machen, begeben sie sich im reiferen Alter ganz auf das Gebiet des folgenden Zeichens. Der Übergang von einem Tierkreiszeichen zum nächsten ist deshalb besonders schwierig, weil die Zeichen so verschieden sind.
Besonders schwierig ist der Übergang von einem Fische-Leben mit seiner emotionalen und venusbetonten Zwanglosigkeit zu einem Widder-Leben, in dem man martialischen Mut entwik-

keln muß. Die gleiche Schwierigkeit ist es übrigens, von der Waage, der der Friede so wichtig ist, zum Skorpion fortzuschreiten, der sich nun dem Kampf stellen muß.
Ganz anders ist der Schritt vom Widder zum Stier: Der Soldat, der unnachgiebige Kämpfer, muß sich jetzt im bürgerlichen Leben stabilisieren. Später muß der schwerblütige und langsame Stier Lebhaftigkeit und Geschmeidigkeit entwickeln, wenn er unter den Einfluß der Zwillinge gelangt. Er muß lernen, sich anzupassen, was diesem Hornträger gar nicht leichtfällt.
Die Zwillinge, die sehr intelligent und rational sind und sich in ihrem logischen Denken so sicher fühlen, müssen all das aufgeben, um sich dem zu überlassen, was ihnen am meisten angst macht: dem Gefühlsleben, wie es durch das Zeichen des Krebses symbolisiert wird.
Es ist gar nicht einfach, den Krebs mit seinem glücklichen Verweilen im Kindheitsparadies zu verlassen, um sich dem Publikum zu stellen, wie es der Löwe erfordert. Ein kindliches Stadium zu verlassen, um sein Ich vor allen zu bestätigen und die Schwachen in Schutz zu nehmen, löst große Angst aus.
Danach muß man den Egoismus des Löwen, der schließlich doch ganz angenehm war, verlassen, um sich der durch die Jungfrau symbolisierten Aufgabe des Dienens zu widmen. Der Übergang von der Jungfrau zur Waage ist nicht so schwierig, da diese beiden Zeichen vieles gemeinsam haben. Dennoch muß man die Begrenzungen eines Erdzeichens verlassen, um im zarten Windhauch der Waage lockerer zu werden.
Die Wesenheit, die vom Skorpion in den Schützen übergeht, muß das Kriegsbeil begraben, muß lernen, sich am Leben zu freuen und sich kritiklos zu begeistern... es ist schwer, sehr schwer, zu lernen, wieder vertrauen zu können.
Der Übergang vom Schützen zum Steinbock erfordert ein großes Opfer: Man muß bereit sein, sich zu stabilisieren, auf den Rausch und große Reisen verzichten, um sich den harten Zwängen der alltäglichen Arbeit zu unterwerfen, Zwänge, die der Schütze leicht abgeschüttelt hätte.
Im Übergang vom Steinbock zum Wassermann jedoch muß die Wesenheit sich von neuem darin üben, loszulassen, großzügig nach den Eingebungen des Augenblicks etwas zu schenken, ohne auf eine Gegenleistung zu warten.
Im Übergang vom Wassermann zu den Fischen verläßt man die

großen abstrakten Ideen, um sich den Schmerzen des Gefühlslebens hinzugeben. Vom unbegrenzten Raum, den das elfte Zeichen symbolisiert, begibt man sich in das karmische Gefängnis der Leiden des zwölften Hauses: die Sehnsucht nach der verlorenen Freiheit.

So erfordert jeder Übergang von einem Zeichen zum anderen Anpassung und Beweglichkeit.

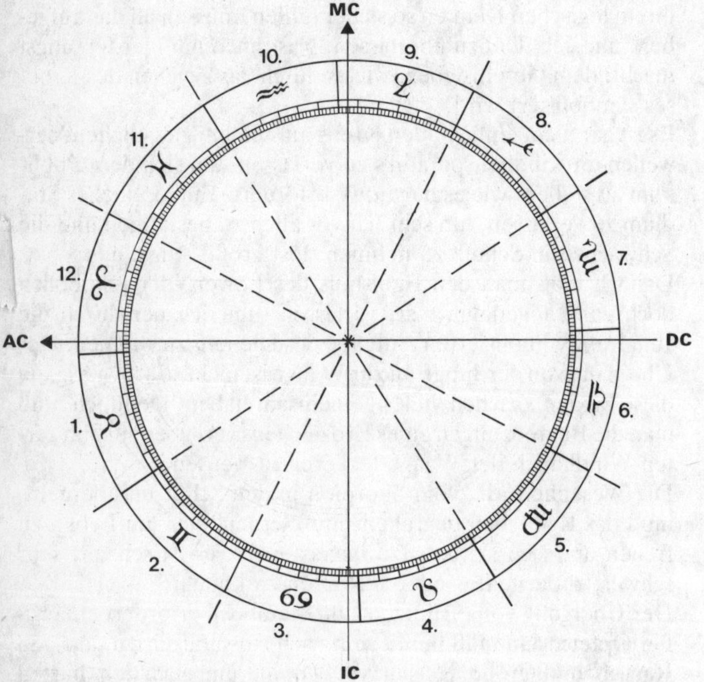

Am Äquator ist das Horoskop im rechten Winkel durch folgende Achsen unterteilt:
Die *Horizont*-Achse (Linie vom Aszendenten zum Deszendenten) und der *Meridian* (Linie vom MC zum IC); sie kreuzen sich im Winkel von 90°.
Die Häuser sind gleich groß, und jedes Zeichen beginnt an der »Spitze« eines Hauses.

Die eingeschlossenen Zeichen

Sie haben sicher schon festgestellt, wie unterschiedlich die Größe der Häuser in bestimmten Horoskopen ist: Der Horizont (Aszendent, Deszendent) und der Meridian (IC, MC) kreuzen sich meist nicht im rechten Winkel (90 Grad), sondern es entsteht im extremen Fall ein Winkel von bis zu 140 Grad

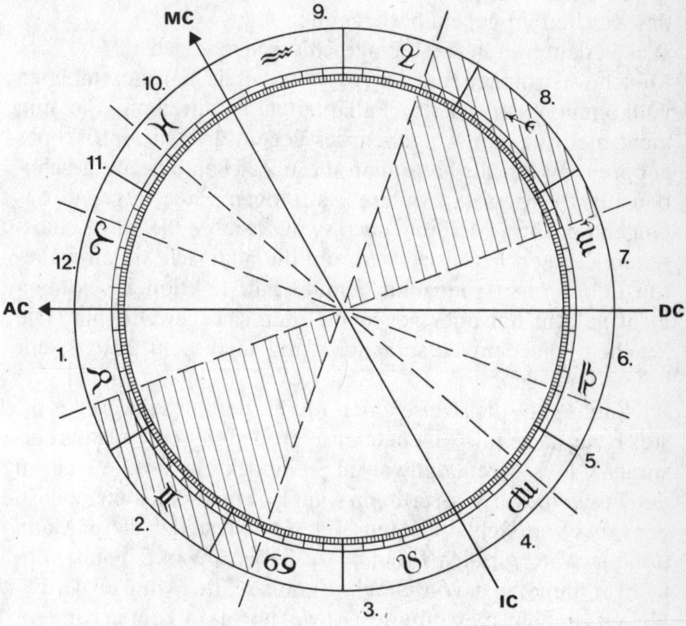

Bei Geburtsorten, die auf höheren Breitengraden, also in der Nähe des Nord- oder Südpols liegen und sich dadurch vom Äquator entfernen, neigt sich im Geburtshoroskop der Meridian entsprechend mehr gegen den Horizont. Dann bildet er keinen 90°-Winkel mehr mit diesem. Daraus ergibt sich eine Verschiebung der Häuserspitzen. Manche werden dadurch sehr groß, andere kleiner. Die größten Häuser umfassen manchmal zwei (bis drei) Zeichen. Dadurch befinden sich manche Zeichen nicht an der Spitze eines Hauses, sie sind »eingeschlossen« zwischen zwei anderen Zeichen in einem Haus. Auf obiger Abbildung sind Zwillinge und Schütze in den Häusern 2 und 8 eingeschlossen.

zwischen ihnen. Das hängt mit den Breitengraden zusammen. Je höher der Breitengrad liegt, unter dem man geboren wird, je weiter er also vom Äquator entfernt ist, desto mehr neigt sich der Meridian gegen den Horizont. Je näher man den Polen kommt, desto weniger hoch steht die Sonne am Höhepunkt ihres Laufes. Der große Winkel, der sich dadurch bildet, dehnt einige Häuser so weit aus, daß sie mehrere Zeichen umfassen. Das mittlere Zeichen erscheint somit nicht an einer Häuserspitze, es ist »eingeschlossen«. Natürlich gilt das genauso für das Zeichen im gegenüberliegenden Haus.

Was bedeuten nun diese eingeschlossenen Zeichen?

Manche Astrologen sind der Ansicht, daß sie in früheren Leben vollkommen entwickelte Fähigkeiten beschreiben, die nun nicht mehr zu den Aufgaben des gegenwärtigen Horoskopes gehören. Es ist, als hätte man diese Zeichen beiseite geschoben oder vergessen. Andere Astrologen glauben genau das Gegenteil: Ihrer Meinung nach symbolisieren die eingeschlossenen Zeichen Eigenschaften, um die man sich in den früheren Leben nicht genügend bemüht hat, Lektionen, die man nicht gelernt hat oder gegen die man sich gewehrt hat. Die Zeichen, die dem entsprechen, sind in diesem Leben sehr schwach ausgeprägt.

Ich kannte beispielsweise einen Mann, der ein sehr großes erstes Haus hatte (das einem ebenso großen siebenten Haus entsprach). Der Aszendent war im Steinbock, das zweite Haus in den Fischen. Der Wassermann war also eingeschlossen, ebenso der Löwe vom siebenten Haus. Ich stellte fest, daß dieser Mann unfähig war, wirklich Freunde zu haben (Wassermann), obwohl er immerzu davon sprach. Zudem fehlte es ihm an der Fähigkeit zur Selbstbehauptung (Löwe) und dazu, seinen Kindern gegenüber Verantwortung zu übernehmen (ebenfalls Löwe).

Die eingeschlossenen Zeichen scheinen oft als Enttäuschungen erlebt worden zu sein. Die Fähigkeiten und die Betätigungsfelder, die ihnen entsprechen, sind oft blockiert, aus welchem Grund auch immer (der Grund ist jedoch immer karmisch). Diese in den früheren Leben vernachlässigten oder nicht ausgelebten Fähigkeiten haben ein Karma geschaffen, das in diesem Leben wieder an die Oberfläche tritt. Die Pflichten, nicht die gesühnte Schuld, manifestieren sich durch diese eingeschlossenen Zeichen, und das auf unausweichliche Weise.

Die negativen Werte, die dem eingeschlossenen Zeichen entsprechen, treten im Leben des Betreffenden stark zutage, und er muß sich besondere Mühe geben, damit zurechtzukommen. Man kann das eingeschlossene Zeichen also als eine Gelegenheit betrachten, seine Energie zu entwickeln. Tut man das nicht, können sie zu einer erdrückenden Last werden.

Widder – Waage

Wenn diese Achse eingeschlossen ist, gibt es Probleme mit der Beziehung zum anderen. Ein Dialog auf tieferer Ebene ist schwierig, sei es, weil der Horoskopeigner sich auf Kosten seiner Partner selbst bestätigt; er kann nicht zuhören und drängt dem anderen seinen Standpunkt auf (dissonanter Widder), sei es, daß er auf jede Entscheidung verzichtet, der Verantwortung entflieht und sich ganz der Autorität des anderen unterstellt (dissonante Waage). Indem er zwischen diesen beiden Polen, extremer Aggressivität oder extremer Gleichgültigkeit, hin und her schwankt, erschöpft sich der Horoskopeigner manchmal in nutzlosen Kämpfen. Eine Ehe ist schwierig, wenn nicht unmöglich für ihn.

Im Horoskop von Anastasia (Seite 267) sieht man die Waage und den Widder von den Häusern vier (Familie, Herkunft) und zehn (soziale Stellung) eingeschlossen. Tatsächlich ist es Anastasia, deren Familie von bewaffneten Revolutionären (Widder) ermordet wurde, nie gelungen, sich allgemeine Anerkennung als Tochter des Zaren zu verschaffen. Diese soziale Anerkennung (Waage) fehlte ihr.

Ein weiteres Beispiel ist der junge Kranke, der in einem früheren Leben Großinquisitor war. Nun ist die Waage ja das Zeichen des Richters und der Widder das des Soldaten. Der Großinquisitor gehörte zur Societas Jesu, einem kämpferischen Orden, dessen Mitglieder sich als »Soldaten Christi« verstanden. In seinem früheren Leben konnte dieser Mann die Gerechtigkeit und den Kampf für seinen Glauben nicht ins Gleichgewicht bringen. Man sieht in diesem eingeschlossenen Widder auch das Feuer des Inquisitions-Scheiterhaufens, der sich heute gegen den Horoskopeigner wendet, um ihn in einer anderen Form, als »brennender Schmerz«, zu quälen.

Ein letztes Beispiel für die eingeschlossenen Zeichen Widder und Waage: das Horoskop von Michel Bouchard, Seite 355, der

Reinkarnation von Alexandre Lenoir. Diese beiden Zeichen fallen, wenn man den Tierkreis korrigiert hat, in die Häuser fünf und elf. Die Waage ist ein Symbol für Kunst und Kunstwerke, und Saturn in diesem Zeichen weist darauf hin, daß es sich um alte Kunst handelt. Im fünften Haus bedeutet das Liebe zur Kunst, Freude an der Erforschung von alten Kunstwerken. Michel Bouchard sagt nun, wie enttäuscht er ist, dieses Gebiet nicht zu seinem Beruf gemacht zu haben und mit seinen außerordentlichen archäologischen Entdeckungen nicht bei einer größeren Öffentlichkeit (Haus 11) bekanntgeworden zu sein. Es sei auch daran erinnert, daß Alexandre Lenoir zahllose Kunstwerke gerettet hatte, die die Revolutionäre mit Eisen (mit der Spitzhacke der Zerstörer) und mit Feuer (in Brand stecken) – typisch für Mars und Widder – zerstören wollten.
Zudem ist es den drei Horoskopeignern nicht gelungen, in einem befriedigenden Eheleben einen Ausgleich zu finden: Der Großinquisitor hat sich mit einer karmischen Krankheit reinkarniert, die ihm jedes Eheleben verbietet. Michel Bouchard, der geschieden ist, ohne seiner Ehe nachzutrauern, scheint nicht das Bedürfnis zu haben, auf diesem Gebiet neue Erfahrungen zu machen. Anastasia wiederum hätte einen Schlußstrich unter die Vergangenheit ziehen und mit einem Mann und Kindern ein ganz normales Leben führen können, was sie jedoch nicht tat.
Ich möchte jedoch nicht, daß meine Leser, die mit der Achse der eingeschlossenen Zeichen Widder – Waage geboren wurden, beunruhigt sind: Mit dieser Konstellation muß man nicht in der Ehe unglücklich werden oder unverheiratet bleiben.
Der Fall von Elizabeth (Seite 342) beweist es. Die Gesamtheit der guten Aspekte in ihrem Horoskop (mit dem schönen Davidstern) hat es ihr erlaubt, zu einer glücklichen Ehe zu finden, jedoch nicht ohne Schmerzen und Anstrengung.
Die Interpretation eines Zeichens oder eines Planeten muß, wie auch in diesem Fall, immer in den allgemeinen Zusammenhang des Horoskops gestellt werden.

Stier – Skorpion
Der Horoskopeigner scheint intensiv irdische Energien aufgenommen zu haben, ohne sie auch anderen zugute kommen zu lassen. Er hat in einem oder vielleicht auch mehreren früheren

Leben Geld, Sexualität oder religiöse Macht zu seinem Nutzen mißbraucht und sich davon fesseln lassen. Er ist wie der Dieb, der mit seinem Gold in der Höhle eingeschlossen ist, weil die Tür sich nicht mehr öffnen läßt. So schwankt er immerzu zwischen dem Bedürfnis, unnötige Güter anzuhäufen, und dem starken Wunsch, sich von allem zu befreien. Diese Polarität weist auf einen Mangel an Beweglichkeit und Anpassungsfähigkeit in früheren Leben hin. Er hat Angst, zur Anpassung unfähig zu sein, und versucht, sich durch Geld oder sexuelle Annehmlichkeiten dagegen zu schützen. Die Wesenheit fühlt, daß sie es lernen muß, sich zu lösen, zögert diese Notwendigkeit aber immer wieder hinaus, und so wird sie schließlich durch die Lebensumstände zu dieser unumgänglichen Hingabe gezwungen.

Zwillinge – Schütze
Diese Polarität bringt ernste Probleme im Bereich des Wissens und der Kommunikation mit sich, die bestimmt sehr weit zurückreichen. In früheren Leben hat der Horoskopeigner es versäumt, zu lernen und anderen mitzuteilen, was er gelernt hat. Heute fühlt er sich unverstanden und ist unfähig, sich verständlich zu machen. Die Signale, die er gibt, werden von den anderen nicht oder falsch wahrgenommen. Er hat Schwierigkeiten im Umgang mit der Sprache und sagt etwas anderes, als er denkt, oder ist unfähig, sich auszudrücken und schweigt, wenn der andere eine Erklärung erwartet. Wenn der Horoskopeigner entmutigt ist, verschanzt er sich hinter einer sehr negativen Schweigsamkeit. Er redet sich ein, seine Ideen, Überzeugungen und Gefühle nie mitteilen zu können. Er sollte an Sprachgestaltungskursen oder an einer psychotherapeutischen Gruppe teilnehmen (was bei Kommunikationsproblemen sehr wirksam ist).

Krebs – Steinbock
Diese Polarität betrifft die Sicherheit der Kindheit (die man als Krebs erlebte) und die Sicherheit, die man anderen durch Vaterschaft und Mutterschaft (Steinbock) geben kann. Menschen, bei denen diese beiden eingeschlossenen Zeichen eine Rolle spielen, bleiben an ein kindliches Verhalten, das aus ihren früheren Leben herrührt, gebunden. Sie klammern sich im-

mer noch an ihre sozialen Vorrechte und an die zärtliche Liebe der Menschen, die ihnen nahestehen. Sie saugen Kraft aus der Liebe der anderen, ohne in ein Stadium zu kommen, in dem sie selbst uneigennützig Liebe geben können.
Diese Egoisten leben in der Angst, ihre soziale oder emotionale Sicherheit zu verlieren. Sie fühlen sich immer auf beiden Ebenen verkannt oder unverstanden. Sie klammern sich an ihre Zuneigungen und stellen, wie Kinder, alles mögliche an, damit man sich mit ihnen beschäftigt, da sie solche Angst haben, vergessen zu werden. Durch emotionale Erpressung versuchen sie, ihren Nächsten die eigene irdische Last aufzuerlegen. Zugleich schützen sie ihr Herz durch eine Mauer von Kälte, Härte und Geiz, mit der sie schließlich den gutwilligsten Menschen entmutigen.
Mit dieser Konstellation sind die Beziehungen zu den Eltern immer schwierig und viel wichtiger, als der Horoskopeigner zugibt. Damit sie von ihrer infantilen, karmischen Egozentrik frei werden, kann man ihnen nur raten, selbst viele Kinder großzuziehen. Das Horoskop Antoinettes (Seite 340) ist ein gutes Beispiel für diese Polarität: Sie lebte sie, indem sie sich an ihr Vermögen und an ihre hervorragende soziale Stellung (sie war die Frau eines bekannten Bankiers) klammerte. Im Alter wurde diese Anlage zu Geiz und Snobismus; dadurch waren auch ihre Beziehungen zu ihrer Familie (Krebs = Kinder, Steinbock = Eltern) nicht gut. Als ich sie kennenlernte, war sie eine alte Dame, die vor allem Kinder nicht mochte. Der Gedanke, irgend etwas für sie tun zu müssen, sie zu lieben oder für sie ihren Geldbeutel zu öffnen, erschreckte sie. Als ihre Tochter ihr einjähriges Kind mit zu ihr brachte (Krebs = Heim), weigerte sie sich, es zugleich mit der jungen Mutter bei sich wohnen zu lassen, obwohl die fünfzehn Zimmer ihrer Villa leerstanden und ihre Angestellten wenig zu tun zu haben schienen. Arme Antoinette! Wie wird sie das in der Welt, in der sie jetzt lebt, bedauern.

Löwe – Wassermann

Mit dieser Achse sollte der Horoskopeigner – im Löwestadium – zunächst seine Individualität festigen; hat er dann seine Selbstsicherheit gewonnen, sollte er anderen Menschen seinen Schutz und seine Freundschaft großzügig gewähren (Wasser-

mann-Stadium). Eine Erweiterung des Freundschaftsbegriffes wird ihn dazu bringen, für die Ideale der Gemeinschaft und der Brüderlichkeit, ja auch für revolutionäre Ideale zu kämpfen. Die schöpferische Kraft des Löwen versucht dann großzügigere und freundschaftlichere neue Gesellschaftsformen zu finden.
Ein Einschluß dieser beiden Zeichen weist auf eine Blockierung dieser schöpferischen Kraft oder dieses Gemeinschaftssinnes in früheren Leben hin, eine Blockierung, die den Horoskopeigner noch heute behindert. Er muß in diesem Leben darum kämpfen, sich vor anderen zu bestätigen und neue und großzügige Ideen zu verbreiten. Ich habe festgestellt, daß Menschen mit dieser Konstellation von gewissen altruistischen und avantgardistischen Ideen (oder den Menschen, die sie verkörpern) begeistert sind, daß sie sie jedoch nicht ins praktische Leben übertragen können, weil es ihnen am Mut des Löwen mangelt.
Da sie ihren Freunden (Wassermann) jedoch auch nicht das Feuer und die Festigkeit des fünften Zeichens bringen können, verflüchtigen sich ihre Freundschaften... und was die Kinder anbelangt, die sie angeblich so sehr lieben... sprechen wir lieber nicht davon. Zu oft lassen sie sie im Stich. Hier ist eine energische Neuorientierung vonnöten, da sonst das Karma schwerer wird und die verlassenen Kinder ebenso wie die Freunde im folgenden Leben wieder in neuer Gestalt in Erscheinung treten werden.

Jungfrau – Fische
Diese Polarität betrifft den Dienst an den anderen (Jungfrau) und das Mitgefühl für ihre Leiden (Fische). Die Horoskopeigner, bei denen diese beiden Zeichen durch einen Einschluß überschattet sind, haben große Schwierigkeiten, sich ganz einem selbstlosen Dienst hinzugeben. Das Horoskop Rasputins (Seite 136) ist dafür ein treffendes Beispiel. Sie erinnern sich an seine Geschichte: Er hatte den Ruf eines Heilers (Jungfrau) und eines Mystikers (Fische), wodurch er sich das Vertrauen der Zaren erwarb. Nun weist Neptun, der Herrscher der Fische, hier im 12. Haus und rückläufig, auf ein mystisches und religiöses früheres Leben hin, in dem die Wesenheit viel gelitten hat, ohne dadurch ihre karmischen Schulden auszugleichen. Fische und Waage, eingeschlossen in den Häusern 12 und

6, weisen beide auf mißbrauchte therapeutische und religiöse Gaben hin.
Die Wesenheit, die in anderen Leben sicher Arzt oder Mönch war, benutzte ihre Fähigkeiten zu egoistischen Zwecken. Dieser Einschluß ist um so bemerkenswerter, als die Zeichen mit den Häusern zusammenfallen (das 1. Haus fällt in den Widder).

Die Sonne in den Tierkreiszeichen

Die Sonne zeigt das eigentliche Ich an, das Individuum auf seiner wahren Ebene mit seinen vielfältigen Zielen und Wünschen. Man kann sagen, daß die Entscheidung der Seele für die Sonne in einem bestimmten Zeichen ihrer tiefsten Sehnsucht entspricht.
So weist das Sonnenzeichen auf die karmische Aufgabe hin, die die Seele diesmal bewältigen möchte. Die Sonne hat in den Tierkreiszeichen folgende Bedeutung:

Geburtssonne im Widder
Der Wunsch, Selbständigkeit, Mut, Entschlossenheit zu entwickeln. Der Widder-Geborene hat sich der Tat verschrieben. Er will auf sich selbst gestellt handeln.

Geburtssonne im Stier
Der Wunsch, zu besitzen, irdische Güter zu verwalten. Der Stier-Geborene möchte die Dimensionen der materiellen Welt begreifen und integrieren, d. h. sich von ihnen nähren.

Geburtssonne in den Zwillingen
Der Wunsch, zu verstehen und sein Wissen zu vermehren. Der Zwillinge-Geborene möchte seine Intelligenz entwickeln.

Geburtssonne im Krebs
Der Wunsch, das Wesen der familiären Bindungen zu ergründen und den Ursprung des Lebens zu erforschen. Der Krebs-Geborene möchte seine Sensibilität entwickeln.

Geburtssonne im Löwen
Der Wunsch, mit der Macht umgehen zu lernen. Der Löwe-Geborene möchte sich selbst bestätigen, stark sein, die Schwachen schützen. Er möchte sich darstellen.

Geburtssonne in der Jungfrau
Der Wunsch, die materielle, aber auch die Pflanzen- und Tierwelt zu verstehen und zu analysieren. Der Jungfrau-Geborene möchte präzise und wirksame Dienste leisten.

Geburtssonne in der Waage
Der Wunsch nach Harmonie und sozialer Gerechtigkeit. Der Waage-Geborene möchte seine Vorstellungen von Ausgeglichenheit in den menschlichen Beziehungen verwirklichen.

Geburtssonne im Skorpion
Der Wunsch, alles Notwendige zu verbrennen und zu reinigen, um eine Erneuerung vorzubereiten, zu zerstören, um wieder aufzubauen: karmische Loslösung von materiellen Gütern.

Geburtssonne im Schützen
Der Wunsch, eine spirituelle Botschaft zu überbringen, den Zeitgenossen Licht und Wissen zu schenken, Freude und Glück um sich zu verbreiten.

Geburtssonne im Steinbock
Der Wunsch, Geduld und Ausdauer zu lernen. Der Steinbock-Geborene möchte Verantwortung übernehmen. Er möchte unvollendete, vor langer Zeit in Angriff genommene Aufgaben erfüllen.

Geburtssonne im Wassermann
Der Wunsch, die Freuden der Freundschaft zu erleben. Der Wassermann-Geborene möchte allen seine Inspiration und seine Freiheitsliebe vermitteln, er möchte dazu beitragen, daß seine Mitmenschen befreit werden.

Geburtssonne in den Fischen
Der Wunsch, durch Leiden und Einschränkungen (familiäre Pflichten, schwierige Berufsaufgaben, Krankheit oder Gefangenschaft) ein altes Karma einzulösen.

Tierkreiszeichen und Länder

Die Wesenheiten wählen sich die Länder aus, in denen sie sich inkarnieren wollen. Das Zeichen, in das die Spitze des zwölften Hauses fällt, weist auf das Land hin, in dem der Horoskopeigner in der letzten Verkörperung gelebt hat. Im allgemeinen ist einem das Land, in dem man zuletzt gelebt hat, nicht gleichgültig; man fühlt sich dort besonders wohl, es erscheint einem vertraut. Manche Menschen erkennen Landschaften mit allen Einzelheiten wieder oder erschrecken davor, wenn diese mit einem besonders starken Trauma verbunden sind. Diese Menschen beschäftigen sich mit der Geschichte und der Sprache des Landes, reisen dorthin oder siedeln sich sogar dort an. Die Länder werden von folgenden Zeichen regiert:

Widder: Alaska, Deutschland, England, Borneo, Korea, Japan, Judäa, Tasmanien, Venezuela;

Stier: Griechenland (Inseln), Argentinien, Asien, Zypern, Persien, Dänemark, Irland, Holland, Finnland, Lothringen, Polen, Picardie, Südrußland;

Zwillinge: Nordostafrika, USA, Australien, Belgien, Brabant, Kalabrien, Ägypten, Wales, Nigeria, Sardinien;

Krebs: Algerien, Bayern, Bengalen, Champagne, China (allgemein), Dauphiné, Schottland, Honduras, Flandern, Java, Paraguay, Tunesien, Indien;

Löwe: Böhmen, Frankreich (allgemein), Italien (allgemein, vor allem aber Norditalien), Kuba, Nordrumänien, Peru, Palästina, Siam, Sizilien, Sudan;

Jungfrau: Elsaß, Schweiz, Kreta, Guyana, Griechenland, Formosa;

Waage: Nordafrika (allgemein), Österreich, Kanada, Kaschmir, China (Norden), Ägypten, Hawaii, Guatemala, Languedoc, Libyen, Poitou, Savoyen, Japan;

Skorpion: Nordafrika, Bulgarien, Dekhan, Äquator, Indochina, Jütland, Lappland, Malaysia, Japan;

Schütze: Arabien, Burgund, Ceylon, Dalmatien, Süditalien, Ungarn, Gascogne, Franche-Comté, Finistère (und Bretagne allgemein), Spanien, Provence, Norwegen, Marokko, Malta, Madagaskar;

Steinbock: Afghanistan, Albanien, Armenien, Baltikum, Bolivien, Katalonien, China, Mazedonien, Serbien, Sibirien, Tibet, England;

Wassermann: Abessinien, Chile, Südrumänien, Preußen, Neuseeland, Rußland, Schweden;

Fische: Antillen, Brasilien, Kotschinchina, Kolumbien, Zaire, Dahomey, Haiti, Portugal, Panama, Nubien, Normandie, Sahara, Uruguay.

Bestimmte Länder werden also von mehreren Zeichen regiert. Oft gilt ein Zeichen für das gesamte Land und ein anderes für einzelne Provinzen. Bei sehr alten Ländern sind sich die astrologischen Traditionen nicht immer einig. So wird Japan sowohl mit Skorpion und Widder als auch mit der Waage in Verbindung gebracht. Bei jüngeren Ländern verwendet man das Horoskop der Staatsgründung oder ein wichtiges Datum in seiner Entwicklung; bei England ist es beispielsweise die Ausrufung der Monarchie durch Wilhelm den Eroberer am 25. Dezember 1066, zu Mittag: Damals stand die Sonne im Steinbock, der Aszendent im Widder. Die Ausrufung des Vereinigten Königreiches im Jahre 1801 geschah wieder mit der Sonne im Steinbock, jedoch mit einem Waage-Aszendenten (und dem Mond, dem Symbol Schottlands im Krebs, der dieses Land regiert).

Tierkreiszeichen und Berufe

Es ist sehr interessant, herauszufinden, welchen Beruf ein Mensch in seinem vorigen Leben ausgeübt hat. So hat Laurence (Seite 358), die Tänzerin war, eine Anhäufung von Planeten in dem den Zwillingen entsprechenden Haus. Pascal (Seite 362), der Kapitän war, hat den Widder im 12. Haus; Blanche, die Nonne und Krankenschwester war, hat die Jungfrau in diesem Haus. Es folgt die traditionelle Deutung der Zeichen und der zu ihnen gehörigen Berufe:

Widder: Soldat, Polizist, Söldner, Legionär, Kundschafter; alle Berufe, in denen man anführt: Offizier, Hirte, Unternehmer, »Industriekapitän«; alle Berufe, die mit Feuer und Eisen zu tun haben: Schmied, Kunstschlosser, Hufschmied, Gießer, Schweißer, Pyrotechniker, Ingenieur der Waffentechnik, Fachmann für Sprengungen, Eisenbahner.
Schafzüchter, Kunsthandwerker im Bereich der Wollherstellung oder -verarbeitung, Modeschöpfer, Friseur.

Stier: Bauer, Viehzüchter, Matador, Grundbesitzer; Landarbeiter, Facharbeiter, Sklave, Zwangsarbeiter, Galeerensträfling,
Bankier, Kaufmann, Geschäftsmann, Händler,
Restaurateur, Café-Besitzer, Koch, Metzger,
Dekorateur, Zeichner, Maler und Kunstmaler, Sänger, Gesangslehrer, Musiker, Florist, Möbelhändler;

Zwillinge: Schriftsteller, Verleger, Student, Sekretär, Journalist, Händler, Vertreter, Dieb, Lieferant, Bote, Laufbursche, Briefträger, Lastwagenfahrer, Transporteur,
Auto- oder Radrennfahrer, Akrobat, Gymnastiklehrer, Tänzer, Trapezkünstler, Zauberkünstler, Chansonnier, Musiker, Karikaturist, professioneller Bridge- oder Schachspieler,
Geflügel- oder Vogelzüchter, Vogelhändler;

Krebs: Immobilienhändler, Hotelier, Architekt, Innenarchitekt, Hausverwalter, Hausmeister,
Matrose, Berufe in Zusammenhang mit der Handels- oder Kriegsmarine, Angler, Fischhändler;
Forstingenieur, Förster, Wünschelrutengänger, Hydraulikingenieur, Feuerwehrmann, Gemüsegärtner, Hersteller und Verkäufer von Schwimmbecken,
Wissenschaftler, Dichter, Historiker, Memoirenschreiber, Genealoge, Biograph, Verleger,
Erzieher, Kinderpsychologe, Säuglings- und Kinderschwester, Babysitter;

Löwe: König, Präsident, Staatschef, bedeutende Persönlichkeit der Industrie, Chef,
Theaterschauspieler, Sänger, Musiker, Bühnen- oder Kostümbildner, Impresario, alle Berufe in Zusammenhang mit Bühne und Showgeschäft,
Organisator kultureller Veranstaltungen, Freizeitpädagoge, Leiter von Therapiegruppen,
Mäzen, Modeschöpfer, Kardiologe, Schmiedemeister, Goldschmied, Juwelier, Vergolder, Geld- oder Kunstspekulant, Koch, Emailleur, Kunstkeramiker;

Jungfrau: Hausangestellte und Angestellte, Putzfrau, Oberkellner, Butler, Büglerin, Wäscherin, Chauffeur, Schneider

oder Schneiderin, Sekretärin, Assistent, untergeordneter Angestellter;
Arzt, Apotheker, Chemiker, Botaniker, Krankenschwester, Pflegerin, Tierarzt, Naturheilkundler,
Zoologe, Botaniker, Insektenforscher, Diätassistent oder Angestellter im Reformhaus, Masseur, Krankengymnast(in), Koch, Literaturkritiker, Schriftsteller, Sammler, Buchhalter, Gartenarchitekt, Gärtner, Viehzüchter,
Mechaniker, Automechaniker, Flugzeugpilot oder Kraftfahrer, Maschinenkonstrukteur oder -führer, Schlosser, Bergwerksingenieur, Bergarbeiter,
Miniaturist, Tiermaler, Bienenzüchter;

Waage: Richter, Notar, Rechtsanwalt, Gerichtsvollzieher, Gerichtsschreiber, Konkursverwalter,
Diplomat, Abgeordneter, Senator, hoher Beamter, Gesetzgeber, juristischer oder fiskalischer Berater, Politiker, Steuereinnehmer, Steuerkontrolleur, Wechsler, Bankier, Soziologe, Ökonom,
Vermessungsingenieur, Mathematiker, Mathematiklehrer, Professor, Tänzer oder Tänzerin, Künstler oder Künstlerin, Kunstamateur, Kunstsammler, Maler, Kunsthandwerker, Modistin und Schneiderin, Empfangsdame, Stewardeß, Zahlmeister, Organisator, Animator, Prostituierte;

Skorpion: Polizeibeamter, Spion, Detektiv, Untersuchungsbeamter, Bildhauer, Besitzer oder Angestellter eines Beerdigungsunternehmens, Totengräber, Gerichtsarzt,
Chemiker, Alchimist, Apotheker, Toxikologe, Gynäkologe, Chirurg, Laboratoriumsforscher, Biologe, Physiker,
Psychologe, Psychoanalytiker, Sophrologe, Hypnotiseur, Astrologe, Graphologe, Okkultist, Medium, Hellsichtige(r), Exorzist, Priester,
Barbier, Handpflegerin, Arbeiter bei der Müllabfuhr, Antiquar;

Schütze: Reiter, Pferdezüchter, Rittmeister, Dresseur, Pferdemetzger, Hundezüchter, Händler exotischer Tiere, Linienpilot, Flieger, Forscher, Reiseorganisator, Reisebüroangestellter, Dolmetscher, Exporteur/Importeur, Kurs-Organisator, Jäger, Organisator von Safaris, Wildhüter, Konsul, Minister,

Geistlicher, Priester, Theologe, Mystiker, Missionar, hoher Beamter, wichtige Persönlichkeit in Verwaltung und Staat, Professor, Lehrer, Erzieher, Sportler, Gymnastik- oder Yoga-Lehrer etc.;

Steinbock: Bergsteiger, Höhlenforscher, Bergführer, Ski-Champion, Archivar, Historiker, Antiquar, Archäologe, Erdarbeiter, Klempner, Ofensetzer, Steinmetz, Straßenwärter, Bildhauer, Architekt, Möbel- oder Kunstrestaurator, Immobilienhändler, Lagerist oder Magazinverwalter, Intendant, Konservenfabrikant, Grundbuchbeamter,
Ethnologe und Polarforscher, Programmator, Verwalter, Einsiedler, moralistischer Schriftsteller,
Schneider, Strickerin, Strickwarenhersteller, Hutmacher, Konfektionshersteller, Senioren-Spezialist, Politiker, Parteiführer (immer mehr oder weniger konservativ, auch wenn es nicht so scheint);

Wassermann: Ingenieur, Techniker, Hydraulik- oder Akustikingenieur, Toningenieur, Radio- und Fernsehingenieur, Erfinder, Astronaut, Flieger, Luftfahrt- und Raumfahrttechniker, Elektriker, Elektroniker, Meteorologe, Kino- und Audiovisionsberufe, Toningenieur, Cutter(in), Kameramann etc., alle technischen Berufe,
Parapsychologe, Komponist, Gruppenleiter, Anarchist und Revolutionär (gelegentlich oder berufsmäßig), Hersteller von Wasserbehältern, Kinetik-Spezialist, Künstler auf dem Gebiet der elektronischen Musik;

Fische: Heiler, Magnetiseur, Wünschelrutengänger, Anästhesist, alle Krankenhausberufe, Priester, Hellseher, Medium, Versicherer, Polizist, Färber, Parfümhersteller, Fotograf, Hausmeister, Café-Besitzer, Limonadenhändler, Besitzer eines Getränkeausschanks oder Bordells, Zuhälter, Drogenhändler, Hochseefischer, Marineoffizier, U-Boot-Fahrer, Pirat, Fischhändler, Fischzüchter, Schwamm-, Perlen- oder Korallenfischer, Schwimm-Meister,
Erdölbiologe, Angestellter der Handels- oder Transportmarine, Bojentechniker, Segellehrer, schildpatt-, perlmutt-, perlen- oder korallenverarbeitender Kunsthandwerker.

Kapitel 4

Die Planeten

Die Planeten sind die Zentren der Energieschwingungen. Cayce und andere Hellsichtige sehen die Planeten als Aufenthaltsorte für die menschlichen Seelen, an denen sie zwischen zwei irdischen Inkarnationen lernen und ihre Schwingungen vervollkommnen.

Die Planeten senden farbige und tönende Wellen aus – so sah es Pythagoras, als er von der »Musik der himmlischen Sphären« sprach. Aus dieser tönenden und farbigen Schwingungsenergie bilden wir allmählich unsere persönliche Symphonie. Manche Menschen sind für bestimmte Planeten sensibler, weil sie dort länger gelebt haben und deshalb ihre Schwingungen gut kennen. Im Horoskop ist dieser Planet betont durch

die Zeichen (ein Planet ist besonders stark, wenn er in dem von ihm regierten Zeichen steht)

die Häuser (hier gilt das gleiche)

die Aspekte, ihre Zahl und Harmonie, vor allem wenn der Planet in Konjunktion mit dem Zenit, dem Aszendenten, dem IC oder dem DC steht.

Für uns erklänge also die kosmische Musik durch zehn Schwingungen, die von den Planeten unseres Systems ausgesandt werden. Diese zehn Planeten strahlen auch die vielfältigsten Farben aus, die wir alle nacheinander kennen und zu nutzen lernen müssen. Diese planetarischen Aufenthalte gestalten sich entsprechend den Umlaufzeiten, deren Bedeutung man jetzt erst zu erkennen beginnt. Der Zyklus des Saturns, der beispielsweise 29,5 Jahre dauert, ist einer der wichtigsten, ebenso der Mondzyklus von 29,5 Tagen. Es scheint, als wanderten die Seelen diesen Zyklen entsprechend und kehrten regelmäßig auf einen bestimmten Planeten zurück, bis ihre Lehrzeit dort beendet ist. Für die Erde gilt wahrscheinlich das gleiche. Über die Zyklen der Wiederkehr auf die irdische Ebene weiß man sehr wenig. Wenn die Seele die »Sphärenmusik« gelernt hat, muß sie sich nicht mehr reinkarnieren, weil sie sich alle Energieschwingungen vollkommen zu eigen gemacht hat.

Äquivalenz der Häuser, Zeichen und Planeten

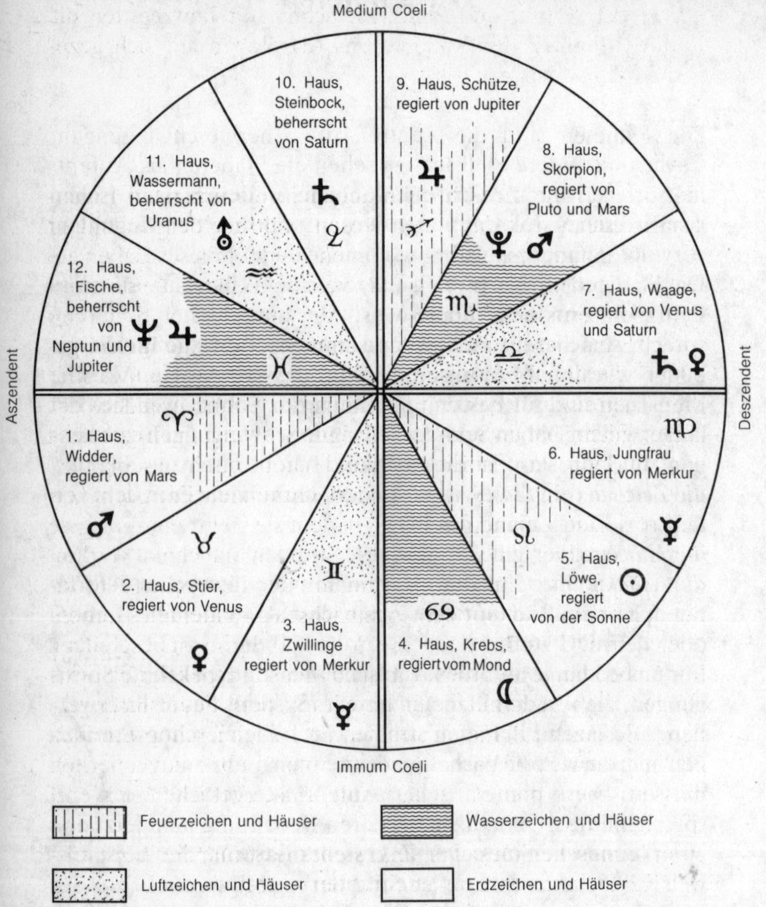

Natürlich haben alle Planeten eine karmische Bedeutung; besonders relevant scheinen in diesem Zusammenhang jedoch der Mond, Saturn und Pluto, die schon seit Jahrzehnten die Aufmerksamkeit der Inkarnations-Astrologen auf sich gezogen haben.

☉ Sonne

Die Sonne repräsentiert das wahre Ich, die innersten Eigenschaften der Seele, das wahre Wesen, während der Aszendent die von den anderen wahrgenommene und für dieses Leben gewählte Persönlichkeit (Persona) versinnbildlicht; beide stimmen nicht unbedingt überein.

In der Sonne ist die Aufgabe zusammengefaßt, die für die gegenwärtige Inkarnation gewählt wurde (siehe das Kapitel über die Tierkreiszeichen, die Bedeutung der Sonne in jedem der zwölf Zeichen). Die Sonnenschwingungen stehen in Beziehung zu dem Bedürfnis, zu herrschen und schöpferisch zu sein oder, auf dem niedrigsten Niveau, zum Machthunger. Die Sonne erhellt das Zeichen und das Haus, in dem sie steht; empfängt sie jedoch negative Aspekte, sind ihre Strahlen manchmal verdunkelt. Die Sonne lehrt den Umgang mit der väterlichen Autorität. Nach dem Bild Gottes, der zunächst als »Vater alles Lebenden« definiert wird, besteht die Autorität darin, zu beschützen und Leben hervorzubringen. Eine ungünstig aspektierte Sonne überwältigt ihre Schützlinge jedoch mit dem Feuer ihrer glühenden Flammen. Es ist nicht leicht, mit der schöpferischen Kraft umzugehen. Wenn die Sonne von Leben zu Leben im Tierkreis fortschreitet, lehrt sie uns, diese göttliche Macht auf die vielfältigste Art zu nutzen.

Vom karmischen Gesichtspunkt stellt die Sonne die gegenwärtige Realität dar: Ihre hellen Strahlen vertreiben die Illusionen und die Schatten der Vergangenheit. Sie weist auf die Fortschritte und das Glück hin, die uns bevorstehen. Zudem sagt sie etwas darüber aus, welchen Tätigkeiten wir uns in der gegenwärtigen Inkarnation widmen wollen. Die Sonne muß in Zusammenhang mit dem Sternzeichen Löwe und dem 5. Haus gesehen werden, die auf die schöpferische Kraft des Horoskopeigners und seine Entschlossenheit, etwas Positives hervorzubringen, hinweisen.

☾ Mond

Er drückt die irdische Persönlichkeit der Wesenheit aus. Er ist das Symbol des völligen Eintauchens des Geistes in die physische Ebene und symbolisiert dadurch auch die Zwänge, die die Welt mit ihrer materiellen Grobstofflichkeit und ihren raumzeitlichen Begrenzungen auferlegt. So ist der Mond im großen und ganzen ein Bild für die in früheren Inkarnationen durch die Materie erworbenen Erfahrungen.

Wie das 4. Haus, das unsere Herkunft beschreibt, ist der Mond das Bild, das wir von uns selbst haben, das Bild unseres physischen und emotionalen Ichs. Er symbolisiert den physischen Leib, den wir entwickeln müssen (wir haben außerdem noch andere Leiber, die wir auf anderen Planeten entwickeln).

Obwohl man das zunächst nicht vermuten würde, ist der Mond für uns ebenso wichtig wie die Sonne, weil er uns viel näher steht. Sein Durchmesser ist, von der Erde aus gesehen, ebensogroß wie der der Sonne, und so sieht er für uns ebensogroß aus wie sie. Er wirkt deshalb auch ebenso stark auf uns. Da er das weibliche Prinzip repräsentiert, das Wesen des Yin, während die Sonne das Yang, das männliche Prinzip, repräsentiert, sollte keiner der beiden Planeten als stärker, besser oder einflußreicher als der andere betrachtet werden. Nach der taoistischen Vorstellung des Lebens ist es wichtig, daß beide Prinzipien sich die Waage halten.

Die esoterische Tradition hat den Mond mit der Vergangenheit in Verbindung gebracht; die indische Tradition sagt, daß die Seelen zum Mond herabsteigen, um sich zu inkarnieren, da der Mond eine Art Zwischenstation zwischen den anderen Planeten und der Erde sein soll. Im Mond versammelt sich also unsere jüngste Vergangenheit, während die Sonne immer mit der Gegenwart zu tun hat. Alles, was wir in unseren früheren Leben, vor allem in den jüngsten und wichtigsten, waren, wird vom Mond beschrieben. Er ist das Bild der Einstellungen, des Verhaltens und der Gefühle, die wir von Leben zu Leben erworben haben. Der Mond beschreibt unser emotionales und physisches Karma und gibt wertvolle Hinweise auf unsere früheren Leben, ebenso wie der südliche Mondknoten oder das zwölfte Haus.

Ist der Mond in einem Horoskop ungünstig aspektiert, so weist das darauf hin, daß sich eine negative emotionale oder physische Verfassung entwickelt hat, die die Anpassung an unsere von der Sonne, vom nördlichen Mondknoten und vom Aszendenten beschriebene Inkarnationsaufgabe erschwert.
Die Stellung des Mondes im Zeichen, im Haus und in den Aspekten weist darauf hin, wie sich die Wesenheit früher als Frau (oder als Mutter und Ehefrau) verhalten hat (wenn sie sich in früheren Leben als Frau inkarniert hatte) oder wie sie sich, als Mann oder Frau inkarniert, früher gegenüber anderen Frauen verhalten hat.
Eine Frau beispielsweise wußte, daß sie in einem früheren Leben Kapital aus ihren weiblichen Reizen geschlagen hatte; der Reichtum, den sie sich auf diese Weise erworben hatte, wurde von ihr benutzt, um andere Menschen zu unterdrücken. In ihrem gegenwärtigen Horoskop steht der Mond im Stier (dem Zeichen der Sexualität und des Geldes) im Quadrat zur Venus im Löwen (dem Zeichen des Goldes und der Macht).
Manche Menschen beklagen sich bitter über ihre Mutter oder über ihre Frau. In diesem Fall würde ein »klassischer« Psychologe erklären, daß diese negative Beziehung aus Traumata in der Kindheit entstanden sei. Wahrscheinlich wäre er geneigt, die Eltern des Betreffenden und die Erziehung, die sie dem Kind angedeihen ließen, verantwortlich zu machen. Anders sieht es jedoch vom Standpunkt der Reinkarnation aus: Dieser Mensch hat in seinem Horoskop einen negativ aspektierten Mond, der sicher auf eine unbefriedigende Beziehung mit seiner Mutter oder seiner Frau hinweist; der Mond beschreibt jedoch auch die früheren Leben. Bestehen in Zusammenhang mit ihm Dissonanzen, so läßt das vermuten, daß sich der Horoskopeigner (oder die Horoskopeignerin) in einem früheren Leben Frauen im allgemeinen, ihrer Mutter oder Ehefrau gegenüber negativ verhalten und sich die schwierige Mutter selbst gewählt haben. Der Betreffende will damit eine karmische Schuld gutmachen oder löschen (was oft beide Teile betrifft). Es ist, als empfände der Horoskopeigner die Notwendigkeit, das zu erleiden, was er früher einem anderen (durch den Mond symbolisiert) zugefügt hat, um zu ernten, was er gesät hat.
Ist der Mond positiv aspektiert, weist das auf die Geschicklichkeit hin, die im Lauf verschiedener Leben erworben wurde und

die nun Bestandteil unserer Persönlichkeit, »natürlich«, geworden ist. Mit einem solch harmonischen Mond kommt man gut im Leben zurecht, weil er, selbstverständlich geworden, erlaubt, die Hälfte der Welt, alles was Yin ist, in den Griff zu bekommen. Beruf, Herkunftsland, Eltern und Tätigkeiten der Wesenheit in ihren früheren Leben können am Mond und den ihn umgebenden Planeten abgelesen werden. Der Mond muß immer in Zusammenhang mit dem 4. Haus und dem Sternzeichen Krebs gedeutet werden.

☿ Merkur

Dieser Planet regiert die Verstandesebene, den Gedanken, das Wort, die Schrift – alles, was Kommunikation ist. Obwohl er sehr klein ist, hat er eine große Bedeutung, da er den Geist repräsentiert. »Es ist der menschliche Geist, der erschafft«, sagt Cayce immer wieder. Es ist der Geist, der Entscheidungen trifft und der den Willen beherrscht.
Merkur, der schnellste Planet, der der Sonne am nächsten steht, hat die wichtige Rolle des Vermittlers inne: ihm obliegt es, die Energien der anderen Planeten zu harmonisieren und sie in einen konstruktiven Gesamtplan einzufügen.
Die Stellung von Merkur ist ein Hinweis darauf, wie das Individuum sein Karma bewältigen und verbessern kann. Merkur muß immer in Beziehung zu den zwei Zeichen, die er regiert, den Zwillingen und der Jungfrau, und zu seinen beiden Häusern, dem 3. und dem 6., gesehen werden.

♀ Venus

Venus als Prinzip der Harmonie, der Schönheit, der Zärtlichkeit und der Liebe beherrscht die Künste, die Musik, den Gesang, den Tanz, die Malerei, alles, was die himmlischen Harmonien auf der irdischen Ebene ausdrückt. Als Planet der Freude, des Friedens und des Wohlergehens ist sie die niedrigere Oktave von Neptun. Mond, Venus und Neptun sind die Planeten, die das Weibliche ausdrücken: der Mond auf physischer Ebene, die Venus auf emotionaler Ebene; Neptun ist das universelle weibliche Prinzip.
Venus ist auch der Planet des Wohllebens, des Luxus und des

Geldes. Dieser Planet steht für die Reife des Mädchens und der Geliebten und für die Art, in der man sein Herz gibt. Venus drückt die Liebe des ewigen Vaters für seine Kinder aus. Die Wesenheiten, die sich nach einem Dasein auf der Venus auf der Erde inkarnieren, bringen Zärtlichkeit und Sensibilität und großes Verständnis für die Gesetze der universellen Liebe mit.

Sonne, Merkur und Venus sind die drei Planeten, die den größten Einfluß auf unser Leben haben; das gilt besonders für Venus, die der Erde am nächsten steht. Als Planet der Liebe und der Ehe zeigt sie, wie diese in früheren Leben verwirklicht wurde. Sie beschreibt das Karma der Liebes- und Ehebeziehungen, die Beziehungen zu Töchtern, zu Geliebten, zu Künstlern und zum Geld.

Eine schwache Venus, die ihrem Haus oder Zeichen gegenübersteht und die wenige oder keine Aspekte zu anderen Planeten hat, weist auf einen starken Egoismus in den früheren Leben hin, auf Mißbrauch von Zuneigung und mangelnde Einfühlung in andere. Durch das karmische Gesetz von Ursache und Wirkung hat man so in diesem Leben in Herzensangelegenheiten wenig Glück – man kann jedoch immer gutes Karma für das nächste Leben schaffen!

♂ Mars

Als niedrigere Oktave Plutos ist Mars das Prinzip des kosmischen Feuers. Der Mars verkörpert explosive Energie und göttliche Macht. Er manifestiert den gerechten Zorn des Ewigen, das Feuer des Himmels, den feurigen Wagen, die himmlischen Heere – all diese biblischen Symbole beschreiben die von Mars ausgehenden Schwingungen.

Dieser oft negativ bewertete Planet gibt dem Horoskopeigner jedoch Mut, Durchsetzungsvermögen und den Wunsch, weiterzukommen. Die Wesenheiten, die vom Mars kommen, zeichnen sich durch starke Aktivität aus und geraten leicht in Zorn (der auch seinen Nutzen hat, wenn man ihn nicht mißbraucht!). Diese Heftigkeit muß jedoch kanalisiert werden.

Wenn die Marskraft für den Fortschritt auch unentbehrlich ist, so kann dieser Planet für den Horoskopeigner auch Gewalttätigkeit bedeuten. Menschen, die in ihrem Horoskop einen negativ aspektierten Mars haben, können sehr bewegte, destruktive, sinnliche, manchmal sogar mörderische Leben hinter sich haben. Diese Energie muß für konstruktive Ziele genutzt werden. Mars erlaubt es, sich in der materiellen Welt in einer Richtung zu entwickeln, die Merkur anzeigt. Er ist das Werkzeug von Merkur. Der martialische Mensch strebt über die irdische Sphäre hinaus, in der er sich jedoch zunächst beweisen muß. Man darf Mars in einem Horoskop nie alleine interpretieren, sondern muß ihn in Beziehung zu den Zeichen sehen, die er regiert: dem Widder, dem Skorpion und dann auch dem Steinbock. Wichtig sind auch die Mars-Häuser: das 1., das 8. und das 10. Haus.

♃ Jupiter

Jupiter ist ein sehr merkwürdiger Planet; er ist riesengroß und wird immer als sehr positiv gewertet. Er ist eine Sonne im kleinen und erleuchtet alle Häuser und Zeichen, die er durchläuft. Jupiter zeigt dem Deuter eines Horoskopes, in welchem Bereich der Horoskopeigner seine karmische Last am besten und am schnellsten bewältigen kann. In diesem Bereich wird er wahrscheinlich Befriedigung und Freude finden. Als Symbol der Weisheit, des Glaubens, des Vertrauens in Gott und deshalb auch in sich selbst, läßt Jupiter einen Lichtstrahl kosmischer Freude auf das Haus und das Zeichen fallen, das er bewohnt.
Jupiter konkretisiert die spirituellen Kräfte, die als Vermittler zwischen der irdischen Ebene und den anderen Welten fungieren. Jupiter verbindet den Menschen mit dem Kosmos (was der eigentliche Sinn des Wortes Religion ist; eine Religion sollte den Menschen mit den Quellen kosmischer Freude verbinden und nicht an starre Regeln ketten).
Seine Eigenschaft als kosmischer Bote ist wohl auch der Grund dafür, daß Jupiter in Todeshoroskopen oft eine starke Position einnimmt. (Siehe beispielsweise Seite 321, das Todeshoroskop von Molière, in dem Jupiter sich exakt im Transit über dem Aszendenten befindet.)
Als Symbol der Begeisterung, des Optimismus und der Großzügigkeit ist Jupiter auch immer Hinweis auf Glück, Liebe, Erfolg, Geld und erfreuliche Reisen. Das Schlüsselwort für Jupiter ist Überfluß. Manchmal wirkt sich dieser Überfluß jedoch

auch schädlich aus. Die Neigung zum Übertreiben, die Jupiter eigen ist, führt zu Egoismus und zu Rücksichtslosigkeit. Die Blitze des Zeus-Jupiter waren nicht ungefährlich. Ein negativ aspektierter oder rückläufiger Jupiter könnte auf ein cholerisches Temperament, sinnliche Exzesse und Sadismus in früheren Leben hinweisen. Auf jeden Fall weist ein negativ aspektierter Jupiter auf einen Bereich hin, in dem die Seele früher versäumt hat, sich zu entwickeln oder in einer Entwicklung steckengeblieben ist. So begegnet sie den gleichen irdischen Bedingungen und den gleichen Menschen wieder, um ihre Entwicklung weiterführen und beenden zu können.
Jupiter muß in Zusammenhang mit seinem bevorzugten Zeichen, dem Schützen, und seinem Haus, dem neunten, interpretiert werden. Da er zusätzlich Herrscher der Fische ist, kann man dieses Zeichen und das zwölfte Haus ebenfalls in Betracht ziehen.

♄ Saturn

Von allen Planeten ist Saturn derjenige, der im Horoskop den sichersten Hinweis auf das Karma gibt. Als Symbol der Zeit, der Schwere und der Pflicht beschreibt dieser wenig erfreuliche Planet die Aufgaben, die in früheren Leben nicht erfüllt wurden.
Saturn verkörpert sicher das wichtigste karmische Problem des gegenwärtigen Lebens eines Horoskopeigners, das er vor allen anderen bewältigen möchte. Saturn, der von den »Herren des Karma« bewohnt wird, jenen geheimnisvollen Geistern oder Engeln, die über alles in der Vergangenheit Geschehene wachen, symbolisiert die Prüfungen, die Schmerzen und Enttäuschungen, die für uns notwendig sind. Es sind Schmerzen, die wir bestimmt schon vor unserer Geburt selbst gewählt haben, da es um ein sehr altes, in vielen Leben wiederholtes Karma geht, das lange Zeit wirkte. Jetzt liegen sie vor uns wie ein riesiger Felsbrocken, den zu überwinden oder beiseite zu schieben große Geduld und Mühsal erfordert. Saturn ist das Symbol des Granits.
Mehr als jeder andere Planet weist Saturn auf Energien hin, die wir neu anwenden und disziplinieren müssen. Saturn als »großen Übeltäter« zu betrachten heißt, ihn mißzuverstehen, da er

uns Geduld und Ausdauer lehren kann. Die Weisheit des Saturn besteht aus den gesammelten Erfahrungen der Vergangenheit auf der physischen Ebene. Wenn Saturn der Planet der Langsamkeit und Schwere ist, so deshalb, weil die Materie den Geist hier auf der Erde bindet und beschwert.
Die Strenge des Saturn muß im Licht des Jupiter, also des Glaubens, der Venus und Neptuns, also der Liebe, wirken, sonst führt sie zum Tod. Dann stirbt die Seele vor Durst in einer Eiswüste. So etwa erfahren es die Wesenheiten, die auf Saturn gelebt haben. Offenbar müssen gewisse, besonders verstockte Seelen, die »halsstarrigen und hochmütigen«, wie es in der Bibel heißt*, die sich nicht weiterentwickeln wollen, eine gewisse Zeit lang auf dem Saturn im Exil leben, bis sie bereit sind, sich zu verändern, um wieder auf die irdische Ebene zurückkehren zu dürfen.
Saturn regiert das Zeichen des Steinbocks. Man hat der doppelten Natur dieses Zeichens, dessen Totemtier eine Ziege mit Fischschwanz ist, nicht genügend Beachtung geschenkt. Die Ambivalenz dieses Symbols ist für den Astrologen unübersehbar: der Steinbock ist die Veränderung, der Übergang von einem passiven Zustand (der Fischschwanz) in einen aktiven Zustand (die Ziege klettert auf die Berge). Wie das von ihm beherrschte Zeichen regiert Saturn also auch über die wichtigen Veränderungen im Leben eines Horoskopeigners, lang vorbereitete, lang erwartete, geduldig erhoffte oder verzweifelt abgewehrte Veränderungen, die in diesem Leben unvermeidlich werden. Der Steinbock, der in der Kälte des Winters und in der Dunkelheit der längsten Nächte geboren ist, hat nur eine Hoffnung: zum Licht hinaufzuklettern. Wenn es sein muß, wird er sein Leben daransetzen, und es wird ihm gelingen. Ehrgeiz ist die Folge eines unglaublichen Erfolgswillens. Er möchte der Nacht und der Kälte entfliehen, und er will leben! Das Symbol des Steinbocks ist wie das des Saturn das Samenkorn, das im Winter in der froststarrenden Erde liegt. Es wartet auf seine Stunde, und es weiß, daß es sich einmal in einen Baum verwandeln wird. So ist Saturn ein mächtiges Element der Weiterentwicklung und der Verändcrung (auch wenn er den Eindruck erweckt, ein Hindernis oder eine Blockierung zu sein).

* Saturn ist das Symbol der mosaischen Religion.

Saturn muß immer in Zusammenhang mit seinen Zeichen und mit seinem Haus (dem zehnten) analysiert werden. Zudem ist er der zweite Herrscher des Wassermanns und der Waage: Das erste ist ein Zeichen plötzlicher Veränderungen und das zweite, auch wenn es nicht offiziell als ein »doppeltes« Zeichen gilt, ein Bild der Doppeldeutigkeit. So ist Saturn in keinem der drei Zeichen, die er regiert, von unveränderlicher Starre und Strenge.

♅ Uranus

Manche Astrologen sehen in Uranus die höchste Form des Geistes, die höhere Oktave des Merkur. Uranus steht mit dem weitestentwickelten Bewußtseinsstand, den der menschliche Geist erreichen kann, in Beziehung. Er hat mit der Botschaft Christi zu tun. Die uranischen Schwingungen symbolisieren das Wissen von großen kosmischen Zusammenhängen und der Struktur der göttlichen Energie.

Dieses Wissen impliziert grenzenlose geistige Freiheit: Uranus, das Symbol des Raums, erträgt keine raum-zeitlichen Begrenzungen. Uranusbetonte Menschen lassen sich nicht einschließen, sie sind physisch und geistig raumgreifend, ihr Denken ist weit und großzügig. Die uranischen Schwingungen drängen die Seele zur Erforschung des Unbekannten und zum Ergreifen ihrer Freiheit, die ein göttliches Attribut ist. Deshalb gilt Uranus auch als Symbol der Revolution und der plötzlichen Veränderungen; er steht auch für Freundschaft, ein Gefühl, das nicht durch physische Besitzwünsche, die mit der irdischen Ebene zusammenhängen, begrenzt ist. Freundschaft ist der Zustand, in dem sich die Wesenheiten erkennen, die außerhalb der irdischen Ebene miteinander sympathisieren; dieses spontane Gefühl ist selbstlos und frei von erzwungenen Bindungen. Freundschaft ist die von irdischen Leidenschaften befreite Liebe.

Die Wesenheiten, die sich nach einem Aufenthalt auf dem Uranus auf der Erde inkarnieren, kämpfen unaufhörlich, sich von der Materie zu befreien. Es sind »Extremisten«, da die uranischen Schwingungen im Guten wie im Schlechten den Charakter der Seele verstärken. Man erkennt die Uranus-Menschen an ihren plötzlichen Kehrtwendungen, an ihrem Idealismus – oder ihrer Intoleranz. Diese Menschen sind außerordentlich sensibel für die von anderen kaum wahrgenommenen subtilen

Einflüsse, die plötzliche Sympathien, unwiderstehliche Abneigungen und Umschwünge hervorrufen. Der von Uranus regierte Wassermann ist jedoch ein festes Zeichen, und so sind manche Uranus-Menschen durch die Bindung an ein Ideal zu großmütigen Opfern fähig.
Ein im Horoskop negativ aspektierter oder rückläufiger Uranus weist auf den negativen Umgang mit Freundschaften im früheren Leben hin, auf die Weigerung, seine Freiheit, seine Unabhängigkeit zu opfern (eine subtile Form des Egoismus!).
Der uranische Extremismus findet sich anscheinend oft bei Wesenheiten, die aus Atlantis stammen (Cayce nennt sie auch »Extremisten«). Es heißt, daß sie sich vor allem in großer Zahl im Wassermann-Zeitalter reinkarnieren müssen, was sich sehr positiv, aber auch sehr negativ auswirken kann...
Das elfte Haus hat den gleichen symbolischen Wert wie Uranus und Wassermann.

♆ Neptun

Noch deutlicher wird die atlantische Herkunft durch eine Neptun-Betonung im Horoskop angezeigt. Wenn Neptun rückläufig, stark plaziert und negativ aspektiert ist, soll das ein Hinweis darauf sein, daß die Wesenheit den Untergang von Atlantis erlebt hat. Vielleicht gehörte sie zu jenen, die ihr geheimes Wissen zu persönlichem Machtmißbrauch benutzten und dadurch zum Zusammenbruch dieser großen Zivilisation beitrugen.
Nach der griechischen Tradition, die von vielen Esoterikern und Sehern aufgegriffen wurde, soll der Mißbrauch tellurischer Kräfte die Katastrophe heraufbeschworen haben, die durch Vulkanausbrüche zum Untergang des Kontinents führte. Die griechische Mythologie sah Atlantis immer als Reich des Poseidon-Neptun, von dem ihre Könige abstammten. Die Hauptinsel hieß Poseidis; sie soll am Ende des 20. Jahrhunderts wieder auftauchen.
Neptun hat etwas sehr Geheimnisvolles. Er ist tatsächlich, astronomisch gesehen, von Nebeln umgeben. Neptun ist das Symbol der Auflösung. Vom karmischen Standpunkt aus symbolisiert er die Ablösung von den irdischen Bindungen. Er hängt mit den religiösen Initiationen zusammen, bei denen der Adept eine Schwelle überschreiten und auf die Welt verzichten

muß. Neptunbetonte Menschen scheinen in ihren früheren Leben Initiierte gewesen zu sein. Neptun herrscht auch über die letzte Initiation, die Prüfung, durch die die Seele in ihrer letzten Inkarnation endgültig befreit wird.
Die Gabe der Weissagung und des Hellsehens, die Unterscheidung der Geister, parapsychologische Fähigkeiten, ein hochentwickelter künstlerischer Sinn, musikalisches Genie und die Gabe des Mitleidens und des Heilens gehören zu Neptun. Neptunbetonte Poeten und Mystiker erkennen sich im Element Wasser wieder und vergessen in der Inkarnation niemals die unsichtbaren Welten, die sie kennengelernt haben, und die nur für uns unsichtbar sind, nicht aber für sie.
Neptun wirkt sich konstruktiv aus, wenn die Wesenheit durch Saturn Disziplin gelernt hat; fehlt ihr diese Disziplin, so führen fehlgeleitete Neptun-Schwingungen zur Flucht in die Droge, in den Alkohol, in die Sexualität etc.; und der Geist wird vernebelt. Dann löst der neptunische Einfluß nicht das Karma auf, sondern die Energie des Horoskopeigners, der dadurch nur noch neue Schuld aufhäuft. Neptunisches Karma wirkt sich aus in unerklärlichen chronischen Krankheiten, in Krankenhausaufenthalten, in medizinischen Irrtümern, in Gefängnisaufenthalten und politischem Exil. Diese Schicksalsschläge sind dazu da, den Horoskopeigner zu einer Unterscheidung zwischen Wahrheit und Illusion zu führen. Die größte neptunische Illusion besteht darin, die Welt fliehen zu wollen, in die man inkarniert ist. Neptun hat die gleiche symbolische Bedeutung wie das Tierkreiszeichen Fische und das zwölfte Haus.

♇ Pluto

Der um 1930 entdeckte Pluto hat seinen Namen von dem griechischen Gott Hades (lateinisch Pluto), der über alles Verborgene und Unterirdische regiert, das Keimen der Samenkörner, die in der Erde verborgenen Schätze, die Minen und das Reich der Toten.
Die karmische Rolle Plutos scheint darin zu bestehen, den Menschen reifen zu lassen, ihn bewußter, verantwortlicher zu machen, und er legt jenen schwere Prüfungen auf, die sich seiner Macht bedienen. Ihr Leben besteht aus Kämpfen und wirklichen oder symbolischen Toden.

Pluto strahlt besonders hohe Schwingungen aus, und die von ihm bestimmten Menschen leben meist unter großer innerer Spannung. Der Planet repräsentiert symbolisch das Bewußtsein über die Wahrheit der notwendigen karmischen Lektion. Pluto zeigt dem Horoskopeigner an, was der gerechte Lohn für die Handlungen in der Vergangenheit ist, und treibt ihn dazu, sich ihrer ganz bewußt zu werden. Der Planet regiert den Skorpion und das achte Haus und hat wie sie die Grundbedeutung »Tod *und* Auferstehung«. Das Schlüsselwort für Pluto ist Regeneration.

Pluto ist gleichsam das Band, das ein Leben mit dem nächsten verbindet. Er verkörpert den tiefen Wunsch, ja den heftigen Willen, zu wachsen und die ungebändigte und unterirdische Energie, die die Seele dazu treibt, Leiden und Tod zu überwinden, um darüber hinauszugelangen. Plutobetonte Menschen sind außerordentlich mutig. Prüfungen sind für sie Herausforderungen, die Widerstände in ihrem Leben stimulieren sie. Wie der legendäre Phoenix steigen sie aus der Asche auf, und alle sind überrascht.

Pluto hat mit okkulten Fähigkeiten zu tun. Je nach dem Zeichen und dem Haus, in dem er sich befindet, weist er auch auf den Bereich hin, in dem der Horoskopeigner einen verborgenen und einsamen Kampf führen muß, bei dem er jedoch an den Widerständen mehr wächst als alle anderen. Der allgemeine Einfluß Plutos wird sich in den nächsten hundert Jahren verstärken, da der Planet sich im Augenblick der Erde nähert (siehe zu diesem Thema die Bücher von Germaine Holley; nähere Angaben in der Bibliographie). Manche Astrologen haben dieses kleine, unbekannte, ferne Gestirn unterschätzt. Heutzutage scheint es jedoch auf all jene Menschen einen großen Einfluß auszuüben, die in spiritueller, intellektueller oder politischer Hinsicht eine wichtige Rolle in der Welt spielen.

Durch seine Annäherung an die Erde wird Pluto dem menschlichen Geist ein größeres Bewußtsein vermitteln, er kann aber auch stärkere Spannungen zwischen den konstruktiven und den destruktiven Kräften bewirken.

Die Planeten als Indikatoren für karmische Beziehungen

In der karmischen Astrologie symbolisieren die einzelnen Planeten bestimmte zwischenmenschliche Beziehungen, die sehr oft auf Verbindungen aus früheren Leben zurückgehen.

☉ *Die Sonne* symbolisiert den Vater, den Ehemann (für die Frau), den Schwiegervater und den Vorgesetzten, wenn er eine »väterliche« Rolle spielt.

☾ *Der Mond* symbolisiert die Mutter, die Ehefrau, die Beziehungen zu Frauen, zu Gruppen, zur Öffentlichkeit, das Heim, das Haus, die Familie im allgemeinen.

☿ *Merkur* symbolisiert Brüder, Cousins, Schulkameraden, Kinder, Schüler, die Jugend und den Hausarzt.

♀ *Venus* symbolisiert Schwestern, Töchter, Geliebte und Freundinnen (beim Mann).

♂ *Mars* symbolisiert die Geliebten.

♃ *Jupiter* symbolisiert Onkel, Beschützer und Gönner.

♄ *Saturn* symbolisiert die Großeltern (manchmal auch den Vater, vor allem, wenn er sehr alt ist), die Greise in der Familie und die Vorfahren.

♅ *Uranus* symbolisiert Freunde und Verwandte.

Jedes Haus entspricht einem Familienmitglied (siehe Abb. auf Seite 113). Das elfte Haus ist ein Bild für die Freunde, das zehnte ein Symbol für den Vater (wobei sich die Astrologen nie einig waren, ob der Vater durch das zehnte oder durch das vierte Haus symbolisiert wird). Ich persönlich bin der Meinung, daß das vierte Haus eher die Mutter repräsentiert, weil es dem Krebs und dem Mond entspricht. Jupiter und das elfte Haus symbolisieren die Onkel. Sie werden gemerkt haben, daß der Geliebte und der Ehemann durch verschiedene Planeten und Häuser verkörpert werden: das siebente Haus ist im allgemeinen ein Bild für den Ehemann, während das fünfte Haus wie Mars und Venus die noch nicht oder nie legitimierten Liebesbeziehungen anzeigt. Ein Porträt der Ehefrau finden wir oft auch in dem Planeten, der dem Mond am nächsten oder in Konjunktion mit ihm steht. Hier kommt jedoch ein karmischer Faktor hinzu: die vor dem Mond stehenden Planeten geben einen klaren Hinweis auf die Wesen, denen man in früheren Leben begegnet ist, oder ein Bild der letzten Ehefrau. Alles für den Mond Gesagte gilt auch für die Mutter. Die Sonne entspricht sowohl dem Vater wie dem Ehemann. Das gilt auch für alle anderen Planeten: Wenn Merkur vor Mars steht, kann er Hinweis darauf sein, daß der Geliebte in einem früheren Leben ein Neffe oder ein Bruder war. Horoskopeigner, bei denen die Sonne mit Merkur in Konjunktion steht, haben möglicherweise einen Vater, der in einem früheren Leben ihr Bruder oder ein Cousin war. Das gilt natürlich nur, wenn auch das übrige Horoskop darauf hinweist (siehe das Beispiel von Jean und Marie, Seite 346f.). Ist einer dieser beiden Planeten rückläufig (nie jedoch die Sonne oder der Mond), so weist das deutlich darauf hin, daß der Horoskopeigner eine durch den Planeten angezeigte Person, die er in einem früheren Leben kannte, wiedertrifft. Ist einer der Planeten durch Konjunktion oder manchmal auch durch einen Aspekt mit Pluto verbunden, so ist das ebenfalls ein Hinweis auf karmische Wiederbegegnungen, da Pluto Tod und Auferstehung symbolisiert. Ist Pluto rückläufig oder steht er im vierten oder achten Haus, so ist solch eine Begegnung noch wahrscheinlicher. Das dritte Haus schließlich ist ein Bild für Brüder, Schwestern, Cousins und Cousinen, während das fünfte Haus die Kinder beschreibt.

Planeten, Zeichen und Krankheiten

Viele Krankheiten sind »karmisch«, d. h., sie tragen zur Aufarbeitung eines Karmas bei. Die Krankheiten, die ein Mensch im jetzigen Leben durchmacht, entsprechen einem Fehlverhalten aus einem früheren Leben. Balint erkannte, daß physische Krankheiten auf geistige, seelische oder emotionale »Brüche« zurückzuführen sind, er dehnte seine Theorie jedoch nicht auf frühere Inkarnationen aus; in ihnen könnte man jedoch einen Schlüssel zu einer Vielzahl krankhafter Zustände finden.
Die Häuser sechs, zwölf und acht haben besonders mit Krankheiten zu tun, wozu chronische Krankheiten, Krankheiten, die zu Krankenhausaufenthalt oder Bettlägerigkeit führen und tödliche Krankheiten gehören. Es ist kein Zufall, daß es sich dabei auch um die karmischen Häuser handelt.

Um den karmischen Ursprung einer Krankheit erkennen zu können, ist es wichtig zu wissen, welche Zeichen und Planeten sich auf welche Körperteile und Krankheiten beziehen.

Widder: Unfälle im Kopfbereich, Kopfschmerzen ♂ *regiert von Mars:* Unfälle, Fieber; Mars regiert die Nebennieren und das männliche Genitalsystem sowie die Muskeln. ☉ *und von der Sonne:* Herz und Vitalität
Stier: Rachen und Hals (Angina, Halswirbel, Erkältungen) ♀ *regiert von Venus:* Thymus-Drüse ☾ *und vom Mond:* weibliches Genitalsystem
Zwillinge: Lunge, Arme, Schultern, Nervensystem ☿ *regiert von Merkur:* Hände, Stimme, elektrische Stromfelder im Körper, Zirbeldrüse
Krebs: Magen, Verdauungsorgane, weibliche Funktionen, Brust ☾ *regiert vom Mond:* alle Flüssigkeiten im Körper, Mutterschaft und Gynäkologie ♃ *und von Jupiter:* Leber
Löwe: Herz, allgemeine Vitalität ☉ *regiert von der Sonne:* Herz, Wirbelsäule, Abwehrkräfte gegen Infektionen
Jungfrau: Verdauungstrakt, nervliches und geistiges Gleichgewicht ☿ *regiert von Merkur:* Nervensystem, Austausch und Kommunikation im ganzen Körper
Waage: Nieren, Rückenwirbel, Urogenitalsystem ♀ *regiert von Venus:* Blase, Uterus, Thymusdrüse ♄ *und von Saturn:* Sexualdrüsen

Skorpion:
Genitalsystem, sekundäre Geschlechtsmerkmale (Nase, Stimme, Behaarung)
♇ ♂ *regiert von Pluto und Mars:* Nebennieren, Blut, die männlichen Sexualorgane
♅ *und von Uranus:* Schilddrüse

Schütze:
Schenkel, Leber, Hüften
♃ *regiert von Jupiter:* Leber, Verdauungsfunktionen, Hirnanhangdrüse
♀ *und von Venus:* Thymusdrüse, Urogenitalsystem

Steinbock:
Haut, Gelenke, Zähne, Knochen und Skelett
♄ *regiert von Saturn:* Knochen, Muskeln, Haut, Sexualdrüsen im allgemeinen
♅ *und von Uranus:* Schilddrüse

Wassermann:
Blutkreislauf, Beine, Nervensystem
♅ *regiert von Uranus:* Schilddrüse, Nerven, elektrische Felder im Körper
♄ *und von Saturn:* Knochen, Haut, Sexualdrüsen

Fische:
Füße, Knöchel, Nervensystem
♆ *regiert von Neptun:* Leydig-Zellen, Nerven
♃ *von Jupiter:* Leber
♀ *und von Venus:* Thymusdrüse

Kapitel 5

Die Dekanate

Erst wenn man die Dekanate berücksichtigt, wird die Analyse der Zeichen vollständig und präzise. Ich hielt sie lange Zeit für wenig wichtig, da die westliche Astrologie sie kaum benutzt. Wenn sie in den astrologischen Spalten der Presse erwähnt werden, geschieht das oft auf so vereinfachte Weise, daß man es nicht ernst nehmen kann. In der Reinkarnationsastrologie haben die Dekanate jedoch eine gewisse Bedeutung, deshalb möchte ich ihnen ein kurzes Kapitel widmen.

Jedes Zeichen ist in drei Dekanate zu 10 Grad eingeteilt, da jedes Zeichen einem Element entspricht (Feuer, Erde, Luft, Wasser) und jedes Element in drei »Zustände« zerfällt: kardinal, fest und beweglich. Die östliche Tradition sagt, jedes Zeichen enthalte die vollständige Dreiheit des ihm entsprechenden Elementes.

Das erste Dekanat von 0 Grad bis 10 Grad hat die Eigenschaften des Zeichens selbst. Beim Skorpion beispielsweise entspräche das Skorpion–Skorpion.

Das zweite Dekanat von 10 Grad bis 20 Grad hat die Eigenschaften des im gleichen Element folgenden Zeichens in der üblichen Reihenfolge des Zeichens, es wäre also Skorpion–Fische.

Das dritte Dekanat von 20 Grad bis 30 Grad schließlich hat die Eigenschaften des dritten Zeichens des gleichen Elementes, in unserem Beispiel Skorpion–Krebs.

Das ist nicht so kompliziert wie es scheint. Dieses in Indien viel benutzte System ist sehr logisch aufgebaut. Die indischen Astrologen legen, wie wir im 2. Kapitel sahen, auf die Dekanate und dic Aspcktc, dic dic Planeten innerhalb der Dekanate miteinander bilden, großen Wert. Der indischen Tradition nach erfährt man dadurch viel über die früheren, ja sogar über die zukünftigen Leben. Man untersucht beispielsweise die Bedeutung der Sonne oder des Mondes in einem Horoskop und prüft dann nach, in welchem Dekanat der durch die Position innerhalb des Zeichens, durch die Zahl der Aspekte und durch die vier Eckpunkte (AC, IC, DC, MC) etc. stärkste Planet steht. Da jedes Dekanat von einem Planeten regiert wird, ist durch diesen Planeten der dominante Einfluß gekennzeichnet. Für die indischen Astrologen stünde die Sonne oder der Mond demnach unter dem Einfluß des Planeten, der das Dekanat regiert. Die Position und die Aspekte dieses Planeten geben dann einen Hinweis auf die Atmosphäre der vorigen Inkarnation und auf das Motiv der jetzigen Reinkarnation des Neugeborenen. Auf der Tabelle rechts finden Sie die klassische Einteilung der Dekanate. Die angegebenen Daten sind natürlich nur annähernd, da die Sonne in jedem Jahr zu einem anderen Datum in die einzelnen Zeichen tritt. In der vorletzten Spalte finden Sie den Planeten, der das Dekanat beherrscht.

Die Planetenherrscher der Dekanate

Die Dekanate spiegeln die Dreigliederung des Menschen in einen physischen, einen seelischen und einen geistigen Leib wider. So bezieht sich in jedem der zwölf Zeichen das *erste Dekanat* besonders auf den physischen Leib und ist deshalb von Mars beeinflußt. Das *zweite Dekanat* steht mit dem Geistleib in Verbindung und wird von Merkur beeinflußt. Das *dritte Dekanat* bezieht sich auf unseren Seelenleib und steht unter dem doppelten Einfluß von Saturn und Jupiter.

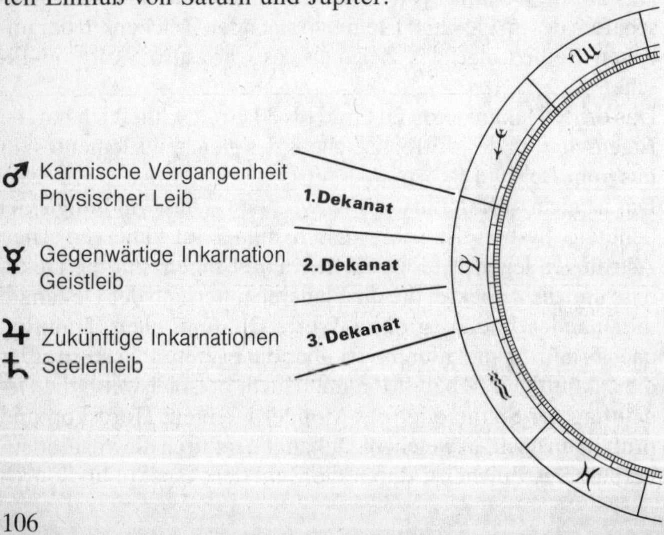

Die Dekanate

Widder	0°– 9°59′	Widder–Widder	Mars	(21.–31. März)
(Feuer)	10°–19°59′	Widder–Löwe	Sonne	(1.–10. April)
	20°–29°59′	Widder–Schütze	Jupiter	(11.–20. April)
Stier	0°– 9°59′	Stier–Stier	Venus	(21.–31. April)
(Erde)	10°–19°59′	Stier–Jungfrau	Merkur	(1.–10. Mai)
	20°–29°59′	Stier–Steinbock	Saturn	(11.–21. Mai)
Zwillinge	0°– 9°59′	Zwillinge–Zwillinge	Merkur	(21.–31. Mai)
(Luft)	10°–19°59′	Zwillinge–Waage	Venus	(1.–10. Juni)
	20°–29°59′	Zwillinge–Wasserm.	Uranus	(11.–21. Juni)
Krebs	0°– 9°59′	Krebs–Krebs	Mond	(21. Juni–2.Juli)
(Wasser)	10°–19°59′	Krebs–Skorpion	Pluto	(3.–13. Juli)
	20°–29°59′	Krebs–Fische	Neptun	(14.–23. Juli)
Löwe	0°– 9°59′	Löwe–Löwe	Sonne	(23. Juli–2. August)
(Feuer)	10°–19°59′	Löwe–Schütze	Jupiter	(3.–14. August)
	20°–29°59′	Löwe–Widder	Mars	(15.–23. August)
Jungfrau	0°– 9°59′	Jungfrau–Jungfrau	Merkur	(23. August– 2. Sept.)
(Erde)	10°–19°59′	Jungfrau–Steinbock	Saturn	(3.–13. September)
	20°–29°59′	Jungfrau–Stier	Venus	(14.–23. September)
Waage	0°– 9°59′	Waage–Waage	Venus	(23. Sept.–2. Oktober)
(Luft)	10°–19°59′	Waage–Wassermann	Uranus	(3.–13. Oktober)
	20°–29°59′	Waage–Zwillinge	Merkur	(14.–23. Oktober)
Skorpion	0°– 9°59′	Skorpion–Skorpion	Pluto	(23. Okt.–2. Nov.)
(Wasser)	10°–19°59′	Skorpion–Fische	Neptun	(3.–13. November)
	20°–29°59′	Skorpion–Krebs	Mond	14.–23. November)
Schütze	0°– 9°59′	Schütze–Schütze	Jupiter	(23. Nov.–3. Dez.)
(Feuer)	10°–19°59′	Schütze–Widder	Mars	(3.–13. Dezember)
	20°–29°59′	Schütze–Löwe	Sonne	(14.–22. Dezember)
Steinbock	0°– 9°59′	Steinbock–Steinbock	Saturn	(22. Dez.–1. Januar)
(Erde)	10°–19°59′	Steinbock–Stier	Venus	(1.–10. Januar)
	20°–29°59′	Steinbock–Jungfrau	Merkur	(11.–21. Januar)
Wassermann	0°– 9°59′	Wasserm.–Wasserm.	Uranus	(21.–30. Januar)
(Luft)	10°–19°59′	Wasserm.–Zwillinge	Merkur	(31. Januar–9. Februar)
	20°–29°59′	Wassermann–Waage	Venus	(10.–19. Februar)
Fische	0°– 9°59′	Fische–Fische	Neptun	(19.–29. Feb. od. 1. März)
(Wasser)	10°–19°59′	Fische–Krebs	Mond	(29. Feb. od. 1.–10. März)
	20°–29°59′	Fische–Skorpion	Pluto	(11.–21. März)

Der Einfluß des jeweiligen Dekanates verbindet sich mit dem Einfluß des Planeten, der das zweite Zeichen regiert: so steht das Dekanat Fische–Skorpion wegen des zweiten Zeichens unter dem Einfluß von Pluto, der Herrscher des Skorpions ist. Da es sich aber zugleich um das dritte und letzte Dekanat eines Zeichens, das spirituelle Dekanat, handelt, muß der Einfluß von Pluto, Saturn und Jupiter beachtet werden.
Das von der Sonne, vom Mond, vom Aszendenten oder vom Medium Coeli besetzte Dekanat ist manchmal ein Schlüssel für ein sonst schwer erklärbares Verhalten. Auf jeden Fall weist er auf ein früheres Leben hin, das auf das jetzige Leben des Horoskopeigners noch einen starken Einfluß ausübt.
Nehmen wir als Beispiel die kleine indische Tänzerin (Seite 358). Betrachtet man ihren Aszendenten und ihr zwölftes Haus, so sieht man, daß letzteres an der Grenze zwischen Schütze und Steinbock endet (im korrigierten Tierkreis bei 24 Grad, da sie 1967 geboren ist). Das letzte Dekanat des Schützen ist Schütze–Löwe unter der Herrschaft der Sonne, das Zeichen und der Planet, die für Bühne, Schauspiel, Darstellung stehen (was zu einer Tänzerin sehr gut paßt). Da es sich um das letzte Dekanat, das spirituelle, handelt, paßt das zu einer Tempeltänzerin besonders gut. Es steht unter dem Einfluß von Saturn und Jupiter, die Beziehung zum Religiösen haben und in diesem Horoskop sehr wichtig sind. Untersucht man das genaue Dekanat des Aszendenten (2° Steinbock im korrigierten Tierkreis), so ist es das des doppelten Steinbocks, von Saturn regiert: wieder werden wir auf Indien verwiesen (ich hätte dieses zwölfte Haus im Schützen übrigens ohnehin als ein in fernen Ländern verbrachtes früheres Leben interpretiert). In einem Horoskop gibt es hundertfache Hinweise auf vergangene und zukünftige Leben und die Gegenwart des betreffenden Menschen. Besonders aufmerksam muß man mit Hinweisen sein, die zum gleichen Planeten, zum gleichen Zeichen und zum gleichen Haus führen: die Dekanate des zwölften Hauses unserer kleinen indischen Tänzerin bestätigen nur, was wir schon wußten. Sie verweisen uns auf die beiden bedeutsamen Planeten, auf die wir schon aufmerksam wurden: Saturn und Jupiter und auf die Zeichen Steinbock (Indien) und Schütze (Religion) etc. Wenn etwas in einem Horoskop wichtig ist, so weist uns die Logik der Sterne immer wieder unübersehbar darauf hin.

Das Dekanat, in dem der Aszendent steht, ist auch ein deutlicher Anhaltspunkt für das Motiv der Reinkarnation. Im Horoskop der kleinen Laurence, der früheren indischen Tänzerin, verweist uns das Dekanat Steinbock–Steinbock, in dem der Aszendent steht, auf Saturn, der mit Mond, Merkur und nördlichem Mondknoten in Konjunktion steht. Die kleine Laurence scheint mehrere Leben geführt zu haben: sie möchte als Mutter Erfahrungen im Familienleben sammeln (Mond); vielleicht möchte sie auch die Rolle der Frau analysieren (Saturn in Konjunktion mit dem Mond) – all das sicher in einer aktiven, ja kämpferischen Haltung, denn all diese Planeten versammeln sich im Widder. Merkur im dritten Haus deutet auf den Wunsch hin, sich zu bilden und möglichst viel zu lernen. Als indische Tempeltänzerin hatte Laurence sicher nicht die Möglichkeit, Mutter zu sein und sich einem Universitätsstudium zu widmen. Der Krebs, Zeichen des Mondes und der Familie im siebenten Haus, zeigt ihre Vorliebe für diese Lebensform, und Jupiter, der dort plaziert ist, bestätigt, daß sie darin viel Freude erfahren wird. Die Beurteilung der Dekanate muß natürlich immer in Zusammenhang mit dem Gesamthoroskop stehen. Nach und nach wird sich die Intuition in der Analyse verfeinern, und dann können die Dekanate einem helfen, die wichtigen Leitmotive jedes Horoskopes zu entdecken.
Es gibt noch viele andere traditionelle Interpretationssysteme der Dekanate; der Platz reicht hier jedoch nicht aus, um sie zu erläutern. Es sei nur darauf hingewiesen, daß das erste Dekanat am Anfang des Zeichens noch als teilweise unter dem Einfluß des vorigen Zeichens stehend gilt, während das letzte Dekanat schon unter den Einfluß des folgenden Zeichens kommt, was die stärkste Betonung auf das mittlere Dekanat legt.

Esoterische Interpretation der Dekanate

Das *erste* Dekanat in jedem Zeichen (das Dekanat des physischen Leibes) soll unter dem Einfluß des karmischen Erbes stehen. Es gibt Menschen, die alle Planeten in den ersten Dekanaten haben; für sie ist es sehr schwer, sich loszulösen, sie handeln immer noch wie in den früheren Leben, sie können sich nur mit Mühe von ihren karmischen Gewohnheiten frei machen (siehe das Horoskop von Blaise Cendrars, Seite 197).

Das *zweite* Dekanat (Dekanat des Geistleibes) soll einen Hinweis darauf geben, wie die Wesenheit das auf anderen planetarischen Ebenen erworbene Wissen auf der irdischen Ebene in die Tat umsetzen will.
Das *dritte* Dekanat (das Dekanat des Seelenleibes) gibt einen Hinweis auf die Richtung, in der sich der Horoskopeigner wahrscheinlich entwickeln wird. Menschen, bei denen die Planeten und Himmelskörper meist am Ende eines Zeichens stehen, erleben eine Übergangsinkarnation. Sie haben die Vergangenheit überwunden, und man kann erwarten, daß in ihrem Reifungsprozeß nun eine Wende eintritt; ihr Lebensende wird vom Anfang sehr verschieden sein (das ist auch der Fall bei den doppelten Zeichen und bei Planeten, die genau an der Grenze zweier Zeichen stehen).
Im allgemeinen kann man sagen:
Das *erste Dekanat* jedes Zeichens ist noch empfänglich für die irdischen, physischen und geschlechtlichen Einflüsse, auf die der Horoskopeigner noch stark reagiert wie in der Vergangenheit. Seine früheren emotionalen Gewohnheiten beherrschen ihn noch, und er kann sich nur allmählich von ihnen befreien.
Das *letzte Dekanat,* das aktiv, dynamisch, auf die Zukunft gerichtet und in dauerndem Fortschreiten begriffen ist, weist auf einen Zustand hin, in dem man sich von alten karmischen Gewohnheiten befreit hat. Die Schulden sind beinahe bezahlt und Wandlungen stehen an.
Das *mittlere Dekanat* ist ein Übergangsstadium zwischen den beiden anderen.
Man zählt die Anzahl der ersten, zweiten und dritten Dekanate, die besetzt sind, um sich einen Überblick zu verschaffen.
Das von der Sonne oder dem Mond bewohnte Dekanat weist auf den Grad der Entwicklung in Beziehung mit dem »Himmelsgrad«, dem Herrscher dieses Dekanates, hin.
Eine große Zahl von besetzten ersten Dekanaten wäre ein Hinweis auf eine noch wenig entwickelte Seele, die ein schweres Karma zu tragen hat, eine junge Seele, die noch wenige Inkarnationen erlebt hat.
Sind die meisten Planeten im mittleren Dekanat angesiedelt, so weist das auf einen Menschen hin, der eine gewisse Herrschaft über seine physischen Triebe und seine Emotionen erlangt hat.

Ein Mensch schließlich, dessen Planetenpositionen die letzten Dekanate jedes Zeichens betonen, ist auf dem Weg zur Befreiung und zur Erleuchtung, da er gelernt hat, seine physischen Triebe, seine Emotionen und seine Gedanken unter Kontrolle zu halten; er kann sich auf einen spirituellen Weg konzentrieren, dem er sich nun völlig widmet.

Man hat festgestellt, daß bei Menschen, die zur gleichen Gruppe gehören, die gleichen Dekanate besetzt sind. Das soll auf eine Zugehörigkeit zur gleichen karmischen Gruppe, also auf Menschen, die früher schon zusammen gelebt haben, hinweisen. Deshalb findet man auch in Familien verschiedene Planeten, die nicht nur im gleichen Dekanat, sondern auch bei der gleichen Gradzahl stehen. Beispielsweise hat eine Mutter den Mars in 3° Stier und ihr Sohn Venus in 5° des gleichen Zeichens – beide also im gleichen Dekanat. Das könnte für den Astrologen ein Hinweis auf eine Liebesbeziehung in einem früheren Leben sein, wenn das übrige Horoskop diese Vermutung ebenfalls bestätigt. Beim Vergleich zweier Horoskope kann man nicht nur die Dekanate, sondern auch die Planeten, von denen sie regiert werden, vergleichen, wodurch man wertvolle Hinweise bekommt; tritt Jupiter auf den Plan, waren die beiden Horoskopeigner vielleicht früher verheiratet (wenn ein harmonischer Aspekt zu Venus besteht); Merkur kann auf eine geschwisterliche karmische Beziehung, Uranus auf eine freundschaftliche Beziehung, der Mond auf eine Mutter-Kind-Beziehung hinweisen etc.; bei der Interpretation der Planetenherrscher der Dekanate folgt man den gleichen Regeln wie beim klassischen Horoskopvergleich, jedoch im Licht des Wissens über die Reinkarnation.

Kapitel 6

Die Häuser

Über die Form des Horoskopes gäbe es viel zu sagen: der Kreis ist ein Symbol der Einheit. Das Horoskop ist wie ein Mandala, ein in einem geometrisch unterteilten Kreis gebanntes Bild der Welt, das zur meditativen Versenkung einlädt. Die hellseherische Intuition kann durch mancherlei Bilder angeregt werden: schon in der Antike benutzten die Seher Wasser, Feuer, Rauch, Steine (oder Schafgarbenstengel wie in China) oder den Vogelflug, um konkrete Ereignisse ablesen zu können. Der Kreis des Horoskopes, mit dem in ihn eingeschriebenen Kreuz, ist ein unvergängliches Symbol, das zu unserem Unbewußten spricht. Die Einteilung des Himmelsraumes in 4 Quadranten von je 3 Häusern hat ihre Ursprünge in einer allen Weltreligionen vertrauten Zahlenmagie. Auf den Zahlen 3, 4 und 12 ruht wohl die innerste Struktur des Kosmos. Die christliche Religion spricht von den 12 Stämmen Israels, von den 12 Aposteln, den 4 Evangelisten, der Dreieinigkeit. 4 und 3 ergibt 7; die »heiligen« Zahlen 9, 12 und 45, die die Astrologie verwendet, lassen sich ebenfalls daraus ableiten. Die Einteilung des Horoskopes in 12 »Häuser«, begrenzt durch die vier Himmelsrichtungen, ist von grundlegender Bedeutung. Die Häuser sind die Felder, in denen wir unsere Energie ausleben. Das gilt nicht nur für dieses Leben, sondern für unsere ganze kosmische Entwicklung, zu der auch unsere früheren Leben gehören.

Theoretisch steht die Erde im Mittelpunkt des Horoskopes. Die Gegner der Astrologie sehen darin einen Beweis für ihre Unwissenschaftlichkeit, da wir inzwischen sehr wohl wissen, daß nicht die Erde, sondern die Sonne Mittelpunkt unseres Planetensystems ist. Dem kann man entgegenhalten, daß das Horoskop unseren irdischen Standpunkt beschreibt. Wenn wir zu Vollkommenheit und Objektivität gelangt sind und die irdischen Lasten abgelegt haben, können wir zur kosmischen Sonnenebene aufsteigen, und dann wäre eventuell ein von der Sonne aus gesehenes, heliozentrisches Horoskop bedeutungsvoll. Es gibt esoterische Astrologen, die schon heute solche Horoskope benutzen.

Die symbolische Bedeutung der zwölf Häuser

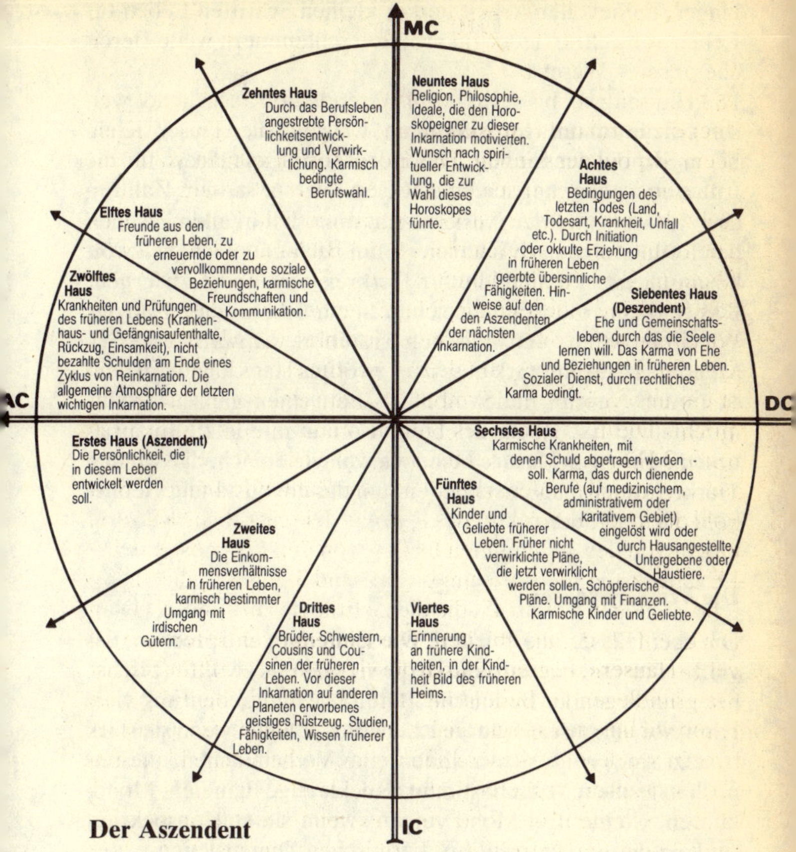

Der Aszendent

verkörpert den gegenwärtigen Zustand der Wesenheit, den Punkt der Entwicklung, an dem sie diese Inkarnation beginnt. Er ist der Ausgangspunkt für das ganze Horoskop, das sich der Horoskopeigner vor der Geburt gewählt hat. Aszendent und erstes Haus sind zwar ein äußeres Bild der Persönlichkeit, nicht aber unbedingt ein Spiegel für das wahre Wesen. Für die Dauer dieses Lebens bleiben manche Bereiche der Persönlichkeit verborgen, weil die Wesenheit sich entschlossen hat, eine bestimmte Fähigkeit vor einer anderen zu entwickeln, die erst im folgenden Leben an der Reihe ist; man kann sich nicht nach al-

len Seiten zugleich entwickeln. Das Wachstum der Seele geht in langer, mühevoller Arbeit und in kleinen Schritten Leben für Leben vor sich. In jeder Inkarnation schlummern weite Bereiche unseres Wesens.
Die Häuser zwei bis sechs, vom Aszendenten ausgehend, weisen auf die zukünftigen Leben hin, während die Häuser sieben bis zwölf, die wieder zum Aszendenten zurückführen, für die früheren Leben, beginnend mit dem letzten, stehen. Zahlreiche Autoren sind der Ansicht, daß man sich in allen Zeichen der Reihenfolge nach inkarniert, um nach und nach die zwölf kosmischen Lektionen, die der Tierkreis verkörpert, zu lernen. Das Rad der Häuser und Zeichen ist ein Bild für das »Rad der Wiedergeburten« der indischen Tradition, *samsara*.
Menschen, die ein stark besetztes zwölftes Haus haben, in dem sich auch Neptun findet, sollen schon einen ganzen Zyklus durchlaufen haben. Sie erlebten also nun ihre letzte Inkarnation für diesen Zyklus; es ist jedoch wahrscheinlich, daß wir den Tierkreis mehrmals durchlaufen, um das unvollständig Gebliebene zu vollenden.

Die Wasser-Häuser

Die drei Häuser, die den drei Wasserzeichen entsprechen, das vierte (Krebs), das achte (Skorpion) und das zwölfte (Fische) haben eine starke karmische Betonung und geben uns viele Hinweise auf unsere früheren Leben. Vor allem wenn sie stark besetzt sind, zeigt sich in ihnen eine Vergangenheit, die uns noch in großem Maße bestimmt. Rückläufige Planeten, Mondknoten, Sonne und Mond zeigen, wenn sie stark aspektiert sind, in diesen Häusern ihre karmischen Dimensionen.
Die Häuser zwölf, acht und vier verraten die in früheren Leben erworbenen Reflexe, die durch alte Traumata und Fehler geschaffenen emotionalen Reaktionen. Von diesen »Ablagerungen« im Gefühls- oder Körperhaushalt und von den vergangenheitsbestimmten Verhaltensweisen müssen wir uns befreien, um uns in die neue Inkarnation zu finden. In diesen Häusern ist eine solche Problematik deutlich ablesbar.
Menschen mit stark betonten »Wasser-Häusern« haben übrigens im allgemeinen starke Erinnerungen an ihre früheren Leben. Oft verfügen sie über mediale und hellseherische Bega-

bung und stehen in einer dauernden Verbindung mit unsichtbaren Welten. Unendlich sensibel für Umwelteinflüsse und Atmosphärisches wissen und fühlen diese empfindsamen Menschen Dinge, die sie nicht immer in Worte fassen können.
Vor allem wenn Mond und Sonne in den betreffenden Häusern stehen, erleben diese Menschen immer wieder einen Sturm im Wasserglas, innere Turbulenzen, mit denen sie nur schwer fertig werden. Sie sehnen sich danach, zur Ruhe zu kommen, und klammern sich dabei an überholte Verhaltensweisen, durch die sie nur neue Stürme heraufbeschwören. Die materialistisch orientierten westlichen Psychologen scheitern mit solchen Menschen, weil ihre Motive auf einer sehr tiefen karmischen Ebene wurzeln – in den heftigen Leidenschaften ihrer früheren Leben. Natürlich versteht die Umgebung dieser Menschen nie, warum sie so stark auf die kleinsten Dinge reagieren. Eine scheinbar unbedeutende Begegnung, eine Melodie, eine Landschaft, lösen tiefe Bestürzung bei ihnen aus und rühren an tiefe Schichten des karmischen Gedächtnisses. Marcel Proust, der in seinem Buch *Auf der Suche nach der verlorenen Zeit* beschreibt, welche inneren Bilder der Geschmack eines kleinen Sandgebäcks, einer Madelaine, in ihm weckt, ist dafür ein gutes Beispiel. Proust hat nicht weniger als vier Planeten im vierten Haus, darunter die Sonne; diese Anhäufung von Planeten befindet sich überdies im Zeichen Krebs. Beim Betrachten dieses Horoskops wundert es einen nicht, daß sich Proust sein Leben lang mit der Suche nach der Vergangenheit und ihrem Wiederfinden beschäftigte.
Der Horoskopeigner mit einem stark betonten vierten, achten oder zwölften Haus ist selten glücklich, da er sich zutiefst nach einer Befreiung von den Gespenstern der Vergangenheit sehnt. Weil er aber selten die Kraft hat, sich von seinen Ängsten und Zwangsvorstellungen zu befreien, braucht er den Mut, sich den Phantomen, die einen Teil seiner Energie lähmen, mit klarem Blick zu stellen und die Möglichkeit zuzugeben, daß er sich selbst oder vielleicht anderen gegenüber Verpflichtungen hat. Wenn er sich auf den Weg der Selbsterkenntnis begibt, werden die Traumata an die Oberfläche kommen und einen Schock verursachen. Der Horoskopeigner muß die schmerzhaften Erinnerungen und sein Versagen wiedererleben, um sich allmählich von diesen Lasten der Vergangenheit befreien zu können

Marcel Proust
10. Juli 1871, Paris, 23.30 Uhr

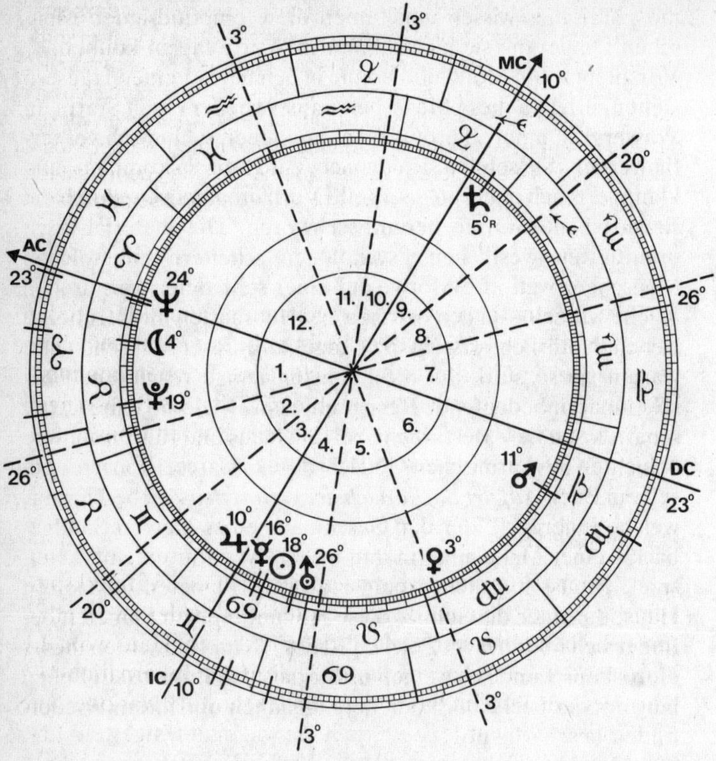

Innerer Kreis: gewöhnlicher Zodiakus
Äußerer Kreis: korrigierter Zodiakus (ayanamsa 22° 56′ für 1871)

Beispiel für das vierte Haus: Marcel Proust
Seiner offiziellen Geburtsstunde nach hat Proust vier Planeten, darunter die Sonne, im vierten Haus. Man hat die Richtigkeit dieser Zeitangabe bestritten, da die Astrologen der Ansicht waren, der Aszendent Widder passe nicht zu diesem großen Träumer. Neptun, der Planet der Träume, steht jedoch am Aszendenten, was die »martialische« Männlichkeit des Widder, die schon durch den ungünstig aspektierten Mars im Fall gemindert ist, noch weiter schwächt.
Eine Analyse unter dem Gesichtspunkt der Reinkarnation scheint je-

doch die Genauigkeit der Geburtsstunde zu bestätigen: dieses außergewöhnliche vierte Haus weist darauf hin, daß der Horoskopeigner seine früheren Leben nicht vergessen kann und mit allen Fasern seiner Gefühle an ihnen hängt. Die Spitze des zwölften Hauses steht im korrigierten Tierkreis in den Fischen, was auf ein früheres Leben voller Krankheiten und Einschränkungen hinweist, in dem der Horoskopeigner außergewöhnliche intuitive und imaginative Fähigkeiten entwickelt hat. Die Inkarnation, in der wir ihn unter dem Namen Marcel Proust kennen, ist eine Verlängerung dieses von den Fischen beherrschten früheren Lebens mit seinen medialen Fähigkeiten und seinen Krankheiten.

und die Lebensenergie wiederzugewinnen. Viele der großen Mystiker beschreiben diese Erfahrung, die natürlich je nach ihrer Religion und Kultur sehr verschiedene Formen annimmt. Eine sinnvolle Psychotherapie müßte zunächst die Belastungen aus früheren Leben erkennen und sie mit all ihren Konsequenzen zum »Hier und Jetzt« in Beziehung setzen.

Das zwölfte Haus

Seit einigen Generationen konzentriert sich die Aufmerksamkeit der Astrologen auf dieses »esoterischste« der zwölf Häuser. Forschungen haben gezeigt, daß mit diesem Haus wohl die jüngste oder die letzte bedeutende irdische Inkarnation beschrieben wird (wenn das letzte Leben sehr kurz war oder nur als Fötus gelebt wurde, hinterläßt es, wie man festgestellt hat, manchmal nur wenig Spuren im Gedächtnis der Wesenheit und in ihrem Horoskop).
Stehen im zwölften Haus keine Planeten, so gibt das an der Spitze des Hauses befindliche Zeichen deutliche Hinweise (siehe Horoskopbeispiel Seite 360). Das zwölfte Haus hat die gleiche Symbolik wie das Sternbild der Fische. Dieses wird von Neptun, dcm Planeten der Auflösung, regiert. So weisen die Planeten in diesem Haus auf den Wunsch nach einer Auflösung karmischer Bindungen an diese Welt hin. Das Zeichen wird durch zwei an den Schwänzen aneinandergebundene Fische dargestellt; in diesem Zeichen begegnet man wie in dem entsprechenden Haus Fesseln und Bindungen aller Art. Werden sie mutig angenommen, kann man sich von ihnen befreien. Der

große Schritt zum Widder mit seinem verzehrenden Feuer kann getan werden. Der Tradition nach ist das zwölfte Haus auch das Haus der verborgenen Feinde. Aber, so könnte man fragen, sind unsere schlimmsten verborgenen Feinde nicht unsere eigenen Fehler? Es wird als das »Gefängnis« oder das »Krankenhaus« des Horoskopes betrachtet. Auf karmischer Ebene ist es beides: Hier wird man von seinen spirituellen Krankheiten geheilt und sühnt seine Fehler. Das zwölfte Haus steht auch in Beziehung zu dem, was aus karmischer Sicht ein Hinausgehen über die irdische Ebene bedeuten könnte.
Im zwölften Haus finden sich oft zwei oder sogar drei Zeichen, die sich auf verschiedene Leben beziehen können oder die das gleiche Leben in verschiedenem Licht zeigen.
Der Aszendent der Todesstunde und das davorliegende zwölfte Haus bestimmen die nächste Inkarnation (allerdings wird diese Eigenschaft von manchen auch dem achten Haus zugeschrieben, von dem wir später sprechen werden). Im Grunde kennen wir die sicher sehr genauen Gesetze, die unsere Aufenthalte in den verschiedenen kosmischen Ebenen bestimmen, sehr schlecht. Die Initiierten in Atlantis, in Ägypten oder bei den Kelten kannten sie offensichtlich, und noch heute sind sie bestimmten tibetanischen Mönchen zugänglich; dieses Wissen war jedoch immer wenigen Weisen vorbehalten. Man müßte das zwölfte Haus der Geburt, des Todes und der Wiedergeburt vergleichen können.
Bei allen Menschen bringt das zwölfte Haus, vor allem, wenn es stark besetzt ist, besondere Prüfungen mit sich, denen man sich nicht entziehen kann, weil man sie vor dem Entschluß zu einer neuen Inkarnation selbst gewählt hat, um sich spirituell weiterentwickeln zu können. Wenn der Horoskopeigner das annehmen kann, wird sein Schmerz und seine Angst vor dem Unentrinnbaren sehr gemildert. Durch Gebet, Meditation und Phantasie hat er die Möglichkeit, diesem materiellen Gefängnis zu entrinnen. Auch das Austreten aus dem physischen Körper im Schlaf kann sehr hilfreich sein, ebenso wie das bewußte Verlassen des Körpers durch bestimmte Techniken wie die Trance. (Im alten Ägypten konnte man durch solche Techniken Operationen ohne Betäubung vornehmen.) Menschen mit einem stark besetzten zwölften Haus haben stark entwickelte Fähigkeiten zum Träumen, Beten, Meditieren, Geistheilen und zum

Verlassen des physischen Körpers; diese großen Fähigkeiten sind ein Ausgleich für ihre Leiden (siehe das folgende Horoskop von Ramakrishna).
Horoskopeigner, bei denen das zwölfte Haus stark betont ist, haben mehr als andere die Fähigkeit zum Mitleid, wenn sie eine Inkarnation der Sühne und des Opfers gewählt haben. Finden sich in diesem Haus jedoch viele rückläufige und negativ aspektierte Planeten, neigen sie dazu, dem Leiden entfliehen zu wollen, das sie schon in einem früheren Leben kennengelernt haben und dem sie entgehen oder das sie nicht annehmen wollten. In diesem Leben sind sie versucht, wieder zu fliehen. Um ihre Schuld wiedergutzumachen, sind diese Leiden jedoch notwendig, und sie müssen sich ihnen stellen; oft haben sie sich selbst die unausweichlichen Prüfungen gewählt.

Ramakrishna, ein Beispiel für ein außergewöhnliches zwölftes Haus
Vier Planeten im vierten Haus, darunter Sonne und Mond, weisen auf einen ausgeprägten Mystizismus hin. Im gewöhnlichen Tierkreis ist das zwölfte Haus in den Fischen, was den mystischen Charakter noch unterstreicht. Im korrigierten Tierkreis fällt es in den Wassermann, ebenfalls ein Zeichen von großer geistiger Sensibilität, und in den Steinbock. Der Herrscher des Steinbocks, Saturn, ist nicht nur rückläufig, also karmisch, sondern steht auch im achten Haus. Das weist für das gesamte Horoskop auf besondere Fähigkeiten und auf eine sehr hoch entwickelte religiöse Initiation in früheren Leben hin. Der Herrscher des Wassermanns steht ebenfalls im zwölften Haus; darin sehe ich die besondere Mission, den Menschen im Wassermann-Zeitalter eine Lehre zu vermitteln (MC im Schützen), wobei früher unbekannte, ganz neue Kommunikationsmöglichkeiten eine Rolle spielen. Ramakrishna ist einer der ersten großen indischen Mystiker, der zwischen der Geisteswelt Indiens und der des Westens eine Brücke zu schlagen vermochte.

Einfluß des zwölften Hauses auf den Aszendenten

Vielleicht ist es Ihnen auch schon aufgefallen, wie viele Leute eher dem Zeichen entsprechen, das ihrem Aszendenten vorausgeht, wie zum Beispiel Marcel Proust, der trotz seines Wid-

Ramakrishna
18. Februar 1836, 7.30 Uhr, Kalkutta

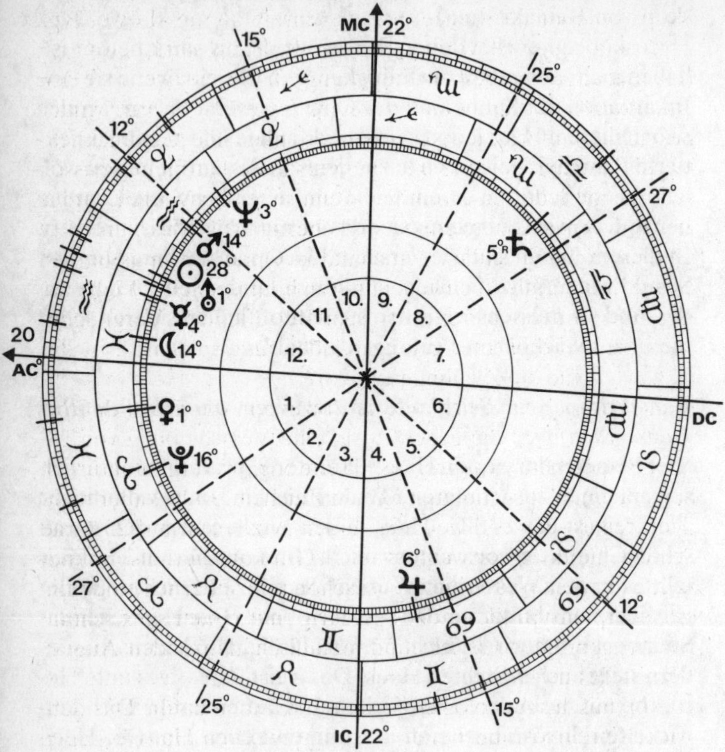

Innerer Kreis: gewöhnlicher Zodiakus
Äußerer Kreis: korrigierter Zodiakus (ayanamsa etwa 22° 26′ im Jahre 1836)

der-Aszendenten viel mehr Charakteristika der Fische zeigt. Ich habe eine Tochter mit einem Waage-Aszendenten. Bis jetzt sind mir an ihr nur typische Jungfrau-Eigenschaften aufgefallen: Sie ist schüchtern, gewissenhaft, sehr fleißig, verliert sich im Detail, neigt zum Perfektionismus, hängt sehr an ihren Gewohnheiten, ist nicht besonders mutig, dafür aber um so kritischer. Diese Eigenschaften sind durch nichts anderes im Horoskop gerechtfertigt. Eine meiner ältesten Freundinnen hat die Sonne im Löwen. Ich habe sie jedoch immer als sanft erlebt, sie spricht mit leiser Stimme, drängt sich nie auf, ist empfindsam, intuitiv, liest gerne und ist sehr häuslich – also ein typischer Krebs-Mensch. Wenn sie eine Beschreibung des Löwe-Typs liest, fragt sie sich, wo ihre Krallen geblieben sind.

Die Menschen in meiner Umgebung, die die Sonne oder den Aszendenten im Krebs haben, zeigen fast alle typische Zwillinge-Eigenschaften: Sie haben Humor, manuelle Geschicklichkeit, bewegen sich gerne und sind verstandesbetont und passen sich schnell jeder Situation an, wenn sie einen Vorteil daraus ziehen können; ihre Gefühle sind eher oberflächlich, und ihre Geschicklichkeit schlägt manchmal in Opportunismus um. In einem dieser Fälle ist eine Neigung zu homosexueller Liebe da, in einem anderen bereitet es dem Betreffenden Vergnügen, mehrere Liebespartner gegeneinander auszuspielen ... ist das nicht alles für die Zwillinge typisch?

Man kann sich natürlich auf die Präzession der Tagundnachtgleichen berufen, die gegenwärtig eine Verschiebung von 23° bis 24° bewirkt (*ayanamsa,* siehe Seite 56). Das ergibt natürlich beinahe eine Verschiebung um ein Zeichen, erklärt aber nicht alles. Einer meiner Klienten, dessen Aszendent auf 25 Grad Schütze steht (selbst wenn man 23 Grad abzieht, also immer noch auf zwei Grad Schütze), ist schon rein äußerlich eindeutig ein Skorpiontyp: klein, dunkelhaarig, mit einem sehr schmalen, ausgeprägten Gesicht und metallisch glänzenden Augen. Wie ist das möglich?

Die karmische Astrologie hat eine Erklärung dafür: Das dem Aszendenten vorangehende, also im zwölften Haus liegende Zeichen weist auf die äußeren Umstände, aber auch auf Gefühle, auf den Beruf, auf das Land hin, die den Horoskopeigner in seinem vorigen Leben geprägt haben, und so ist es nicht verwunderlich, daß die gegenwärtige Inkarnation davon noch deutliche Spuren zeigt, vor allem in der ersten Hälfte dieses Lebens, in dem der Horoskopeigner sich oft noch schwer von seinen karmischen Gewohnheiten lösen kann. Manchmal gelingt ihm das überhaupt nicht, weil er das nicht will oder nicht die Kraft dazu hat. Dann sind die Charakterzüge des vorangehenden Zeichens besonders stark ausgeprägt.

Was für das zwölfte Haus und den Aszendenten gilt, gilt ebenfalls für das der Sonne vorangehende Haus. In der Astrologie verwendet man die Sonne manchmal als Aszendent, wenn man

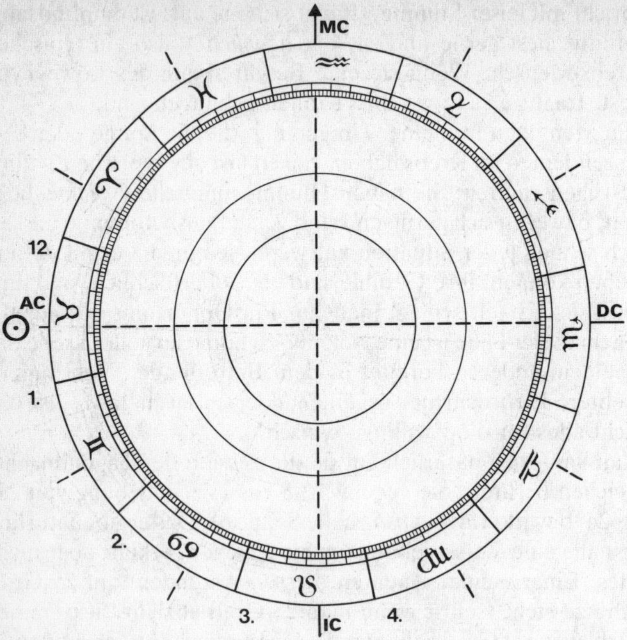

Erster Fall: Sonnen-Häuser (oben)
Man weiß die Geburtsstunde des Klienten nicht und kann deshalb den Aszendenten und das Häusersystem nicht berechnen. Man nimmt also die Sonne als Aszendenten und trägt von ihr ausgehend die theoretischen Häuser ein (gleiche Häuser mit je 30°). Hier ist die Spitze des siebenten »Sonnen-Hauses« im Skorpion und das zwölfte »Sonnen-Haus« im Widder. Mit diesem System kommt man zu interessanten Resultaten, vor allem bei der Reinkarnations-Astrologie (siehe folgende Seiten).

Zweiter Fall: sekundäre Häuser (rechts)
Man kennt die Geburtsstunde des Klienten und hat damit sein Horoskop mit dem Aszendenten und den Häusern. Er konsultiert einen jedoch wegen einer anderen Person, die ihm nahesteht und deren Geburtsstunde er nicht hat. Deshalb verwendet man im Horoskop des

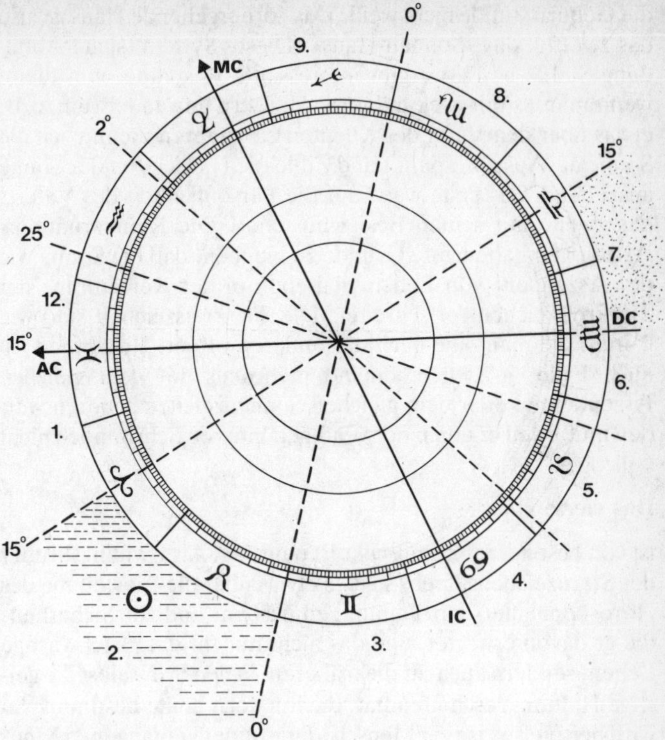

Sonnen-Haus, als Ausgangspunkt genommen

Klienten den Planeten, der symbolisch die betreffende Person, deren Horoskop man nicht hat, beschreibt (siehe das Kapitel über die Planeten). Hier hat der Klient eine Frage über die Gesundheit seines Vaters gestellt. Vater ≙ Sonne, Gesundheit ≙ Haus 6, 10 und 8. Ausgehend von der Sonne, die hier im Stier und im zweiten Haus steht, zählt man die »sekundären« Häuser, bis man zum sechsten gelangt, das hier das siebente Haus und in der Waage ist. Entsprechend der vorgefundenen Planeten, ihren Aspekten und dem Stand der Herrscherplaneten (Merkur für die Jungfrau, Venus für die Waage) kann man die gewünschten Einzelheiten über den Vater des Klienten erfahren. Mit dieser Technik kann man in der Reinkarnations-Astrologie sogar zu Aussagen über die Beziehung eines Horoskopeigners mit seinen Angehörigen eines früheren Lebens kommen.

die Geburtsstunde nicht weiß. Das vorhergehende Haus ist also das zwölfte, das »Sonnen-Haus«. Dieses System (siehe Abbildung S. 122 u. 123) ergibt interessante Resultate, vor allem, wenn man es mit »sekundären« Häusern anwendet (um z. B. etwas über den Vater des Klienten zu erfahren, nehme ich die Sonne als Ausgangspunkt und zähle die Häuser von der Sonne ausgehend; das erste weist auf die Persönlichkeit des Vaters, das zweite auf seinen Besitz hin etc.). Die Reinkarnations-Astrologen haben gute Gründe zu glauben, daß die Sonne wie der Aszendent von Leben zu Leben in der Reihenfolge der Tierkreiszeichen fortschreitet. Die Tierkreiszeichen sind wie Türen, die man eine nach der anderen öffnet. Es gibt jedoch auch Fälle, in denen jemand mehrmals mit dem gleichen Aszendenten oder dem gleichen Sonnenzeichen geboren werden muß, weil er einen notwendigen inneren Schritt noch nicht vollzogen hat.

Das vierte Haus

ist von besonderer karmischer Bedeutung. Als Zwillingsbruder des Sternzeichens Krebs sagt es etwas über die Einstellung des Horoskopeigners zur Familie, zum Heim und zur Sicherheit, die er davon erwartet, und das nicht nur für das gegenwärtige Leben, sondern auch für die früheren, in denen er selbst die geistige Haltung geschaffen hat, die ihn noch heute bestimmt. So wird beispielsweise ein Mensch, der in einer vergangenen Kindheit Enttäuschungen erlebt hat, seine früheren Eltern, mit denen ihn starke karmische Beziehungen verbinden, wiederzufinden versuchen. Durch sie wird er die Sicherheit, die ihm früher fehlte, finden wollen. Wenn er sie liebte, wird er sich so zu ihnen hingezogen fühlen, daß er sich wieder bei ihnen inkarnieren will, ebenso wenn er eine Schuld auszugleichen hat.
Die Himmelstiefe (Immum coeli), die Spitze des vierten Hauses, ist ein sehr wichtiger Punkt, in gewisser Weise eine Verdichtung von Karma, die Urtiefe der eigenen Wurzeln und der neue Ausgangspunkt für dieses Leben. Am IC finden wir wie durch den nördlichen Mondknoten die eigentliche Motivation für die Inkarnation ausgedrückt. Der Krebs wurde von alten griechischen und lateinischen Astrologen als die »Eingangstür der Seele in diese Welt« betrachtet. Der Krebs ist eines der ältesten Tiere auf unserem Planeten; er vergißt nichts. Das vierte

Haus hat dieses außergewöhnliche Gedächtnis mit ihm gemeinsam. Ein stark besetztes und aspektiertes viertes Haus wie das von Marcel Proust, (siehe Seite 116) kann dem, der darin zu lesen versteht, viel enthüllen; es zeigt klar die geistige Verfassung an, mit der der Horoskopeigner auf die irdische Ebene zurückgekehrt ist.

Horoskop Mario
Dies ist ein Horoskop, das viel zu unserem Thema sagt: der Horoskopeigner wurde in seinem vorigen Leben von seiner Mutter verlassen. Das Leiden oder der Verlust der Sicherheit bestimmt auch sein jetziges Leben.
Das zwölfte Haus in seinem Horoskop, das in der Waage und in der Jungfrau steht, verweist auf die beiden sehr bedeutsamen Herrscherplaneten Merkur und Venus, die rückläufig sind und im vierten Haus in der Nachtseite des Horoskops stehen. Man sieht in diesem vierten Haus, dem Symbol für das Zuhause, den Steinbock und den Wassermann, deren Herrscher Saturn und Uranus im siebenten Haus in Konjunktion stehen. Das Sternbild Krebs, dessen symbolische Bedeutung dem vierten Haus entspricht, findet man jedoch in Opposition zur Sonne am MC. Sie werden übrigens bemerkt haben, daß es in diesem Horoskop sehr viele rückläufige Planeten gibt, was ein Zeichen für eine schwierige, nicht bewältigte und noch in die Gegenwart hineinwirkende Vergangenheit ist.
Das vierte Haus, ein besonders mit dem Karma verbundenes Wasser-Haus, ist durch die Konjunktion Venus–Merkur besetzt, die durch eine andere Konjunktion, Saturn–Uranus, durch ein Quadrat problematisch aspektiert wird. Problematisch ist auch, daß drei dieser Planeten rückläufig sind. Dieses vierte Haus läßt vermuten, daß Mario, was seine Gefühle anbelangt, um eines oder mehrere Leben nachhinkt.
Die Sonne bestätigt das im Quadrat zu Mars. Die Quadrate, die dieses Horoskop durchziehen, gleichen einem Netz von Widersprüchen, in dem Mario gefangen ist; er schlägt wahllos nach rechts und links, um sich daraus zu befreien.
Im siebenten, stark besetzten Haus stehen die Herrscherplaneten des vierten Hauses (Uranus, Saturn und Mars). Mario wird versuchen, sich durch eine Ehe einen Ausweg zu verschaffen. Gerade diese Ehe jedoch ist karmisch äußerst belastet durch

Mario
23. Januar 1942, 2.00 Uhr, Genf (Schweiz)

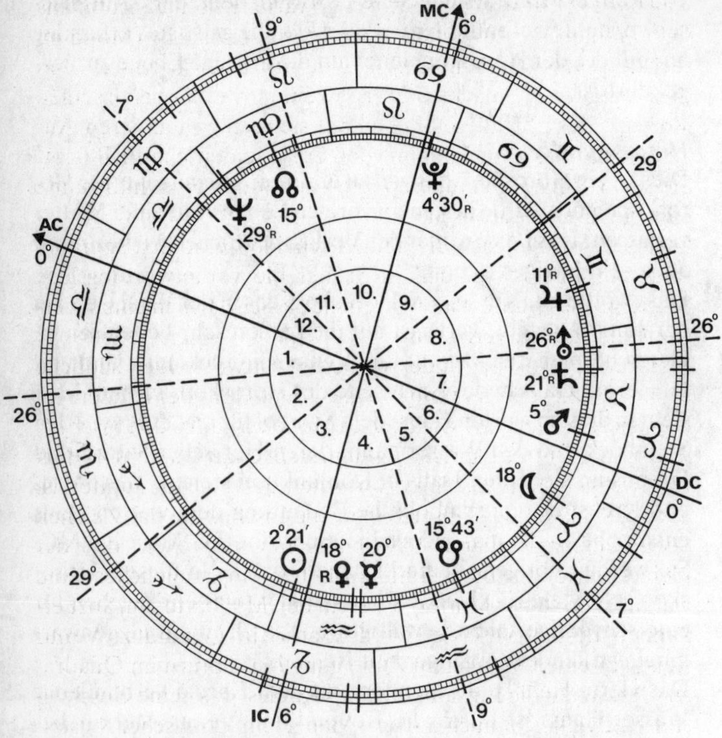

Innerer Kreis: gewöhnlicher Zodiakus
Äußerer Kreis: korrigierter Zodiakus (ayanamsa etwa 23°)

die Verkettung mit dem vierten Haus und all die rückläufigen Planeten. Man sieht deutlich, was ihn zu seiner Partnerin geführt hat: Es muß sich um einen Menschen handeln, den er schon kennt. Die Beziehung zwischen Planeten, Häusern und Zeichen läßt vermuten, daß es sich um seine frühere Mutter handelt, die ihn verlassen hatte.

Mario heiratet eine junge Amerikanerin, Joyce, der gegenüber er sich sehr tyrannisch verhält. Er verfolgt sie mit krankhafter Eifersucht, hindert sie daran, sich mit ihren Freundinnen zu treffen, sät Zwietracht zwischen ihr und ihrer Familie, kritisiert

ihre Arbeit. Manchmal ist er so aggressiv, daß er sie sogar schlägt, ihr sagt, daß er sie haßt und ihr die ungerechtesten Vorwürfe macht. Joyce versteht nicht, warum, sie hat sich nichts Gravierendes vorzuwerfen. Da sie gewissenhaft ist (Mond im sechsten Haus), bemüht sie sich, eine gute Ehefrau zu sein, und die Fehler, die sie macht, stehen in keinem Verhältnis zu seinen Vorwürfen... für dieses Leben hat sie recht. In anderen Augenblicken sagt ihr Mann ihr, daß er sie leidenschaftlich liebt. Sie sucht einen Psychotherapeuten auf. Auch er ist hilflos und hält beide für neurotisch.
Schließlich lassen sich die beiden scheiden, und erst sehr viel später erfährt Joyce, daß sie früher die verantwortungslose Mutter dieses Mario war. Warum hatte sie Mario in einem vergangenen Leben verlassen?
In ihrem Horoskop findet man die Antwort. Der südliche Mondknoten steht im fünften Haus, dem Haus der Kinder. Im korrigierten Tierkreis steht dieser Mondknoten in den Fischen, was für die Untreue spricht. Zudem steht er im Quadrat zu dem rückläufigen Jupiter, dem Herrscher der Fische. Jupiter ist auch der Planet des Gesetzes, für die Fische, die das Zeichen des Geheimnisses sind. Ich könnte mir vorstellen, daß der kleine Mario in seinem früheren Leben ein uneheliches Kind war und von seiner Mutter, die nicht den Mut hatte, ihn anzuerkennen, deshalb verlassen wurde. Saturn im Quadrat zu Venus weist auf einen Mangel an Zuneigung hin, Saturn im Quadrat zu Merkur auf die Einsamkeit eines Kindes, das keine Geschwister hat, vielleicht auch auf den Mangel an schulischer Ausbildung. Mario hatte auch zu seinem früheren Vater ein gespanntes Verhältnis (die Sonne im Quadrat zu Mars am Aszendenten in Opposition zu Pluto und zum MC). Joyce beginnt nun zu verstehen, warum Mario sich an ihr rächen wollte; da sie jedoch zu jung war, hatte sie nicht verstanden, welche mütterliche Rolle sie für Mario spielen sollte. Natürlich hütete sich Mario, sich bei ihr als Kind zu inkarnieren, da er sonst zu verletzlich gewesen wäre und sich gegen ein erneutes Verlassenwerden nicht hätte wehren können. Offenbar gab er sich in seiner nun stärkeren Position jahrelang der fragwürdigen Lust an der Rache hin. Er hätte die Gelegenheit gehabt, sich zu einer verzeihenden Haltung durchzuringen, seine Haßgefühle lähmten jedoch seine spirituelle, ja auch seine gefühlsmäßige und intellektuelle

Entwicklung. Er ließ Joyce ihren früheren Fehler so teuer bezahlen, daß man sich fragen muß, ob er sich nicht dadurch ein neues, schweres Karma geschaffen hat.
Jupiter empfängt jedoch auch viele positive Aspekte, und die Trigone, die er mit Venus und Merkur bildet, sind ein gutes Vorzeichen. Die Sextile Jupiter–Mond, Mond–Venus, Mond–Merkur lassen auf eine späte Versöhnung mit Joyce hoffen, ebenso die positive Aspektierung von Neptun. Die Rückläufigkeit verschiedener Planeten, die Marios Entwicklung zunächst hemmt, stellt kein unüberwindbares Hindernis dar. Krebs und Zwillinge im neunten Haus und das Sextil Jupiter–Pluto weisen auf ein Streben nach familiärer Harmonie und auf den Wunsch hin, geduldig das zerrissene Band wieder anzuknüpfen. Neptun, der Planet des Mitleids, und Jupiter, die beiden Herrscher des Zeichens der Vergebung, der Fische, werden diesen uralten Haß schließlich zum Erlöschen bringen.

Das achte Haus

Mit der gleichen symbolischen Bedeutung wie der Skorpion (Tod und Auferstehung) hat es die Aufmerksamkeit der ersten esoterischen Astrologen sehr schnell auf sich gezogen. Man weiß seit langem, daß Menschen mit einem stark besetzten achten Haus mediale, »parapsychologische« Fähigkeiten haben, die sie in anderen Existenzen durch eine besondere, manchmal sehr harte Schulung erwarben, zu denen initiatische Prüfungen gehörten, die sie manchmal mit dem Leben bezahlen mußten. Diese religiöse Schulung, der sich die Novizen in den Tempeln Ägyptens und in Atlantis unterzogen, war lang und hart. Die Initiierten konnten ihren Körper willentlich verlassen, die Gedanken der Menschen lesen, die sie um Rat fragten, und unmittelbar an der Farbe der Aura erkennen, welches Organ erkrankt war. Sie konnten mit den Tieren sprechen, gewisse Ereignisse vorhersehen, ihren Willen und ihre Gedanken telepathisch vermitteln, mit den Toten sprechen und durch Gedanken heilen. Ihr Gedächtnis wurde systematisch geschult, und sie vergaßen nichts mehr.
Ein Teil dieses Gedächtnisses ist ihnen bis heute erhalten geblieben. Sie erinnern sich manchmal noch ihrer früheren Fähigkeiten. Ich selbst habe mehrere Planeten im achten Haus und

glaube zu wissen, daß ich früher schon einmal irgendwo im Mittelmeerraum Astrologin war. Die esoterischen und parapsychologischen Tatsachen sind für mich so selbstverständlich, daß es mir schwerfällt, das Desinteresse oder den Zweifel mancher Menschen zu verstehen.
Diese übersinnlichen Kräfte wurden von den betreffenden Menschen jedoch nicht immer zum Dienst an den anderen benutzt, sondern zu egoistischen, destruktiven Zielen, wodurch sie ein schweres Karma geschaffen haben. Die Horoskopeigner mußten wiedergeboren werden, um das, was sie als Hexen, Schwarze Magier, falsche Priester und Zauberer angerichtet hatten, wiedergutzumachen. Die vom achten Haus geprägten Menschen haben in ihrer gegenwärtigen Inkarnation etwas Geheimnisvolles. Ihre Umgebung beklagt sich oft, daß sie schwer zu verstehen seien. Auch jetzt sind solche Menschen oft noch gefährlich und üben einen okkulten Einfluß auf andere aus, den zu mißbrauchen sie versucht sind. Viele dieser Menschen haben eine starke sexuelle Anziehung; oft verbirgt sich in ihrem Horoskop ein schweres Karma, durch frühere Perversitäten verursacht. Es kann nur durch eine Überwindung der Instinkte oder besser noch durch die selbstlose Hingabe an eine Sache, durch die der Horoskopeigner anderen so dient, wie man es früher von ihm erwartet hätte, ausgelöscht werden. Investiert er all seine Kräfte in solch eine Arbeit, kann er seine Fähigkeiten erkennen und konstruktiv einsetzen.
Viele dieser Menschen verfallen noch heute der Versuchung, den faszinierenden Guru zu spielen; um solche falschen Propheten sollte man einen großen Bogen machen. Woran man sie erkennt? Das ist sehr einfach: Sie erfüllen einen mit einem Gefühl der Angst. Einen guten Ratgeber jedoch verläßt man mit einem Gefühl der Leichtigkeit und der Lebensfreude.
Menschen mit einem betonten achten Haus ist die Fähigkeit zu eigen, ihre früheren Leben wiederzufinden. Es fällt ihnen leichter als anderen, den Tod als ein Durchgangsstadium zu sehen, das wir schon hunderte Male durchschritten haben. So haben sie weniger Angst vor dem Tod als andere, wenn sie sich entschlossen haben, die notwendige spirituelle Arbeit zu tun, die für sie der einzige Weg zu innerem Frieden ist. Diese Menschen können nicht wie alle anderen leben und sich damit zufriedengeben, zu essen, zu trinken und zu schlafen und zu lieben. Das

materialistische Leben in der Konsumgesellschaft befriedigt sie nie, sie revoltieren dagegen.
Vor jeder Beschäftigung mit den früheren Leben muß ein sorgfältiges Studium des achten Hauses mit den darin stehenden Planeten, den Zeichenherrschern an der Spitze dieses Hauses etc. stehen. Der Zustand dieses Hauses im Augenblick des Todes soll Hinweise auf die nächste Inkarnation geben (siehe Horoskopbeispiele in Kapitel 10)

Die Häuser auf der Achse der Wasser-Häuser

Das sechste Haus
Dieses Haus, das dem Sternbild Jungfrau entspricht, liegt dem zwölften Haus gegenüber und gibt genaue Hinweise auf den karmischen Ursprung von Krankheiten. Die meisten Krankheiten werden durch geistige, spirituelle oder emotionale Unordnung verursacht, die sich im Körper somatisiert.
Zwischen diesen beiden Häusern besteht immer eine Verbindung, die sich auch als Polarität äußern kann, weil sie auf der gleichen Achse liegen. Wenn das sechste Haus stark besetzt ist (durch ungünstig aspektierte oder rückläufige Planeten und Mondknoten etc.), kann man schließen, daß die Wesenheit in früheren Leben nicht gerne gedient hat. Näheres darüber erfährt man durch die Eigenschaften der Planeten und der Zeichenherrscher. Das gegenwärtige sechste Haus bietet jedoch immer positive und konkrete Möglichkeiten, die durch das zwölfte Haus beschriebene karmische Schuld zu begleichen (manchmal verhält es sich auch umgekehrt; dann zeigt das zwölfte Haus an, welche Schuld aus dem Bereich des sechsten Hauses beglichen werden muß).

Das zweite Haus
Analog dem Sternbild des Stieres zeigt dieses Haus, wie die Wesenheit sich durch Besitz an irdischen Gütern (oder Besitzlosigkeit) Sicherheit zu verschaffen versucht. An diesem Haus kann man viel ablesen, vor allem wenn es durch Planeten, Zeichenherrscher und Aspekte mit dem ihm gegenüberliegenden achten Haus verbunden ist. Die Tatsache, daß die Mondknoten auf einer Achse liegen, erinnert uns daran, daß jedes Haus und jedes Zeichen im Zusammenhang mit dem ihm gegenüberlie-

genden Haus oder Zeichen interpretiert werden muß. Das gilt für die karmische Interpretation nicht weniger als für die »aktuelle«. Wenn jemand in der Vergangenheit irdische Güter angehäuft und mißbraucht hat, wird er diesmal ein wenig ertragreiches zweites Haus haben, das beispielsweise mit dem Skorpion zusammenfällt. Diese sehr allgemeine Aussage muß jedoch immer durch die in diesen Häusern befindlichen Planeten bestätigt werden. Das biblische Wort vom »Arbeiter, der seines Lohnes wert« ist, läßt sich auf das zweite Haus anwenden. Die hier ablesbaren aktuellen finanziellen Verhältnisse sind möglicherweise eine Belohnung für die Arbeit in einem früheren Leben. Hier findet auch der karmische Begriff des »Bezahlens von Schulden«, des Abtragens von Schuld, seine Anwendung.
Übrigens lassen sich aus dem zweiten und dem sechsten Haus auch das Verhalten gegenüber Tieren im früheren Leben und die damit verbundenen Verluste oder Gewinne in diesem Leben ablesen (sechstes Haus: Haustiere; zweites Haus: Viehbestand eines Züchters oder Landwirts; sie stehen auch mit den Zeichen Jungfrau und Stier in Zusammenhang).

Das zehnte Haus
weist auf das soziale und berufliche Engagement hin, auf das sich die Wesenheit vor ihrer Inkarnation eingestellt hat. Steht in ihr kein Planet, sondern beispielsweise nur der nördliche Mondknoten, so hat sich der Horoskopeigner vorgenommen, an der Welt der Arbeit teilzunehmen; er verläßt den familiären Rahmen nach einem früheren Leben, in dem er darauf beschränkt blieb. Es ist aber auch möglich, daß der südliche Mondknoten auf einen Menschen hinweist, der in früheren Leben viele Erfahrungen im beruflichen Leben gesammelt hat und sich jetzt dem Familienleben zuwenden möchte. Da diese beiden Häuser einander gegenüberstehen, geht das nicht ohne innere und familiäre Konflikte vor sich. Viele meiner Klientinnen werden beispielsweise von ihrer Familie oder von ihrem Ehemann nicht verstanden, wenn ihnen die Tätigkeit im häuslichen Bereich nicht ausreicht, weil ihr Horoskop klar einen Weg der Selbstverwirklichung durch das Berufsleben anzeigt. Leider wird die anstrengende und aufopferungsvolle Arbeit der Hausfrau heute oft abgewertet; manche Horoskope zeigen jedoch klar, daß sich die Klientin für diesen Weg entschieden hat.

Dieses Problem betrifft jedoch nicht nur die Frau: Viele meiner männlichen Klienten haben ein nicht besetztes zehntes Haus, während die Betonung auf dem vierten Haus liegt. Obwohl sie eine männliche Inkarnation gewählt haben, würden sie am liebsten zu Hause bleiben, was die Gesellschaft jedoch nicht akzeptiert. So arbeiten sie außerhalb des Hauses, sind aber nicht sehr glücklich dabei.

Das Medium Coeli

Dieser Punkt im Horoskop ist manchmal ebenso wichtig wie der Aszendent. Er ist mehr als die Spitze des zehnten Hauses: Hier werden alle Energien der Wesenheit für dieses Leben gebündelt. Das MC zeigt, wie der Horoskopeigner sich im beruflichen und sozialen Leben verwirklicht.

Manche Astrologen schenken dem Planeten, der am höchsten am Himmel steht, besondere Aufmerksamkeit (er muß nicht immer mit dem Zenit oder dem MC zusammenfallen). Nach Edgar Cayce* soll kein Planet den Horoskopeigner so sehr beeinflussen wie der, von dem er kommt. Dieser Planet ist oft daran erkennbar, daß er mit dem MC oder dem Aszendenten (im zwölften, dann im elften, dann im zehnten Haus) in Konjunktion steht. Nach Cayces Analyse soll der Planet, von dem der Horoskopeigner kommt, oft an der Himmelsmitte stehen (von Patrick Henry, 1940 geboren, sagte Cayce: »He entered from Saturn.« Siehe Horoskop Seite 326f.). Saturn ist nun aber gar nicht der »höchste« Planet im Horoskop von Patrick Henry, auch steht er nicht im zehnten Haus, sondern in einem aufsteigenden Haus, dem elften, das sich einige Stunden vor dem Aszendenten am Himmel erhebt. Saturn steigt also zum Zenit auf. Er wird stark betont durch Jupiter und durch positive Aspekte zum MC, zu Venus und zu Mars.

So muß der Astrologe seine Aufmerksamkeit nicht nur den Planeten im ersten, zwölften und elften, sondern auch denen im zehnten Haus schenken; selbst jene Planeten, die den Zenit überschritten haben und schon auf das neunte Haus zugehen, aber noch in Konjunktion mit dem MC stehen, sind wichtig.

Auch wenn man noch kaum etwas über die geheimnisvolle Frage der Aufenthalte auf anderen Planeten sagen kann, läßt

* Margaret H. Gammon, *Astrology and the Edgar Cayce Readings*, Seite 56.

sich beispielsweise am Horoskop von Patrick Henry von 1940, der Cayce zufolge die Reinkarnation des Patrick Henry von 1736 sein soll, vermuten, daß sein Aufenthalt auf dem Saturn bereits viel früher als kurz vor seiner Geburt im Jahre 1940 stattfand; sein Geburtshoroskop von 1736 zeigt nämlich schon Saturn kurz vor der Sonne in Konjunktion mit ihr, was dem Planeten große Bedeutung verleiht.
Ein Vergleich der Horoskope ergibt also den Planeten Saturn betreffend eine Kontinuität.

Das dritte, fünfte, siebente, neunte und elfte Haus

Auch diese Häuser haben karmische Bedeutung; sie ist jedoch weniger deutlich ablesbar als im Fall der »Wasser-Häuser«.

Das dritte Haus
Am Haus der Geschwister, Cousins und Kameraden kann man ablesen, wie die karmischen Beziehungen zu diesen Menschen entstanden sind. Wie ich schon sagte, geschieht es oft, daß man von einem Leben zum nächsten das Geschlecht ändert (was manchmal auch Fälle von Homosexualität erklärt, wo der Übergang von einem Geschlecht zum anderen nur zögernd geschieht).

Das fünfte Haus
Es betrifft Kinder und Liebschaften und gibt Hinweise auf die karmische Schuld, die man sich aufgeladen hat, indem man beispielsweise ein Kind vernachlässigt oder einen geliebten Menschen schlecht behandelt hat. Deshalb geschieht es auch häufig, daß man diesen Menschen im nächsten Leben wiederbegegnet; es sind dieselben Wesenheiten, die jedoch innerhalb der verwandtschaftlichen Konstellation eine andere Stelle einnehmen. Die Beispielhoroskope (S. 336ff.) zeigen verschiedene Fälle solch eines »Familienkarmas«, in dem die Tochter zur Schwester wird und umgekehrt, indem die Geliebte eines Mannes seine frühere Frau oder sein früheres Kind ist. Eine Erklärung für die manchmal unbegreifliche Verbundenheit zwischen zwei Menschen, die von uralten, gemeinsamen Erfahrungen genährt wird. Die Wesenheiten, die sich bei uns als Kinder inkarnieren, können unsere früheren Eltern oder auch früher schon unsere Kinder gewesen sein.

Das siebente Haus
Es beschreibt den Ehepartner und gibt ebenfalls Hinweise auf karmische Konstellationen. Ein Beispiel dafür ist der Fall von Mario (Seite 126), der seine frühere Mutter geheiratet hat. Warum haben beispielsweise brillante und kluge Männer wie Goethe und Talleyrand Frauen geheiratet, die weder gesellschaftlich noch intellektuell von ihrem Rang waren? Von den Zeitgenossen wurden diese »Mesalliancen« sehr hart verurteilt. Sie sind wohl nur durch eine karmische Notwendigkeit zu erklären (wie es Goethe ja im Fall seiner Freundin, Charlotte von Stein, auch in einem Gedicht ausgesprochen hat). Manch rätselhafte Anziehung wird verständlich, wenn man weiß, daß solch eine Verbindung ihre Wurzeln sehr tief in der Vergangenheit hat. Das siebente Haus gibt einen Hinweis auf diese Wurzeln. Es entspricht dem Ehe-Zeichen Waage. Viele Menschen heiraten vor allem, um eine alte, verborgene karmische Schuld zu begleichen.
Das siebente Haus muß immer im Licht des ersten Hauses betrachtet werden; es weist nicht nur auf das hin, was der Horoskopeigner sich noch aneignen muß und auf seine Zielsetzung, sondern die im siebenten Haus durch die Planeten bezeichneten Personen sind die Instrumente zu dieser notwendigen Entwicklung, die natürlich manchmal sehr schmerzhaft sein kann.

Das neunte Haus
Das neunte Haus ergänzt das dritte, das die unmittelbare Umgebung (der Gegenwart oder des früheren Lebens) des Horoskopeigners anzeigt; das neunte Haus, ein Bild für das Anderswo und die Ferne, weist darauf hin, auf welche Weise er versuchte und versucht, diese Umgebung zu transzendieren, sie also durch eine Philosophie zu erklären, sie in einen ethischen Rahmen einzufügen, sie mit einem sinngebenden Ideal in Zusammenhang zu bringen. Das neunte Haus enthüllt die Ideale, die die Wesenheit in früheren Leben motiviert haben.
Wenn das dritte Haus Auskünfte über die Bildung und das intellektuelle Niveau des Betreffenden gibt (nicht nur für dieses, sondern auch für die vorigen Leben), zeigt das neunte Haus, was er aus diesem intellektuellen Wissen und aus diesen geistigen Fähigkeiten macht und welchem spirituellen und religiösen Ideal er es unterstellt. Die falschen Propheten und Gurus ha-

ben oft Planeten im dritten und neunten Haus, die auf karmische Belastungen hinweisen: so Rasputin und Adolf Hitler, deren Horoskope wir im folgenden besprechen werden. Die Faszination, die sie auf ihre Zeitgenossen ausübten, rührt von Fähigkeiten her, die sie in einem früheren Leben erwarben. Leider ging es ihnen bei der Führung anderer Menschen primär um den Kult ihrer eigenen Persönlichkeit, der sich hinter einer mystisch-progressiven Ideologie verbarg.
Das neunte Haus entspricht dem Sternbild des Schützen. Manche Menschen wählen ein Schicksal, in dem sie Freunden aus früheren Leben begegnen. Ausgehend von diesen alten Freundschaften haben sie sich vorgenommen, eine bestimmte spirituelle Lektion zu lernen: beispielsweise Unterscheidungsfähigkeit, selbstlose Freundschaft, Hingabe, Respekt vor den Rechten anderer etc.

Das elfte Haus
Es entspricht dem Wassermann und weist auf die Fähigkeit zu einer weiterreichenden Kommunikation hin, als sie heute möglich ist. Die Fähigkeit, mit Gruppen, die über die Familie und den Berufsbereich hinausgehen, in Kontakt zu treten, ist oft ein Erbe aus früheren Leben. Möglicherweise hatten Zivilisationen wie die Atlanter und die frühen Ägypter, die ihre Erben waren, geistige Kommunikationsmöglichkeiten, die unserem Radio und Fernsehen entsprechen. Horoskopeigner, die früher solche Fähigkeiten hatten und bei vielen Menschen bekannt waren, haben heute ein sehr stark besetztes elftes Haus. Rückläufige Planeten und ungünstige Aspekte weisen darauf hin, daß ihre Kommunikation mit größeren Menschengruppen eher negativ war.

Beispiel für ein karmisches neuntes Haus: Rasputin
Die Planeten verteilen sich hier in einer Spannungs-Figurine, wobei zwei Planeten in der Nähe des MC allen anderen unter der AC-DC-Achse gegenüberstehen, als sei der einzige Weg zur Selbstverwirklichung (zehntes Haus), das einzige Ideal (neuntes Haus), der Ehrgeiz, politische Macht zu erringen. Das wird durch die Konjunktion auch von Saturn und Mond deutlich. Das Horoskop zeigt durch die Häufung von Planeten unter dem Horizont, daß unterschwellig mächtige und explosive

Rasputin
29. Juli 1871, Pokrovskoie, Rußland (für unseren Kalender)

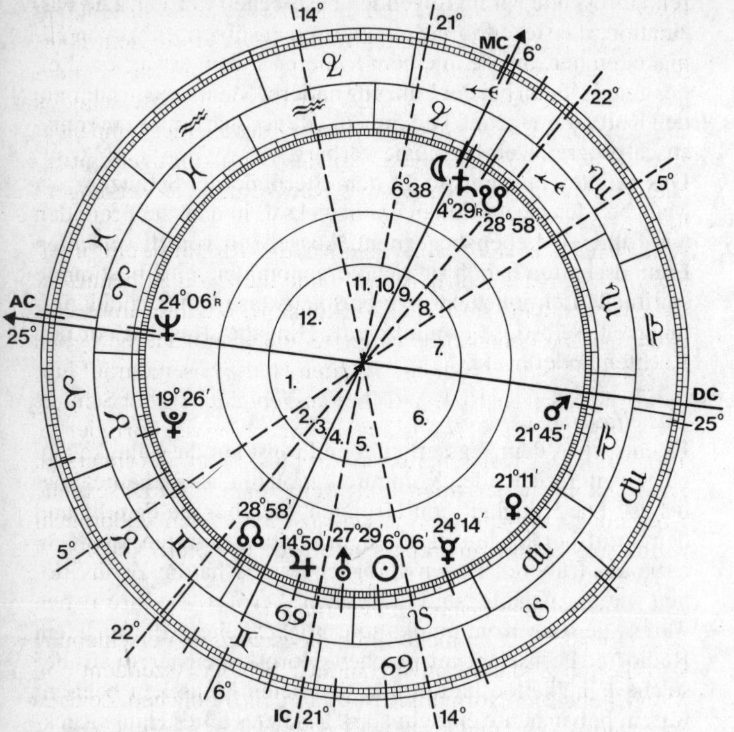

Innerer Kreis: gewöhnlicher Zodiakus
Äußerer Kreis: korrigierter Zodiakus (ayanamsa 23°)

Kräfte am Werk sind (die Feuerzeichen sind stark besetzt, und der Widder steht am Aszendenten). Dieser Hunger nach Macht und Einmischung in die Politik stammt nicht aus der gegenwärtigen Inkarnation, sondern rührt von uralten Enttäuschungen her, was man an der Rückläufigkeit von Saturn, an seiner Konjunktion mit dem südlichen Mondknoten und auch am zwölften Haus im Zeichen der Fische ablesen kann. Neptun, der im zwölften Haus rückläufig ist, verstärkt noch den Eindruck, daß frühere Leben düsteren, wahrscheinlich religiösen Zielen geopfert wurden. Dieses falsch gelebte Opfer hat den Machthun-

ger hervorgebracht, der die einzige Motivation der gegenwärtigen Inkarnation zu sein scheint. Ein so stark besetztes neuntes Haus ist wie eine Geliebte, die alle Kräfte der Seele anzieht und kanalisiert. Es ist jedoch ungewöhnlich, daß in diesem Haus der südliche Mondknoten, das Symbol der vergangenen Leben, und Saturn, der ebenfalls für die Vergangenheit steht, zu finden sind: Es handelt sich also um jemanden, dessen Ideale ihn nicht zu seinem nördlichen Mondknoten, also zu zukünftigen spirituellen Aufgaben, sondern zu einer Rückkehr in die Vergangenheit veranlassen.
All das macht es sehr wahrscheinlich, daß Rasputin, um zu seinem Ziel zu gelangen (den Zaren und die Zarin zu benutzen, um über Rußland herrschen zu können), okkulte, mystische und magische Fähigkeiten benutzte, die er in früheren Leben erwarb. Auch die Zeichen im achten Haus weisen darauf hin, daß er diese Eigenschaften früher ausgebildet hat: der Schütze (im gewöhnlichen Tierkreis) und der Skorpion (im korrigierten Tierkreis). Der Herrscher des Skorpions, Pluto, der im ersten Haus und in Widder–Stier steht, weist auf eine starke sexuelle Anziehungskraft hin, die zu egoistischen Zielen mißbraucht wurde (das erste Haus repräsentiert die Persönlichkeit).

Ein gespenstisches achtes Haus: Hitler
Sein Horoskop ist im nicht durch die *ayanamsa*-Verschiebung korrigierten Zodiakus unverständlich. Sonne, Aszendent und Mond stehen im Normalhoroskop in den friedlichen Zeichen Stier und Waage, und auch der Steinbock war nie ein kriegerisches Symbol. Korrigiert man den Tierkreis jedoch, indem man die 23°-Verschiebung für sein Geburtsjahr abzieht, wird alles klarer: Sonne, Mars, Venus und Merkur fallen in den Widder, ein aggressives Zeichen. Der Aszendent steht dann im Zeichen der Jungfrau, dem Zeichen der Organisation, ein Erdzeichen, dem es um Besitz geht: die zum Krieg führende Gier nach territorialen Annexionen paßt zur Kombination Widder–Jungfrau. Der Mond schließlich steht im Schützen, in dem er von Jupiter stark gestützt wird. Der lebenslustige und warmherzige Schütze hat jedoch sehr ambivalente Seiten und kann sein Feuer auch für zerstörerische Zwecke nutzen. Es ist wie mit allen Feuerzeichen: Die Flamme, die einen erfreut und erwärmt, kann eines Tages alles vernichten. Den Pfeil des Schützen kann man

Adolf Hitler
20. April 1889, 18.21 Uhr, Braunau am Inn (Österreich)

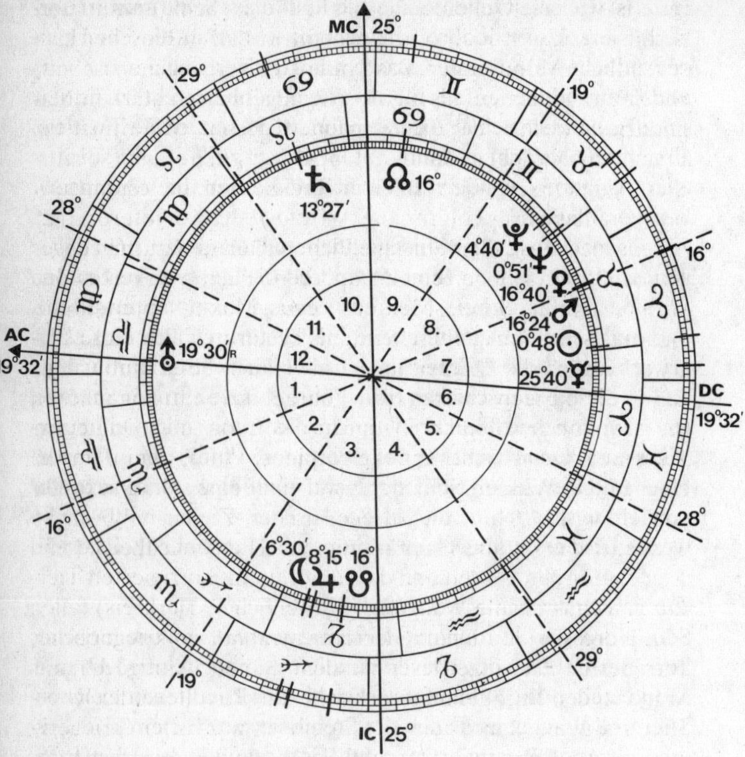

Innerer Kreis: gewöhnlicher Zodiakus
Äußerer Kreis: korrigierter Zodiakus (ayanamsa etwa 23°)

durchaus als sein aggressives Potential sehen, und man wird sich erinnern, daß Jupiter, der Herrscher des Zeichens, der Mythologie nach Blitze schleuderte. Im korrigierten Tierkreis dominieren also diese Feuerzeichen, und man ist weit entfernt vom Bild eines braven Spießbürgers. Auffallend ist auch, wie stark die Mondknoten aspektiert sind und wie sie Mars durch genaue Aspekte stützen: Hier haben wir den Hinweis auf ein sehr kriegerisches Karma aus früheren Leben.
Das achte Haus ist mit vier Planeten besetzt, von denen einer

der eng mit Venus in Konjunktion stehende Mars ist – eine sehr charismatische und explosive Kombination. Neptun in Konjunktion mit Pluto in diesem Haus hüllt diese Explosivität in jenen mystischen Nebel, durch den sich so viele Menschen täuschen ließen. Ein so auffallend besetztes achtes Haus hat man nur, wenn man eine charismatische Kraft, einen starken Magnetismus, besitzt, der die verirrten Menschen anzieht wie ein Leuchtfeuer in der Nacht.

Das Horoskop ist voll von Merkwürdigkeiten, die es im Licht der gewöhnlichen exoterischen Astrologie schwer interpretierbar machen. Vor allem sind alle Planeten außer Saturn in enger Konjunktion mit je einem anderen Planeten verbunden (Mond–Jupiter, Sonne–Merkur, Venus–Mars, Neptun–Pluto, Uranus-Aszendent). Es scheint, als bestärkten sich diese Planeten gegenseitig, zugleich liegt aber auch eine Ambivalenz darin, die die Bewunderer des »Führers« hätte stutzig machen müssen. Ungewöhnlich ist auch die Zahl der Quincunx-Aspekte: es sind acht. Ein vieldeutiger Aspekt, bei dem die heutigen Astrologen sich ungern auf eine Interpretation festlegen.

Was sagt das zwölfte Haus? Seine drei Herrscher (Sonne und Merkur für den Löwen und die Jungfrau, im korrigierten Tierkreis, Venus für die Waage im gewöhnlichen Tierkreis) fallen alle in den Widder: Deutlicher kann nicht auf ein kriegerisches früheres Leben hingewiesen werden. Der rückläufige Uranus deutet zudem darauf hin, daß es dabei um Revolten oder Revolutionen ging. Manche sind der Ansicht, daß Hitler die Inkarnation eines Dämons, einer dunklen Wesenheit sei. Das Horoskop widerspricht dieser Theorie nicht. Mars wurde in den esoterischen Texten immer als ein von Dämonen bewohnter Ort betrachtet. Seine Symbole Feuer, Eisen, Blut und Krieg erwekken keine angenehmen Assoziationen. (Diese Kraft hat jedoch auch ihre Nützlichkeit; alles im Kosmos ist auf geheimnisvolle Weise sinnvoll, wir verstehen es nur manchmal nicht.) Sie werden sich erinnern, daß das achte Haus das der schwarzen Magier und der falschen Propheten ist. All die Vieldeutigkeiten des Horoskopes sind symptomatisch, wozu auch die Verschiebung des Tierkreises gehört, die dazu führte, daß man einen aggressiven Widder für einen friedlichen Stier-Waage-Menschen hielt.

Kapitel 7

Die rückläufigen Planeten

Was ist ein rückläufiger Planet?

Spricht man von »rückläufigen Planeten«, so meint man die *scheinbare* Bewegung dieser Planeten von der Erde aus gesehen. Wenn man in einem Zug sitzt und einen anderen, langsameren überholt, hat man den Eindruck, daß letzterer rückwärts fährt, obwohl man genau weiß, daß das nicht stimmt. Wenn die Erde auf ihrer Kreisbahn schneller als ein Planet läuft (von der Erde aus gesehen), so scheint dieser Planet sich rückwärts zu bewegen. Natürlich bewegt auch er sich vorwärts; es handelt sich nur um eine optische Täuschung. Die Astrologie betrachtet die Planeten vom Standpunkt der Erde aus; wir beobachten die Strahlungen, die sie uns senden, aber nicht ihre reale, objektive Bewegung, mit der sich die Astronomie beschäftigt. Sonne und Mond können niemals rückläufig sein.
Wie interpretiert man die scheinbar rückläufige Bewegung eines Planeten? Es scheint, als ginge uns ein Teil der Kraft dieses Planeten verloren. Durch die rückläufigen Planeten kann man die Probleme einer Persönlichkeit besser verstehen, da sie auf die Bereiche hinweisen, in denen es länger dauern wird, bis ein inneres Gleichgewicht gefunden ist.
Die rückläufigen Planeten sind in der Interpretation eines Horoskops und vor allem bei den Vorhersagen von großer Bedeutung: Eine Analyse kann falsch sein, und Vorhersagen werden ungenau, weil man diesen wesentlichen Schlüssel nicht benutzt hat. Ein rückläufiger Planet kann die positiven Möglichkeiten des betreffenden Menschen stark blockieren.
Die langsamen Planeten Jupiter, Saturn, Uranus, Neptun und Pluto sind häufiger, manchmal monatelang pro Jahr rückläufig:
Jupiter ungefähr vier Monate
Saturn ungefähr viereinhalb Monate
Uranus ungefähr fünf Monate
Neptun ungefähr sechs Monate
Pluto ungefähr sechs Monate und eine Woche (Pluto ist immer im Winter rückläufig).

♃	♄	⚷	♆	♇
10♎18.4	9♎37.5	29♏38.9	24♐ 4.1	24♎20.2
10R16.9	9R36.1	29 40.6	24 5.8	24R19.9
10 15.2	9 34.5	29 42.3	24 7.4	24 19.7
10 13.4	9 32.8	29 43.8	24 9.0	24 19.4
10 11.4	9 31.1	29 45.4	24 10.6	24 19.1
10 9.1	9 29.2	29 46.8	24 12.1	24 18.8
10 6.7	9 27.2	29 48.3	24 13.7	24 18.4
10 4.1	9 25.1	29 49.6	24 15.2	24 17.9
10 1.3	9 23.0	29 51.0	24 16.6	24 17.5
9 58.3	9 20.7	29 52.2	24 18.1	24 17.0
9 55.2	9 18.3	29 53.5	24 19.5	24 16.5
9 51.9	9 15.9	29 54.6	24 20.9	24 15.9
9 48.4	9 13.4	29 55.7	24 22.3	24 15.3
9 44.7	9 10.7	29 56.8	24 23.6	24 14.7
9 40.8	9 8.0	29 57.8	24 24.9	24 14.0
9 36.8	9 5.2	29 58.8	24 26.2	24 13.4
9 32.6	9 2.3	29 59.7	24 27.4	24 12.6
9 28.3	8 59.3	0♐ 0.5	24 28.7	24 11.9
9 23.8	8 56.3	0 1.3	24 29.9	24 11.1
9 19.1	8 53.1	0 2.0	24 31.0	24 10.3
9 14.3	8 49.9	0 2.7	24 32.2	24 9.5
9 9.3	8 46.6	0 3.3	24 33.3	24 8.6
9 4.2	8 43.2	0 3.9	24 34.3	24 7.7
8 58.9	8 39.8	0 4.4	24 35.4	24 6.8
8 53.4	8 36.2	0 4.9	24 36.4	24 5.8
8 47.9	8 32.6	0 5.3	24 37.4	24 4.8
8 42.1	8 29.0	0 5.7	24 38.3	24 3.8
8 36.3	8 25.2	0 6.0	24 39.2	24 2.8

Ephemeriden für Februar 1981; drei nicht persönliche Planeten sind rückläufig: Jupiter, Saturn und Pluto. »R« bedeutet Rückläufigkeit.

So werden sehr viele Menschen unter diesem Einfluß geboren, vor allem im Herbst oder Winter. Die langsamen Planeten sind so immer auch ein Hinweis auf ein kollektives Schicksal (was mit dem übereinstimmt, was Cayce in seinen *Lectures* über Gruppenkarma sagt).

Die langsamen Planeten haben jedoch auch einen starken Einfluß auf das individuelle Schicksal, je nach ihrer Plazierung im Horoskop, nach den Aspekten, die sie bilden, nach ihrem Stand im Zeichen, im Haus etc.

Mars, Venus und Merkur rückläufig

Die schnellen Planeten sind seltener und für kürzere Zeit rückläufig, wenn sie es jedoch sind, dann können sie eine außerordentlich starke Blockierung im Schicksal des Individuums bewirken. Dann muß man mit Hilfe der progressiven Sekundärdirektion (man zählt in den Ephemeriden einen Tag = 1 Jahr) feststellen, wie lange der Planet nach der Geburt rückläufig bleibt. Das Jahr, in dem Mars, Venus oder Merkur wieder vorwärts laufen, markiert einen wichtigen Wendepunkt im Leben des Horoskopeigners, die Befreiung von einer Blockierung.

Rückläufige Planeten und Reinkarnation

Zwischen rückläufigen Planeten und Reinkarnation scheint eine gewisse Korrelation zu bestehen. Nach der amerikanischen Astrologin Mrs. Fowler symbolisieren die rückläufigen Planeten negative Charakterzüge, die ihre Ursprünge in früheren Leben haben. Bei der Interpretation sollte man folgendes beachten: *Die positiv aspektierten, rückläufigen Planeten* weisen auf negative Charakterzüge hin, die jedoch in der Persönlichkeit nicht zu tief verankert sind, so daß der Horoskopeigner in diesem Leben eine zweite Chance hat, sie zu überwinden. *Die negativ aspektierten rückläufigen Planeten* geben Anlaß zu der Vermutung, daß diese negativen Charakterzüge ihre Wurzeln schon in mehreren früheren Leben haben, daß der Mensch also große Mühe aufwenden muß, um sich von ihnen zu befreien. Diese Mühe trägt jedoch zur Entwicklung von Energien bei. Horoskopeigner, bei denen sich mehrere rückläufige Planeten finden, haben in diesem Leben jedoch auch größere Möglichkeiten der persönlichen Entwicklung. Menschen, bei denen kein Planet rückläufig ist, werden möglicherweise zu Oberflächlichkeit verleitet, entwickeln sich deshalb vielleicht nicht so stark weiter oder sind unfähig, den Schwierigkeiten des Lebens entgegenzutreten. Die rückläufigen Planeten sind also auch eine Quelle der Energie.

Natürlich gehört ein Planet wegen der Präzession der Tagundnachtgleichen (also dem *ayanamsa*) nur zwischen 24° und 30° eines Zeichens wirklich in dieses Zeichen (bei Geburten in unserem Jahrhundert). Ein rückläufiger Merkur auf 10° Schütze z. B. ist in Wirklichkeit noch unter dem Einfluß von Skorpion.

☿ R Rückläufiger Merkur

Hier geht es um eine Schwierigkeit der Kommunikation, des Sich-Ausdrückens und Verständlichmachens oder um Schwierigkeiten, mit den praktischen Problemen des Lebens fertig zu werden. Ein rückläufiger Merkur macht den Horoskopeigner nervös und instabil. Er hat ein starkes Bedürfnis, andauernd in Bewegung zu sein. Er läßt sich leicht von Kleinigkeiten beirren, was mit chaotischen, desorientierten Tendenzen in früheren Leben zu tun hat. Der Horoskopeigner muß Ordnung und Disziplin lernen; er muß sich klare Ziele setzen, die er systematisch bis zum Ende verfolgt.
Glücklicherweise ist Merkur ein schnellaufender Planet und deshalb nie lange in der Phase der Rückläufigkeit. Durch die Progression der Planeten (sekundäre Direktion, bei der man einen Tag als ein Jahr rechnet), kann man das Jahr errechnen, in dem der Horoskopeigner von dieser Blockierung frei wird. Ersieht man aus den Ephemeriden beispielsweise, daß Merkur nach der Geburt eines Kindes noch achtzehn Tage rückläufig ist, so kann man damit rechnen, daß die problematischen Auswirkungen dieser Konstellation nach seinem neunzehnten Lebensjahr überwunden werden.

Rückläufiger Merkur im Widder
Der Horoskopeigner hat sich in früheren Leben aggressiv oder intolerant verhalten. Es mangelte ihm an Geduld mit seinen Mitmenschen, über die er sich manchmal sogar sehr negativ geäußert haben mag. Er hatte einen kindlichen Drang, seine Überlegenheit auf intellektueller Ebene zu beweisen. Er liebte Herausforderung und Streit so sehr, daß er möglicherweise sogar extreme politische Meinungen geäußert oder Menschen dazu veranlaßt hat, sich zu bekämpfen. Jedenfalls hatte er wahrscheinlich eine spitze Zunge und verletzte auf diese Weise andere Menschen.

Rückläufiger Merkur im Stier
Der Wesenheit ging es in früheren Inkarnationen vor allem um finanzielle Sicherheit. Sie war im Denken langsam, berechnend und oft von dem Wunsch, Profit zu machen, beherrscht. Es herrschte eine starke materielle Orientierung, sei es hinsicht-

lich von Besitz, von körperlichem Wohlbehagen oder Qualität. Der Horoskopeigner hatte Schwierigkeiten, selbstlos zu handeln; manchmal waren starke künstlerische Fähigkeiten vorhanden.

Rückläufiger Merkur in den Zwillingen
Dieser Horoskopeigner hatte in seinen früheren Leben einen wachen und geschmeidigen Geist. Das ging sogar bis zur Unaufrichtigkeit, z. B. im geschäftlichen oder intellektuellen Bereich, wo es ihm mehr um Brillanz als um Tiefgründigkeit ging. Die hohe Intelligenz und Ausdrucksfähigkeit wurde zuweilen mißbraucht. Seine manuelle und künstlerische Geschicklichkeit war bemerkenswert und zeigt sich auch noch in der jetzigen Inkarnation; mit dieser Konstellation muß man jedoch darauf achten, daß man sich nicht zu sehr verzettelt. Häufig begegnet man in diesem Leben einem Bruder, einer Schwester, Cousinen oder Cousins, denen gegenüber eine karmische Schuld besteht, die in diesem Leben ausgeglichen werden soll.

Rückläufiger Merkur im Krebs
Der rückläufige Merkur weist hier auf einen Menschen hin, dessen Mentalität kindlich und vergangenheitsbezogen ist (letzteres kennzeichnet auch den rückläufigen Merkur im Steinbock). Der Horoskopeigner war sehr intuitiv und gefühlsbetont und hatte deshalb Schwierigkeiten, die Dinge objektiv zu beurteilen und Distanz zu seinen Gefühlen einzunehmen. Geprägt von Sehnsucht nach emotionaler und familiärer Sicherheit, ließ er sich leicht von der Meinung der Familie bestimmen. In diesem Leben kann er eine starke Beziehung zu Kindern entwickeln; er muß jedoch versuchen, seine emotionalen Aufwallungen zu beherrschen.

Rückläufiger Merkur im Löwen
Wir haben hier einen Menschen vor uns, der die Macht des geschriebenen oder gesprochenen Wortes leicht mißbrauchte, um andere zu unterwerfen. In seiner Eitelkeit fällt es ihm schwer, die Leistungen anderer Menschen anzuerkennen, die er oft durch Kritik abzuwerten versucht. Er fühlte sich leicht als verkanntes Genie. In diesem Leben muß er versuchen, seinen Hochmut zu überwinden, andere um etwas zu bitten, auch ihren Rat und Kritik anzunehmen, ohne verärgert zu sein.

Rückläufiger Merkur in der Jungfrau
Menschen mit einem rückläufigen Merkur, vor allem in der Jungfrau, haben oft einen Perfektionsdrang, der sie keine Zufriedenheit finden läßt. Sie sind immer enttäuscht, da es auf dieser Welt keine Vollkommenheit gibt. Manchmal können sie sich stark mit Kleinigkeiten aufhalten und sind sehr kritisch (ebenso wie bei Merkur im Steinbock). Der Horoskopeigner leidet oft unter Nervosität und ist deshalb sehr um seine Gesundheit besorgt. Er neigt dazu, sich und anderen Vorschriften über Diät, Hygiene oder auch Sexualität zu machen (auf letzterem Gebiet hatte er in früheren Leben, vielleicht auch noch in diesem, gewisse Probleme). Sein analytischer, scharfer Blick untergräbt manchmal die Begeisterung anderer Menschen.

Rückläufiger Merkur in der Waage
Es handelt sich um einen Menschen mit künstlerischer Begabung, der diese Begabung in den Dienst der Gesellschaft hätte stellen sollen, was er wahrscheinlich nicht genügend getan hat. Seine Sensibilität führte zu einer Überempfindlichkeit gegenüber Disharmonien; er machte es den anderen durch seine Kritik und durch seine Unentschiedenheit schwer. Ist Merkur ungünstig aspektiert, hat er sich anderen Menschen gegenüber möglicherweise unloyal oder untreu verhalten. Sein Mangel an Taktgefühl und seine Unaufrichtigkeit störten die Harmonie der Gruppe. Er muß sich in diesem Leben bemühen, mit seinen Worten Frieden und Ausgeglichenheit zu bewirken.

Rückläufiger Merkur im Skorpion
Seine hohe Intelligenz ermöglichte es dem Horoskopeigner, die geheimen Motive der anderen zu durchschauen; von seinen außerordentlichen geistigen Fähigkeiten machte er jedoch keinen konstruktiven Gebrauch. Die Macht, die er durch Wort oder Schrift ausübte, hatte etwas Zerstörerisches, um so mehr, als er durch eine starke sinnliche Anziehungskraft viele Menschen in seinen Bann ziehen konnte. Er beschäftigte sich in Gedanken viel mit Sexualität, wobei seine Phantasien möglicherweise auch perverse und sadistische Züge annahmen. Gleichzeitig verschanzte er sich hinter magisch-religiösen Theorien.

Rückläufiger Merkur im Schützen
Diese immer umherirrende Seele hat nie einen festen Stand-

punkt zu beziehen vermocht; sie braucht die anderen Menschen, um sich selbst zu finden. Früher ließ sie sich von verschiedenen Ideen und Theorien verführen und verzettelte sich, ohne sich je wirklich in ein Gebiet zu vertiefen. Sie war unfähig zu geistiger Konzentration und ließ sich durch alle von außen kommenden Einflüsse ablenken. Ihr Bemühen um unabhängiges Denken und ihr Optimismus sind ihr jedoch eine große Hilfe, und so kann sie trotz aller Schwierigkeiten auf andere positiv einwirken.

Rückläufiger Merkur im Steinbock
Der mit dieser Konstellation Geborene neigt eher zum Pessimismus. Er gleicht ein wenig jenen Seelen in der Hölle und im »Fegefeuer« aus Dantes Göttlicher Komödie, die sich der *accidia* schuldig gemacht haben: einer kritischen, negativen, verbitterten, sinnentleerten Einstellung. Diese sehr alte Seele birgt erstaunliche Weisheit über die Vergangenheit in sich. Sie läßt sich kaum von der Meinung anderer beeinflussen und kann frei von Gefühlen klare Urteile fällen. Die Rückläufigkeit von Merkur deutet jedoch darauf hin, daß in früheren Leben eine gewisse Gefühlskälte in der Ausdrucksweise herrschte.

Rückläufiger Merkur im Wassermann
Ist der Merkur nicht sehr problematisch aspektiert, so ist dies eine gute Position in seiner rückläufigen Phase. Es fiel dem Horoskopeigner in früheren Leben wohl schwer, Freundschaften aufrechtzuerhalten, in Dialog zu treten, seine Ideen und Intuitionen mitzuteilen. Vielleicht hat er sogar große Entdeckungen gemacht, die er nicht bekannt machen konnte oder wollte. Diesmal hat er eine Chance, erkannt und verstanden zu werden und aus seiner geistigen Isolierung zu treten, die manchmal auch aus einer gewissen Überheblichkeit entstanden war. Hat er jedoch genug unter diesen Kommunikationsschwierigkeiten gelitten, so wird er nun vielleicht Wege finden, sie zu bewältigen.

Rückläufiger Merkur in den Fischen
Der Horoskopeigner hat sich diesmal offenbar inkarniert, um eine gewisse Ordnung in seine verschwommenen Vorstellungen zu bringen. Es ist schwierig für ihn, seinem verworrenen Denken und Fühlen zu entfliehen, da er in seinen früheren In-

karnationen ganz der Phantasie hingegeben lebte. Als Gefangener seiner Emotionen und unkommunizierbaren Intuitionen hat er oft lange Zeiten der Verzweiflung erlebt. Heute muß er versuchen, seine intuitiven Visionen zu rationalisieren. In seiner Begeisterung auf religiösem Gebiet oder in Liebesbeziehungen muß er mehr Kritikfähigkeit beweisen. Dieser poetische Mensch muß lernen, durch Wort und Schrift mit anderen zu kommunizieren. Auch sollte er lernen, nicht nur schöne Worte des Mitleids zu finden, sondern konkret versuchen, das Leiden anderer zu lindern.

Rückläufiger Merkur im ersten Haus

Im Haus des Aszendenten beeinflußt der rückläufige Merkur die Persönlichkeit des Horoskopeigners stark, der wie ein Kind reagiert und wirkt: egozentrisch, ungeduldig, kopflos, sich in die verschiedensten Dinge stürzend, ohne etwas zu Ende zu bringen. Er sucht sich selbst und versucht seine Identität zu definieren – ein Mangel aus früheren Leben –, was ihm eines Tages ermöglichen wird, seinen Platz in der menschlichen Gemeinschaft zu finden. Er wird von seiner Egozentrik frei werden und lernen, anderen zu dienen. Auch seine kritischen Urteile, durch die er sich zu Beginn dieser Inkarnation Feinde gemacht hat, werden ihre Spitzen verlieren.

Rückläufiger Merkur im zweiten Haus

Unter dem Mond-Einfluß dieses Hauses, das dem Stier entspricht, ist der rückläufige Merkur launisch, wechselhaft und zu sehr auf die Kleinigkeiten des alltäglichen Lebens fixiert. In früheren Leben hatte der Horoskopeigner eine zu starke Bindung an materielle Sicherheit, und es fehlte ihm eine spirituelle Perspektive. Er neigt dazu, an alten Gewohnheiten festzuhalten. In diesem Leben muß er sich bemühen, den wahren Wert der Dinge zu erkennen und das Wesentliche auf spiritueller Ebene zu suchen.

Rückläufiger Merkur im dritten Haus

Der Horoskopeigner ist hier mit einem Kommunikationsproblem karmischen Ursprungs konfrontiert. Es gelang ihm früher wegen seiner Kritiksucht und seinen Vorurteilen nicht wirklich, mit anderen in Beziehung zu treten; eine starke Intellektualität verhinderte die Kommunikation auf emotionaler Ebene und die Teilnahme an der Freude und Begeisterung anderer. Diese Merkur-Position weist auch auf schwierige karmische Kontakte mit Geschwistern, Cousins und Cousinen hin, eine Belastung, die durch eine unkompliziertere und brüderlichere Haltung seinem Nächsten gegenüber überwunden werden könnte.

Rückläufiger Merkur im vierten Haus
Seine Kindheit hat für den Horoskopeigner eine große Bedeutung: Er vergißt keinen seiner ersten starken Eindrücke aus diesem Leben. Er sucht große emotionale und familiäre Sicherheit, wie er das auch in früheren Leben getan hat. In der gegenwärtigen Inkarnation hindert ihn seine Emotionalität an seiner intellektuellen Entwicklung. Er wird erst zu Ausdrucksfähigkeit gelangen, wenn er sich gefühlsmäßig weiterentwickelt hat und bereit ist, erwachsen zu werden. Wenn er darauf verzichtet hat, sich an seine vergangenen Emotionen zu klammern, wird er seine Unreife überwinden und, oft erst im höheren Alter, seine wahre Persönlichkeit entfalten.

Rückläufiger Merkur im fünften Haus
In seinen früheren Inkarnationen zeichnete sich der Horoskopeigner durch Leichtlebigkeit und Sorglosigkeit und eine gewisse Untreue in Liebesdingen aus. Er kann auch eine Tendenz zu Indiskretion und Verantwortungsscheu gezeigt haben. Das gilt auch für sein Verhalten der Familie gegenüber, wo er sich nicht genügend um die Erziehung seiner Kinder gekümmert oder Schwierigkeiten gehabt hat, mit ihnen in Kommunikation zu treten. Seine problematischen Beziehungen mit geliebten Menschen und Kindern rührten von einem starken Hochmut her. In diesem Leben muß er versuchen, seine elterlichen Verpflichtungen demütig auf sich zu nehmen, und sich klar darüber werden, was er nahestehenden Menschen schuldig ist.

Rückläufiger Merkur im sechsten Haus
Dieses Haus entspricht dem Zeichen Jungfrau und umfaßt Arbeitsdisziplin, Gesundheit und Verhalten im Alltagsleben. Der Horoskopeigner hat hier gewisse Schwierigkeiten in der Zusammenarbeit mit anderen Menschen. Er empfindet sich immer von Verpflichtungen anderen Menschen gegenüber belastet. Oft hat er Angst und ist nervlich nicht sehr stabil. Sein praktischer Geist neigt manchmal zu einer kritischen Haltung,

vor allem sich selbst gegenüber, so daß es ihm an Selbstvertrauen mangelt. Wenn die anderen seine Dienste zurückweisen, ist er verletzt. Er fühlt sich bei mechanischen Arbeiten wohler als in der Zusammenarbeit mit anderen Menschen. Er muß lernen, sich zu entspannen, da er sich selbst immer wieder zu sehr einspannt. Er muß einsehen, daß Menschen keine Maschinen sind.

Rückläufiger Merkur im siebenten Haus
Für Merkur ist das eine schwierige Position. Der Horoskopeigner hatte in früheren Inkarnationen Schwierigkeiten im Gemeinschaftsleben, da er in Geschäftsverträgen oder in Eheangelegenheiten oft seine Verpflichtungen nicht eingehalten hat, es mit der Wahrheit nicht so genau genommen oder zu stark seine eigenen Interessen im Auge gehabt hat. Das hatte Trennungen und Brüche zur Folge. Der Horoskopeigner muß nun lernen, sich an Verträge wirklich zu halten, nicht ohne vorher die Bedingungen genau geprüft zu haben.

Rückläufiger Merkur im achten Haus
In früheren Leben war der Horoskopeigner eher materialistisch eingestellt. Er kümmerte sich nicht um spirituelle Dimensionen, und sein kurzsichtiges Verhalten brachte ihm oft Mißerfolg ein. In seinen Worten und seinem Urteil war er oft hart, was am Beginn dieses Lebens noch zu spüren ist. Seine psychologische Hellsichtigkeit und seine Ausstrahlung wirken jedoch stark auf andere Menschen. Er sollte in diesem Leben nach einem spirituellen Ideal suchen und sich toleranter anderen Menschen gegenüber zeigen.

Rückläufiger Merkur im neunten Haus
Für den rückläufigen Merkur ist es die schwierigste Position, da er im Haus des Schützen im Fall steht. Der Horoskopeigner hat vermutlich mehrere bewegte, entwurzelte, ziellose Lebensläufe hinter sich. Vielleicht war er sehr religiös, neigte aber zu Fanatismus. Durch seine verbalen Maßlosigkeiten hat er sich vermutlich nicht wenige Feinde gemacht. In diesem Leben muß er sich deshalb darum bemühen, praktischer zu werden und sein Alltagsleben vernünftig zu organisieren. Zugleich sollte er sich um eine spirituellere Orientierung bemühen, die sein ganzes Leben durchdringt und an der er auch festhält.

Rückläufiger Merkur im zehnten Haus

In den Berufen, die der Horoskopeigner während verschiedener früherer Leben ausübte, hatte er die Neigung, sich unentschlossen und oberflächlich und verantwortungslos zu zeigen. Er war eher opportunistisch und engagierte sich nur so weit, wie es seinen persönlichen Interessen förderlich war. Er hatte jedoch eine gute Beobachtungsgabe und einen ausgeprägten kaufmännischen Sinn. Ratsam wäre es für solche Menschen, sich einen Beruf im öffentlichen Dienst oder in der Verwaltung zu suchen, in dem er lernt, vertrauenswürdig und aufrichtig zu sein. In vielen Fällen ist es möglich, daß der Horoskopeigner eine karmische Schuld seiner Mutter oder seinem Vater gegenüber mitgebracht hat.

Rückläufiger Merkur im elften Haus

Hier hat der Horoskopeigner Probleme mit seinen Freunden gehabt; in seinen früheren Leben ging von ihm wahrscheinlich ein negativer Einfluß auf sie aus. Ihre Unterlegenheit erlaubte es ihm, sich selbst aufzuwerten und leicht zu Popularität zu gelangen. In anderen Fällen hatte er keine Freunde, weil er die Gesetze der Freundschaft, Respekt vor anderen Menschen und selbstlose Hingabe nicht begriffen hatte. In diesem Leben sollte er sich Menschen suchen, deren spirituelle Reife ihm zur Weiterentwicklung hilft. Er wird dieses Karma ausgleichen, wenn er sich in sozialen Gruppen engagiert, die sich dem Dienst am anderen verschrieben haben.

Rückläufiger Merkur im zwölften Haus

In früheren Leben hat die Wesenheit ihre spirituelle Weiterentwicklung vernachlässigt. Sie verfügte über sehr viel Intuitionsgabe und poetische Phantasie, die sie jedoch nicht auf positive Weise nutzte. Sie hatte die Tendenz, sich in Träumen und in überschwenglichen und vagen Reden zu verlieren. Wahrscheinlich fiel es ihr schwer, sich anderen Menschen zu widmen, sich einer Disziplin zu unterwerfen und Opfer zu bringen. Ihre lebhafte Intuition sollte sie heute dazu benutzen, um andere zu pflegen, vor allem Kranke (Arbeit in einem Krankenhaus wäre sicher sehr geeignet), eher zu handeln als zu träumen und nicht zuviel auszuplaudern. Dieser Mensch könnte große Fortschritte machen, wenn er sich seiner karmischen Schulden bewußt würde.

Einige berühmte Persönlichkeiten mit rückläufigem Merkur
Der Schriftsteller Maurice Druon im Stier, Karl der Fünfte in den Fischen, beide im *zweiten Haus;*
der Komponist Maurice Ravel in den Fischen, im *vierten Haus;*
der Filmregisseur H. G. Clouzot im Skorpion;
Frédéric Chopin im Wassermann, im *fünften Haus;*
der Flieger Colonel Godard im Steinbock;
Alfred Adler im Wassermann, im *achten Haus;*
Nostradamus im Steinbock, im zehnten Haus;
der Dichter Antoine de Saint-Exupéry im Löwen, im *elften Haus;*
Henry Kissinger in den Zwillingen, wie Dante Alighieri im *zwölften Haus;*
Beaumarchais im Wassermann;
Sarah Bernhardt in der Waage.

♀ ℞ **Rückläufige Venus**

Eine rückläufige Venus in einem Horoskop deutet auf ein schwieriges Liebesleben hin. Der Horoskopeigner oder die Horoskopeignerin verhalten sich dem Partner gegenüber sehr widersprüchlich. Sie versuchen die Beziehung zu diesem Menschen in feste Bahnen zu lenken und sind dabei zu hart und fordernd oder nicht anspruchsvoll genug. Es besteht ein Widerspruch zwischen den Absichten und der konkreten Weise, in der die Liebe gelebt wird. Ihre Schwierigkeiten mit dem anderen Geschlecht rühren von einem Mangel an innerer Sicherheit her. Sie leiden unter einer starken affektiven Einsamkeit und sehnen sich so sehr nach Glück, daß sie die Fähigkeiten in sich, durch die sie es erlangen könnten, blockieren.
Eine rückläufige Venus weist auf ein recht belastendes Karma im Gefühlsbereich hin: Der Horoskopeigner hat in früheren Leben das Wesen der Liebe nicht begriffen. Sein falsches Verhalten brachte ihm viel Leiden. In diesem Leben hindert ihn die Erinnerung an die erlittenen Schmerzen daran, sich ganz hinzugeben. Bei Männern (seltener auch bei Frauen) weist eine rückläufige Venus manchmal auf ein Problem hinsichtlich homose-

xueller Neigungen in früheren Leben hin, Neigungen, die sich manchmal nur in einer verstärkten Hinwendung zu Männergruppen und in einer gewissen Abwehr gegenüber Frauen äußern.
Beide Geschlechter vermuten in den jeweiligen Partnern immer egoistische oder selbstsüchtige Hintergedanken, auch wenn das gar nicht der Fall ist. Durch dieses Mißtrauen weisen sie die ihnen entgegengebrachte Liebe zurück, was oft zu Unrecht geschieht; zudem berauben sie sich so einer Glücksmöglichkeit.
Glücklicherweise bleibt Venus nicht ein Leben lang rückläufig, und so kommt der Augenblick, in dem die Seele die Möglichkeit hat, sich aus dem Gefängnis ihres Gefühlslebens zu befreien. In dem Jahr, in dem Venus wieder auf ihrer Bahn weiterläuft, wird das Gefühls- und Liebesleben offener und reicher.

Rückläufige Venus im Widder
Sie mißtraut dem anderen, deshalb ist es für sie schwierig, eine neue Liebesbeziehung zu leben. Der Horoskopeigner wird viel glücklicher sein, wenn er die Tugenden des Dialogs schätzen lernt, wenn er dem (der) Geliebten Raum läßt sich auszudrükken und ihm (ihr) nicht immer eine gewisse Richtung aufzwingt. Diese impulsive, autoritäre und fordernde Venus muß Geduld lernen.

Rückläufige Venus im Stier
Diese planetarische Konstellation deutet auf eine Beziehung hin, die sich in einem früheren Leben nicht verwirklichen ließ. Der Horoskopeigner begegnet dieser Liebe jetzt wieder. Einen Menschen zu lieben, den er schon aus mehreren Leben kennt, gibt ihm ein starkes Sicherheitsgefühl. Der Horoskopeigner muß jedoch seine Neigung zu übertriebenem Besitzdenken vermeiden, die ihn auch früher am Glücklichsein gehindert hat. Er muß lernen, von den Menschen nicht mehr zu fordern, als sie geben können.

Rückläufige Venus in den Zwillingen
In diesem Zeichen der Jugend, in dem die Seele ihre sexuelle Polarität noch nicht erlangt hat, weist die rückläufige Venus auf eine gefühlsmäßige Instabilität in früheren Existenzen hin, in

denen der Horoskopeigner die Liebe als oberflächliches Spiel lebte; er muß jetzt lernen, sich ernsthaft auf einen Menschen einzulassen und der Versuchung zu widerstehen, seine Partner gegeneinander auszuspielen.

Rückläufige Venus im Krebs
Im Krebs, dem Zeichen der Tradition und der Familie, bleibt die rückläufige Venus in der Kindheit und in der Unreife eines eher fixierenden als großmütigen Verhaltens stecken. Stark abhängig von seinen früheren Erfahrungen versucht der Horoskopeigner womöglich, seine Familie aus einer früheren Inkarnation wiederherzustellen.
Diese Venus weist auf einen »Ödipus-Komplex« hin, der um so schwerer zu überwinden ist, da er das Erbe aus einem vergangenen Leben sein kann. Der Horoskopeigner bemüht sich, das gemeinsame Leben seinen früheren Kindheiten anzupassen: Er möchte lieben, ohne ein Risiko einzugehen. Ein Ausweg aus dieser Situation wäre, wenn er seine Vaterschaft oder Mutterschaft aus vollem Herzen bejahte.

Rückläufige Venus im Löwen
In früheren Leben war der Horoskopeigner damit beschäftigt, seine zukünftigen Eroberungen mit Luxus, Geld und einer snobistischen Haltung zu beeindrucken. In intimen Beziehungen machte er durch seine autoritäre Haltung den geliebten Menschen Angst. Von seinem übermäßigen Wunsch zu beschützen fühlen sich die anderen oft überwältigt. Er muß jetzt lernen, eine bescheidenere und freundlichere Beziehung mit dem geliebten Wesen einzugehen und ihm sein Eigenleben zu lassen.

Rückläufige Venus in der Jungfrau
Diese Position des Planeten weist auf einen sehr kritischen Menschen hin, der, bevor er jemanden liebte, immer versuchte, die Fehler dieses Menschen aufzuspüren, was ihm einen Vorwand gab, sich auf keine enge gefühlsmäßige Beziehung einzulassen. Er sollte sich jetzt von seiner zerstörerischen und egoistischen Haltung befreien und die Schwächen des anderen akzeptieren.

Rückläufige Venus in der Waage
In früheren Leben war der schlimmste Feind des Horoskopeig-

ners er selbst. Zu romantisch und zugleich zu perfektionistisch in seinem Gefühlsleben, muß er lernen, mit Nachsicht zu lieben und einen harmonischen Ausgleich zwischen Liebe und Bestimmtheit zu finden.

Rückläufige Venus im Skorpion
Diese Position ist in diesem, durch den unersättlichen Mars bestimmten Zeichen besonders schwierig. Dieser Mensch ist immer unzufrieden, sucht immer nach Neuem, und seine Schwierigkeiten mit dem anderen Geschlecht wurzeln in früheren Leben: Die Seele hat Erfahrungen mit der Liebe gemacht, durch die sie sich selbst nicht mehr achten konnte. Das führt dazu, daß er oft zu beweisen versucht, daß die Liebe verachtungswürdig ist. Er muß vor allem lernen, zu vergeben und zu vergessen.

Rückläufige Venus im Schützen
Das Individuum hängt vor allem an seiner Unabhängigkeit, der es in früheren Leben die Liebe geopfert hat. Unfähig zu einer gefühlsmäßigen Stabilität lebt der Betreffende sehr oft allein und erträgt auch die Ehe nicht lange. Sein Bedürfnis nach Veränderungen bringt dem Horoskopeigner ein bewegtes Liebesleben und viele kurzlebige Erfahrungen ein. Er wird sich stabilisieren, wenn er bereit ist, dem gemeinsamen Leben einen Teil seiner Freiheit zu opfern.

Rückläufige Venus im Steinbock
Diese Konstellation treibt den Horoskopeigner einem älteren Partner in die Arme, der für ihn die Autorität, die er in der Vergangenheit erlebt hat, symbolisiert. Man hat die Tendenz, nichts zu vergessen, nichts zu verzeihen und sich sehr moralisch zu geben; durch diese Strenge frustriert man sich selbst und die anderen. Man muß die Angst vor der Hingabe überwinden. Die Familie kann für den Horoskopeigner eine karmische Prüfung darstellen.

Rückläufige Venus im Wassermann
Diese Menschen erweisen ihren Bekannten gern Dienste, was ihrer Familie oft mißfällt. Sie sind ihren Freunden gegenüber großzügiger als geliebten Menschen gegenüber. Verpflichtungen scheuen sie. Sie lieben die Unabhängigkeit und sind oft einsam. Eine starke Intimität mit anderen fordern und suchen sie

nicht, da sie schon glücklich sind, wenn man sie akzeptiert oder wenigstens toleriert.

Rückläufige Venus in den Fischen
Der Horoskopeigner ist oft recht einsam und hat die Neigung, die romantischen Phantasien früherer Leben wieder zu suchen. Er ist beeindruckbar, sensibel und von schwankendem emotionalem und nervösem Gleichgewicht. Er muß versuchen, sich von Illusionen über die Liebe (wie die Suche nach der verlorenen Schwester-Seele in jeder Liebesbeziehung) frei zu machen. Durch Dienst an anderen Menschen und Hingabe wird er lernen, ein positiveres Verhältnis zur Liebe zu bekommen.

Rückläufige Venus im ersten Haus
Das erste Haus beschreibt den Horoskopeigner so, wie ihn die anderen wahrnehmen. Venus in diesem Haus weist auf einen Menschen hin, der in Selbstliebe befangen ist. Bei einer rückläufigen Venus ist es wahrscheinlich, daß er in seinen früheren Leben ein Narzist war. In diesem Leben ist immer noch die Tendenz vorhanden, zu sehr gefallen zu wollen. Er möchte lieber geliebt werden als zu lieben.

Rückläufige Venus im zweiten Haus
Hier besteht ein großes Sicherheitsbedürfnis, ein Verhaftetsein an Gegenstände, Personen, Institutionen aus früheren Leben, die einen Rückhalt bieten. Der Horoskopeigner ist oft kunsthandwerklich oder künstlerisch sehr begabt, seine Schöpfungen zählen jedoch nie zur Avantgarde, da er sich mit der künstlerischen Empfindungswelt früherer Epochen verbunden hat. Er muß Großzügigkeit lernen und von seinen materialistischen Tendenzen frei werden.

Rückläufige Venus im dritten Haus
Hier muß der Horoskopeigner etwas im Bereich der Kommunikation mit anderen Menschen lernen. In früheren Leben hatte er sich durch aggressive, ungeschickte oder indiskrete Worte von seiner Umgebung, vor allem von seinen Geschwistern, Cousins, Cousinen und Kameraden entfremdet. Er muß lernen, sich unter Kontrolle zu haben und in seinen verbalen und schriftlichen Beziehungen zu nahen Menschen mehr Taktgefühl zu zeigen.

Rückläufige Venus im vierten Haus
Dem Horoskopeigner gelang es in früheren Leben nicht, in seinem Heim (oder seinem Heimatland, wenn er Verantwortung in Politik oder Verwaltung hatte) eine befriedigende Atmosphäre zu schaffen. Die Seinen fühlten sich nicht wohl bei ihm. Das hängt mit einer teilweisen Unterentwicklung seines Gefühlsbereiches zusammen. Da er in einer kindlichen Haltung verharrt, Angst vor der Welt hat und früher seinen Ödipus-Komplex nicht überwinden konnte, muß er nun lernen, sein Schneckenhaus zu verlassen und den ihm nächsten Menschen Zärtlichkeit und Schutz zu geben.

Rückläufige Venus im fünften Haus
In früheren Leben hat sich der Horoskopeigner vor allem Vergnügungen und oberflächlichen Liebesbeziehungen hingegeben; vielleicht war er sogar Spieler. Ist die rückläufige Venus in Konjunktion oder beeinträchtigt durch einen negativ aspektierten Mars, kann man annehmen, daß der Horoskopeigner homosexuelle Tendenzen hatte oder, je nach den anderen Planetenaspekten, in seinem sexuellen Verhalten wenig orthodox war. Möglicherweise hat er in seinen früheren Leben auch seine Kinder vernachlässigt. Er muß in diesem Leben versuchen, aufrichtig zu lieben und seine elterlichen Pflichten ernst zu nehmen.

Rückläufige Venus im sechsten Haus
Ein Mangel an Disziplin in hygienischen und Gesundheitsfragen beeinträchtigte die Gesundheit des Horoskopeigners in früheren Leben. Je nach den übrigen Konstellationen des Horoskopes könnte es jedoch auch sein, daß er mit seiner Gesundheit Mißbrauch getrieben hat, anstatt diese Gabe in den Dienst anderer Menschen zu stellen. Seine Möglichkeiten zum Pflegen, zum Lehren und zum Lenken anderer Menschen hat er vernachlässigt. Um sein Karma abzutragen, sollte er sich jetzt um ein geordnetes Leben und um Ernährungsdisziplin bemühen und seine Erfahrungen in den Dienst der leidenden Menschheit stellen.

Rückläufige Venus im siebenten Haus
In diesem Fall muß der Horoskopeigner in der Ehe oder im Gemeinschaftsleben bittere Enttäuschungen erleben, da er sich in

früheren Leben zu sehr hinter seinem Individualismus verschanzt hat. Er nahm die Liebe, die man ihm entgegenbrachte, an, gab sie aber nicht zurück. Seine vertraglichen Verpflichtungen respektierte er nicht und sah unter allen Umständen auf seinen eigenen Vorteil. Er muß nun lernen, die Rechte anderer zu respektieren und ein harmonisches Eheleben zu entwickeln; in allen menschlichen Gemeinschaften, mit denen er zu tun hat, sollte er Großzügigkeit und konstruktives Verhalten walten lassen.

Rückläufige Venus im achten Haus
Gewisse problematische Charakterzüge des Horoskopeigners, die er nun ablegen sollte, brachten ihm in früheren Leben größte Schwierigkeiten. Er mischte sich in die Beziehungen anderer Menschen ein und geriet auf seiner Jagd nach Sexualität und Geld in die unmöglichsten Situationen. Es ist auch möglich, daß er parapsychologische Fähigkeiten hatte und sie zu materiellen persönlichen Zwecken mißbrauchte. Möglicherweise hat er sehr schmerzhafte Tode erlitten. Die karmische Lektion, um die es jetzt geht, besteht darin zu lernen, das Geld anderer Menschen gut zu verwalten und zu spirituellen Überzeugungen zu kommen, die dem Horoskopeigner die Furcht vor dem Tod nehmen.

Rückläufige Venus im neunten Haus
Diese Position von Venus läßt vermuten, daß der Horoskopeigner in früheren Leben eine gewisse Bigotterie an den Tag legte und sich in religiösen Dingen konform mit einer sozialen Gruppe verhielt, wobei er dazu neigte, die Gesetze, die er zu achten vorgab, immer wieder zu umgehen. Der Horoskopeigner muß sich nun deshalb um einen wirklichen spirituellen Fortschritt bemühen und ökumenische Toleranz üben.

Rückläufige Venus im zehnten Haus
Der Horoskopeigner hat ein trauriges Leben hinter sich, in dem ihm die Erfüllung seiner tiefsten Wünsche verwehrt wurde. Vor allem hatte er nach Prestige, Ehre und Ruhm oder doch zumindest nach Anerkennung durch seinen Vorgesetzten gestrebt. Sein Mißerfolg rührt oft von bestimmten negativen Charakterzügen her, vor allem dem Mangel an Takt und Diplomatie. Ein unangebrachter Hochmut ließ ihn eine Achtung fordern, für

die er nichts tat. Wenn er sich nicht mehr von diesem übertriebenen Überlegenheitsgefühl blockieren läßt, kann er seine Fähigkeiten vollständiger entwickeln.

Rückläufige Venus im elften Haus
In früheren Leben hatten die Freunde des Horoskopeigners einen negativen Einfluß auf ihn und hinderten ihn an der Weiterentwicklung. Er ließ sich von ihren eigennützigen Schmeicheleien verführen und hatte nicht den Mut, sich von ihnen zu trennen. In diesem Leben begegnet er manchen dieser Menschen wieder und bewegt sich in einem ähnlichen sozialen Rahmen. Er sollte nun Menschenkenntnis erwerben, sich seine Freunde sorgfältig auswählen, um durch sie zu einem höheren kulturellen und moralischen Niveau zu gelangen.

Rückläufige Venus im zwölften Haus
Menschen mit dieser Konstellation neigen dazu, an eine alte Liebe aus einem früheren Leben gebunden zu bleiben. Sie haben die Tendenz, sich in Selbstmitleid zu verlieren, da sie mehr oder weniger bewußt wissen, daß sie dieses geliebte Wesen im Stich gelassen haben. Sie neigen zu Sentimentalität, stehen nicht mit beiden Beinen auf der Erde und tragen diese verborgene Wunde mit in das gegenwärtige Leben. Es wäre für sie möglich, diese emotionale Belastung in ein Kunstwerk oder in humanitäre Arbeit umzuwandeln. Sie werden dann aufhören können, sich in vergeblichen (karmischen) Sehnsuchts- und Reuegefühlen zu verlieren, wenn sie lernen, daß es gilt, ganz in der Gegenwart zu leben.

Einige berühmte Persönlichkeiten mit rückläufiger Venus
Charles de Gaulle im Schützen, im *dritten Haus;*
die Dichter Blaise Cendrars und Jean Giraudoux in der Waage, im *sechsten Haus;*
Julius Cäsar im Löwen;
Charlie Chaplin im Stier, im *siebenten Haus;*
Alfred Adler in den Fischen;
Pierre Jeanjouve in der Jungfrau, im *neunten Haus;*
der Philosoph Gaston Bachelard und Georges Duhamel im Krebs, im *zehnten Haus;*
Paul Claudel im Krebs, im *zwölften Haus;*
Jean Racine im Schützen und Rita Renoir im Wassermann.

♂ ℞ Rückläufiger Mars

Ist Mars im Geburtshoroskop rückläufig, so weist das auf einen negativen Gebrauch von Energie in früheren Leben hin. Der Horoskopeigner hat in diesem Leben Schwierigkeiten, seine Reaktion den jeweiligen Situationen anzupassen. Er entfaltet zu viel und zu heftige Energie, weil er sich leicht in frühere Situationen zurückversetzt fühlt, in denen er bedroht und angegriffen wurde. In diesem Leben zeigen sich bei ihm eher die negativen Tendenzen des Mars: Impulsivität, Heftigkeit, Zorn und aggressive Sexualität. Es besteht eine Neigung zu Unfällen. Aus dem Horoskop lassen sich jedoch Möglichkeiten ablesen, wie der Energiestrom kontrolliert und kanalisiert werden kann.

Rückläufiger Mars im Widder
Das starke Unsicherheitsgefühl, das der Horoskopeigner empfindet, rührt von früheren Leben her. Er ist sich der ihn umgebenden Welt wenig bewußt, leidenschaftlich, heftig und nicht sehr objektiv. Von seinen Problemen kann er frei werden, wenn er gegen seine eigenen negativen Tendenzen und nicht gegen andere Menschen kämpft.

Rückläufiger Mars im Stier
Es gelingt ihm nicht immer, seine Aggressivität unmittelbar zu zeigen: der Horoskopeigner schluckt seinen Ärger hinunter, kultiviert seine unausgesprochene Wut und rächt sich später. Er ist ein Mensch der Traditionen und Gewohnheiten, der Angst hat, Neues anzupacken. Er könnte seine Energie befreien, wenn er sich sportlich und künstlerisch engagieren würde.

Rückläufiger Mars in den Zwillingen
Diese Position weist auf eine starke intellektuelle Neugier hin; die karmische Lektion, die hier gewählt wurde, besteht jedoch darin, zu lernen, seine Energie und Aggressivität innerhalb menschlicher Beziehungen dosiert zum Ausdruck zu bringen. Die Instabilität und Ängstlichkeit des Horoskopeigners könnte sich verändern, wenn er sich mit Psychologie beschäftigen und lernen würde, sich selbst durch die anderen Menschen kennen-

zulernen. Wenn er versucht zu überlegen, bevor er handelt, kann er es in seinem Bemühen um Erkenntnis sehr weit bringen.

Rückläufiger Mars im Krebs
Die Dynamik des Horoskopeigners ist durch seine sehr kindliche Emotionalität blockiert. Seinem Handeln liegt als eigentliche Motivation immer eine Suche nach Schutz zugrunde. Ältere Menschen des anderen Geschlechts ziehen ihn an. Da er sich von seinen Jugendtraumata früherer Leben kaum gelöst hat, neigt er dazu, die Welt nach dem Bild seiner früheren Familie gestalten zu wollen.

Rückläufiger Mars im Löwen
Der Horoskopeigner neigt dazu, andere zu manipulieren, ohne sich der Wirkungen seiner Kraft bewußt zu sein. Er sollte öfters um Rat fragen und den Rat auch befolgen. Er läuft Gefahr, sich von seinem aus früheren Leben ererbten Machthunger hinreißen zu lassen. Davon sollte er frei werden und lernen, auch einmal zu verlieren, ohne ein Drama daraus zu machen und andere nach ihrer Façon selig werden zu lassen.

Rückläufiger Mars in der Jungfrau
Der Horoskopeigner hat vermutlich große Schwierigkeiten mit seinen gefühlsmäßigen Beziehungen zu seinen Familienangehörigen. Er ist zu fordernd und kommt besser mit Dingen als mit Menschen zurecht. Er muß lernen, loszulassen und seine durch Angst vor Mißerfolg blockierten sexuellen Impulse auszudrücken und zu kanalisieren. Um sich von seiner Angst zu befreien, sollte er sich seine eigenen Unvollkommenheiten eingestehen und die der anderen zulassen.

Rückläufiger Mars in der Waage
Der Horoskopeigner, der sich früher zu sehr dem gesellschaftlichen Leben hingab, ist jetzt von einem starken Vollkommenheitsdrang erfüllt. Er legt sich und seinem Partner (oder seinen Geschäftspartnern) zu große Verpflichtungen auf. Wird es ihm zuviel, explodiert er und bricht alle Verträge. Selbst wenn diese Anfälle von Heftigkeit selten sind, verhält er sich unbewußt, als wolle er seine Ehe oder andere zwischenmenschliche Beziehungen zerstören. Er muß jetzt versuchen, seinen Schwerpunkt

in sich selbst zu finden, vor der Verantwortung nicht mehr zu fliehen und sich nicht mehr in der Gruppe zu verschanzen. Auch täte es ihm gut, Toleranz und kooperativen Sinn zu entwickeln.

Rückläufiger Mars im Skorpion
Der Horoskopeigner hat unter diesem Einfluß ein sehr bewegtes Innenleben. Er ist immer in Unruhe, kämpft gegen die ihn bedrohende Angst und die heftigen Leidenschaften, die ihn zu überwältigen drohen. Er kann manchmal etwas Selbstzerstörerisches haben, hätte jedoch die Möglichkeit, an sich zu arbeiten und sich zu erneuern; er muß lernen, zu vergeben und zu vergessen. Jede schöpferische Tätigkeit wird ihm dabei helfen, da er durch eine positive Konzentration auf etwas außerhalb seiner selbst seine große Energie kanalisieren wird.

Rückläufiger Mars im Schützen
Mars in dieser Konstellation weist auf frühere Leben hin, in denen sich der Horoskopeigner im Verfolgen wechselnder Ziele verzettelte. Er sollte sich Zeit nehmen, in Ruhe zu überlegen, bevor er handelt, um sich zunächst einmal über seine Ziele, über die beste Weise des Vorgehens klar zu werden. Er muß lernen, sein Bedürfnis nach Idealen mit seiner Sehnsucht nach neuen Erfahrungen in Einklang zu bringen.

Rückläufiger Mars im Steinbock
Der Horoskopeigner lebt in einem Konflikt zwischen einem sehr alten, in früheren Leben erworbenen Wissen und der Heftigkeit und Impulsivität seiner Triebe. So ist er gerne mit sehr viel älteren oder sehr viel jüngeren Menschen zusammen. Diese Mars-Position hat eine besondere karmische Bedeutung und soll den Horoskopeigner zu einem vertieften Verständnis darüber führen, daß er für seine Handlungen und für das, was ihm im Leben widerfährt, selbst verantwortlich ist.

Rückläufiger Mars im Wassermann
Er hat ein ausgeprägtes Unabhängigkeitsbedürfnis und weist jeden sozialen oder gefühlsmäßigen Zwang zurück. Von seinen Impulsen getrieben, hängt er sein Mäntelchen nach dem Wind und macht viele Lebenserfahrungen, die völlig außerhalb der traditionellen Normen liegen.

Rückläufiger Mars in den Fischen
Diese Konstellation spricht für einen schwach ausgeprägten Kampfgeist, der sich leicht von seinen Zielen ablenken und entmutigen läßt; diese Schwäche führt den Horoskopeigner dazu, Schwierigkeiten ausweichen zu wollen; in früheren Leben hat er sich oft feige benommen und versucht, Tränen als Waffe einzusetzen.

Rückläufiger Mars im ersten Haus
Ist dieser Mars zudem noch ungünstig aspektiert, so ist der Horoskopeigner ein prahlerischer, gewalttätiger, draufgängerischer Mensch, kurz, jemand, mit dem nicht gut Kirschen essen ist. Seine in früheren Leben erworbenen Charakterzüge kommen in diesem Leben immer wieder zum Durchbruch, und die Aggressivität des Horoskopeigners wendet sich wieder gegen die gleichen äußeren Ziele. Dieses Verhalten rührt von einer Überentwicklung der männlichen Eigenschaften her. Der Horoskopeigner sollte zu einem inneren Gleichgewicht finden, um diese starke schöpferische und sexuelle Energie positiv einsetzen zu können.

Rückläufiger Mars im zweiten Haus
Der Eigner eines von dieser Konstellation geprägten Horoskops hat sich in der Vergangenheit nur um seine materiellen Interessen und sein Ansehen bei den anderen bemüht. Seine Fähigkeit, mit Geld umzugehen, rührt daher; er sollte sie einsetzen, um Künstler zu unterstützen oder karitative Organisationen zu fördern. So kann er dieses aus Materialismus und manchmal sogar aus Unlauterkeit entstandene Karma abtragen.

Rückläufiger Mars im dritten Haus
Diese Mars-Position läßt frühere Leben vermuten, in denen die Beziehungen mit Geschwistern und Cousins problematisch waren. Der Horoskopeigner, der sich keiner gemeinschaftlichen Disziplin beugen wollte, war immer das schwarze Schaf und das Sorgenkind der Lehrer. Die karmische Lektion, um die es in diesem Leben geht, besteht im Erwerben einer geistigen und intellektuellen Disziplin und in einer größeren Behutsamkeit im Umgang mit dem geschriebenen oder gesprochenen Wort.

Rückläufiger Mars im vierten Haus

Diese Mars-Position deutet darauf hin, daß der Horoskopeigner seine väterliche Rolle früher hart und diktatorisch ausgeübt hat. In seinem Haus war niemand so recht glücklich, jeder zitterte vor dieser schier unmenschlichen Autorität. In diesem Leben leiden seine Angehörigen womöglich immer noch unter dem, was von dieser Haltung übriggeblieben ist. Vielleicht leidet er auch selbst unter einem herrschsüchtigen Vater, oder er trägt eine karmische Schuld einer vernachlässigten oder schlecht behandelten Mutter gegenüber. Er muß sich nach Kräften bemühen, den Seinen Freude und Liebe zu geben.

Rückläufiger Mars im fünften Haus

Der Horoskopeigner hatte in früheren Leben die Tendenz, seine Liebespartner als Sexobjekte zu »benutzen«, wobei sogar Perversion und physische Gewalt eine Rolle gespielt haben können. Er muß deshalb heute vor allem lernen, einem Menschen gegenüber, mit dem er in einer Liebesbeziehung steht, Respekt zu bezeugen. Möglicherweise hat sich der Horoskopeigner Kindern gegenüber sadistisch oder grausam verhalten, was zur Folge haben kann, daß er in diesem Leben keine eigenen Kinder bekommt.

Rückläufiger Mars im sechsten Haus

Wahrscheinlich war der Horoskopeigner früher mit Gesundheit gesegnet, hat sich jedoch selbst geschädigt und seine Energie vergeudet. Ein rückläufiger Mars ist hier ein Anzeichen dafür, daß er respektvoller mit seinem Körper umgehen und sich eine gewisse Disziplin in seinem Leben und seinen Ernährungsgewohnheiten auferlegen sollte. Wir finden hier auch einen Hinweis auf frühere Leben, in denen ein problematisches Verhältnis zur täglichen Arbeit und zum Dienen herrschte. Es kann sich auch um eine Vergangenheit handeln, in der der Horoskopeigner Tieren, Hausangestellten oder Untergebenen gegenüber grausam gehandelt hat.

Rückläufiger Mars im siebenten Haus

Der Horoskopeigner war vermutlich in früheren Leben kein sehr guter Ehe- oder Geschäftspartner. Er sollte sich in diesem Leben bei allen vertraglichen Bindungen um eine loyale Zusammenarbeit bemühen. Er muß seine Egozentrik und Leidenschaftlichkeit überwinden, um die Rechte und die Sensibilität seiner Partner zu respektieren. Ist er noch unverheiratet, so sollte er sich vor einer Eheschließung klar darüber werden, ob seine Motivation nicht ausschließlich in physischer Anziehung besteht. Der Respekt vor dem anderen sollte im Vordergrund stehen. Löst sich solch ein Mensch nicht von seinen früher erworbenen Verhaltensweisen, zieht er in diesem Leben unter Umständen große Unannehmlichkeiten auf sich.

Rückläufiger Mars im achten Haus
Der Horoskopeigner hat sich hier die größte Mühe gegeben, sein Fehlverhalten in früheren Leben wiedergutzumachen. Sicher hat er sehr unter dem durch seine destruktive Aggressivität selbst verschuldeten Katastrophen gelitten: plötzliches Ende von Liebesbeziehungen, schmerzhafte Verluste in beruflichen Unternehmungen, Vergeuden von Erbschaften, gewaltsames Ende von Freundschaften etc. Möglicherweise hat er auch einen oder mehrere gewaltsame Tode erlitten. Seine Unaufrichtigkeit, seine Heftigkeit, seine Destruktivität schufen so viele Probleme, daß er für dieses Leben ein positives Programm gewählt hat: das Erwerben von Geduld, Kontrolle über unberechenbare Emotionen, spirituelle Suche und Ehrlichkeit in finanziellen Dingen.

Rückläufiger Mars im neunten Haus
Hat der Horoskopeigner in der spanischen Inquisition eine aktive Rolle gespielt? Oder in der Zeit der Puritaner in England? War er ein kompromißloser Reformator wie Savonarola? Eines ist gewiß: In seinen früheren Leben hat er sich zum Vorkämpfer einer dogmatischen und intoleranten Religion gemacht. Möglicherweise ist er sogar nicht davor zurückgeschreckt, Gefangene zu mißhandeln und Todesurteile auszusprechen. Die planetarischen Aspekte können hier genauere Hinweise geben. Es ist jedoch ebensogut möglich, daß er ein militanter Atheist war, der die Gläubigen systematisch verfolgte. Die karmische Lektion, die sich in dieser Mars-Position ausdrückt, besteht darin, für Toleranz und Respekt vor religiöser und privater Freiheit einzutreten und eine praktische und humane Lebensanschauung zu entwickeln.

Rückläufiger Mars im zehnten Haus
Diese Mars-Position weist auf eine große berufliche Instabilität hin: Der Horoskopeigner erkannte in seinen früheren Leben nicht die ganze Verantwortung und Tragweite seiner beruflichen Tätigkeiten. Er neigte zu Auflehnung gegen Vorgesetzte, hatte nur seine eigenen Interessen im Auge, und es ging ihm, beispielsweise als Chirurg, mehr um Geld und Ansehen als um die Gesundheit seiner Patienten. Er könnte im beruflichen Bereich auch sadistisches Verhalten gezeigt haben. Die vom Horoskopeigner hier gewählte karmische Lektion besteht darin, Ausdauer und Ehrgefühl in seinen beruflichen Bemühungen zu entwickeln und sich nicht zu sehr vom Ehrgeiz beherrschen zu lassen.

Rückläufiger Mars im elften Haus
Der Umgang mit unguter Gesellschaft ist eine Gewohnheit, die der Horoskopeigner in seinen früheren Leben erworben hat. Freundschaft war ihm weniger wichtig als Schmeicheleien, finanzielle oder soziale Eigeninteressen oder oberflächlicher geselliger Umgang. Ein rückläufiger Planet im elften Haus weist immer auf negative Beziehungen hin, handelt es sich jedoch um Mars, so kommen möglicherweise Gewalt und negativer Umgang mit Sexualität hinzu. Der Horoskopeigner sollte seinen Umgang sorgfältig auswählen, ohne jedoch über andere Menschen mit ähnlicher Veranlagung zu urteilen, die ihren eigenen Weg gehen, bis sie eines Tages selbst zur Erkenntnis gelangen. Solange er noch nicht nein sagen kann, ist es besser, er distanziert sich von ihnen...

Rückläufiger Mars im zwölften Haus
Seine Gesundheit hat der Horoskopeigner selbst zerstört (Drogen, Alkohol, neurotischer Umgang mit gefährlichen Medikamenten?). In jedem Fall fehlte ihm im Umgang mit seinem physischen Leib jede Disziplin. Offenbar hat der Horoskopeigner sich auch schon mehrere Male reinkarniert, um dieses Karma abzutragen, ohne daß ihm das gelungen wäre. Er ist jedesmal wieder gestrauchelt. Durch Dienst an anderen Menschen beispielsweise könnte er diesmal davon frei werden. Er muß im täglichen Leben eine gewisse Bescheidenheit entwickeln, ohne sich selbst gegenüber zu unnachgiebig zu sein.

Einige berühmte Persönlichkeiten mit rückläufigem Mars
Der Reiseschriftsteller Henri de Monfreid im Stier, im *zweiten Haus;*
Nostradamus und Willy Brandt im Krebs, im *vierten Haus;*
Lord Byron im Krebs, am Aszendenten;
der Dichter Rudyard Kipling im Schützen, im *sechsten Haus;*
der Romancier Pierre Loti in den Zwillingen, im *neunten Haus;*
Michel Poniatowski im Schützen, im *neunten Haus;*
Sigmund Freud in der Waage, im *elften Haus.*

♃ ℞ Rückläufiger Jupiter

Der Schlüsselbegriff für Jupiter, der eine Sonne im kleinen repräsentiert, ist »die Expansion«, also Ausdehnung, Wachstum, Entwicklung und im weiteren Sinne Glaube, Vertrauen und Glück, auch im finanziellen Bereich. Ist Jupiter rückläufig, weist das darauf hin, woran es in früheren Leben mangelte: Der Betreffende gelangte nicht zu einem Aufschwung. Er lebte entweder unter Beschränkungen oder verschwendete seine Gaben. Und so trug sein Leben nicht die Früchte, die es hätte tragen sollen; möglicherweise hinderten Selbstzufriedenheit und Optimismus diesen Menschen auch daran, die notwendigen Opfer zu bringen, um die vorgesehenen Entwicklungsschritte zu tun. Der Horoskopeigner steht deshalb gewissermaßen an einem Neuanfang, was die Struktur des gegenwärtigen Horoskops erklärt.

Rückläufiger Jupiter im Widder
Man hüte sich vor vorgefaßten Meinungen. Es besteht die Tendenz, ein wenig zu autoritär zu sein und sich den Lebensumständen zu wenig anpassen zu können. Der Horoskopeigner neigt dazu, die Menschen nach wenig realistischen Kriterien und in zu starren Kategorien zu beurteilen. In der Ehe hat er es nicht leicht wegen seiner Eitelkeit, die sich manchmal mit einer überraschenden Naivität paart, und wegen seiner unstillbaren Sehnsucht nach neuen Erfahrungen. Die karmische Lektion dieser Planetenposition heißt: Ehrlichkeit mit sich selbst.

Rückläufiger Jupiter im Stier
Diese Menschen waren in früheren Leben vermutlich sehr reich und sind deshalb, ohne sich dessen bewußt zu sein, oft noch heute sehr selbstgefällig und ichbezogen, was sie daran hindert, sich den Ideen anderer Menschen zu öffnen. Ihr Lieblingssatz ist: »Macht es wie ich!« In diesem Leben verdienen sie sich ihr Geld oft mit künstlerischen oder kunsthandwerklichen Tätigkeiten, die häufig stark von der Tradition geprägt sind. Die karmische Lektion dieser Jupiter-Position besteht darin, Einfachheit und Aufrichtigkeit zu pflegen.

Rückläufiger Jupiter in den Zwillingen
Es ist nicht leicht, damit zu leben. In früheren Leben paßte der Horoskopeigner seine Philosophie immer seiner Umgebung an. Er hatte keine persönlichen Gedanken, sondern war immer der Meinung des Menschen, mit dem er zuletzt gesprochen hatte. Unfähig, die aufgenommenen Informationen nach persönlichen Kriterien zu ordnen, neigte er dazu, sein Herz auf der Zunge zu tragen. In seiner jeweiligen Meinung konnte er recht intolerant sein. Er müßte lernen, anderen kritisch zuzuhören, schweigen zu können und sich selbst eine praktische und menschliche Lebensphilosophie anzueignen.

Rückläufiger Jupiter im Krebs
Der Horoskopeigner hält sich in aller Unschuld für einen schlichten, unkomplizierten Menschen und ahnt nichts von den Abgründen, die jede menschliche Seele birgt. Seine Vorstellung von der Wahrheit ist eher gefühlsbetont als objektiv. Lange bleibt er von seinem Bedürfnis nach emotionaler Sicherheit geprägt und durchlebt innere Konflikte, die er nicht zu analysieren imstande ist. Für ihn ist es erforderlich, zu versuchen, seine Emotionalität zu überwinden, um so auf einer objektiveren und damit auch praktischeren Ebene zu leben.

Rückläufiger Jupiter im Löwen
Hier hält sich der Betreffende für berufen, Morallektionen zu erteilen, da er eine sehr hohe Meinung von sich selbst hat. Er hört nicht auf den Rat anderer Menschen, wird aber eines Tages einsehen müssen, daß die anderen auch recht haben können. Er liebt es zu glänzen und nimmt sich sehr wichtig. Sein karmisches Programm: anzuerkennen, daß die Meinung und

Lebensweise anderer Menschen, die oft von der seinen abweichen, auch sehr wertvoll sein können.

Rückläufiger Jupiter in der Jungfrau
Mit dieser Jupiter-Position hat man nicht genug Abstand zu den Dingen. Die Jungfrau nimmt Jupiter seine Wärme und seinen Drang nach Ausdehnung. Der Horoskopeigner lebt in einem Konflikt zwischen der Erinnerung an hohe spirituelle Erfahrungen und den materiellen Tücken des gegenwärtigen Alltagslebens. Er erwartet zu viel von sich und von den anderen Menschen; er legt an sich und andere unerreichbare Maßstäbe an. Die karmische Lektion für dieses Leben besteht für ihn darin, ein realistischeres Ideal zu finden, durch das er in die Lage versetzt wird, die menschlichen Unvollkommenheiten gütig zu akzeptieren.

Rückläufiger Jupiter in der Waage
In früheren Inkarnationen hat der Horoskopeigner ein tiefes Gerechtigkeitsgefühl entwickelt. Sind die Aspekte mit Jupiter jedoch ungünstig, kann ein davon beeinflußter Mensch von Ressentiments gegen in früheren Leben hingenommene Ungerechtigkeiten erfüllt sein. Zudem hat er die Tendenz, zu sehr den Weltverbesserer zu spielen. Die karmische Lektion heißt für ihn, zu lernen, abgeklärte, objektive Urteile zu fällen, ohne sich persönlich zu sehr in die Angelegenheiten der anderen hineinziehen zu lassen. Für jene, die zu sehr zwischen verschiedenen Idealen hin und her schwanken, geht es darum, zu einer gefestigten Weltanschauung zu gelangen.

Rückläufiger Jupiter im Skorpion
Menschen mit dieser Konstellation wissen sehr wohl, daß die Wahrheit, die sie anderen aufdrängen wollen, für diese nicht unbedingt der Weisheit letzter Schluß ist. Sie bringen in dieses Leben die Erinnerung an heftige Kämpfe zur Verteidigung einer Idee oder ihrer Würde mit. Sie rufen bei anderen Menschen Liebe, Bewunderung, Respekt oder Haß hervor, nie jedoch Gleichgültigkeit. In diesem Leben haben sie jeden Tag von neuem Gelegenheit, gegen ihre negativen Tendenzen zu kämpfen. Mit ihrem sehr absoluten Charakter haben sie es zu Beginn ihres Lebens schwer, ihre sexuellen Neigungen zu kanalisieren. Von ihrer Umgebung mißverstanden, kämpfen sie tapfer im

Alleingang. Daraus entsteht jedoch ein starkes Unabhängigkeitsbedürfnis.

Rückläufiger Jupiter im Schützen
Der Hunger nach neuen Erfahrungen hindert den Horoskopeigner daran, sich zu stabilisieren. Er muß sich vor seiner Neigung zur Unbeständigkeit hüten. Manchmal jedoch hat er (weniger oberflächlich, als man glaubt) prophetische Intuitionen, die von dem Wissen über das Universum herrühren, das er in früheren Leben erworben hat. Er lernt mehr durch gelebte Erfahrung als durch Bücher. Seine religiösen Vorstellungen sind recht unkonventionell, und sein Karma besteht darin, in diesem Bereich seinem Instinkt zu folgen. Seine besondere Berufung ist es, anderen zu vermitteln, was er von der Wahrheit weiß, wobei er jedoch zugeben muß, daß er nicht über das Monopol der alleinseligmachenden Wahrheit verfügt.

Rückläufiger Jupiter im Steinbock
Hin- und hergerissen zwischen seiner Begeisterungsfähigkeit und seinem nüchternen Scharfblick, muß der Horoskopeigner versuchen, sein Bedürfnis nach Expansion mit dem nach Disziplin zu vereinen. Bei manchen ist dieser rückläufige Jupiter, vor allem wenn er ungünstig aspektiert ist, ein Indiz für einen recht kleinlichen Materialismus; Geldgier oder Geiz verraten jedoch nur seine tiefe Angst. Im reiferen Alter nimmt seine Entwicklung eine positive Wendung, wenn er die in früheren Inkarnationen entwickelten spirituellen Neigungen nicht unterdrückt.

Rückläufiger Jupiter im Wassermann
Als fröhlicher Nonkonformist verachtet er ausgetretene Pfade. Er wird von seiner Umgebung als unberechenbar betrachtet, wenn man seine neuen Ideen auch interessant findet. Dieser Pionier braucht viel geistige und körperliche Freiheit. Manchmal leidet er unter Klaustrophobie. Von Begeisterung beflügelt, hat er Angst, von anderen eingeschränkt oder gefesselt zu werden. Die Ehe wird ihm wie ein Gefängnis erscheinen. Sein Karma in diesem Leben besteht darin, anderen Menschen seine früher erworbene Weisheit zu übermitteln, indem er ihnen hilft, Vernunft und praktischen Sinn walten zu lassen im Umgang mit neuen Techniken und zukunftweisenden Ideen.

Rückläufiger Jupiter in den Fischen

In früheren Leben könnte der Horoskopeigner Priester oder Philosoph gewesen sein; die damals verinnerlichten religiösen und kosmischen Wahrheiten leben noch in ihm. Mit der praktischen Organisation seines Lebens hapert es jedoch, und er macht sich in seiner Gutmütigkeit viele Illusionen über die Menschen. Ein Partner, der praktischer begabt ist als er, könnte ihm helfen, sich zu disziplinieren.

Rückläufiger Jupiter im ersten Haus

In seinen früheren Leben hat der Horoskopeigner die eher negativen Tendenzen des Jupiter-Einflusses entwickelt: Die Vorstellungen, Regeln und Gesetze sind in seinen Augen für die anderen, nicht für ihn geschaffen; er hat die Neigung, sich zu verzetteln und seine Energie zu verschwenden sowie die Tendenz, sich übermäßig körperlichem Wohlleben hinzugeben und immer außerordentlich selbstzufrieden zu sein. Da Jupiter religiöse und philosophische Ideale symbolisiert, hingen manche Menschen unter diesem Einfluß in ihren früheren Leben mehr oder weniger skurrilen Sekten an und waren möglicherweise auf diesem Gebiet recht intolerant.

Rückläufiger Jupiter im zweiten Haus

Dieses Haus betrifft, wie Sie wissen, den Besitz des Horoskopeigners und sein Geld. Befindet sich ein rückläufiger Jupiter in diesem Haus, so legt es den Gedanken nahe, daß der Horoskopeigner schlechten Gebrauch von seinem Vermögen gemacht und Geld nur zu seinem eigenen Nutzen und nicht zum Wohl der Gemeinschaft verwendet hat. Je nach seinem Tierkreiszeichen verhielt er sich wie ein Geizhals oder wie ein verantwortungsloser Sohn, der das Vermögen seines Vaters verschleudert. In diesem Leben muß der Horoskopeigner erkennen, daß Besitz nur dann legitimiert ist, wenn man ihn zum Wohle anderer verwendet. Reichtum bedeutet zugleich Verantwortung und Aufgabe.

Rückläufiger Jupiter im dritten Haus

Der Horoskopeigner hat vermutlich Probleme mit seiner Urteilsfähigkeit. Es mangelt ihm an der notwendigen Disziplin beim Lernen, an Taktgefühl in seinen verbalen Äußerungen und an der Fähigkeit zu schweigen. Diese Jupiter-Position weist überdies auf die Weigerung hin, religiöse Wege ernst zu nehmen. Auch schwierige Beziehungen zu Geschwistern, Cousins, Cousinen und Mitschülern lassen sich hier ablesen. Der Horoskopeigner muß sich nun bemühen, von seiner Egozentrik frei zu werden, sich selbst vergessen zu können, und lernen, auch andere um Rat zu fragen.

Rückläufiger Jupiter im vierten Haus
Diese Persönlichkeit war in ihrer Entwicklung zu sehr mit sich selbst beschäftigt und hat ihre Umgebung zu wenig wahrgenommen. Unter ihrer Tyrannei hat die Familie viel gelitten. Dieser Mensch legte sich selbst keine Beschränkungen auf, den anderen aber um so härtere. Heute hat er die Neigung, zu emotional, zu leicht verletzbar und nachtragend zu sein. Er wird es leichter haben, wenn er erkennt, daß sein Verhalten in der Familie von früheren Einstellungen herrührt, die er mit dem jetzigen Leben noch nicht in Einklang gebracht hat. Dann wird er den Seinen vertrauen können und sie in Frieden lassen.

Rückläufiger Jupiter im fünften Haus
Es handelt sich um einen sehr schöpferischen, jedoch zu sehr dominierenden Menschen, der von seinen Kindern und Partnern Unmögliches verlangt, weil er sich selbst überschätzt und seine Ziele zu hoch steckt. In einem früheren Leben hat er sich seinen Kindern oder Liebespartnern gegenüber vermutlich sehr egozentrisch verhalten. Vielleicht war er auch ein unverbesserlicher Spieler. Um von den Schatten der Vergangenheit frei zu werden, sollte er sich um eine andere Haltung seinen Nächsten gegenüber bemühen und vor allem auf die Bedürfnisse seiner Kinder und seiner Liebespartner achten. Da er seinen Vergnügungen viel Zeit widmet, täte er gut daran, strengere Maßstäbe anzulegen.

Rückläufiger Jupiter im sechsten Haus
Da der Betreffende in seinen früheren Leben seine Gesundheit vernachlässigt hat, läuft er Gefahr, in diesem Leben durch einen Leberschaden beeinträchtigt zu sein, wenn der Planet ungünstig aspektiert ist. Vielleicht hat er Alkoholmißbrauch getrieben oder sich ungesund ernährt. In diesem Leben sollte er sich um gesunde Ernährung und um genug körperliche Bewegung bemühen und auf keinen Fall trinken. Im übrigen wäre es

gut für ihn, wenn er seinen Egoismus überwände und sich um eine dienende Haltung bemühte, ohne Ansehen und Lohn zu suchen.

Rückläufiger Jupiter im siebenten Haus
In seinem früheren Leben scheint sich der Horoskopeigner nicht durch gute partnerschaftliche Eigenschaften hervorgetan zu haben. Treue war wohl weder im beruflichen noch im privaten Leben seine Stärke. Vermutlich spielte Geld für ihn eine entscheidende Rolle: Er suchte nach einem reichen Partner, verlor sein Geld durch seinen Partner oder übte durch seinen Reichtum Druck auf ihn aus. Jedenfalls hatte er die Tendenz, Geld, Gesetze, Verträge und sozialen Einfluß als Mittel zu verwenden, andere zu beherrschen. In diesem Leben könnten wieder Schwierigkeiten in der Ehe oder mit dem Gesetz auftreten, wenn er seine Partner nicht zu respektieren lernt.

Rückläufiger Jupiter im achten Haus
Diese mysteriöse Position des Planeten deutet darauf hin, daß der Horoskopeigner in einem früheren Leben mit Hexerei oder Schwarzer Magie zu tun hatte oder vielleicht der Geheimpolizei angehörte. Jedenfalls war er von einer negativen Lebensphilosophie geprägt und in finanziellen Dingen nicht gewissenhaft. Bei ungünstiger Aspektierung könnte er von Todesängsten besessen gewesen sein. Der Horoskopeigner sollte sich um ein klares Urteil bemühen, um nicht in fanatische Gruppen oder Sekten zu geraten. Erweist er sich auf finanziellem Gebiet als vertrauenswürdig, so hat er Grund, stolz auf sich selbst zu sein.

Rückläufiger Jupiter im neunten Haus
Ein rückläufiger Jupiter im Haus der Ideale weist darauf hin, daß der Horoskopeigner immer zuerst an sich denkt. In früheren Leben war er zu Selbstlosigkeit und Hingabe unfähig. Er brachte die anderen dazu, sich ihm zu unterwerfen, um sie dann zu mißbrauchen. Als Konquistador, Diktator oder Guru nützte er seine Anhänger aus. Dadurch wurde seine geistige und kulturelle Entwicklung blockiert. In diesem Leben muß er sich um eine Philosophie bemühen, in der Toleranz für die Vielfältigkeit der Religion und die Gewissensfreiheit die wichtigste Rolle spielt. Er wird Dinge entdecken, die ihm bisher völlig verschlossen waren.

Rückläufiger Jupiter im zehnten Haus
In früheren Leben hat sich der Horoskopeigner selbst Steine in den Weg gelegt. Im Berufsleben verantwortungslos und unaufrichtig, verbaute er sich seine Karriere durch eigene Schuld. In diesem Leben hat er die Chance, auf finanzieller und beruflicher Ebene Erfolg zu haben, wenn er seine Würde, seine Loyalität und Aufrichtigkeit bewahrt.

Rückläufiger Jupiter im elften Haus
Da der Betreffende unter einem Minderwertigkeitskomplex litt, geriet er in früheren Leben in die Gefahr, sich in minderwertiger Gesellschaft zu bewegen, um über eigennützige Schmeichler und Menschen, die nicht viel Wert auf Moral legten, zu herrschen. So konnte er sich vor der eigenen Weiterentwicklung drücken. In diesem Leben wird sich der Horoskopeigner viel Leid ersparen, wenn er sich nicht auf Menschen unter seinem Niveau einläßt (Drogen!).

Rückläufiger Jupiter im zwölften Haus
Ein schweres Karma lastet auf dem Horoskopeigner; er hat in diesem Leben die Chance, es abzutragen. Wahrscheinlich handelt es sich um eine Schuld, die er schon in vielen früheren Inkarnationen nicht gesühnt hat. Da Jupiter im zwölften Haus sehr gut plaziert ist, wird ihm seine Energie auf positive Weise zuströmen, wenn er an seiner spirituellen Weiterentwicklung arbeitet. Dabei geht es vor allem um das Mitleid mit Kranken und Gefangenen. Der Horoskopeigner wird sein Glück finden, wenn er sein starkes Ego in den Dienst am leidenden Menschen stellt.

Einige berühmte Persönlichkeiten mit rückläufigem Jupiter
Albrecht Dürer und Raphael im *zweiten Haus,* ersterer in der Jungfrau (daher seine präzise und sorgfältige Arbeit), letzterer in der Waage;
Nostradamus im Krebs, im *vierten Haus;*
Gustave Flaubert im Widder, im *fünften Haus;*
die Schriftsteller Charles Péguy in der Jungfrau und Gabriele D'Annunzio in der Waage, Anastasia im Steinbock, General Franco im Widder, alle im *sechsten Haus;*
Henri Charrière, genannt »Papillon«, und Jacques Chaban-Delmas im Krebs, im *siebenten Haus;*

der Dichter Guillaume Apollinaire im Widder ebenso wie François Mitterand und Marlene Dietrich im *achten Haus;*
Rudolf Steiner im Löwen;
der Regisseur Alain Resnais in der Waage, Pablo Picasso im Stier, beide im *zehnten Haus;*
Marx im Steinbock, Fellini im Löwen ebenso wie Talleyrand im *elften Haus;*
Spinoza im Stier;
Galilei und der Schriftsteller Jean Giraudoux im Krebs, der Komponist Maurice Ravel im Skorpion, alle im *zwölften Haus.*
Schließlich sei noch jemand erwähnt, dessen Geburtsstunde man nicht kennt, weshalb man nicht exakt sagen kann, in welchem Haus sich der rückläufige Jupiter befindet; das Zeichen jedoch ist bekannt: Krebs. Es handelt sich um Leopold von Sacher-Masoch, den österreichischen Schriftsteller, der, für diese Konstellation typisch, emotional so infantil war, daß er selbst den Schlägen nachtrauerte, die er in der früheren Kindheit erhalten hatte.

♄R Rückläufiger Saturn

Saturn, das Symbol der Reife, weist, wenn er rückläufig ist, auf einen Bereich hin, in dem die Seele sich nicht entwickelt hat; es ist wahrscheinlich, daß sie wieder in ähnliche Umstände gerät wie jene, in denen sie damals steckenblieb. Jetzt sollte sie sich der Verantwortung stellen, vor der sie früher geflohen ist.
Ein rückläufiger Saturn weist auf ein Karma hin, das schon mehrere Leben lang um dieselbe Thematik kreist. Die Seele hat Zeit verloren, da sie nicht den Mut hatte, sich dem Problem zu stellen, was sie heute sehr belastet. Sie fühlt sich behindert und von allen Seiten eingeengt, vor allem in dem Bereich, in dem sie der ihr gestellten Aufgabe zu fliehen versucht.
Wer diese planetarische Position erlebt, ist oft eine sehr alte Seele, die in jahrhundertelangen Kämpfen viel Weisheit erworben hat. Da sie schon viele Erfahrungen mit den üblen Folgen der Verschwendung und Oberflächlichkeit gemacht hat, weiß sie zu schätzen, was sie bekommt, und nimmt das Leben sehr

ernst. So mag sie zu streng und unfrei erscheinen, in Wirklichkeit sieht sie deutlich, was sie zu tun hat, und konzentriert ihre Kräfte auf dieses Ziel.

Rückläufiger Saturn im Widder

Als sehr unabhängiger Mensch machte der Horoskopeigner in anderen Leben schon die Erfahrung, was es bedeutet, Macht auszuüben, und konnte sich eine große persönliche Freiheit erwerben. Er versteht es, seine ganze Kraft auf ein einziges Ziel zu lenken. Übrigens gibt Saturn ihm eine Ausdauer, die nicht unbedingt zur Natur des Widders gehört. In einer früheren Inkarnation wurde der Horoskopeigner durch sehr harte Lebensumstände (z. B. Krieg) gezwungen, zu lernen, sich nur auf sich selbst zu verlassen. Er ist sich deshalb seiner selbst recht sicher. Im gegenwärtigen Leben kann er die früher mühsam erworbenen Fähigkeiten einsetzen.

Rückläufiger Saturn im Stier

Unlösbar mit dem Karma der Menschen verbunden, die er aus früheren Leben kennt, ist dies ein Gewohnheitsmensch, der immer wieder in frühere Verhaltensweisen zurückfällt. Er fühlt sich nur sicher, wenn er etwas schon kennt, bis er eines Tages lernt, in sich selbst, in seinem Herzen, Geborgenheit zu finden. Er muß ermutigt werden, sich Veränderungen auszusetzen; es wird nicht leicht für ihn sein, sich von seinem masochistischen Verhalten zu lösen, das ihm das Leben nur erschwert – z. B. viel härter zu arbeiten, als es sein müßte und sich damit zu quälen, daß die anderen scheinbar ein leichteres Leben haben. Schließlich wird er jedoch weiterkommen, wenn er bereit ist, sich innerlich von Vertrautem und von seinem Besitz zu lösen.

Rückläufiger Saturn in den Zwillingen

Der schwere Saturn gewöhnt sich schlecht an die lebhafte Natur der Zwillinge. Sie sind für die Kommunikation begabt, er nicht. Ein rückläufiger Saturn in diesem Zeichen weist auf eine über mehrere Leben fortgeführte Arbeit am verbalen und intellektuellen Austausch mit den anderen hin. Der Horoskopeigner weiß wohl, was er sagen möchte, nicht aber, wie er es ausdrükken kann. Er kann der Umwelt seine Botschaft nicht vermitteln. Seiner eigenen Ideen ist er sich nicht sehr sicher und ist immer auf der Suche, wobei er Informationen aufhäuft, die seine

Unsicherheit nur noch verstärken. Auf diese Weise kann er sich zumindest von vorgefertigten Vorstellungen und Gedanken, die er in früheren Leben erworben hat, befreien: Das Überprüfen und Loslassen von Gelerntem ist im Grunde seine karmische Aufgabe in diesem Leben.

Rückläufiger Saturn im Krebs
Haben Sie mit diesem Menschen Geduld. Er macht nur sehr langsame Fortschritte, so sehr ist er noch an die Gefühle gebunden, die ihn früher bestimmten. Sein starkes Schutzbedürfnis läßt ihn nach einer Vatergestalt suchen, für die er leidenschaftliche und ausschließliche Zuneigung empfindet. Früher konnte er nur unter dem Schutz einer älteren Autorität, eines Vaters, Herrschers oder Vorgesetzten leben. In diesem Leben hat er Angst, sein Schneckenhaus zu verlassen, fürchtet, von den anderen nicht akzeptiert zu werden. Neue Begegnungen interessieren ihn nur in dem Maße, in dem er sich mit der Vergangenheit, mit seiner Kindheit oder mit der als Vatergestalt geliebten Person in Verbindung bringen kann. Er ist nur schwer in der Lage, etwas um seiner selbst willen, aus sich selbst heraus zu schätzen, er braucht immer Bezüge und Empfehlungen. Sein heutiges Karma besteht darin, in sich selbst die Fähigkeit zu sicherem Urteil zu finden.

Rückläufiger Saturn im Löwen
Der Horoskopeigner kann nur durch die Würdigung von seiten der Umwelt etwas von sich halten. Deshalb sucht er nach Verantwortung. Dabei zeigt er sich aber oft sehr dominierend. Es fällt ihm manchmal schwer, sein Recht und seine Macht auseinanderzuhalten, und er neigt dazu, die Gesetze zu seinen Gunsten auszulegen. Dient er einer scheinbar großen, sozialen, politischen oder humanitären Sache, so ist seine tiefere Motivation im Grunde nur, sich selbst zu dienen. Als energischer, realistischer, kampfeslustiger und mutiger Mensch gibt er einen sehr guten Vorgesetzten ab, vorausgesetzt, er zeigt aufrichtigen Respekt für die Rechte anderer. Er sollte lernen, Verantwortung zu übernehmen, um anderen zu dienen, und nicht nur, um sich selbst Genüge zu tun.

Rückläufiger Saturn in der Jungfrau
Der Horoskopeigner liebt die Ordnung und peinliche Genauig-

keit. Er versucht die äußere Welt entsprechend seinem präzisen, geordneten, ein wenig kalten Denken zu gestalten. Anderen Menschen erscheint er ziemlich starr, weil er versucht, sie in vorgefertigte Schemata zu zwängen, und die Improvisation fürchtet er wie die Pest. Als ängstlicher Mensch leidet er vermutlich unter chronischer Verstopfung. Er sollte seine eigenen Unvollkommenheiten und die der anderen akzeptieren und es nicht zu schwer nehmen, wenn er einmal etwas aus dem Ärmel schütteln soll. Notwendig wäre es, daß er seinen kritischen Blick durch ein wenig Güte mildert.

Rückläufiger Saturn in der Waage
Diese Position ist nicht ungünstig, da Saturn im Zeichen Waage erhöht ist. Es handelt sich hier um einen ernsthaften, verantwortungsbewußten Menschen. Sein Karma läßt ihn oft zum Vermittler zwischen zwei gegensätzlichen Parteien werden. Er kann starken Einfluß auf das Schicksal anderer Menschen nehmen, sollte jedoch gegen die Versuchung kämpfen, diesen Einfluß zu egoistischen Zwecken zu benutzen. Seine Anpassungsfähigkeit im sozialen Bereich sollte ihn nicht dazu verführen, zu wankelmütig zu werden. Seine Aufgabe ist nicht einfach: Er muß versuchen, zu verbinden und zu versöhnen, ohne die Wahrheit zu verraten (vergleiche: Henry Kissinger).

Rückläufiger Saturn im Skorpion
Hier haben wir einen alten Weisen, dessen Adlerauge nichts entgeht. Versuchen wir nicht, ihm etwas zu verbergen: Er riecht die geringste Lüge. Er hat schon soviel gesehen in seinen früheren Leben. Fasziniert durch die ständige Versuchung zur Selbstzerstörung, untergräbt er unbewußt absichtlich alles, was er tut. Die Freuden und Erfolge des Lebens täuschen ihn nicht. Er weiß, daß es mehr gibt als das. Hat er sich jedoch ein Ziel gesetzt, kann ihn niemand davon abbringen. Dieser mutige Kämpfer ist im Grunde ein Mystiker. Er wird versuchen, etwas über seine früheren Leben zu erfahren und ruht nicht, bis er die Antwort auf die Urfrage gefunden hat: »Was ist Wahrheit?«

Rückläufiger Saturn im Schützen
Versuchen Sie nicht, diesem Menschen einen Rat zu geben. Er hört auf niemanden. Von heftigem Unabhängigkeitsdrang erfüllt, ist er Feuer und Flamme für eine Idee, die ihm gefällt, ver-

gißt sie aber ebenso schnell wieder. Großzügig wird er die Schwachen und Unterdrückten verteidigen und seine Bewunderer ermutigen, eigene Wege zu gehen. Er verabscheut alles Konventionelle. Sein Bedürfnis nach Widerspruch dient den Menschen, weil es ein Anreiz ist für die Weiterentwicklung neuer Ideen. Der Horoskopeigner hat jedoch die Neigung, diese Eigenschaft zu mißbrauchen. Nichts fällt ihm so schwer, wie jemandem zu gehorchen. Er sollte lernen, andere nicht zu verurteilen, tolerant zu sein. Starkes Interesse hat er für Religion, Philosophie und frühere Leben. Im allgemeinen macht er im Laufe seines Lebens große Fortschritte.

Rückläufiger Saturn im Steinbock
Als harter Arbeiter, der zugleich von Hoffnung und Ausdauer getragen ist, kann es ihm passieren, daß er sich isoliert und sich in allen Einflüssen abschirmt, um sich auf ein bestimmtes Ziel zu konzentrieren, wie ein eisiger Felsen, an dem sich andere oft verletzen. Er verachtet alles Flüchtige, ja, er läuft sogar Gefahr, Schönheit, Liebe und Gemeinschaftsleben als überflüssige Dinge zu betrachten, die ihn von seinem Weg abbringen. Diese Saturn-Position spricht dafür, daß die Seele reif ist, ihre karmische Arbeit zu vollenden.

Rückläufiger Saturn im Wassermann
Unabhängiger als alle anderen Tierkreiszeichen zusammen, interessiert sich der vom rückläufigen Saturn beeinflußte Wassermanngeborene für das, was das Leben ihm Neues bietet. Obgleich er sehr offen und nonkonformistisch erscheint, ist seine Lebensphilosophie auf recht festen Grund gebaut; er hat sie sich in früheren Leben erworben, und seine Lust am Neuen hindert ihn nicht daran, stark mit der Vergangenheit verbunden zu bleiben. Von universeller Neugier erfüllt, versucht er alles zu verstehen. Seine karmische Mission besteht darin, seinen Zeitgenossen zu helfen, die Werte der Zukunft zu entdecken und sie mit jenen der Vergangenheit zu verbinden.

Rückläufiger Saturn in den Fischen
Bei ungünstiger Aspektierung handelt es sich um jemanden, der sehr wehleidig ist und immer glaubt, ihm ginge es schlechter als den anderen. Da er kein Selbstvertrauen besitzt, läßt er sich leicht entmutigen. In der Jugend ist er sehr schüchtern, wird

aber glücklicherweise im Laufe seines Lebens etwas selbstsicherer. Im reifen Alter wird er erkennen, daß er in seinen früheren Leben schon viel erlebt, gelernt und erlitten hat. Er wird selbstbewußter werden in dem Maß, wie er seine vor diesem Leben entwickelten übernatürlichen Kräfte entdeckt. Ein rückläufiger Saturn in den Fischen fühlt, rät und versteht ungesagte Dinge, die den anderen völlig entgehen. Er hört innere Stimmen, die ihn führen, und ist auch in der Lage, andere zu führen.

Rückläufiger Saturn im ersten Haus
Die hier beschriebene Persönlichkeit scheint in ihren früheren Leben eher eingeengt gewesen zu sein. Ihre Potentiale waren blockiert, sie konnte ihre Eigenart nicht entwickeln. In diesem Leben muß sie aufbauen, ihre eigene Basis finden, Festigkeit und den Respekt der anderen gewinnen, ohne sich jedoch hinter Barschheit zu verstecken. Sie sollte lernen, lockerer zu werden und sich Menschen und Umständen anzupassen. Eine zu starre Haltung, das sollte solch ein Mensch begreifen, verrät nicht Kraft, sondern die Schwäche jemandes, der sich seiner selbst nicht sicher ist.

Rückläufiger Saturn im zweiten Haus
Hier haben wir jemanden vor uns, der in seinen früheren Leben als Typ des »wohlhabenden Bürgers« nur seiner materiellen Sicherheit frönte. Das vom Geld abhängige Glück hat jedoch seine Grenzen. Man sagt ja auch, die Reichen haben auch ihre Sorgen. In diesem Leben soll der Horoskopeigner sich nun nicht völlig der Besitzlosigkeit hingeben; es wäre jedoch gut, wenn er wie alle Menschen dafür arbeiten würde, sich eine gewisse materielle Sicherheit zu verschaffen und begreifen könnte, daß die wahre Sicherheit auf geistiger Ebene zu finden ist. Das wird ihm schwerfallen, denn er muß zu einer völlig neuen Wertskala finden. Von heute auf morgen kann er sich der Faszination des Geldes gewiß nicht entziehen.

Rückläufiger Saturn im dritten Haus
In manchen seiner früheren Leben weigerte sich der Horoskopeigner, mit seinesgleichen zu kommunizieren. Möglicherweise lehnte er es auch ab, familiäre Verantwortung seinen Geschwistern, Cousins und Cousinen gegenüber zu tragen. Dadurch

wird er in diesem Leben um so stärker von diesem Kreis herausgefordert. Es bleibt ihm tatsächlich nur noch das eine: seinen Angehörigen zu helfen und ihnen weder Zuneigung noch Zeit noch Geld zu verweigern. Er sollte auch lernen, mit anderen auf wohlwollende Weise zu kommunizieren, also sich weder in Aggressivität noch in Schweigsamkeit zu flüchten.

Rückläufiger Saturn im vierten Haus
Ich kannte einen Herrn, der einen rückläufigen Saturn im vierten Haus hatte; er weigerte sich hartnäckig, seiner Frau das Geld für ein paar neue Kochtöpfe zu geben. Die unglückliche Frau mußte mit so stark beschädigten Töpfen hantieren, daß sie sich eines Tages, als ein Griff abbrach, mit kochendem Wasser die Hände verbrühte. Die häusliche Atmosphäre ist unter diesem Einfluß düster und bedrückend. Der Horoskopeigner ist so egoistisch, daß es ihm nicht gelingt, den Seinen das Leben freundlicher zu gestalten. Zumindest war das in einem früheren Leben so. In diesem Leben hat er die Möglichkeit, wenn er sich dessen bewußt wird, etwas für das Wohl seiner Familie zu tun und kleine Opfer zu bringen, um ihnen das alltägliche Leben zu erleichtern.

Rückläufiger Saturn im fünften Haus
Dieser Planet weist hier darauf hin, daß der Horoskopeigner in früheren Inkarnationen seine elterlichen Pflichten seinen Kindern gegenüber nicht ernst genommen hat oder – wenn Saturn sehr ungünstig aspektiert oder im Zeichen plaziert ist – Minderjährige sogar körperlich mißbraucht hat. In diesem Leben geschieht es häufig, daß er kaum eigene Kinder hat oder nur schwierige. Er sollte sich nicht über die Undankbarkeit seiner Kinder beklagen, sondern bedenken, daß er selbst Fehler gemacht hat. Er könnte viel von seinem Karma abtragen, wenn er sich jetzt in seiner Freizeit mit Waisen oder behinderten Kindern beschäftigen würde. Auf geliebten Menschen gegenüber zeigte der Horoskopeigner kaum Respekt, so daß er in diesem Leben schwierige Liebesbeziehungen durchmachen muß. Gibt er seine Liebe uneigennützig, wird er diese karmische Schuld abtragen und zu einem glücklicheren Leben finden.

Rückläufiger Saturn im sechsten Haus
In einer eher egoistischen, sturen und gleichgültigen Haltung

begriff der Horoskopeigner in früheren Inkarnationen nicht die sozialen und spirituellen Dimensionen seines Berufes, in dem es darum gegangen wäre, anderen Menschen und seinen Mitarbeitern zu dienen. So bringt diese Saturn-Position in diesem Leben ein von harter Arbeit erfülltes Alltagsleben mit sehr zögernden Erfolgen mit sich. Wahrscheinlich leidet der Horoskopeigner auch unter chronischen Krankheiten, die von einem früheren Mißbrauch seiner Gesundheit herrühren. Seine Krankheit zwingt ihn in diesem Leben zu einer Disziplin, die er sich früher nicht aufzuerlegen vermochte.

Rückläufiger Saturn im siebenten Haus
Als Vertragspartner hat dieser Mensch seine Verantwortung nicht erfüllt. Er müßte in diesem Leben Loyalität und Respekt vor einem gegebenen Wort lernen, um vertrauenswürdig zu werden. Entsprechend dem Zeichen und den Aspekten kann man ablesen, ob es sich um geschäftliche Verbindungen handelt, in denen der Horoskopeigner seine Partner verraten, benutzt oder sogar bestohlen hat oder ob es um die Verpflichtung in der Ehe ging, die er vernachlässigte. In dieser Inkarnation sollte er die Achtung vor Verträgen lernen und die Rechte seiner Partner wahren. Juristische Studien wären übrigens durchaus von Vorteil für ihn.

Rückläufiger Saturn im achten Haus.
Hier ist mehreres möglich: Entweder verfügte der Horoskopeigner über spirituelles Wissen, das er jedoch nicht auf konstruktive Weise angewandt hat, oder er hatte die Möglichkeit, sich auf religiöser und spiritueller Ebene zu bilden, wehrte sich aber dagegen. Hat er vielleicht möglicherweise schwarzmagische Rituale oder Hexerei praktiziert? Seine negative Haltung wirkte sich auf seine Umgebung aus und brachte den physischen oder psychischen Tod naher Menschen seiner Familie, seiner Freunde, seiner Unternehmungen mit sich. Diese Saturn-Position weist oft darauf hin, daß der Betreffende noch über die früher gebrauchten medialen Fähigkeiten verfügt, die er nun zum Dienst an anderen und zu seiner spirituellen Suche verwenden sollte. Wichtig ist für ihn, die religiösen oder esoterischen Gruppen, in die er sich begibt, sorgfältig auszuwählen. Er weiß viel über den Tod und hat es weniger schwer als andere, die Geschichte seiner früheren Leben aufzuspüren. Ist er ein-

mal zu höherer Bewußtheit gelangt, so kann er sehr weise sein und ein Führer für andere werden.

Rückläufiger Saturn im neunten Haus
Hier ist die Fähigkeit zum Lehren, zur Wissensübermittlung noch ausgeprägter. Der Horoskopeigner könnte sehr gut als Priester, Initiierter oder spiritueller Führer in vergangenen Zivilisationen gewirkt haben. Es ist jedoch denkbar, daß er hierbei teilweise Intoleranz, Dogmatismus, Fanatismus an den Tag legte. Diese Position beschreibt den Inquisitor, den Pharisäer. Er ließ sich von Machtkämpfen bestimmen und bemühte sich nicht darum, sein Wissen zu erweitern. Heute kann er seine Schuld abtragen, indem er sich aufrichtig und ohne Scheuklappen über die religiösen und philosophischen Strömungen seiner Zeit informiert. Beschäftigung mit Theologie, mit Religionsgeschichte und Rechtsgeschichte wäre ihm anzuraten, wobei er sich davor hüten sollte, zu sehr zu systematisieren. Eine solche ausdauernde und in die Tiefe gehende Suche nach der Wahrheit wird ihm ungeahnte Freuden eröffnen.

Rückläufiger Saturn im zehnten Haus
In früheren Inkarnationen könnte der Horoskopeigner mit dieser Saturnposition kalt und ehrgeizig gewesen sein, geprägt vom Persönlichkeitskult und von einem Mangel an Mitleid mit anderen Menschen. Mißbrauch der Autorität oder eine Flucht vor ihren Verantwortlichkeiten – beides ist hier möglich. In diesem Leben wird der Horoskopeigner nur langsam weiterkommen. Vielleicht wird er sehr spät in seinem Leben zu einem Posten mit hoher Verantwortung gelangen. Dann hat er Zeit gehabt, über die Motive seines Ehrgeizes nachzudenken, und wenn er seine Autorität nun benutzt, um der Gerechtigkeit zu dienen, wird er seine karmischen Schulden abtragen.

Rückläufiger Saturn im elften Haus
Ein Mensch mit dieser Konstellation hat früher die Gesetze der Freundschaft nicht geachtet; entweder wählte er Freunde, die unter ihm standen, um sich damit aufzuwerten, oder »nützliche Freunde«, die seinen ehrgeizigen Zielen dienen sollten. Er läuft Gefahr, in diesem Leben kaum wahre Freunde zu haben; darunter leidet er, ohne den Grund zu kennen. Wenn er versucht, seinen Umgang frei von egoistischen Motiven zu wählen,

um mit nahen Menschen geistig und seelisch zu kommunizieren, wird er allmählich wieder erfahren, was wahre Freundschaft ist.

Rückläufiger Saturn im zwölften Haus
Das ist immer eine sehr schmerzhafte Konstellation, die anzeigt, daß die Wesenheit sich während mehrerer Leben dagegen gesträubt hat, ihre Schuld abzutragen. Diese Flucht und dieser Mangel an Mut verschlimmert sie nur, und so hat der Betreffende dieses Mal ein sehr schwieriges Leben gewählt, um sich von seinem schweren Karma zu befreien. Wenn es ihm gelingt, sich den leidenden Menschen (besonders Gefangenen und Kranken) zu widmen, wird ihm das helfen. Ist er selbst gefangen oder krank und akzeptiert diese Tatsache, ohne aufzubegehren, so kann er sein Karma noch rascher abtragen. Seine Aufgabe besteht darin, Mitleid gegen andere zu entwickeln, geduldig sein eigenes Leiden zu tragen, nicht zu fliehen. So wird die Seele in ein freudvolleres Leben wiedergeboren werden, oder sie muß vielleicht gar nicht mehr auf die physische Ebene zurückkehren.

Einige berühmte Persönlichkeiten mit rückläufigem Saturn
Julius Cäsar im Steinbock, Carl Gustav Jung im Wassermann, im *ersten Haus;*
Brigitte Bardot im Wassermann, Jules Verne in den Zwillingen, Willy Brandt ebenfalls in den Zwillingen, im *zweiten Haus;*
der italienische Renaissance-Gelehrte Jérôme Cardan in Zwillingen und Peter Paul Rubens im Steinbock, der Flieger Didier Daurat in der Jungfrau, alle drei im *dritten Haus;*
Antoine de Saint-Exupéry im Steinbock, Mata-Hari in den Fischen (eine richtige Sirene!), der Schriftsteller Georges Bernanos und Nostradamus im Krebs, alle im *vierten Haus;*
Ludwig van Beethoven im Widder und Henry Kissinger in der Waage, im *fünften Haus;*
Gustave Flaubert im Widder, Anastasia im Steinbock, im *sechsten Haus;*
Boris Vian in der Jungfrau, Aleister Crowly im Wassermann, Michelangelo im Krebs, alle im *siebenten Haus;*
der Dichter Guillaume Apollinaire im Widder, im *achten Haus;*

Rasputin im Steinbock, ebenso wie Marcel Proust und Richard Wagner, Richard Nixon im Stier, alle vier im *neunten Haus;*
Pablo Picasso im Stier, Rudolf Steiner in der Jungfrau, der Politiker Edgar Faure im Widder, im *zehnten Haus;*
Edwige Feuillère in den Fischen, der Filmemacher Henry-Georges Clouzot ebenso und der Dichter Jean Giraudoux im Stier, im *elften Haus;*
Galilei im Krebs, der Mörder Guy Trébert im Wassermann, der Schriftsteller Louis-Ferdinand Céline in der Waage, Federico Fellini in der Jungfrau, Kommandant Charcot im Skorpion, im *zwölften Haus.*

♅ ℞ **Rückläufiger Uranus**

Dieser Planet symbolisiert den Raum und in jedem einzelnen Menschen den inneren Raum. Dieser Raum sollte grenzenlos sein: das ist die göttliche Freiheit, die jeder Seele gegeben ist und ohne die keine Liebe bestehen kann.
Der von einem rückläufigen Uranus geprägte Mensch fürchtet immerzu, nicht genug Raum zu haben. Stets lebt er in der Angst, eingeengt, erstickt, begrenzt zu werden. Da er systematisch gegen jede Form von Autorität und Hierarchie revoltiert, ist er in einer untergeordneten Stellung nicht zu gebrauchen. Sein Mut, seine Originalität und seine Energie ertragen keinen äußeren Zwang. Sein Karma besteht darin, eine lebende Verkörperung der Freiheit zu sein, ein wandelnder Vorwurf für die von Angst Konditionierten – die Erdenmenschen.

Rückläufiger Uranus im Widder
Es wird niemandem gelingen, diesen Menschen festzunageln. In dauernder Revolte gegen alles, was ihm überholt erscheint, überspringt er jede Barriere der Konvention. Seine Droge ist die durch Gefahr hervorgerufene Erregung. Dieser Hitzkopf ist auch durch die Ehe nicht zu domestizieren. Als origineller und sehr mutiger Mensch besteht sein Karma darin, das Unbekannte zu erforschen und sich auf nie betretenen Boden zu wagen – wobei er weniger Mutige mitreißt. Dieser Tollkühne sollte sich vor der Versuchung der Gewalt hüten. Manchmal

wird er zum großmütigen Vorkämpfer für eine verlorene Sache und zum Helden in Nachhutgefechten. Bevor er sich für eine große Idee begeistert, sollte er sich fragen, ob sie auch wirklich gerecht ist.

Rückläufiger Uranus im Stier

Verbissen kämpft er um seinen Anteil, hat er ihn jedoch erobert, sägt er den Ast ab, auf dem er sitzt. Seine Sicherheit ist immer in Gefahr, aber es fragt sich, ob er wirklich etwas dafür tut, um sie zu festigen. Als außerordentlich widersprüchliche Persönlichkeit, die zugleich Dauerhaftigkeit und Neues liebt, bleibt er in gewissen Traditionen verhaftet und liebt zugleich das Avantgardistische; Koordination fällt ihm jedenfalls schwer. Er fühlt sich ebenso zum guten bürgerlichen Leben wie zum Abenteuer hingezogen; für ihn müßte man eine neue Form der Ehe erfinden, in der völlige Freiheit und gefühlsmäßige Sicherheit vereint wären. Vor allem braucht er eine Arbeit, bei der er sein eigener Herr ist.

Vom karmischen Standpunkt aus erlebt er ein Durchgangsstadium, in dem er versucht, sich von einer materialistischen Einstellung, die ihn geistig während mehrerer früherer Leben einengte, zu befreien.

Rückläufiger Uranus in den Zwillingen

Schlagfertigkeit, Humor und schnelles Erfassen von Worten und Umständen zeugen von einem sehr aktiven Geist. Neugierig auf alles und ständig in Bewegung, wirkt dieser Mensch manchmal durch seine Nervosität für andere ermüdend. Er neigt dazu, sich zu verzetteln, von einer Idee zur anderen zu schwirren, ohne irgend etwas zu vertiefen. Er läßt sich immer vom neuesten Eindruck beeinflussen. Diese Instabilität ist ein Erbe aus früheren Leben und die Folge eines Verhaltens, in dem es der Wesenheit nie gelang, zu Entscheidungen zu kommen. Da sie sich wie ein Blatt vom Wind hin und her tragen ließ, konnte sie keine Fortschritte machen. Dieser quecksilbrige Mensch sollte sich also auf eine Tätigkeit konzentrieren und sich zwingen, sich darin zu vertiefen.

Rückläufiger Uranus im Krebs

Diese Planetenposition bringt eine gewisse Disharmonie im Gefühlsbereich mit sich. Die Seele ist hin und her gerissen zwischen ihrem kindlichen Wunsch nach mütterlichem Schutz und der uranischen Freiheitssuche. Jedesmal, wenn er versucht, familiären Einengungen zu entfliehen, um sich völlig zu befreien, ist er so frustriert, daß er in den Schoß der Familie zurückkehrt, nicht ohne zu erkennen, daß er in der Freiheit viel gelernt hat. Das liegt daran, daß er in seinem Gefühlsbereich keine Autonomie hat und seine Empfindungen und Emotionen so unter Kontrolle hält, daß sie sich kaum entwickeln können. Sein Karma besteht darin, in diesem Leben zu erkennen, daß eine normale Zuneigung für die nächsten Menschen ihn nicht daran hindern darf, sich weiterzuentwickeln; er sollte sich also unbedingt die Freiheit nehmen, die er braucht.

Rückläufiger Uranus im Löwen

Als energischer und durchsetzungsfähiger Mensch ist derjenige, der einen rückläufigen Uranus im Löwen hat, der geborene Chef. Er geht mit erhobenem Kopf selbstsicher seinen Weg. Der Stein des Anstoßes ist, daß er niemandem vertraut. Er hält von seinen zugegebenermaßen originellen Ideen sehr viel, erregt jedoch den Zorn derer, die nicht mit ihm einverstanden sind. Wie jeder Löwe neigt er dazu, seine Umgebung zu manipulieren; um seine Macht zu sichern, stellt er die Seinen immer wieder auf die Probe, um ihre Treue und ihre Loyalität zu prüfen, so daß man ihm in Angst und Unsicherheit zu Willen ist. Sein Machthunger und sein zweifelhafter Besitzdrang rühren aus früheren Leben her. In diesem Leben wird die Uranus-Position ihm helfen, von einer solchen autoritären Haltung frei zu werden; er wird allmählich einsehen, daß nicht nur er das Verlangen nach Freiheit empfindet, sondern daß er dieses Verlangen auch bei anderen respektieren muß.

Rückläufiger Uranus in der Jungfrau

Der Horoskopeigner bemüht sich, die äußere Welt ebenso wie seine innere Welt zu klassifizieren und zu ordnen. Er verfügt über ein klares, präzises Denken, hat jedoch wenig Geduld. Mit einem schnellen Blick hat er das Ziel erfaßt, das er erreichen will, daß die Menschen und die Dinge jedoch schwerfällig sind, macht ihn nervös. Er hat starke Nerven, ist tüchtig und arbeitsam. Seine Freunde durchschaut er jedoch viel klarer als sich selber. In seinen früheren Leben hat er viele Ideen gesammelt, die er jetzt realisieren sollte – und gerade das ist schwierig. Er muß lernen, mit Ausdauer zu arbeiten und sich selbst zu erkennen. Vermutlich wird er überrascht sein zu entdecken, daß nur wenige Menschen einen solch bemerkenswerten analytischen Geist haben und über soviel Wissen verfügen.

Rückläufiger Uranus in der Waage
Dieser Mensch ist sehr sensibel für die geringste Disharmonie, er empfände jedoch eine zu simple Harmonie als sehr langweilig. In seinen früheren Leben hatte er Schwierigkeiten, Entscheidungen zu treffen: Er liebte es, zu vermitteln und es allen recht zu machen. Diese übertriebene Anpassungsfähigkeit hinderte ihn daran, sich an eine feste Werteskala gebunden zu fühlen. So wird er mißverstanden, und jene, denen er helfen will, empfinden ihn als Verräter. Er muß in diesem Leben versuchen, weiterhin allen Sympathie entgegenzubringen und die Menschen miteinander zu versöhnen, ohne jedoch zu versäumen, seine eigene geistige Unabhängigkeit zu pflegen. Sein Verständnis für andere sollte ihn nicht daran hindern, sich um eine unparteiische Haltung zu bemühen.

Rückläufiger Uranus im Skorpion
Diese mutige Natur verbindet sich mit dem Wesen des Zeichens. Die Position eignet sich ausgezeichnet für einen Forscher oder einen Psychotherapeuten. Sein Blick dringt in alle Tiefen, in alle Winkel, in denen sich die Wahrheit verbirgt. Medial und hellsichtig begabt, errät er blitzschnell, was man ihm zu verbergen versuchte. Da er auch zu klarer Selbsterkenntnis fähig ist, macht er sich keine Illusionen. In der Umgebung, in der er sich nun inkarniert hat, spielt er eine große Rolle als einer, der den Finger auf bisher verborgene Dinge legt. Er muß jedoch erkennen, daß die Hellsichtigkeit nicht die Güte und die Nachsicht für andere oder für sich selbst ausschließt. Die Entdeckung der Schatten seiner Zeit sollte ihn nicht bitter werden lassen, sondern ihn im Gegenteil dazu bringen, noch mehr für das Wohl und den Fortschritt der anderen zu kämpfen. Sein Sexualleben dürfte stark bewegt sein, da er als gründlicher Mensch keine Halbheiten schätzt. Er verfügt über große Energie und ist in der Lage, andere Menschen zu führen.

Rückläufiger Uranus im Schützen
Wie ein ungezähmtes Pferd lebt er in den unbegrenzten Räu-

men, die er in früheren Leben gesehen hat; nirgends hält es ihn lange, immer möchte er weiter. Er wird des Prosaischen und Wiederkehrenden im Alltagsleben rasch müde und bleibt nie lange bei einer Sache. Mit seiner unruhigen Natur, die sich immer nach realen oder imaginären Reisen sehnt, ist dieser Vagabund schwierig in der Ehe zu halten. Sobald man ihn zu etwas verpflichtet, fühlt er sich bedroht. So wechselt er rasch die Partner, aber auch den Beruf, die Religion, das Land. Auf diese Weise sammelt er vielfältige Erfahrungen, an denen er andere durch Unterricht, Erziehung oder Reisen teilnehmen lassen kann; darin besteht sein Karma.

Rückläufiger Uranus im Steinbock
Diese Position läßt vermuten, daß der Horoskopeigner eine alte Seele ist, die viel früher erworbene Weisheit mitbringt. Die Seele findet in diesem Leben Freunde aus früheren Inkarnationen wieder. Ihre Bindung an die Werte der Vergangenheit macht sie ein wenig unbeweglich – sie versucht sich jedoch in immer neuen Anläufen zu befreien. Uranus erlaubt es ihr, sich neuen Ideen zu öffnen. Ihr Karma besteht darin, ein neues Verhältnis zu der Problematik von Macht und Ehrgeiz in Freundschaften zu finden.

Rückläufiger Uranus im Wassermann
Der Horoskopeigner nutzte in früheren Zivilisationen kosmische oder irdische Energie, um fortschrittliche technologische Neuerungen zu realisieren. In diesem Leben ist ihm großes Interesse an der Wissenschaft und an jeder neuen Idee zu eigen. Er wirkt originell und geistreich und ist viel vorausblickender als seine Zeitgenossen. Deshalb wird er jedoch von den Menschen oft nicht toleriert, zumal er sich nie konformistisch verhält. Da er deshalb selten verstanden wird, lebt er oft alleine (in welchem Bereich er einsam ist, kann man an dem Haus ablesen, in dem der Planet steht). Er liebt übrigens keine zu engen Beziehungen; sobald sie zu intim werden, verschafft er sich Distanz. So verliert er regelmäßig seine Freunde, seine Geliebten und seine Arbeitsstellen.

Rückläufiger Uranus in den Fischen
Hier begegnen wir einem Propheten und Visionär. Er ist zwar, wie der Wassermannbetonte, großmütig und uneigennützig,

wahrscheinlich neigt er jedoch zu utopischen Vorstellungen und kann seine Ideen nur schwer konkretisieren. Seine vergangenen Leben waren durch Flucht vor Verantwortung und Untreue gegenüber Freunden geprägt. Als Idealist erträgt es der Horoskopeigner nur schwer, sich von alltäglichen und materiellen Dingen einengen zu lassen. Immer mit neuen Ideen und Gefühlen beschäftigt, verschwindet er ganz von der Bildfläche, wenn es um die Verwirklichung geht. Wird ihm das bewußt, so kann er in diesem Leben ein hervorragender Freund werden, dem Treue und Ergebenheit wichtig sind. Sein Karma besteht darin, sich nicht nur mystischen oder revolutionären, jedenfalls der Allgemeinheit zugute kommenden Ideen, sondern auch einem Freundeskreis zu widmen. Durch Freundschaft werden seine Schicksalsprüfungen sehr gemildert.

Rückläufiger Uranus im ersten Haus
Als exzentrischem, von anderen gefürchtetem oder nicht verstandenem Menschen geht es dem Horoskopeigner nur um eines: seine Freiheit um jeden Preis zu verteidigen. Wahrscheinlich war er in seinen früheren Leben in seinem Spielraum sehr eingeschränkt. Obwohl er sich anders fühlt als die anderen, sollte er erkennen, daß er als Mensch den gleichen Gesetzen wie alle unterworfen ist. Da er eine großmütige, idealistische Person ist, wird er schließlich begreifen, daß seine eigene Freiheit nicht auf Kosten anderer Menschen gehen darf.

Rückläufiger Uranus im zweiten Haus
Diesem Menschen geht es darum, sich durch Geld seine Freiheit zu sichern. Er wird oft von seiner »finanziellen Unabhängigkeit« sprechen. Diese Planeten-Position zeigt, daß wohl in früheren Leben irdische Güter mißbraucht wurden. Die Großzügigkeit von Uranus, vor allem Freunden gegenüber, wird dem Horoskopeigner jedoch helfen, zwischen dem Wesentlichen und dem Nebensächlichen zu unterscheiden, also zwischen den spirituellen Werten, die eine unerschöpfliche Quelle der Freude darstellen und den begrenzten materiellen Gütern – was der Horoskopeigner gut begreifen wird, da sein Vermögen immer plötzlichen Unwägbarkeiten ausgesetzt ist.

Rückläufiger Uranus im dritten Haus
Die Geschwister des Horoskopeigners hatten in seinen frühe-

ren Leben große Schwierigkeiten, mit seiner Ungeduld ihren Wissensfortschritten gegenüber fertig zu werden. Er war wohl ein zu Hochmut neigender, intellektuell geprägter Mensch. In diesem Leben wird er seine anmaßenden Urteile aufgeben und sich bemühen, seiner Umgebung sein Wissen in einer verständlichen Weise mitzuteilen. Darin kann er tiefe Befriedigung finden.

Rückläufiger Uranus im vierten Haus
Der Horoskopeigner fühlt sich weder in seiner Familie noch in seiner eigenen Haut wohl. Er ist nirgends verankert und macht den Eindruck, als treibe er auf den Wellen des Schicksals umher. Das sind Überreste aus früheren Leben, in denen er, seiner Freiheit beraubt, mit allen Kräften versuchte, sie wiederzugewinnen. Er hat Angst, auch nur einen winzigen Bruchteil dieser kostbaren Freiheit zu verlieren, wenn er sich in einer Familie bindet. Sein Haus steht für Gäste und Freunde immer offen, was keine rechte Intimität aufkommen läßt. Findet er einen Partner, der sein Unabhängigkeitsbedürfnis versteht (und nicht alle seine Freunde in die Flucht schlägt), wird er sich um eine Stabilisierung bemühen. Eine normale bürgerliche Ehe wird ihm jedoch immer als Schrecknis erscheinen.

Rückläufiger Uranus im fünften Haus
Sein Überlegenheitsgefühl gegenüber den Menschen im allgemeinen macht Liebesbeziehungen nicht gerade einfach. Sein Partner fühlt sich von oben herab behandelt und wird es nach einiger Zeit leid. Auch Kinder reagieren ähnlich, da sie die Überlegenheitsansprüche der Erwachsenen immer weniger akzeptieren. Der Horoskopeigner fürchtet den Verlust der Freiheit und verschanzt sich hinter seiner Unzugänglichkeit. Diese Uranus-Position weist auch auf frühere Leben hin, in denen die Seele durch ihr sorgloses, heftiges oder gewaltsames Verhalten Kinder und Liebespartner verschreckt hat. Der Horoskopeigner sollte sich intensiv der Erziehung seiner Kinder widmen und so großmütig sein, ihnen seine Freiheit zu opfern. In der Liebe sollte er erkennen, daß sein übertriebenes Unabhängigkeitsbedürfnis den Partner tief enttäuschen kann.

Rückläufiger Uranus im sechsten Haus
Bei dieser Konstellation sehen wir den Unwillen, sich von der

alltäglichen Arbeit gefangennehmen zu lassen. War dieser Mensch in einem früheren Leben vielleicht Sklave? Sein Freiheitsbedürfnis, das sich aus früheren Frustrationen entwickelt hat, hindert ihn heute daran, sein Alltagsleben in das anderer Menschen zu integrieren. Er ist neugierig und wissensdurstig und neigt dazu, sich Bildung und Fähigkeiten anzueignen, die niemandem dienen. Die karmische Lektion vom rückläufigen Uranus im sechsten Haus besteht darin, sich in konkreter Weise mit einem Arbeitsbereich zu beschäftigen, der der Allgemeinheit dient.

Rückläufiger Uranus im siebenten Haus

Hier besteht eine zähe Abneigung gegen jede Form von Vertrag: Der Horoskopeigner hat mit dieser Position größte Schwierigkeiten, seine ehelichen und geschäftlichen Verpflichtungen einzuhalten. Er erträgt nicht, jeden Tag im gleichen Haus und zur gleichen Stunde die gleichen Menschen um sich zu haben. Für ihn bestünde die Lösung darin, sich nicht in der Jugend zu stark zu binden, wo die aus früheren Leben stammenden Verletzungen des Freiheitsgefühls noch nicht geheilt sind. Er sollte einen Beruf suchen, in dem die Umgebung und die Menschen rasch wechseln: Vertreter, Forscher, Reiseleiter, fliegender Händler, Reporter. Eine Ehe sollte er erst in reiferem Alter eingehen, mit einem Partner, der sein Unabhängigkeitsbedürfnis respektiert.

Rückläufiger Uranus im achten Haus

Dieser Mensch kannte in seinem früheren Leben kein Gesetz und keinen Herren. Noch heute verhält er sich für andere und für sich selbst unberechenbar und neigt immer zur Rebellion. Er bricht urplötzlich mit seinen Partnern, seinen Freunden, seinen geschäftlichen Plänen und macht in wenigen Minuten alle bisherigen Bemühungen zunichte. Er sollte mit sich selbst wie mit anderen ein wenig nachsichtiger sein und sich bemühen, seine heftigen Reaktionen zu beherrschen. Je nach dem Zeichen weist diese Uranus-Position, wie immer im achten Haus, auf okkulte, mystische oder esoterische frühere Leben hin. Sind die Aspekte ungünstig, spricht die Rückläufigkeit des Planeten dafür, daß der Horoskopeigner sich eher in unguten Sekten oder Gruppen bewegt hat (Hexerei, Zauberei, Schwarze Magie). In diesem Leben sollte der Horoskopeigner solche

Gruppen strikt meiden und sich ganz allein und aufrichtig auf die Suche nach der Wahrheit machen.

Rückläufiger Uranus im neunten Haus
Der Horoskopeigner fühlte sich immer über die Moral erhaben, unter der seinesgleichen normalerweise steht. Er neigte zur Rebellion, und selbst wenn er in früheren Leben eine Funktion im Bereich der Justiz oder der Priesterschaft ausübte, meinte er, über den Gesetzen zu stehen. Mitleid war nicht seine Stärke. Dieser zu Trockenheit und Intellektualismus neigende Mensch sollte sich in diesem Leben um mehr Menschlichkeit bemühen, also weniger systematisieren und sich mehr in seinen Nächsten hineinversetzen.

Rückläufiger Uranus im zehnten Haus
Von Ehrgeiz und von der uranischen Generosität angetrieben, hat der Horoskopeigner möglicherweise seine brüderschaftlichen Ideale dem Profit und dem sozialen Ansehen geopfert. Nun hat er Geld und Ehre, aber er ist einsam. In diesem Leben könnte eine von heftigen Schwankungen und Verlusten beeinträchtigte Karriere ihn dazu bringen, sich einige Fragen zu stellen: Warum versteht er sich so schlecht mit seinen Vorgesetzten? Warum verliert er durch Erfolge seine Freunde? Was ist aus dem Ideal von Solidarität geworden, dem er anfangs huldigte? Er sollte sich vielleicht einen Beruf suchen, in dem er sein eigener Herr ist, und bedenken, daß die Treue zu seinen Idealen (Loyalität in der Freundschaft, Respekt vor den Rechten der Mitarbeiter etc.) ihn vielleicht nicht reicher, aber glücklicher werden läßt.

Rückläufiger Uranus im elften Haus
Wie meist im elften Haus zeigen die rückläufigen Planeten hier unglückliche Beziehungen zu anderen Menschen an. Hier scheint es so, als habe der Horoskopeigner in seinen früheren Leben zweifelhafte, eigennützige oder degradierende Freundschaften gepflegt. Er sollte diesmal darauf achten, seine Freunde sorgfältig auszuwählen und die ewigen Gesetze der Freundschaft anzuerkennen; außerdem sollte er auf der Hut sein, denn es könnte ihm geschehen, daß er in diesem Leben alten Bekannten wiederbegegnet, denen er besser aus dem Weg gehen sollte.

Rückläufiger Uranus im zwölften Haus
Als sehr charmanter, verführerischer und liebenswürdiger Mensch könnte der Horoskopeigner in früheren Leben seine Freunde verraten haben. Warum? Weil es ihm an Mut fehlte, sich seinen Verpflichtungen in den Kämpfen des Alltagslebens zu stellen. Indem er vor ihnen floh, hat er wohl möglicherweise mehrere Male versucht, seine karmische Schuld abzuwälzen. Er sollte sich seine Freunde jetzt auf einer höheren spirituellen Ebene suchen; mutige Menschen könnten ihm helfen, sein Karma zu erfüllen. In gewissen Fällen mag dies jedoch darin bestehen, einsam, ohne Freunde, in einem Gefängnis oder Krankenhaus zu leben. Es wäre gut, wenn er sich nicht sträubte und diese Zeit zum Nachdenken nutzte. Ist er wieder frei, sollte er die anderen von dem profitieren lassen, was er gelernt hat.

Einige berühmte Persönlichkeiten mit rückläufigem Uranus
Der Analytiker Alfred Adler im Krebs und der Schriftsteller Rudyard Kipling ebenfalls im Krebs am Aszendenten; die Gründerin der christlichen Wissenschaft, Mary Baker Eddy, im Steinbock, im *ersten Haus;*
Jacques Chirac in der Jungfrau, im *zweiten Haus;*
Friedrich Nietzsche im Widder, Dürer in der Waage, der Physiker und Chemiker Jean-William Cooks im Wassermann, alle vier im *dritten Haus;*
Brigitte Bardot im Widder, Régis Debray im Stier, Antoine de Saint-Exupéry im Schützen, im *vierten Haus;*
Marguerite Yourcenar im Schützen, Georges Pompidou im Steinbock, im *fünften Haus;*
Salvador Dali im Schützen, der Dichter Georges Bernanos in der Waage, Didier Daurat im Skorpion, alle drei im *sechsten Haus;*
Mit rückläufigem Uranus im *siebenten und achten Haus* kenne ich niemanden, wahrscheinlich weil diese Menschen einen Hang zum Geheimnis und zum Schweigen haben. In diesen Häusern sucht der rückläufige Uranus nicht gerade nach Publizität.
Gerald Ford im Wassermann, der Dichter Federico García Lorca im Skorpion, beide im *neunten Haus;*
Karl Marx im Schützen, Albert Schweitzer, die heilige Therese und der Mystiker Gurdjieff im Löwen, André Gide im Krebs,

Michelangelo im Skorpion, alle im *zehnten Haus* – hier scheint Berühmtheit keine Ausnahme zu sein.
Neil Armstrong im Widder, Charlie Chaplin in der Waage, im *elften Haus;*
Adolf Hitler in der Waage, Ludwig van Beethoven im Stier, der Ingenieur Maxime Laubeuf in den Zwillingen, alle im *zwölften Haus.* Bei Laubeuf stimmt übrigens alles zusammen: der Erfinder des ersten Atom-U-Bootes hat den rückläufigen Uranus (die Erfindung) in den Zwillingen (Transportmittel) und im zwölften Haus (das Geheimnis)!
Schließlich noch einige Menschen, die einen rückläufigen Uranus im Horoskop haben, bei denen man aber die genaue Geburtsstunde nicht weiß: Franz von Assisi im Stier, Benjamin Franklin im Löwen (es wundert einen nicht, daß er Blitzableiter und die vielseitigen Möglichkeiten der Elektrizität entdeckt hat), Le Verrier im Skorpion (was sehr gut zu einem Entdecker unbekannter Planeten paßt) und Marie Curie im Krebs (sie hat die Radioaktivität entdeckt, die man auch benutzt, um Krebserkrankungen zu heilen!). Sie haben alle eins gemeinsam: alle sind große Erneuerer.

♆ ℞ Rückläufiger Neptun

Der allgemeine Einfluß von Neptun wird manchmal mißverstanden, und dieses Mißverständnis verstärkt sich, wenn man den Planeten zu den Einflüssen rechnet, die sich negativ auf den Menschen auswirken. In Wirklichkeit spielt Neptun eine Rolle bei der Befreiung von unseren karmischen Schulden.
Der neptunische Einfluß tendiert zu einer Auflösung des Egos und dadurch der Illusionen, an die sich der Mensch klammert. Wenn er entdeckt, daß der Schein, den er für Wahrheit hielt, nur eine optische Illusion ist, kann er sich davon lösen. Diese »Loslösung von den Dingen der Welt«, die sowohl von den östlichen wie auch von den westlichen Mystikern beschrieben wird, hat auch eine befreiende Wirkung vom karmischen Standpunkt aus: Die Seele befreit sich von falschen Werten, die sie oft noch aus früheren Leben übernommen hat und die sie beschwerten.

Andererseits ist Neptun der Planet des Vergessens, der das Verzeihen ermöglicht. Im verschwommenen Licht des Neptun lösen sich bittere Erinnerungen auf. Ablösung und eine verzeihende Haltung erlauben es dem einzelnen, Distanz gegenüber den Menschen und Dingen einzunehmen und sich frei zu machen, um sich den kosmischen und göttlichen Gesetzen hinzugeben.

Neptun symbolisiert auch die Erinnerung an die wunderbaren Welten, die die Seele durchschritten hat, bevor sie sich reinkarnierte. Diese Erinnerungen und Träume helfen ihr, daran zu glauben, daß irgendwo jenseits des grauen Alltags ein absolutes Glück herrscht. Gewisse Menschen, die unter dem Einfluß eines rückläufigen, ungünstig aspektierten Neptun stehen, ertragen die Tristesse der irdischen Ebene schlecht und fliehen in Drogen, Alkohol, in die Sexualität und in die törichtesten mystischen Wunschbilder.

Manche Autoren sind der Ansicht, daß ein rückläufiger Neptun darauf hinweist, daß die Seele wenigstens ein früheres Leben in Atlantis verbracht hat – jenem Kontinent, der etwa zwölf- bis zehntausend Jahre vor Christus unterging und von dem Plato, Rudolf Steiner und viele andere sprechen. Übrigens erwähnt Edgar Cayce, daß in unserer Zeit ganze Gruppen atlantischer Wesenheiten, vor allem in den Vereinigten Staaten, reinkarniert seien. Im griechischen Mythos war Atlantis das Reich des Poseidon (der bei den Römern später Neptun genannt wurde).

Die im folgenden angegebenen Laufzeiten des Neptun umfassen die Vor- *und* Rückläufigkeit einer bestimmten Periode.

Rückläufiger Neptun im Widder (zwischen 1861 und 1875)

Mein Großvater, Jean-Leonard Koechlin-Schwartz, hatte diese Planetenposition. Als General der Armee teilte er mit seiner Generation eine gewisse Ideologie des gerechten und notwendigen Krieges. Es war die Zeit, in der nach 1870 die französische Armee ihre ganze Aufmerksamkeit auf die Vogesenlinie richtete. Mein Großvater, der Elsässer war und sehr unter der deutschen Besetzung gelitten hatte, erhoffte sich die Befreiung seines kleinen Heimatlandes (um so mehr, da die Republik von Mulhouse, ähnlich wie die Schweizer Kantone, sich jahrhundertelang einer völligen Unabhängigkeit erfreut hatte).

In jener Generation gab es sehr wenige Antimilitaristen oder Kriegsdienstverweigerer: Neptun (die Ideale) in Verbindung mit dem Widder (der Krieg) erfüllte die damaligen Menschen mit einer Kriegsideologie. Jene jedoch, die wie mein Großvater einen rückläufigen Neptun hatten, erlebten ein Karma von sehr schmerzhaften Enttäuschungen: Sie mußten den Zusammenbruch der Werte, denen sie ihr Leben gewidmet hatten, mit ansehen. Glücklicherweise hatte mein Großvater Neptun im neunten Haus und dazu sehr günstig aspektiert; daher rührte sein fester protestantischer Glaube, der ihn die militaristischen Ideologien etwas kritischer sehen ließ.
Dieser Großvater war auch Künstler: Er malte Aquarelle und komponierte Musik, vor allem Walzer – was für Neptun typische Aktivitäten sind, die uns heute mit dem Waffenhandwerk nur schwer vereinbar erscheinen. Neptun im Widder machte damals Verbindungen möglich, die uns heute erstaunen.

Rückläufiger Neptun im Stier (zwischen 1875 und 1888)
Der Schriftsteller Blaise Cendrars, der am 1. September 1887 geboren wurde, hatte diese Planetenposition in seinem Radixhoroskop. So ist es kein Zufall, daß er uns in der Erzählung »L'Or« (das Gold) eine für einen rückläufigen Neptun im Stier typische Geschichte berichtet: die des Generals Johann-August Sutter, der im Jahre 1848 in Kalifornien die erste Goldmine entdeckte. Dieser Schweizer hatte die richtige Spürnase (Neptun), um am richtigen Ort zu suchen. Damit hätte er ein Vermögen machen können (Stier), aber leider mußte er bittere Enttäuschungen erleben: Die Kalifornier wurden vom Goldfieber erfaßt, wodurch Sutter ruiniert wurde, da er mit der Eifersucht seiner Nachbarn nicht fertig wurde (siehe nebenstehendes Horoskop von Blaise Cendrars, in dem es einige Gemeinsamkeiten mit dem unglücklichen Sutter gibt).
Das Horoskop von Blaise Cendrars ist erstaunlich: Neun von zehn Planeten, MC und IC stehen im ersten Dekanat eines Zeichens; das ist ein Hinweis auf ein schweres physisches Karma und auf einen marsbetonten Menschen (was noch vom Widder-Aszendenten, der vom Mars beherrscht wird, unterstrichen wird). Der rückläufige Neptun steht im zweiten Haus im Stier, Venus ist ebenfalls rückläufig. Da Venus, Symbol des Wohlstands, das zweite Haus beherrscht, und da sie ungünstige

Blaise Cendrars
1. September 1887, 19.45 Uhr, La Chaux-de-Fonds, Schweiz

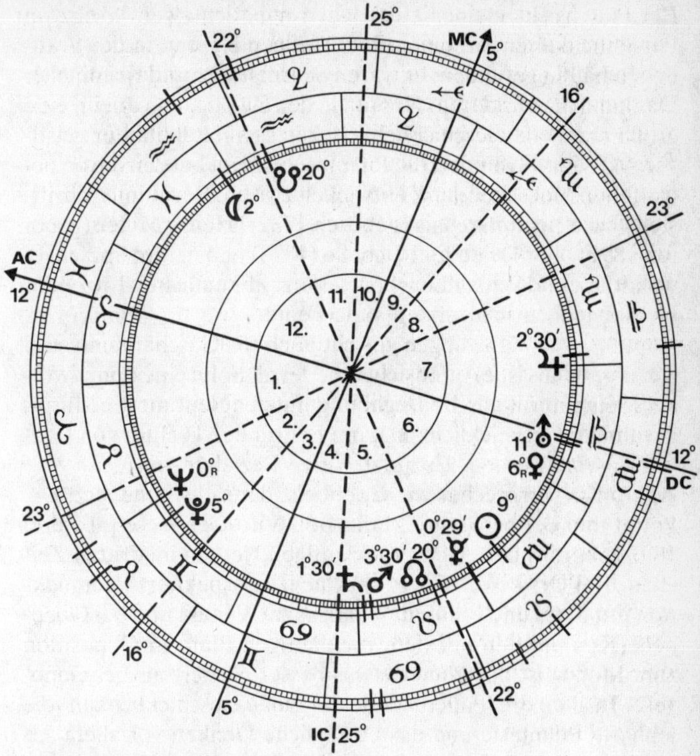

Innerer Kreis: gewöhnlicher Zodiakus
Äußerer Kreis: korrigierter Zodiakus (ayanamsa etwa 23°)

Aspekte empfängt, kann man daraus ableiten, daß finanzielle Verluste karmische Prüfungen darstellen.
Heute kann niemand mehr mit Neptun im Stier geboren werden. Diese Position weist jedoch, wenn der Planet rückläufig ist, auf ein Karma hin, das finanzielle Enttäuschungen mit sich bringt und das dazu führen soll, den Betreffenden zu einem Verständnis der wahren Bedeutung des Geldes zu führen (ein anderes Beispiel: der unglückliche Dichter Guillaume Apollinaire, der zeit seines Lebens nicht zu Geld kam – siehe sein Horoskop Seite 212)

Rückläufiger Neptun in den Zwillingen (zwischen 1888 und 1901)

Bei Durchsicht meiner Unterlagen habe ich zwei Arten von Persönlichkeiten mit einem rückläufigen Neptun in den Zwillingen häufig gefunden: es waren Schriftsteller und Kriminelle. Das kann man erklären: Neptun in den Zwillingen verleiht eine große manuelle Geschicklichkeit, die sich mit lebhafter geistiger Aktivität verbindet; die Phantasie scheint bei den davon betroffenen Menschen stark entwickelt zu sein. Berühmte Schriftsteller wie Beaumarchais (geboren 1732), Henry Miller (geboren 1891) oder Drieu La Rochelle (1893) haben ihre Sprachgewandtheit und Schlagfertigkeit genutzt; ihr manchmal ätzender Humor jedoch schuf ihnen viele Feinde.

Neptun in den Zwillingen spricht auch für Geschäftssinn: Bei Beaumarchais ist es offensichtlich, der als Sohn eines Handwerkers seine musikalische Begabung nutzte (Neptun: die Musik, Zwillinge: Geschicklichkeit), um Lehrer der Töchter von Ludwig XV. zu werden. Er nutzte seine Beziehungen.

Aber auch Verbrecher wie Goebbels, der sadistische Arzt Dr. Petiot und der berühmte Mafia-Boß Vito Genovese (alle drei 1897 geboren) hatten den rückläufigen Neptun im dritten Zeichen. Bei Dr. Petiot war er sehr negativ aspektiert (Konjunktion mit Mars und Pluto im Quadrat zur Venus) und bei Goebbels (Konjunktion mit dem rückläufigen Pluto in Opposition zum Mond) ist der Planet etwas besser plaziert als bei Genovese. In allen drei Fällen wurde die große Geschicklichkeit, die lebhafte Phantasie und das bewegliche Denken vor allem auf negative Weise genutzt.

Es kommt noch etwas anderes hinzu. Wenn Neptun, wie Max Heindel sagt, die spirituellen Hierarchien symbolisiert, die mit uns zusammenarbeiten, glaube ich, daß es in gewissen Fällen eine Art »Besessenheit« des Menschen durch eine oder mehrere unsichtbare bösartige Wesenheiten gibt. War das bei Goebbels und Petiot der Fall?

Sicher ist das Individuum dieser Besessenheit nicht ohne seine »Zustimmung«, die es in diesem oder in einem früheren Leben gegeben hat, ausgeliefert. Natürlich sind nur manche Menschen mit einem rückläufigen Neptun in den Zwillingen besessen; denn dazu ist ein sehr dissonantes Horoskop mit negativen Neptunaspekten die Voraussetzung!

Rückläufiger Neptun im Krebs (zwischen 1902 und 1915)
Diese Planetenposition deutet auf ein Familienkarma hin, in dem die Familie des Betreffenden sich auflöst, ohne daß er recht versteht, warum: die Eltern verschwinden, ein Partner geht, die Kinder reißen aus oder verlassen das Haus.
Ist der rückläufige Neptun negativ aspektiert und weigert sich die Seele, dieses Karma anzunehmen, klammert der Betreffende sich selbstmitleidig an eine hoffnungslose Situation und fühlt sich als Opfer (was ihn an der Weiterentwicklung hindert). So gab es Witwen oder Mütter, die ein Kind verloren hatten und die sich in eine Haltung der unaufhörlichen Trauer zurückzogen (vor allem nach dem ersten Weltkrieg 1914–1918). Es gibt auch Menschen, die von ihrem Partner verlassen worden sind und sich weigern, die Gründe dafür einzusehen. So hört man sie immer sagen: Ich war immer ein tadelloser Ehemann (oder eine perfekte Ehefrau).
Der rückläufige Neptun im Krebs zeigt ein Karma an, das zur Überprüfung der familiären Beziehungen anregt und von der Besitzgier wegführen möchte. Der Horoskopeigner muß lernen, die Seinen in Freiheit zu lieben und die geistigen und karmischen Gründe zu erkennen, aus denen sie ihn verlassen haben. (Siehe beispielsweise die Briefe jenes Pierre, der, im ersten Weltkrieg umgekommen, nach seinem Tod zu seiner Mutter sagte: »Aber warum weinst du, ich lebe immer noch, ich bin zu meiner Stunde gegangen und bin jetzt sehr glücklich.«)
Kurz gesagt: Nur eine dynamische spirituelle Haltung kann helfen, ein durch den rückläufigen Neptun beeinflußtes Karma zu tragen.

Rückläufiger Neptun im Löwen (zwischen 1915 und 1922)
In früheren Zeiten lief der Horoskopeigner allem nach, was Glanz hatte: große Titel, gute Beziehungen, Pracht und Wohlleben. Aber das führte später zu einer Desillusionierung, zu der Erkenntnis, daß nicht alles Gold ist, was glänzt.
Diese Planetenposition spricht für einen Mißbrauch von Macht und Ansehen in früheren Leben. Neptun im Löwen fällt übrigens mit der großen Zeit des Hollywood-Kinos zusammen. Aber wie viele der großen Stars haben das Ende ihres Lebens in Elend erlebt?
Luxus und Geld werden als Beweis der Macht angesehen, und

man badet darin. Der Horoskopeigner wird seine Enttäuschungen mildern, wenn er in schlechten Zeiten sein Geld und seine Beziehungen dazu benutzt, um Menschen zu helfen, die es nötig haben. Gelingt es ihm, geschickt mit Geld umzugehen, sollte er Ärmeren etwas davon zukommen lassen.
Hat er diese Fähigkeiten nicht, so sollte er die Inspiration von Neptun im Löwen in künstlerisches Schaffen umwandeln.

Rückläufiger Neptun in der Jungfrau (zwischen 1929 und 1943)
Neptun im Durchlauf durch das Zeichen, das die Medizin symbolisiert, hat medizinische und pharmazeutische Entdeckungen, z. B. die des Penicillin, gefördert. Die Jungfrau betrifft auch die Arbeit, die intellektuellen Disziplinen, das tierische und pflanzliche Leben, die Gesundheit, vor allem im Verdauungsbereich. Im individuellen Schicksal beeinflußt der rückläufige Neptun diese Gebiete besonders: Beispielsweise leidet der Horoskopeigner unter Arbeitslosigkeit, er bekommt immer schlechtere Stellen oder seine Angestellten oder Vorgesetzten betrügen ihn. Man wird sich übrigens erinnern, daß die große Wirtschaftskrise in den Vereinigten Staaten, die Rezession, durch die Millionen von Amerikanern arbeitslos wurden, in die Zeit zwischen 1929 und 1943 fiel.
In individuellen Horoskopen besteht eine Beziehung zu einem negativen Umgang mit der Arbeit im früheren Leben. In diesem Fall sollte man sich nicht aus der Fassung bringen lassen, Distanz gewinnen und darüber nachdenken, was Arbeit für einen bedeutet. In gewissen Fällen kann der Horoskopeigner nicht das studieren, was er gerne möchte, was auf einen äußeren Hinderungsgrund oder auf eine psychologische Blockierung zurückzuführen ist. Manchmal muß er Routinearbeiten durchführen und längere Zeit in untergebener Stellung bleiben. All diese Widerstände sind Gelegenheiten, einen klaren Blick, ein nüchternes analytisches Denken und eine gewisse Intuition zu entwickeln, die man übrigens bei der ganzen unter Neptun in der Jungfrau geborenen Generation beobachten kann.
Ist der Planet rückläufig, muß sich der Horoskopeigner unter allen Umständen darum bemühen, seinen Horizont zu erweitern. Sehr wahrscheinlich hat er in seinen früheren Leben mit einer Art »Brett vor dem Kopf« ohne große spirituelle Ambi-

tionen gelebt. In diesem Leben kann sich sein Geist endlich auf einer höheren Stufe bewegen.

Rückläufiger Neptun in der Waage (zwischen 1943 und 1956)
Manche Astrologen haben darauf hingewiesen, daß das Ende des Neptun-Durchlaufes durch die Waage mit dem Hippie-Phänomen zusammenfällt. Diese Generation der *flower-children* hatte als Devise den Satz: »Make love not war« (die Waage, von Venus regiert, symbolisiert Liebe und Ehe und steht dem Widder, dem Symbol des Krieges, gegenüber). Hat der Horoskopeigner einen so plazierten rückläufigen Neptun, wird es ihm vielleicht in der Liebe und in seiner Ehe an Realismus fehlen. Von der Sehnsucht nach Harmonie erfüllt, neigt er dazu, die Häßlichkeiten und Schmerzen der Welt zu fliehen und, indem er sich der Notwendigkeit des Alltags entzieht, sich der Verantwortung zu verweigern. Ein rückläufiger Neptun in der Waage im siebenten Haus weist immer auf bittere Enttäuschungen in diesem Bereich hin. Als sehr künstlerischer, im allgemeinen musikalischer Mensch, der allen Formen der Schönheit gegenüber aufgeschlossen ist, hat er es schwer, sich den Schwierigkeiten des Lebens zu stellen und seine Interessen durchzusetzen. Es ist natürlich leichter, sich in den Traum, in die Droge oder in oberflächliche Liebesabenteuer zu flüchten. Der Horoskopeigner wird glücklicher werden, wenn er sich von seinen Emotionen nicht mehr treiben läßt, wenn ihn nicht mehr die kleinste Disharmonie in Panik versetzt, und auch, wenn er nachsichtiger anderen gegenüber geworden ist.

Rückläufiger Neptun im Skorpion (zwischen 1956 und 1970)
Welche Aspekte Neptun in diesem Horoskop auch hat: der Horoskopeigner besitzt große Sensibilität. Sein scharfes Auge sieht verhüllte Dinge und errät verborgene Wahrheiten. Er ist möglicherweise visionär und hellsichtig veranlagt, und seine besonders starke Intuitionsgabe geht über das gewöhnliche Maß hinaus. Zur Klarheit seines Geistes kommt die neptunische »Distanz«: sein Blick ist zugleich genau und losgelöst. Er ist zu großer Objektivität und zu unbarmherziger Klarheit fähig – und die Zeit gibt ihm recht.
Der Sicherheit seines Urteils kann man vertrauen. Reformen machen ihm keine Angst. Diese Generation verwirft ohne Be-

dauern das in den vergangenen Jahrzehnten Überholte. Da Neptun Verwandtschaft mit allen Wasserzeichen hat (in der Mythologie ist der Gott des Meeres zugleich der Bruder von Pluto und Jupiter), besitzt der Planet im Skorpion besonders starke Wirkung. Dieser Mensch kann zugleich in die unsichtbare Welt sehen und hat dennoch eine Verankerung in der materiellen Welt. Der auflösende Einfluß Neptuns wird in diesem Zeichen fast alle Grundlagen unserer Zivilisation zerfallen lassen. Das wird man sehen, wenn die zwischen 1956 und 1970 geborene Generation das Erwachsenenalter erreicht hat. Im individuellen Einzelfall jedoch kann dieses Karma negativ gelebt werden; es entwickelt sich ein stark kritischer Geist, eine Neigung, alles zu zerstören, sich selbst eingeschlossen. Solche Menschen haben vor nichts Respekt und unterminieren jede Begeisterung, jeden Glauben und dadurch jeden Fortschritt. Sie sollten sich um eine konstruktive und positive Werteskala bemühen. Erinnern wir uns auch, daß Neptun während der Französischen Revolution im Skorpion stand (Transite von 1793 bis 1806).

Rückläufiger Neptun im Schützen (zwischen 1970 und 1984)
Das ist die Zeit der Weltreisen, die für jeden zugänglich werden. Andererseits sind unter diesen Neptun-Transiten auch philosophische und religiöse Umwälzungen von Bedeutung, da der Schütze das Zeichen des »Anderswo«, des »Jenseits« ist.
Auf der persönlichen Ebene riskiert der Horoskopeigner, sich in den Bannkreis irgendeiner verrückten Sekte zu begeben, nur um des Vergnügens an einer gefährlichen und dadurch aufregenden Erfahrung willen. Er könnte sehr instabil und sprunghaft wirken; durch Reisen versucht er, den Verpflichtungen des Alltagslebens zu entkommen. Er lebt in der Veränderung, sucht immer nach neuen Informationen, die er sehr schnell verbreitet, ohne sich weiter darum zu kümmern. Da Neptun oft etwas Illusionäres hat, sollte sich der Horoskopeigner bemühen, die Informationen, die er weitergibt, zu überprüfen, da er sonst viel Schaden anrichten kann.
Groß ist sein Einfluß auf seine Umgebung: Er hat die Gabe, durch das, was er übermittelt, verführerische Träume auszulösen (die oft sehr unrealistisch sind). Als großer Romantiker (die Romantik fällt genau in diese Zeit: 1807–1820) öffnet er

die Türen des irdischen Gefängnisses weit unter den Augen seiner faszinierenden Bewunderer. Natürlich wird er es schwer haben, sich einer starren Struktur unterzuordnen, in der Ehe, im Berufs- oder Rechtsleben. Er eignet sich eher dafür, Forscher, Führer, Abenteurer, großer Reisender zu sein. (Man erinnere sich an die großen Reisenden zu Beginn des 19. Jahrhunderts: Chateaubriands Reise nach Kanada, die Berichte von Bougainville, die Erforschung der pazifischen Inseln, die Entwicklung der Seereisen... mit einem Wort: das Exotische!)

Rückläufiger Neptun im Steinbock (zwischen 1984 und 1996)
Wir werden sehen, was dieser nächste Transit uns bringt (der letzte fand zwischen 1821 und 1834 statt, in Frankreich die Epoche der Rückkehr zu den Traditionen, die Restauration, die auf die Napoleonischen Abenteuer folgte). Im individuellen Schicksal wird der Horoskopeigner versuchen, den Mystizismus, oder zumindest den neptunischen Idealismus, mit dem Ehrgeiz des Steinbocks zu versöhnen. Ist Neptun rückläufig, so sollte er vermeiden, seine Ideale dem sozialen Aufstieg zu opfern oder, im Gegenteil, jeden sozialen Aufstieg durch seine Flucht in den Traum zerrinnen zu lassen. Es besteht auch die Gefahr, daß persönlicher Ehrgeiz hinter idealistischen Theorien verborgen wird, die, in der richtigen Weise angewendet, erlauben würden, im sozialen und beruflichen Bereich weiterzukommen. Die Nüchternheit und Strenge, die der Horoskopeigner zeigt, imponiert den anderen Menschen, er wird jedoch dazu neigen, sich zu ehrgeizig durchzusetzen. Jedenfalls muß er wohl Rückschläge für seinen persönlichen Ehrgeiz hinnehmen und wird dadurch gezwungen, über die Nichtigkeit jedes gesellschaftlichen Erfolges nachzudenken.

Rückläufiger Neptun im Wassermann (nach 1996 und früher zwischen 1835 und 1847)
Diese Transite geschahen zu einer Zeit, in der in ganz Europa der Nationalismus wiedererwachte. Es war eine Epoche der wissenschaftlichen Entdeckungen, die man jedoch vor allem »vorausahnte« und noch nicht wirklich umsetzte: Fotografie, Nähmaschine etc. Es ist auch die Zeit, in der Jules Verne begann, seine Zukunftsromane zu schreiben.
Auf der individuellen Ebene haben diese Menschen viele

Ideen, setzen aber wenige praktisch um. Sie haben etwas Geniales, sind aber recht konfus. Auch in ihren Freundschaften gibt es Schwierigkeiten; ihre karmische Prüfung besteht darin, ihre liebsten Freunde zu verlieren (was jedoch manchmal auch eine Befreiung ist). Das zwingt den Horoskopeigner, über den Wert der Freundschaft in seinem Leben nachzudenken. Wahrscheinlich hatte er in früheren Leben Probleme mit ihnen und muß nun die Suppe auslöffeln, die er sich eingebrockt hat. Später, wenn er gelernt hat, nicht mehr so wahllos Beziehungen einzugehen, wird er seinen Freunden gegenüber zugleich klarsichtig und nachgiebig sein. Dieses Karma, durch das er die Unbeständigkeit irdischer Freundschaften erfährt, ermutigt ihn, sich mit Früherem zu beschäftigen.

Rückläufiger Neptun in den Fischen (1848–1868)
Ein vielsagendes Beispiel für diese Konstellation ist der Kapitän Dreyfus (der mit der »Affäre«). Er wurde am 9. Oktober 1859 geboren, hat also einen rückläufigen Neptun auf 25° Fische. Überdies ist dieser Neptun ungünstig aspektiert (er steht in Opposition zum Mars). Dreyfus war jedoch nicht der Verräter (den man sehr viel später entdeckte), sondern das indirekte Opfer des Verrats. Er wurde gefangengenommen und deportiert (Fische ist das »Gefängnis des Tierkreises«!). Das Horoskop läßt auf einen idealistischen Menschen schließen (Aszendent Wassermann), dem Gerechtigkeit über alles ging (Sonne in der Waage), der sich opfern sollte (Mond in den Fischen in Konjunktion mit dem rückläufigen Neptun). Ein solches Schicksal ist kein Zufall, keine Erfindung, die Seele hat es sich vor der Geburt gewählt. Man könnte sich vorstellen, daß sie so eine alte, schwere Schuld abzutragen versucht (möglicherweise hatte dieser Mensch in früheren Leben Unschuldige, ob sie nun Juden waren oder nicht, verfolgt).
Ein anderes, recht trauriges Beispiel für einen rückläufigen Neptun in den Fischen ist Erzherzog Rudolph, jener junge Verrückte, der sich mit Mary Vetsera in Mayerling ermordete. Das ist eine sehr unglückliche Weise, sein Karma einzulösen …
In seinem Geburtshoroskop (21. August 1858) steht Merkur in der Jungfrau in Opposition zum rückläufigen Neptun in den Fischen. Das spricht für ein recht verworrenes Denken. Mary Vetsera war auch nicht geeignet, Ordnung in die Gedanken-

Kapitän Alfred Dreyfus
9. Oktober 1859, 14.45 Uhr, Mulhouse (Elsaß)

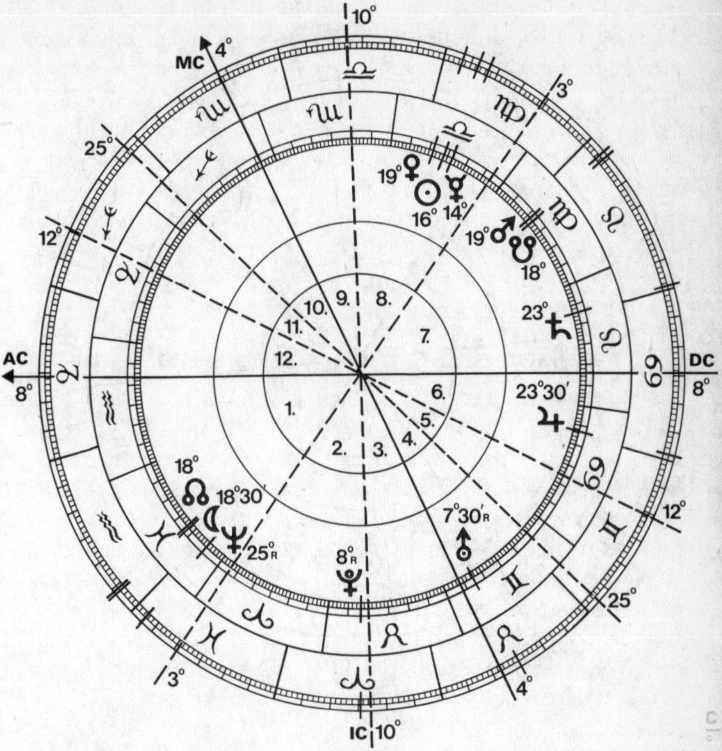

Innerer Kreis: gewöhnlicher Zodiakus
Äußerer Kreis: korrigierter Zodiakus für das Jahr 1859 (ayanamsa zwischen 22° und 23°)

welt des jungen Erzherzogs zu bringen, da sie ihrerseits Merkur in den Fischen hatte (also in Opposition zum Merkur Rudolphs) und den Mond im Skorpion am Aszendenten – woraus ein starker Hang zur Selbstzerstörung spricht (siehe das Horoskop auf der folgenden Seite).

Erzherzog Rudolph von Habsburg
21. August 1858, 22.15 Uhr, Wien

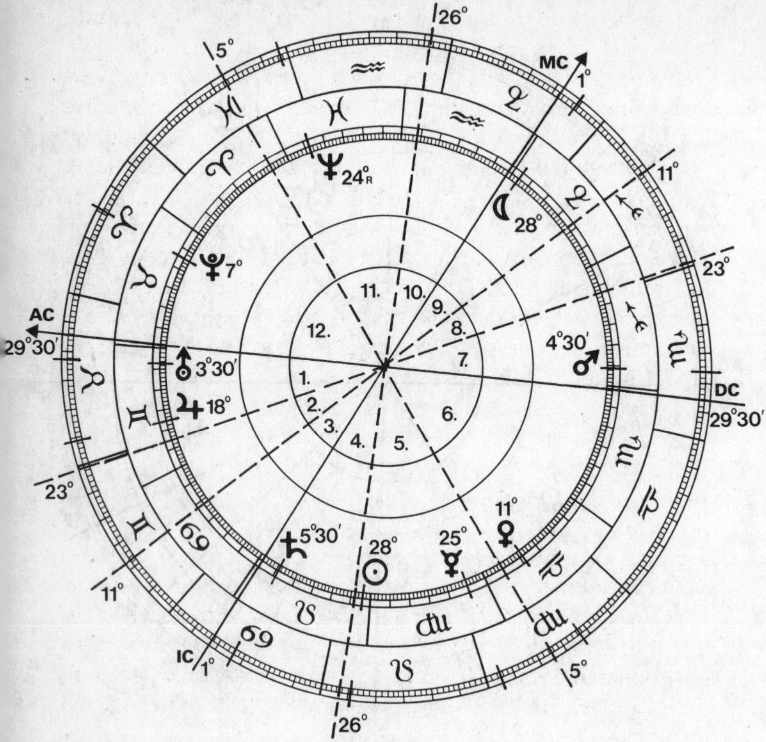

Innerer Kreis: gewöhnlicher Zodiakus
Äußerer Kreis: korrigierter Zodiakus (ayanamsa etwa 22–23°)

Rückläufiger Neptun im ersten Haus
Hier bestimmen die neptunischen Werte das Individuum um so mehr, als der Planet sich in der Nähe des Aszendenten befindet; da Neptun jedoch rückläufig ist, sind diese Werte eher negativ gepolt. Könnte es sein, daß der Horoskopeigner in seiner Vorvergangenheit die spirituelle Aufgabe, um deretwillen er sich inkarniert hatte, vergessen oder von sich gewiesen hat? Er flüchtete sich vermutlich in seine Träume, hatte ein einnehmendes, jedoch sehr nachlässiges Wesen und neigte dazu, andere Menschen und schließlich sich selbst zu verraten. Man

muß sich die Aspekte Neptuns und sein Zeichen genau ansehen, um herauszufinden, in welchem Bereich dieser »neptunische Nebel« alle Klarheit verhüllte. Jetzt geht es jedenfalls darum, sich tapfer allen Schwierigkeiten zu stellen, nicht zu lügen. Eine schwere Aufgabe für einen in der neptunischen Verschwommenheit Befangenen. Man wird sich daran erinnern, daß der Erzherzog Rudolph sich in Mayerling zusammen mit Mary Vetsera das Leben nahm. Venus, das Symbol der Liebe, ist in seinem Horoskop nicht so sehr dissonant, und das gesamte Horoskop weist viele positive Aspekte auf. Was jedoch auffällt, ist das sehr schlechte nervliche und geistige Gleichgewicht des Horoskopeigners. Sein Mangel an Urteilsfähigkeit machte ihn empfänglich für den negativen Einfluß von Freunden: der rückläufige Neptun im elften Haus in Opposition zu Merkur läßt vermuten, daß alte Freundschaften aus früheren Leben, die ihm schon sehr geschadet hatten, wieder auftauchten. Auch diesmal wußte er sich vor falschen Ratgebern nicht zu schützen. Ein rückläufiger Planet genügt, um ein insgesamt positives Horoskop stark zu gefährden. Der Quinqunx-Aspekt (150°) weist auf die Wahl hin, entweder zu dienen oder zu sterben (siehe Kapitel IX). Dieser Aspekt zwischen Sonne und Mond ist exakt, d. h. sehr stark. Der junge Erzherzog zog es vor, zu sterben. Uranus am Aszendenten in Opposition zu Mars weist auf eine starke Impulsivität hin, auf den Wunsch, sich originell zu gebärden und alles anders zu machen als die anderen. Schließlich ist Jupiter Herrscher des Todeshauses (das achte Haus im Schützen). Dieser Planet hat sehr oft mit dem Tod zu tun, was man Sterbestatistiken entnehmen kann. Er steht im Quadrat zu Merkur (dem Herrn des ersten Hauses, und zu dem rückläufigen Neptun). Das Horoskop von Mary Vetsera weist das gleiche Quinqunx Sonne–Mond auf. Die neptunischen Illusionen, die durch das Neptun-Uranus-Quadrat (rückläufiger Uranus im neunten Haus) angezeigt werden, sind um so stärker, als Neptun der eigentliche Herrscher des Horoskopes ist (er beherrscht Sonne und Mars in den Fischen ebenso wie Merkur). Der rückläufige Uranus steht im genauen Quadrat zu Neptun und weist auf eine große Verworrenheit im Denken hin, das zwar großmütig, aber unklar und exaltiert ist; und das um so mehr, als die von dem Quadrat betroffenen Zeichen geistige Aktivität symbolisieren (Zwillinge und Widder).

Mary Vetsera
19. März 1870, 20.45 Uhr, Konstantinopel (Türkei)

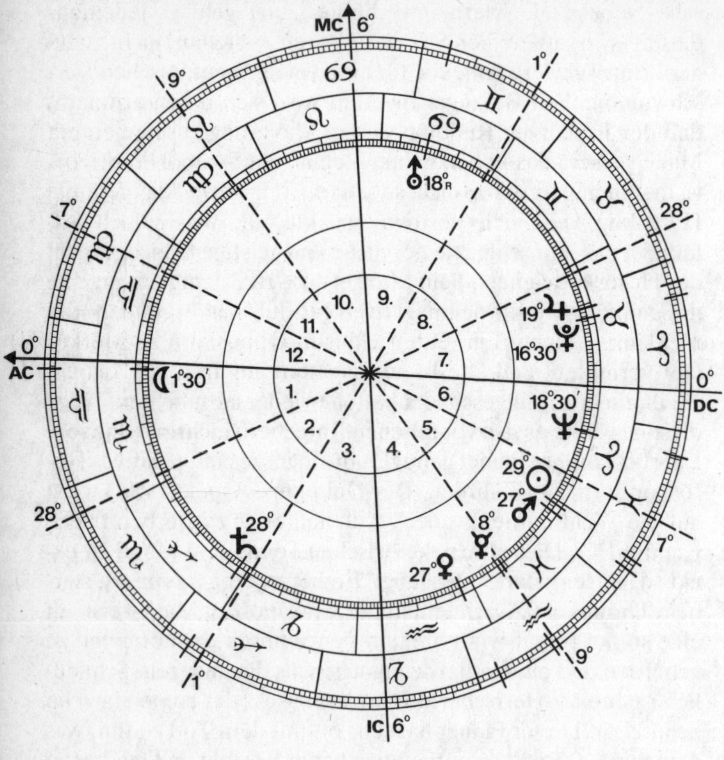

Innerer Kreis: gewöhnlicher Zodiakus
Äußerer Kreis: korrigierter Zodiakus (ayanamsa etwa 23°)

Rückläufiger Neptun im zweiten Haus
Hier läßt sich vermuten, daß in früheren Leben Unaufrichtigkeiten und Schwindeleien, ja sogar Mißbrauch von Geldern und Pflichtvergessenheit in einem Amt (Vergeudung von öffentlichen Gütern, illegitimer Profit durch eine hohe Verwaltungsposition u. a.) eine Rolle gespielt haben. Ist der rückläufige Neptun durch einen Aspekt oder durch den Zeichenherrscher mit Pluto verbunden, könnte es sich sogar um kriminelle Aktivitäten handeln. Natürlich kann man dem Horoskopeigner

nur raten, sich in diesem Leben um äußerste Ehrlichkeit und Zuverlässigkeit zu bemühen, die er oft schon selbst als Reaktion auf seine früheren Übertretungen an den Tag legt. So könnte man einer meiner Töchter, Gwénaëlle, mit geschlossenen Augen die fünfhundert Millionen der Begum anvertrauen: sie würde sie zu einer verabredeten Stunde auf den Pfennig genau zurückgeben. Sie ist zwar mit einem rückläufigen Neptun im zweiten Haus geboren, dieser Neptun fällt jedoch in den Skorpion. So könnte man vermuten, daß sie in einem früheren Leben Schwierigkeiten mit dem Gesetz hatte, und so mag sie, ohne bewußte Erinnerungen zu haben, beschlossen haben, sich ein für allemal an die strikteste Zuverlässigkeit in finanziellen Dingen zu halten.

Rückläufiger Neptun im dritten Haus
Der Horoskopeigner könnte die »Erinnerungen eines Schwindlers« geschrieben haben, denn er hatte keinerlei Skrupel, sich durch Examen durchzumogeln. Seine Geschwister und seine Freunde ärgerten sich in der Schule wie zu Hause über die Lügengeschichten, die er erzählte. Es genügt ihm, sich oberflächlich zu amüsieren; mit Gleichaltrigen konnte er keine wahre Beziehung aufbauen. Diese schlechten Angewohnheiten aus seiner Jugend zeigten sich in seinem späteren Leben in einem Mangel an echter Persönlichkeit. Für Freunde und Angehörige war er ein enttäuschender Opportunist, der sein Mäntelchen nach dem Wind hängte. In diesem Leben hat er zwei Möglichkeiten: Entweder bleibt er in den alten Gewohnheiten verhaftet, oder er wird sich dieses Mangels bewußt und bemüht sich endlich um Ernsthaftigkeit. Diese Neptun-Position weist in jedem Fall auf ein besonderes Karma im Zusammenhang mit Geschwistern, Cousins, Cousinen, Mitschülern und Kameraden hin, denen der Horoskopeigner uneigennützig helfen sollte.

Rückläufiger Neptun im vierten Haus
Die früheren Leben des Horoskopeigners und vielleicht auch noch dieses sind gezeichnet vom Verlust oder der Auflösung seines Heims aus ihm mysteriösen Gründen. In einem viel früheren Stadium war die Wesenheit selbst dafür verantwortlich, da es ihr nicht gelang, im häuslichen Bereich Vertrauen und Zärtlichkeit walten zu lassen. Nun muß sie sich darum bemü-

hen, das gegenseitige Vertrauen zur Grundlage des familiären Glücks zu machen. In diesem Leben ist es möglich, daß der Horoskopeigner, vor allem in seiner Jugend, zum Stehlen und Lügen neigt und seine Eltern und seine Geschwister ihr Vertrauen in ihn verlieren. Später wird sein Ehepartner unter einem ähnlichen Unsicherheitsgefühl leiden. Der Horoskopeigner muß einsehen, daß die Unaufrichtigkeiten, Ausflüchte und das Mißtrauen anderer Konsequenzen seines eigenen täglichen Fehlverhaltens sind.

Rückläufiger Neptun im fünften Haus
»Le bateau ivre«, »Das trunkene Boot«, (als ich hinunterfuhr, von fühllosen Fluten getragen...), dieses berühmte Gedicht von Arthur Rimbaud, ist typisch für einen rückläufigen Neptun in den Fischen. Der arme Rimbaud hatte ihn auch noch ausgerechnet im fünften Haus... Das Beste, was er tun konnte, war, darüber ein so hervorragendes Gedicht zu schreiben. Ein anderer Dichter, der ebenfalls einen rückläufigen Neptun hat, antwortet ihm: Es ist Guillaume Apollinaire.

Mon beau navire, ô ma mémoire,
Avons-nous assez navigué
Dans une onde mauvaise à boire,
De la belle aube au triste soir...

(Mein schönes Schiff, o mein Gedächtnis
sind wir genug gesegelt
in den trüben Wogen
vom schönen Morgenrot bis zu des Abends Trauer...)

Selbst der Titel des Gedichtes, »Alkohol«, ist natürlich von Neptun beeinflußt. Bei Apollinaire bildet Neptun ein Quadrat zu Merkur; wenn der Neptun auch nicht wie der Rimbauds im fünften Haus ist, so ist der von Apollinaire doch im Löwen (im Zeichen, das dem fünften Haus entspricht). Das bewirkte bei beiden ein wildes und enttäuschungsreiches Liebesleben: Rimbaud hatte ein verheerendes Verhältnis mit dem Dichter Paul Verlaine, Apollinairc viele verschiedene Liebschaften, die immer tragisch endeten und ihn jedesmal zu einem Gedicht inspirierten (das schönste ist vielleicht das berühmte »Chanson du malaimé«, Lied des Ungeliebten). Beiden gelang es nicht, ei-

Arthur Rimbaud
20. Oktober 1854, 6.00 Uhr, Charleville, Ardennen, Frankreich

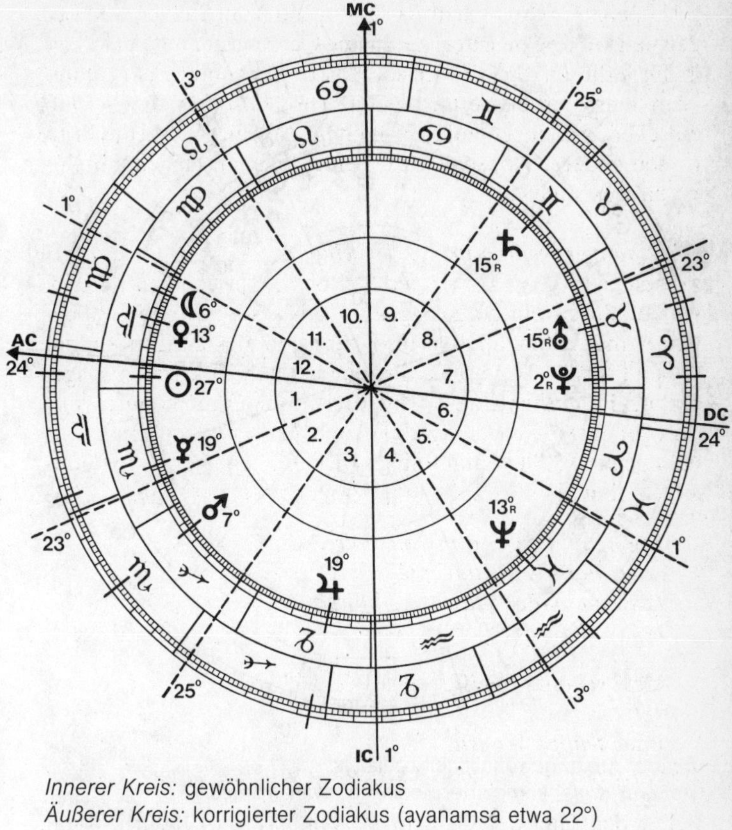

Innerer Kreis: gewöhnlicher Zodiakus
Äußerer Kreis: korrigierter Zodiakus (ayanamsa etwa 22°)

Vier rückläufige Planeten weisen hier auf ein sehr schweres Karma hin, auf ein Gewicht der Vergangenheit, dem Rimbaud zu entfliehen versuchte – ohne großen Erfolg. Mond und Venus in Konjunktion im zwölften Haus und Waage–Jungfrau weisen darauf hin, daß die zurückliegende Inkarnation weiblich war, was zu den homosexuellen Tendenzen des Horoskopeigners führte. In früheren Leben scheint er ebenfalls als Künstlerin, die zwar sehr schöpferisch, aber sehr unbürgerlich war, gelebt zu haben. Diese Talente und Mängel haben sich in anderer Gestalt in der als Arthur Rimbaud bekannten Inkarnation erhalten. Liebes- und Ehebeziehungen wurden in früheren Inkarnationen sehr negativ gelebt (rückläufige Planeten in den Häusern fünf und sieben).

Guillaume Apollinaire
26. August 1880, Rom, 5.00 Uhr morgens

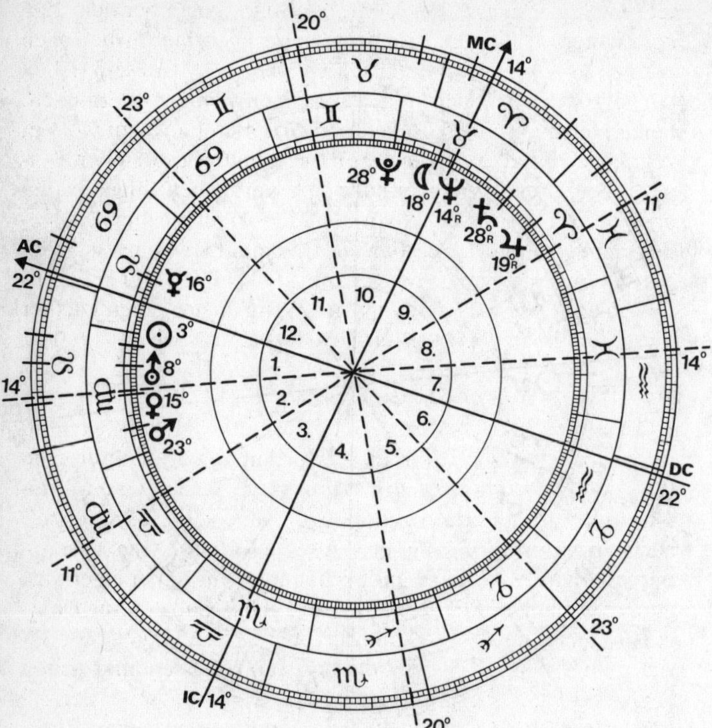

Innerer Kreis: gewöhnlicher Zodiakus
Äußerer Kreis: korrigierter Zodiakus (ayanamsa 23°)

nen normalen Hausstand zu gründen und Kinder großzuziehen (fünftes Haus). Schließlich weiß man, daß die Fische, von Neptun regiert, als das »Gefängnis« oder das »Krankenhaus«, also der Ort des Rückzuges im Tierkreis gelten (vgl. oben den Fall von Alfred Dreyfus). Rimbaud starb tatsächlich im Krankenhaus von Marseille, und Apollinaire wurde in der Irrenanstalt eingesperrt! Doch solch tragische Schicksale sind natürlich eine Ausnahme und hängen vielleicht auch mit dem Genie zusammen.

Diese Konstellation weist auf jeden Fall darauf hin, daß der

Horoskopeigner sich in früheren Leben auf sexueller Ebene nur nach seinen Gefühlen und nach seiner Befriedigung richtete und dazu neigte, der Verantwortung gegenüber dem Liebespartner zu fliehen, möglicherweise auch ihn zu betrügen oder zu belügen. So wird der Horoskopeigner in diesem Leben einige Enttäuschungen in Liebesdingen hinnehmen müssen. Seine Neigung, immer Rosen ohne Dornen haben zu wollen, zeigte sich früher auch in seinem Verhalten gegenüber Kindern. Der Horoskopeigner kann sein Karma bewältigen, wenn er sich um großen Respekt vor den Menschen, die ihm nahestehen, Kindern und Liebespartnern, bemüht. In seine Vergnügungen, die manchmal etwas anarchisch sind, sollte er ebenfalls Ordnung bringen. Es täte ihm gut, wenn er sich einen Partner mit einem hohen spirituellen Niveau suchte.

Rückläufiger Neptun im sechsten Haus
In früheren Inkarnationen gelang es dem Horoskopeigner nicht, im Arbeitsleben über seine unmittelbaren Interessen hinauszusehen. Vermutlich mangelte es ihm an Arbeitsdisziplin und Ordnung. Möglicherweise war der Horoskopeigner auch ein verbitterter Kranker, der seine Krankheit nicht akzeptieren konnte. Es ist auch möglich, daß er mit seiner eigentlich guten Gesundheit Mißbrauch getrieben hat, daß er seine Energien in ungesunden und unnützen Aktivitäten vergeudet oder sich dem Trinken, Drogen oder anderen Exzessen hingegeben hat. In diesem Leben muß er die Konsequenzen dieses Verhaltens tragen. Häufig begegnet man Menschen mit einem rückläufigen Neptun im sechsten Haus, die an einer chronischen Krankheit leiden. Die davon betroffenen Organe oder Systeme werden in den Zeichen im siebenten und zwölften Haus und durch die Aspekte verschiedener Planeten genauer beschrieben. Alle Krankheiten entstehen im Ätherleib; der physische Leib ist nur dessen Materialisation. So sollte der Horoskopeigner nicht nur seinen physischen Leib, sondern auch seinen Ätherleib und seinen Geistleib pflegen. Dieser neptunische Mensch reagiert auf Medikamente so sensibel, daß es für die Ärzte schwierig ist, das Richtige für ihn zu finden. Er sollte zu sanften Mitteln greifen. Hat er seine Gesundheit dadurch gestärkt, so könnte er sich endlich dem Dienst am anderen Menschen, vielleicht sogar an Kranken, widmen – wenn er stark ge-

nug geworden und eine gewisse geistige Reife erreicht hat. Es wäre für ihn auch sinnvoll, um Verbesserungen der Arbeitsbedingungen anderer Menschen zu kämpfen, was er aber rückhaltlos tun sollte, ohne über die Undankbarkeit der Menschen verbittert zu werden. Widmet er sich einer Sache uneigennützig, so wird es auch seiner Gesundheit zugute kommen.

Rückläufiger Neptun im siebenten Haus
Hier finden wir einen Hinweis auf zwei oder mehrere Ehen. Am Beginn des Lebens könnte eine Verbindung auf einer schlechten Grundlage stehen und eine große Enttäuschung und Desillusionierung mit sich bringen. Sie kann Folge seines eigenen Verhaltens in einem früheren Leben sein, in dem der Horoskopeigner egoistisch und mitleidlos seinem Partner gegenüber war. Was für die Ehe gilt, gilt auch für Geschäftsbeziehungen, und so sollte der Horoskopeigner wissen, was er tut, bevor er einen Vertrag unterzeichnet.
Oft ist es einem Menschen mit einem rückläufigen Neptun im siebenten Haus nicht anzuraten, zu heiraten (das hängt allerdings auch mit den Aspekten des Planeten und den betreffenden Zeichen ab). Hat er allerdings genug gelitten und ist sich seiner Schwäche bewußt geworden, so könnte er sich jetzt für einen guten Partner entscheiden, d. h. jemanden, der großen Respekt vor dem anderen hat; positiv wäre auch, wenn der Horoskopeigner, der sich seines schwierigen Karmas bewußt geworden ist, sich auf eine spirituelle Suche begibt und seine emotionalen Probleme therapeutisch zu lösen versucht. Sein Partner (seine Partnerin) sollte spirituell sehr weit entwickelt sein, um ihn zu verstehen, und stark genug, um seine Bemühungen zu unterstützen; sonst ist die Beziehung die Hölle (aus der der Horoskopeigner im besten Fall durch Scheidung, im schlimmsten Fall durch Alkohol, Drogen oder andere in diesem Kapitel beschriebene neptunische Notausgänge flieht!)

Rückläufiger Neptun im achten Haus
Eine meiner Schwestern hat diese Konstellation in ihrem Geburtshoroskop: Sie ist sehr musikalisch, denn Neptun im achten Haus nimmt die Musik der himmlischen Sphären wahr, vor allem, wenn er von Venus und Uranus im Stier (was hier der Fall ist), positiv aspektiert wird. Allerdings hat meine Schwester

großes Mißtrauen allem gegenüber, was ihr auch nur annähernd als esoterisch, okkult oder mit Astrologie zusammenhängend erscheint. Warum? Menschen, deren Neptun im achten Haus rückläufig ist, haben frühere Leben hinter sich, die unter Umständen durch Hexerei, schwarze Magie, durch die Teilnahme an satanischen Sekten, ja sogar durch diabolische Besessenheit gekennzeichnet gewesen sein könnten. Zumindest liegt es sehr nahe, daß sie ihre parapsychologischen Fähigkeiten zu negativen Zielen verwendet haben. Wenn ich von Hexerei spreche, erscheint Ihnen das vielleicht sehr übertrieben oder weit hergeholt. Frühere Gesellschaften haben jedoch unter dem Vorwand der Religiosität unglaubliche Greuel vollbracht. Viele von uns kamen mit diesen Dingen in einem ihrer früheren Leben in Berührung.

So hat der arme Horoskopeigner, der mit diesen bösen Erinnerungen in das gegenwärtige Leben tritt, zwei Verhaltensweisen zur Auswahl: Entweder hat er nichts begriffen und läßt sich weiterhin von zweifelhaften Propheten und merkwürdigen Sekten verführen oder er hält sich von all diesen Dingen fern, um nicht mehr wie früher in die Falle zu gehen. Praktiziert er eine Religion, so wird er sich beinahe starr an die Tradition halten, so sehr ängstigt es ihn, möglicherweise vom Weg abzukommen. Er sucht die Sicherheit im Reaktionären. (Bemerkenswerterweise ist Monseigneur Lefebvre, Oberhaupt der katholischen Integristen, 1905 mit einem rückläufigen Neptun im achten Haus und natürlich im Krebs, im Zeichen der Tradition, geboren!)

Das achte Haus betrifft auch das Erbe, und zwar ebenso das spirituelle wie das zeitliche. Der Horoskopeigner verhielt sich in seinen früheren Leben seinen Miterben gegenüber vermutlich nicht sehr fair und muß in diesem Leben durch Geldverluste über die Verantwortung nachdenken, die der Besitz von Geld mit sich bringt. Manche Menschen haben das immer noch nicht begriffen und sind von einem Verfolgungswahn geplagt; sie glauben, daß ihre Geschwister sie ihrer natürlichen Erbrechte beraubt hätten und sind darin durch ihre leidenschaftlichen Reaktionen auch unbelehrbar.

Rückläufiger Neptun im neunten Haus

Hier gilt ähnliches, wie das schon im vorigen Abschnitt Ge-

sagte. Es ist sehr wahrscheinlich, daß der Horoskopeigner in früheren Existenzen eine geistige Unklarheit oder Intoleranz an den Tag gelegt hat und daß es ihm an Mitleid mangelte. Vielleicht war er ein hoher Würdenträger der Kirche und ließ den Gläubigen nicht die Hilfe zukommen, die er ihnen schuldig gewesen wäre.
In diesem Leben sollte er sich um einen offeneren Geist bemühen und begreifen, daß die Mauern, die die Kirchen trennen, nicht bis zum Himmel reichen... Für ihn gilt besonders das Bibelwort, daß der Buchstabe tötet, der Geist jedoch lebendig macht. In früheren Leben hat er sich möglicherweise durch viele Reisen seiner Verantwortung entzogen. In dieser Inkarnation sollte sich der Horoskopeigner bemühen, niemanden zu verurteilen.

Rückläufiger Neptun im zehnten Haus
In früheren Jahrhunderten hatte die Wesenheit Macht und mißbrauchte diese Macht, die vielleicht religiöser oder doktrinärer Art war (nach der Art gewisser Staatschefs wie Khomeini beispielsweise). Aus dieser vielleicht allmählichen Wandlung in eine diktatorische Haltung sind die heutigen beruflichen Schwierigkeiten entstanden: Der Horoskopeigner hat es schwer, sich zwischen verschiedenen Berufen zu entscheiden, hat mit bösartigen Vorgesetzten zu tun etc. Wenn die Seele aus ihren früheren Leben nicht genug gelernt hat, werden ihr auch selbst wohlgesonnene Vorgesetze ihr Vertrauen verweigern. Es ist jedoch auch möglich, daß die Wesenheit durch Erkenntnis zu einer gewissen Integrität gelangt ist; sie muß jedoch vermutlich immer noch eine gewisse Schuld gegenüber Menschen abtragen, die sie früher geschädigt hat. Das könnte sich in immer wiederkehrenden beruflichen Enttäuschungen niederschlagen. Es geht also darum, eine Unabhängigkeit dem beruflichen Leben gegenüber zu entwickeln. Gelingt es dem Betroffenen, durch eine Integrität Vertrauen zu erwecken, so könnte er sehr weit kommen, da er aus mehreren früheren Leben über Erfahrungen verfügt, mit großer Verantwortung umzugehen. Ein Beispiel für einen rückläufigen Neptun im zehnten Haus ist Talleyrand (man kann nicht erwarten, daß ein Herrscher wie Napoleon es einem gerade leichtmacht!).

Rückläufiger Neptun im elften Haus

Wir sahen bereits die Wirkung anderer rückläufiger Planeten in diesem Haus, die auf ein mangelndes Verständnis gegenüber den Werten der Freundschaft in früheren Leben hinweisen. Neptun fügt hier möglicherweise noch eine Nuance der Unaufrichtigkeit hinzu. Die Wesenheit verführte andere Menschen und konnte sich leicht Freunde machen, die sie für ihre Zwecke benutzte und dann fallenließ, wenn sie ihr nichts mehr zu bieten hatten.

Ich kenne mehrere Menschen, die zwar ehrlich und treu sind, aber dennoch Schwierigkeiten mit ihren Freundschaften haben; entweder sind die Beziehungen nicht von Dauer, oder die Freunde verschwinden auf geheimnisvolle Weise. Diese Menschen sind in ihrem gegenwärtigen Leben nicht immer dafür verantwortlich, sicher jedoch aufgrund ihrer früheren Leben: es handelt sich um eine alte karmische Schuld.

Für die Freundschaft gelten besondere Gesetze: Vertrauen, Offenheit und eine Kommunikation auf gleicher Ebene. Für die Liebe (auf der gleichen Achse – Haus fünf) gelten andere Gesetze; die Unfähigkeit, ein loyaler und treuer Freund zu sein, bringt jedoch auf die Dauer gesehen auch das Unvermögen mit, in der Liebe Beständigkeit zu zeigen. Das Zerbrechen der Liebe hat direkt und indirekt die gleichen Ursachen wie das Zerbrechen von Freundschaft.

Ein rückläufiger Neptun im elften Haus weist auch darauf hin, daß sich die Horoskopeigner möglicherweise von unaufrichtigen Freunden und unklaren Ideen verführen lassen. Stehen Pluto oder Skorpion durch Aspekte oder Zeichenherrschaft in Beziehung zu Neptun, so hatte die Wesenheit möglicherweise sogar mit kriminellen Gruppen zu tun. Wahrscheinlich werden diese unguten Freunde im gegenwärtigen Leben wieder auftauchen, und so muß der Betreffende in der Wahl seiner Beziehungen sehr viel gesunden Menschenverstand beweisen.

Rückläufiger Neptun im zwölften Haus

Neptun ist hier in dem Haus, das er beherrscht, dem Haus, das dem Zeichen der Fische entspricht. Deshalb ist er hier auch von besonderer Bedeutung. Der Horoskopeigner, der mit einem rückläufigen Neptun im zwölften Haus geboren wird, ist eine sehr alte Seele, die an das Ende eines Zyklus gelangt ist. Die

Wesenheit hat sich bisher wenigstens elfmal inkarniert und einen vollständigen Tierkreis durchlaufen. Etwas jedoch fehlt ihr noch: Da das zwölfte Haus mit dem sechsten Haus, dem Haus des Dienens, verbunden ist und die universelle Menschenliebe bedeutet, ist es wahrscheinlich, daß der Horoskopeigner anderen Menschen nicht so gedient hat, wie er es hätte tun sollen, jedenfalls nicht mit der notwendigen spirituellen Einstellung. Diese Planetenposition weist darauf hin, daß der Horoskopeigner zum geistigen Botschafter ausersehen war und diese Funktion nicht erfüllt oder mißbraucht hat. In diesem Leben wird ihm die gleiche Chance gegeben: Er ist dazu da, den anderen Menschen Freude, Liebe und Licht zu bringen. Das ist eine schwierige, aber schöne Aufgabe, die Opfer fordert.

Einige berühmte Persönlichkeiten mit rückläufigem Neptun
Der Filmemacher Louis Buñuel in den Zwillingen, der Forscher und Missionar Charles de Foucauld in den Fischen, der Dichter Gérard de Nerval im Schützen, der Schriftsteller Charles Péguy im Widder, Mary Baker Eddy im Steinbock, alle im *ersten Haus* (auffallend ist die mystische und poetische Inspiration, die damit in Zusammenhang steht);
Wernher von Braun im Krebs, Monsignore Jean Rhodin in den Zwillingen, im *zweiten Haus*;
Maurice Mességué im Löwen, im *dritten Haus* (in seinem Fall vermischt sich die neptunische Inspiration mit einem durchaus merkurbetonten Geschäftssinn);
der Dichter Maurice Maeterlinck im Widder, Albrecht Dürer im Skorpion, Cécile Sorel im Widder, alle drei im *vierten Haus;*
Graf Zeppelin in den Fischen, im *sechsten Haus* (hier richtete sich die neptunische Inspiration auf ein technologisches und mechanisches Problem, die Domäne des sechsten, der Jungfrau entsprechenden Hauses);
viele Persönlichkeiten im *siebenten Haus*: Oscar Wilde in den Fischen, Suzy Solidor in den Zwillingen, Henri Charrière, genannt »Papillon«, im Krebs, ebenso wie Eva Braun, Ardisson, der »Vampir von Muy« genannt, im Widder . . . wie der Dichter André Gide;
im *achten Haus* finden sich ebenfalls Berühmtheiten: Leonardo da Vinci, ebenso Michelangelo in der Jungfrau, René Barjavel

im Krebs, Churchill im Widder, der Surrealist André Breton in den Zwillingen;
der Politiker Chaban-Delmas im Löwen und der früh verstorbene Dichter des wunderbaren Romans »Le Grand Meaulnes«, Alain-Fournier, im Stier, beide im *neunten Haus;*
Karl Marx im Schützen, Walt Disney und Jacques Prévert in den Zwillingen, alle drei im *zehnten Haus;*
Federico Fellini im Löwen wie übrigens auch Valéry Giscard d'Estaing, Galilei in den Zwillingen, alle im *elften Haus;*
der Dichter Jean Genet im Krebs, Rasputin im Widder (Brrr...!), beide im *zwölften Haus.*

♇ ℞ Rückläufiger Pluto

Etwa jeder Zweite hat einen rückläufigen Pluto im Horoskop, da dieser langsam laufende Planet (scheinbar) nur sechs Monate im Jahr vorwärts läuft. Pluto hat seiner Natur nach eine durch und durch karmische Bedeutung: Er gibt immer Auskünfte über die früheren Leben und weist für dieses Leben, wenn er rückläufig ist, auf Umstürze, auf schmerzhafte und radikale Veränderungen hin, deren Ziel die Hinwendung der Seele zu neuen, spirituellen Erfordernissen ist.
Im individuellen Karma symbolisiert Pluto immer eine Verbindung zwischen den aufeinanderfolgenden Leben; er deutet die Rückkehr bestimmter Menschen oder Umstände in einem folgenden Leben an, die zum Wachstum der Seele dienen. Der Horoskopeigner mit einem rückläufigen Pluto wird durch Umstände gezwungen, sich zu wandeln: Der reale oder symbolische Tod von Dingen oder Menschen, die er liebt, wird ihn zu einer Befreiung führen, die es ihm ermöglicht, auf einer höheren Ebene wiedergeboren zu werden. Der vom rückläufigen Pluto Beeinflußte erlebt also eine ganze Reihe schmerzhafter Erfahrungen, aus denen er jedesmal bewußter hervorgeht. Er weiß und fühlt viele Dinge, er errät die Wahrheit, ohne sie immer in Worte fassen zu können. Ihm sind ungewöhnliche Fähigkeiten zur Wandlung seines Karmas und zur Befreiung von alter Schuld gegeben. Zeiten des Zusammenbruchs, der Einsamkeit, der Dunkelheit sind für ihn oft Zeiten der Regeneration,

aus denen er wieder auftaucht, zur Überraschung all jener, die ihn schon tot glaubten.

Rückläufiger Pluto im Widder (zwischen 1822 und 1853)
Diese Position könnte auf eine nur schwer in Zaum zu haltende Heftigkeit hinweisen. Der Horoskopeigner, der ein starkes Gerechtigkeitsbedürfnis hat, reagiert so primitiv und leidenschaftlich, daß er oft über das Ziel hinausschießt. Die Gestalten, die Villiers de l'Isle-Adam beschreibt, sind von dieser blinden Gewalttätigkeit, die sie bis zum Mord treibt; die Nazis beriefen sich auf Friedrich Nietzsche, bei dem sie eine Ideologie des Übermenschen, eine Apologie des »Männlichkeitswahns« zu finden glaubten, die dem rückläufigen Pluto im Widder (von dem beide Schriftsteller geprägt sind) sehr entspricht.

Rückläufiger Pluto im Stier (zwischen 1853 und 1884)
Dieser plutonische Stier ist ein Minotaurus: Immer versucht, sich von seinen inneren Dämonen verführen zu lassen, ist ihm große sexuelle Ausstrahlung zu eigen. Er lebt mit großer Intensität und kennt keine Hindernisse. Das trifft auch auf Picasso zu, in dessen Bildern sich übrigens oft der mythologische Stier, der halb Tier und halb Mensch ist, findet. Diese Konstellation entdeckt man auch noch bei Henri de Monfreid, dem Abenteurer, der seine Schiffe verbrannte, um seinen Weg fortsetzen zu können, bei dem Dichter Georges Bernanos, einem Mann, der einen Skandal heraufbeschwor, indem er schreiende Ungerechtigkeiten denunzierte (was sehr zu Pluto paßt); und schließlich Winston Churchill, der für ein ganzes Volk die stierhafte Unbeugsamkeit symbolisierte: Wir geben nicht nach!

Rückläufiger Pluto in den Zwillingen (zwischen 1884 und 1914)
In diese Zeit fiel ein außerordentlicher technologischer Aufschwung im Bereich der Kommunikationsmittel, vor allem des Luftverkehrs (die Zwillinge sind ein Luftzeichen). Das »Flugzeug« von Clément Ader entstand 1897! Die großen Pioniere Didier Daurat und Jean Mermoz haben natürlich einen rückläufigen Pluto in den Zwillingen. Ebenso wie Enzo Ferrari, der berühmte Autokonstrukteur. Übrigens fand das erste Autorennen der Welt, die berühmte Strecke Paris–Bordeaux–Paris, im Jahre 1895 statt. In diesem Zeitraum kamen auch Radio und

Kino auf. Die wissenschaftliche Siegesgewißheit hofft ein wenig zu sehr darauf, daß man »den Fortschritt nicht aufhalten kann«. Die Zwillinge sind das Reich des Merkur, zugleich das Symbol für theoretisches Wissen und seine praktische Anwendung, die Technologie.

Horoskopeigner mit dieser Konstellation haben manchmal eine erstaunliche Fähigkeit, mit Worten zu spielen: Henry Miller, Raimond Queneau, Jean Eugene Ionesco, Papillon, Jacques Prévert... das Wort ist für sie ein Werkzeug politischer Macht. Wer hat sich nicht von den »Worten« des Generals de Gaulle verführen lassen? Diese Menschen erscheinen uns sehr undurchschaubar, haben einen Januskopf und neigen manchmal auch dazu, ein doppeltes Spiel zu treiben. Sie haben schon in mehreren früheren Leben gelernt, mit dem gesprochenen oder geschriebenen Wort umzugehen, waren aber auf diesem Gebiet möglicherweise nicht immer ganz aufrichtig. Für sie ist es wichtig, zu lernen, die Menschen nicht zu mißbrauchen, indem sie mit Worten spielen.

Rückläufiger Pluto im Krebs (zwischen 1914 und 1939)

Die mit dieser Konstellation geborene Generation ist etwas weniger optimistisch als die vorangegangene. Die ersten ökologischen Vorkämpfer, die zu dieser Generation gehören, fragen sich, ob der technologische Fortschritt wirklich die Lebensqualität verbessert; für die Qualität des Lebens sind sie sensibler als ihre Eltern. Pluto im Krebs bringt den Horoskopeigner dazu, mehr über Privatleben und Familie nachzudenken. Einige von ihnen hängen auch so nostalgisch an der Vergangenheit, daß sie die Erleichterung und das Zunehmen von Scheidungen, die mit dem Durchlauf Plutos durch den Krebs zusammenfielen, sehr bedauerten.

Die Ehe, wie man sie im 19. Jahrhundert sah, führte jedoch zu einem solchen Machtmißbrauch und verdeckte so viele Dramen, die sich im Namen sakrosankter Prinzipien abspielten, daß es schließlich zu dieser heftigen Ablehnung kommen mußte: Die Rolle Plutos besteht darin, den Schutt der Vergangenheit wegzuräumen. So erlebt ein Horoskopeigner, dessen Pluto rückläufig ist und im Krebs steht (vor allem, wenn der Planet durch einen Aspekt mit Sonne, Mond, Aszendent oder Venus verbunden ist), oft selbst eine Scheidung.

Der Zusammenbruch der Familie wird als eine Art Neugeburt erlebt; das Gefühls-Trauma befreit neue emotionale Kräfte, die bisher blockiert waren. Der Scheidungs-Schock hat jedoch nur eine sinnvolle Wirkung, wenn der Horoskopeigner wirklich von den früher begangenen Fehlern frei wird. Leider ist Krebs das Zeichen der Erinnerung und der Bindung und liebt Veränderungen nicht sehr. Er ist wie der Elefant, der nie vergißt und schwer verzeiht.
Eine Möglichkeit, sich von diesen Krisen und Traumata zu lösen, ist die Hinwendung zu früheren Leben. Dadurch wird der Horoskopeigner möglicherweise entdecken, daß sein Partner, ebenso wie seine Eltern und Kinder, in einem früheren Leben schon die gleiche Rolle für ihn gespielt hat. Ich stamme aus dieser Generation und bin zu dem Schluß gekommen, daß meine Kinder drei Wesenheiten sind, deren Mutter ich schon in einem früheren Leben war. Der rückläufige Pluto im Krebs in meinem Horoskop ist ein Hinweis darauf, daß ich meine Rolle als Mutter noch nicht zu Ende gelernt habe. Diesmal wissen wir, meine Kinder und ich, sehr wohl, daß wir uns schon sehr lange kennen; unsere Konflikte sind offenbar schon uralt (wie man in Redewendungen von der Art: »Ich habe dir schon hundertmal gesagt, du sollst mich in Ruhe lassen«, zum Ausdruck bringt).
Nicht immer handelt es sich um eine alte Schuld; oft sind es Menschen, die sich liebten und sich zugleich reinkarnierten, um einander zu helfen. So ist es oft beispielsweise bei Zwillingen der Fall, die der Tradition nach zusammen geboren werden wollen, um nicht getrennt leben zu müssen.

Rückläufiger Pluto im Löwen (zwischen 1939 und 1957)
Die Menschen dieser Generation haben die Tendenz, sich autoritär zu gebärden. Als Mann verhalten sie sich sehr phallokratisch (die Sonne ist ein männliches Symbol und Herrscher des Löwen). Geprägt von der Kriegs- und Nachkriegszeit, hat diese Generation ihre schöpferischen und praktischen Kräfte benutzt, um wiederaufzubauen. Aber da es Pluto darum geht, in Frage zu stellen, waren es auch gerade diese Menschen, die Autoritäten und Regierungen angriffen (die Sonne symbolisiert den Vater und den Staatschef). Übrigens bringt der rückläufige Pluto im Löwen, dem Symbol der Macht, einen gewissen Mißbrauch eben dieser Macht mit sich: ein Beispiel dafür sind die

Diktaturen von Hitler, Mussolini, Stalin, Franco usw. Es entspricht aber auch der plutonischen Symbolik, daß gerade einige dieser Diktaturen ein recht gewaltsames Ende fanden.
Ein unter dieser Konstellation Geborener kann sich kein Leben ohne Macht vorstellen und strebt danach, diese möglichst weit auszudehnen. Schon in anderen Existenzen hatte er eine gewisse Machtposition inne, was sich, je nach den Aspekten, möglicherweise in übermäßigem Hochmut und zu autoritärem Verhalten äußert – andererseits kann er aber auch die Fähigkeit mitbringen, zu leiten, zu lenken und die Schwachen großmütig zu schützen. Der Horoskopeigner wird nicht davor zurückscheuen, Revolten und Revolutionen anzuzetteln, um Strukturen, die ihm überholt scheinen, zu zerstören. Er wird eine Hierarchie der Macht aufbauen, die ihm gerechter erscheint, ohne natürlich zu vergessen, sich selber an die Spitze zu setzen. Die Moralisten jedoch, die sich über die nichts mehr respektierenden jungen Protestler beklagen, täuschen sich: Die Menschen, die mit einem rückläufigen Pluto im Löwen geboren werden, achten die Macht durchaus, wenn sie sie für gerecht halten. Wenn nicht, wollen sie sie durch etwas anderes ersetzen. Man kann ihnen aus ihrem Blickwinkel nur Recht geben. Manche jedoch halten eine Autorität nur darum für »ungerecht«, weil sie sie nicht selbst in den Händen halten, und so folgt eine Autorität auf die andere, und die so Beherrschten sehen keinen Fortschritt. Menschen mit dieser Konstellation haben die karmische Aufgabe, über Autorität und Macht nachzudenken und sie in Frage zu stellen.

Rückläufiger Pluto in der Jungfrau (zwischen 1957 und 1972)
Jungfrau-Geborene sind meist fasziniert von Chemie, von Diätetik und sind immerzu bei sich auf der Suche nach Krankheiten. Sie haben zwar das Potential zu hoher Intelligenz, sind aber nervlich meist sehr zart besaitet. Als Pluto durch die Jungfrau transitierte, begann die sakrosankte, von Pasteur beeinflußte Medizin ins Wanken zu geraten. Man stellte die Wirksamkeit von Antibiotika, von künstlichen Vitaminen und Hormonen in Frage, und das nicht ohne Grund. Neue Formen der Medizin kamen im Westen auf oder wurden importiert: Auriculo-Therapie, Musik-Therapie, Gruppen-Therapie, pflanzliche Präparate etc. Die jahrtausendealte Akupunktur, die bis

dahin auf China begrenzt war, verbreitete sich in der ganzen Welt, und die altehrwürdige Homöopathie erlebte eine neue Renaissance.
Während des Transits Plutos durch die Jungfrau traten nervöse Depressionen vermehrt auf, und die Entwicklung und der Gebrauch von Beruhigungsmitteln nahm zu. Menschen, die unter diesen Transiten geboren wurden, sind karmisch dazu bestimmt, auf medizinischem Gebiet bewußter zu werden, indem sie entweder die Krankheit in sich bekämpfen und die Beziehungen zwischen Körper, Seele und Geist verstehen, oder, nach neuen Formen suchend, sich gegen die Schulmedizin wenden. In früheren Leben könnten sie Ärzte, Chemiker, Alchimisten oder Apotheker gewesen sein. Sehr oft haben sie ein Karma in bezug auf ihren eigenen Körper abzutragen.
Das Schlüsselwort dieser Periode heißt Therapie und insbesondere auch Psychotherapie, für die sich die zwischen 1957 und 1972 Geborenen sehr sensibilisiert haben. Aber auch über die Arbeit und die Achtung vor der Natur müssen diese Menschen nachdenken. Sie besitzen die Fähigkeit, sich zu konzentrieren und sind sehr tüchtig, wenn sie motiviert sind. Haben sie jedoch kein Interesse an einer Arbeit, so kann sie auch niemand dazu zwingen. Viele Kinder dieser Generation waren oder sind noch rebellische Schüler, die den Lehrern schlaflose Nächte bereiten. In ihren Freizeitbeschäftigungen leisten sie jedoch Beachtliches in der Mechanik, der Chemie, der Zimmerei etc. Ist der rückläufige Pluto mit dem rückläufigen Uranus in Konjunktion (1964 bis 1965), so ist das Kind möglicherweise ein kleines Genie im Bereich der Elektrizität und in seinen Basteleien sehr erfinderisch. Die Eltern sollten sich nicht allzu viele Sorgen machen: Ihr Kind muß auf seinem Weg bestärkt werden, und man sollte nicht versuchen, es in ein Schulsystem zu integrieren, das es ablehnt (es wird sich auch nie damit abfinden; die plutonische Revolte erträgt keinerlei Kompromiß!).
Jungfrau-Menschen sind zudem die geborenen Ökologen und sehr naturliebend. Viele Kinder dieser Generation wollen am liebsten Tierärzte werden und engagieren sich im Tier- und Naturschutz. Ein rückläufiger Pluto in der Jungfrau könnte ein Indiz dafür sein, daß sich der Betreffende in früheren Leben Tieren gegenüber unbarmherzig verhalten hat.

Rückläufiger Pluto in der Waage (zwischen 1972 und 1984)
Auch hier gibt es wieder ein großes Gezeter bei den Moralisten, weil Recht und Ehe (regiert von der Waage) Einrichtungen sind, an denen kräftig gerüttelt wird – was immer noch weitergeht, da die zwischen 1972 und 1984 geborene Generation noch nicht ins Erwachsenenalter gekommen ist. Wir erleben mutige Bemühungen, die Gerechtigkeit gerechter, die Gefängnisse menschlicher, die Todesstrafe seltener und die Eheverträge weniger bindend zu machen!
Auf individueller Ebene scheint der Horoskopeigner durch den rückläufigen Pluto in der Waage gedrängt zu werden, seine Vorstellungen auf zwei Ebenen zu revidieren: entweder hat er Schwierigkeiten mit der Justiz, Prozesse etc., was eine Konsequenz von Rechtsverletzungen in früheren Existenzen ist, oder er lebt in einer Ehe, in der er karmische Schuld wiedergutzumachen hat und die sich deshalb als recht schwierig erweist. Es ist gut möglich, daß der Horoskopeigner (oder die Horoskopeignerin) in diesem Leben wieder den gleichen Ehepartner hat wie in einer früheren Inkarnation. Das spirituelle Ziel des rückläufigen Pluto in der Waage ist, das Gerechtigkeitsbewußtsein weiterzuentwickeln und der Gesellschaft zu helfen, eine gerechtere Welt zu erbauen. Der Horoskopeigner sollte mit Gemütsruhe die ihm auferlegten Schwierigkeiten ertragen und möglichst eine gewisse überlegene Gelassenheit entwickeln.

Rückläufiger Pluto im Skorpion (zwischen 1737 und 1749, dann zwischen 1984 und 1996)
Die meisten Astrologen sind sich darüber einig, daß Pluto als Herrscher des Skorpions hier seine revolutionäre Kraft voll entfaltet. Man sollte nicht vergessen, daß die zwischen 1737 und 1749 geborene Generation die Französische Revolution von 1789 vorbereitet und dann entfacht hat! Die unter dieser Konstellation geborenen Menschen sind große Reformatoren oder große Zerstörer, wenn die Rückläufigkeit des Planeten negativ gelebt wird. Ein mit rückläufigem Pluto im Skorpion geborenes Kind wird sich von den Ungerechtigkeiten der Welt persönlich betroffen fühlen. Wenn es sich zu dieser Inkarnation entschlossen hat, so aus dem tiefen Wunsche heraus, alle Schlacken der Vergangenheit zu verbrennen.
Auf uns kommt eine riesige Wiedergeburt auf planetarischer

Ebene zu. Die Menschen werden übersinnliche Fähigkeiten besitzen, die der Westen ganz vergessen hatte (besonders auf Grund unserer technologischen Möglichkeiten). Diese parapsychologischen Fähigkeiten können jedoch sehr zerstörerisch wirken, wenn sie zu egoistischen Zielen benutzt werden. Man sollte jedoch nicht vergessen, daß Pluto wie auch der Skorpion Tod *und* Auferstehung symbolisieren.

Rückläufiger Pluto im ersten Haus
Je näher sich der Planet am Aszendenten befindet, desto stärker wird sich der Horoskopeigner bemühen müssen, die negativen Züge des Zeichens Skorpion zu überwinden, die ihn in früheren Leben prägten: übertriebene Geheimnistuerei, Geschmack an Intrigen, Machtgelüste, verächtliche Haltung anderen gegenüber, zumindest die Schwierigkeit, mit anderen Menschen respektvoll zusammenzuarbeiten.
Ist der rückläufige Pluto sehr negativ aspektiert, so könnten die früheren Leben von großen Grausamkeiten geprägt gewesen sein. Der Horoskopeigner hatte möglicherweise die Neigung, andere Menschen nur als Objekte, auch für seine sexuellen Gelüste oder gar für sadistisches Verhalten, zu sehen. Dennoch sollte man vorsichtig sein und keine voreiligen Urteile über diese Menschen fällen. In diesem Leben müssen sie sich mit den Gespenstern der Vergangenheit auseinandersetzen und vor allem zu Selbsterkenntnis gelangen, wobei tiefenpsychologische Kenntnisse eine große Rolle spielen können. Hat der Horoskopeigner seine Obsessionen und Zwänge, die sein Leben sowohl für ihn selbst als auch für andere so schwierig machen, demaskiert, wird alles besser. Diese planetarische Position verleiht ihm nämlich auch große Kraft und außergewöhnlichen Mut. Er hat die Möglichkeiten, den Minotaurus in seinem eigenen Inneren zu überwinden und zu domestizieren.

Rückläufiger Pluto im zweiten Haus
Auch das ist eine starke Position, da Pluto hier in Opposition zu seinem eigenen, dem achten Haus, steht. Der Horoskopeigner scheint sich in früheren Inkarnationen nicht gerade durch übermäßige Ehrlichkeit ausgezeichnet zu haben. Bemüht er sich in diesem Leben nicht dauerhaft und bewußt, läuft er Gefahr, immer wieder in Eifersucht, Neid oder Rachsucht zu verfallen,

negative Haltungen, die durch Angst vor Frustration auf niedrigstem Niveau charakterisiert sind. Möglicherweise gab es viele in materialistischer Gewinnsucht verbrachte Leben, die die Seele mit einer grauen Schicht bedeckt haben.
Das Karma besteht hier in einer Reflexion über die Vergänglichkeit irdischer Güter und die Übung in innerer Unabhängigkeit. So wird der Horoskopeigner Zeiten großer Niederlagen und finanzieller Verluste durchmachen, Prüfungen, die er vor seiner Geburt selbst gewählt hatte.

Rückläufiger Pluto im dritten Haus
Hier werden familiäre Verantwortlichkeiten, die in früheren Existenzen vernachlässigt wurden, wieder auftauchen: Geschwister und Cousins, derer sich der Horoskopeigner früher hätte annehmen sollen. In diesem Leben muß er vielleicht dafür arbeiten, um ihnen eine Ausbildung zu ermöglichen, oft sogar unter großen Opfern. Die Prüfungen des Lebens werden vor allem von dieser familiären karmischen Last herrühren, manchmal auch von Mitschülern. Da der Horoskopeigner in früheren Leben mit seinen Familienmitgliedern sehr streng war (beispielsweise Ehen verhindert oder erzwungen hat, wie auch Napoleon, der manchen Angaben nach auch einen rückläufigen Pluto im dritten Haus hatte), ist es in diesem Leben besonders wichtig für ihn, sich seiner Familie liebevoll zuzuwenden.

Rückläufiger Pluto im vierten Haus
Wie der kleine Junge, der ein bestimmtes Spielzeug haben möchte, um es zu besitzen, und es dann kaputt macht, um sich zu beweisen, daß er es nicht unbedingt braucht, hat der Horoskopeigner früher mit den Seinen gespielt und ihnen das Herz gebrochen. In seinen früheren Leben war seine Haltung gegenüber seinen Angehörigen so destruktiv, daß er sich ein sehr schweres familiäres Karma geschaffen hat. Einerseits klammerte er sich an seine Familie, weil er nicht genug affektive Sicherheit bekommen konnte. Dann wurde ihm diese emotionale Abhängigkeit lästig, und er versuchte sich oft auf sehr unschöne Art und Weise davon zu befreien, bis seiner Familie eines Tages kein anderer Ausweg mehr blieb als die völlige Sklaverei oder die Revolte. In beiden Fällen ließ der Horoskopeigner, der möglicherweise sadistische Tendenzen hatte, sie ihr Ver-

halten teuer bezahlen. Diese Zusammenhänge muß er nun zu erkennen versuchen. Wenn er eines Tages sieht, daß seine Familie gerne bei ihm ist, wird er endlich einen großen Schritt vorwärts getan haben und den anderen Menschen Zärtlichkeit geben und Harmonie um sich verbreiten können.

Rückläufiger Pluto im fünften Haus

Dieser Mensch könnte in einem früheren Leben ein uneheliches Kind gehabt haben. Diese Pluto-Position scheint darauf hinzuweisen, daß er es entweder verlassen hat oder es nicht anerkennen wollte. Der Betreffende scheint jedoch eine wichtige Position an der Spitze eines großen Hauses oder eines Stammes, den er regierte, innegehabt zu haben.

Das hier erkennbare Karma kann jedoch auch aus einem Mißbrauch der väterlichen Autorität herrühren. Sind Schütze, Fische, Neptun und Jupiter impliziert, könnte dieser Mißbrauch im Rahmen religiöser ausschweifender Riten stattgefunden haben. Wie dem auch sei, der Betreffende sollte sich um die Kinder, für die er in diesem Leben die Verantwortung hat, mit größter Gewissenhaftigkeit kümmern.

Auch was das Liebesleben anbelangt, hat diese Position mit schmerzlichen Erfahrungen zu tun. In der Vergangenheit gab es so viel Hochmut, manchmal auch eine bis zur Gewalttätigkeit ausartende Heftigkeit, daß es schwer sein wird, diese Eigenschaften nun auf einmal zu bezähmen. Diese Arbeit kann wohl nur durch Trennungen, Schmerz und Schock geschehen, die die Wesenheit zu einem Überdenken ihrer Wertvorstellungen führt.

Rückläufiger Pluto im sechsten Haus

Heftige Umschwünge und Brüche gefährden hier einerseits die Gesundheit, andererseits die tägliche Arbeit. Ein rückläufiger Pluto im sechsten Haus weist, wenn er negativ aspektiert ist, auf eine Wesenheit hin, die eine Begabung für medizinische und heilende Berufe hatte, sich ihrer aber auf negative Art und Weise bediente. Der Betreffende muß aber nicht so weit gegangen sein, es könnte sich auch um eine Mißachtung des hippokratischen Eides in finanzieller Hinsicht gehandelt haben. Ist Mars beteiligt, so könnte der Betreffende in einer militärischen Organisation gearbeitet und seine Soldaten beispielsweise wie

Gefangene behandelt haben. Auch in ihrer Arbeit in einer öffentlichen Organisation beispielsweise könnte sich diese Wesenheit durch Rücksichtslosigkeit ausgezeichnet haben. Im gegenwärtigen Leben laufen solche Menschen Gefahr, gesundheitliche Schwierigkeiten oder Probleme mit ihrem Beruf zu haben. Allgemein könnte man sagen, daß es ihnen guttäte, ihre Fähigkeiten, andere zu heilen, die früher in ihnen angelegt waren, wiederzubeleben.

Rückläufiger Pluto im siebenten Haus
In früheren Leben war der Horoskopeigner kein guter Partner, weder im privaten noch im geschäftlichen Bereich. In diesem Leben muß der erste Ehepartner oft die Folgen eines so belasteten Pluto tragen, während in einer zweiten Ehe gewisse Verhaltensänderungen möglich sind. Dennoch ist auch das gegenwärtige Leben wahrscheinlich von Schmerz, Scheidungen, Trennungen oder Prozessen geprägt: alles Lektionen, aus denen der Horoskopeigner lernen sollte, die Grundrechte seiner Vertragspartner zu respektieren. Möglicherweise gehen auch alle Versuche, eine Ehe zu schließen, fehl, und der Horoskopeigner bleibt allein.

Rückläufiger Pluto im achten Haus
Getragen von einem starken Lebensinstinkt, zeichnet sich der Horoskopeigner durch eine große Intensität im guten wie im schlechten aus. Was prägte ihn in den früheren Leben? Zweifellos viele sexuelle Erfahrungen und Abenteuer auf recht fragwürdigem Niveau. Es handelt sich um einen Menschen, der viel erlebt hat und der die geheimen Sehnsüchte der menschlichen Seele kennt. Da er Geld als Machtmittel zu seinem Vorteil benutzte und dazu neigte, andere Menschen zu manipulieren, wirkte er um so negativer, je größer sein Einfluß war. Auch vor dem Glauben anderer Menschen hatte er keinen Respekt und benutzte ihn zum eigenen Profit. Aus seinem Verhalten resultierte meistens ein gewaltsames Ende seiner Unternehmungen oder seiner Gefühlsbeziehungen. Heute jedoch verleiht ihm Pluto eine große Kraft, um seine Entwicklung endlich in eine gute Richtung zu lenken.

Rückläufiger Pluto im neunten Haus

Ist Pluto hier positiv aspektiert, so weist er auf die Fortsetzung einer unvollendeten Arbeit aus einem früheren Leben hin. War der Horoskopeigner vielleicht Priester, Missionar, Richter? Jedenfalls mag er sich gewünscht haben, in einem neuen Leben in diesen Bereichen seine Arbeit fortzusetzen. Ist Pluto negativ aspektiert, hat der Horoskopeigner vermutlich seine rechtliche oder religiöse Macht (oder beides zugleich) mißbraucht. Er war möglicherweise ein übereifriger Missionar, der seine engstirnigen religiösen Vorstellungen anderen Menschen aufzwang, vielleicht sogar jemand, der im Namen des Glaubens andere getötet hat oder zerstörerische Ideen in ein anderes Land schleuste und sie dort in einem verführerischen Gewand anpries. Das neunte Haus, das dem Schützen und Spanien entspricht, könnte bei einem rückläufigen Pluto, der negativ aspektiert ist, sogar auf ein früheres Leben als Inquisitor der katholischen Kirche hinweisen. In diesem Leben sollte der Horoskopeigner sich vor allem um Toleranz bemühen und sich nicht wundern, wenn er unter anderen Umständen seinen früheren Opfern wiederbegegnet. Gelingt es ihm jedoch, in einem großzügigen ökumenischen Geist zu wirken, so kann er seine Schuld abtragen.

Rückläufiger Pluto im zehnten Haus

Diese Konstellation gilt für François Mitterrand, für Valéry Giscard d'Estaing und einen Teil seiner ehemaligen Mannschaft (wie beispielsweise Marie-France Garaud). Eine ganze Generation von Politikern und Politikerinnen, die mit dem Aszendenten in der Waage geboren wurden, traten in den Jahren in die Öffentlichkeit, in denen die Konjunktion von Jupiter und Saturn (Planeten, die die Macht symbolisieren) über dieses Zeichen transitierten. Beim Aszendenten in der Waage fällt das MC in den Krebs, was es für diese Generation oft mit sich brachte, daß Pluto im zehnten Haus stand. Eine Rückläufigkeit des Planeten an dieser exponierten Stelle scheint dem Horoskopeigner großen Ehrgeiz zu verleihen. Offenbar hatte er auch früher schon viel Macht inne. Man spürt, daß er daran gewöhnt ist. Diese Macht jedoch wurde in früheren Inkarnationen mißbraucht oder wurde ihm genommen, was eine starke Frustration und den Wunsch bewirkte, sie in einem neuen Leben wiederzugewinnen. Natürlich sind weder Giscard noch Mitterrand Diktatoren; so weit geht ihr Machthunger nicht. Viele von dieser Konstellation geprägte Menschen haben schon während mehrerer Leben über den positiven Umgang mit der Macht und deren Mißbrauch nachgedacht. Es erscheint ihnen ganz natürlich, daß der erste Platz ihnen zukommt; sie wenden all ihre Energie auf, um ihn zu erringen. Haben sie ihn errungen, so laufen sie Gefahr, in die Falle zu gehen: die Macht kann ein Selbstzweck werden. Sie vergessen dann vielleicht, daß ihre gegenwärtige Inkarnation von dem Wunsch motiviert war, zu dienen. (Wenn man in einem sehr hohen Alter in eine Schlüsselposition gelangt, läuft man Gefahr, im Laufe der Zeit seine eigentliche Aufgabe vergessen zu haben!) Diese Position von Pluto verleiht auch eine lebhafte Intuition und parapsychologische Fähigkeiten. Der Horoskopeigner ist stark mit unsichtbaren Welten verbunden und manchmal hellsichtiger als seine Umgebung. In jedem Fall handelt es sich um einen sehr komplexen, nicht leicht durchschaubaren Charakter.

Rückläufiger Pluto im elften Haus
In dem Buch von Isola Pisani, *Mourire n'est pas mourire* (Sterben heißt nicht sterben), erzählt der Held der Geschichte eines seiner früheren Leben in der italienischen Renaissance. Voller Sehnsucht nach Freundschaft hängt er sein Herz an einen fremden Kapitän von zweifelhafter Moral, der ihn schließlich ermordet. Ebenso hat die Seele mit rückläufigem Pluto in Haus elf alles getan, um einen Freund zu finden – um jeden Preis. Da sie die Augen vor den eigenen Motiven und vor der Zuverlässigkeit des Freundes verschlossen hat, entstand nur eine auf Interesse und Begehrlichkeit basierende Beziehung. Deshalb enden solche Freundschaften oft sehr heftig, denn bald schon spielt die Eifersucht eine zu wichtige Rolle. Menschen mit einem rückläufigen Pluto im elften Haus, die in früheren Leben solch bittere Enttäuschungen hinnehmen mußten, sollten jetzt lernen, was uneigennützige Freundschaft bedeutet. Früher ging es ihnen vor allem darum, zu nehmen und nicht zu geben. Nun ernten sie, was sie gesät haben, und fragen sich, warum die Freunde ihnen davonlaufen. Aber sie entwickeln sich weiter und werden entdecken, was wahre Zuneigung ausmacht: spontane Sympathie, die auf einer gemeinsamen spirituellen Suche

gegründet ist. Dauerhaft kann sie nur zwischen zwei innerlich freien Menschen bestehen.

Rückläufiger Pluto im zwölften Haus
In einer früheren Inkarnation hat die Wesenheit wohl eine Initiation erlebt. Sie sollte eine gewisse Aufgabe erfüllen und hat es nicht getan. Durch innere Hindernisse, neurotisches Verhalten und Zwangsvorstellungen aller Art war sie in ein geistiges Gefängnis gesperrt, was sie daran hinderte, sich für andere Menschen nützlich zu machen. Heute wäre es gut, wenn sie sich mit Hilfe von psychotherapeutischer Arbeit befreite und dann in einem dienenden Beruf arbeitete. Arbeit in einem Krankenhaus, Sozialarbeit, Tätigkeiten in karitativen Organisationen etc. wären sehr sinnvoll für diesen Menschen und würden es ihm erlauben, die Leiden anderer zu lindern, was er früher versäumte.

Einige berühmte Persönlichkeiten mit rückläufigem Pluto
Maurice Mességué im Krebs, der Maler Maurice Utrillo im Stier, ebenso Charles Péguy – Didier Daurat, Colonel Godard und Monsignore Rhodin in den Zwillingen, alle im *ersten Haus*;
Henry Miller in den Zwillingen, Georges Bernanos und Alphonse Allais im Stier, Albrecht Dürer in der Jungfrau, Raphael in der Waage und die schreckliche Messalina im Löwen, alle im *zweiten Haus*;
Willy Brandt in den Zwillingen, Henry de Monfreid im Stier, Mary Baker Eddy in den Fischen, im *dritten Haus*;
Pierre Louÿs im Stier, im *vierten Haus*;
Jacques Chirac im Krebs, im *fünften Haus*;
Raymond Queneau in den Zwillingen, ebenso Enzo Ferrari, im *sechsten Haus;*
Dante Alighieri im Schützen, Eugène Ionesco und »Papillon« in den Zwillingen, im *siebenten Haus*;
André Gide und Winston Churchill im Stier, Jacques Chaban-Dalmas und der japanisch-französische Maler Foujita in den Zwillingen, Claude Débussy im Widder, Michelangelo in der Jungfrau, im *achten Haus*;
Alfred de Jarry im Stier, Mermoz in den Zwillingen im *neunten Haus*;

François Mitterrand, Valéry Giscard d'Estaing, Federico Fellini im Krebs, Jacques Prévert in den Zwillingen, im *zehnten Haus*;
Rudyard Kipling im Stier, Jean Genet und Josef Goebbels in den Zwillingen im *elften Haus*.
Spinoza im Stier, Paul Léautaud, Luis Buñuel und Marschall de Lattre in den Zwillingen, im *zwölften Haus*.

Kapitel 8

Die Mondknoten

Lange vernachlässigt von den westlichen Astrologen, erweisen sich die Mondknoten als wichtiger, als man glaubte. In der Interpretation eines Horoskopes scheinen sie den Weg der Wesenheit anzuzeigen, dem sie in ihren verschiedenen Inkarnationen folgte. Für das gegenwärtige Leben sind sie in jedem Fall ein Hinweis auf die Richtung, in die sich die Persönlichkeit entwickeln will.

Definition der Mondknoten

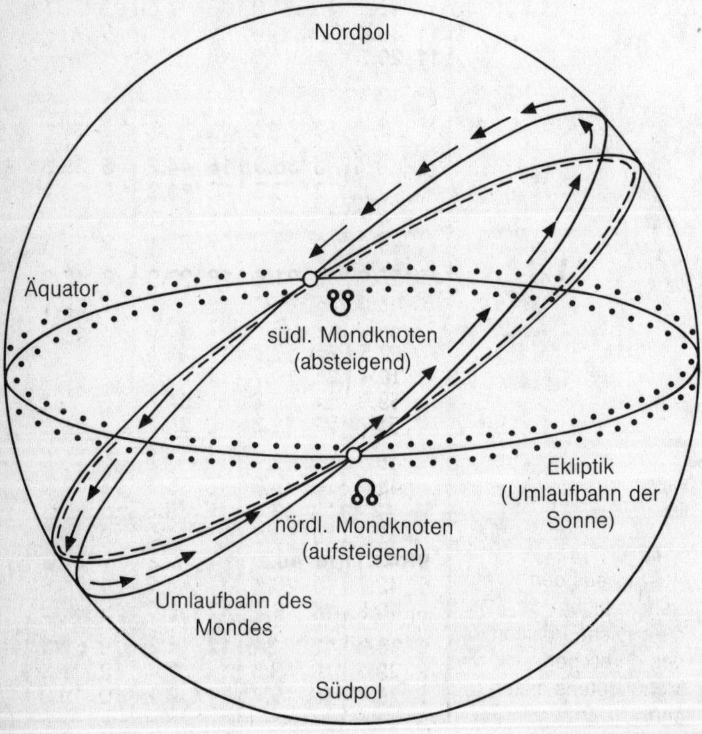

Die Mondknoten sind also zwei »Orte« am Himmel, genauer zwei Punkte, an denen sich die Umlaufbahn des Mondes um die Erde mit der scheinbaren Umlaufbahn der Sonne (Ekliptik genannt), kreuzt.

Der obere Kreuzungspunkt dieser beiden theoretischen Kreisbahnen der Himmelslichter heißt nördlicher oder aufsteigender Mondknoten ☊; seine Position ist in den Ephemeriden angegeben. Genau gegenüber liegt der südliche oder absteigende Mondknoten ☋. Wenn in Ihren Ephemeriden der nördliche

True ☊	☿	♀	♂
12♈33.9	29♑26.8	16♒58.8	2♎12.7
12R23.8	0♒28.4	17 19.0	2 34.6
12 11.3	1 24.1	17 37.3	2 56.1
11 57.5	2 13.1	17 53.5	3 17.4
11 43.6	2 54.6	18 7.6	3 38.3
11 30.9	3 27.5	18 19.5	3 58.8
11 20.5	3 51.0	18 29.1	4 19.0
11 13.1	4R 4.3	18 36.4	4 38.8
11 8.9	4 6.6	18 41.4	4 58.2
11D 7.2	3 57.3	18R44.0	5 17.3
11R 7.0	3 36.3	18 44.2	5 35.9
11 7.0	3 3.5	18 41.9	5 54.1
11 5.7	2 19.4	18 37.1	6 12.0
11 2.1	1 25.0	18 29.8	6 29.3
10 55.6	0 21.6	18 20.0	6 46.3
10 46.3	29♑11.1	18 7.7	7 2.8
10 34.9	27 55.7	17 53.0	7 18.9
10 22.5	26 37.7	17 35.8	7 34.4
10 10.4	25 19.7	17 16.2	7 49.5
9 59.9	24 3.8	16 54.3	8 4.1
9 51.6	22 52.3	16 30.2	8 18.3
9 46.1	21 46.9	16 3.9	8 31.9
9 43.2	20 48.8	15 35.7	8 44.9
9D42.4	19 59.0	15 5.6	8 57.5
9 42.7	19 18.1	14 33.9	9 9.5
9R43.1	18 46.2	14 0.6	9 21.0
9 42.7	18 23.4	13 26.2	9 31.9
9 40.5	18 9.3	12 50.6	9 42.3
9 36.0	18D 3.6	12 14.3	9 52.1
9 29.2	18 5.8	11 37.4	10 1.3
9 20.4	18 15.4	11 0.2	10 9.9

Auszug aus den Ephemeriden, die die tägliche Position des nördlichen Mondknotens anzeigen.

Mondknoten bei 10 Grad 52 Min. Löwe angegeben ist, so liegt der südliche Mondknoten automatisch bei 10 Grad 52 Min. Wassermann.
Die Mondknoten bewegen sich in der entgegengesetzten Richtung zu den Planeten mit einer Geschwindigkeit von etwa drei Minuten pro Tag. Beispielsweise ist der nördliche Mondknoten, den wir am 2. Februar bei 12 Grad 52 Minuten Löwe feststellten, am 3. Februar auf 12 Grad 49 Minuten Löwe zurückgegangen. Er ist fast immer rückläufig. Die Rückläufigkeit gibt den Mondknoten ihre besondere Bedeutung in bezug auf das Karma. Offenbar sind die Mondknoten Kreuzungspunkte zwischen der Vergangenheit (Mond), der Gegenwart (Erde) und der Zukunft (Sonne).

Die Mondknoten in der Reinkarnations-Astrologie

Die Mondknoten sind die unsichtbaren Fäden, die ein Leben mit dem nächsten verbinden. Der südliche Mondknoten ☋ (symbolisiert durch eine kleine, vasenförmige Figur) ist ein »Behälter«: er ist das Gefäß der Seele, angefüllt mit all dem, was sich in den früheren Leben angesammelt hat.
Der nördliche Mondknoten ☊ zeigt an, wohin wir in dieser Inkarnation tendieren, er ist der Hinweis auf die Ziele, nach denen wir unsere Reise durch Zeit und Raum ausrichten.
Unser ganzes Leben dreht sich um die Achse der Mondknoten. Wir entfernen uns von unserer Vergangenheit, die durch den südlichen Mondknoten verkörpert wird, und streben der Zukunft, von unserem nördlichen Mondknoten symbolisiert, zu. Viele Menschen jedoch klammern sich mit aller Kraft an den südlichen Mondknoten. Sie fliehen ihren nördlichen Mondknoten, das heißt die Aufgabe, die sie selbst vor ihrer Geburt angenommen oder gewählt haben. Es fehlt ihnen an Mut, sich den Prüfungen zu unterziehen, die ihnen eine Weiterentwicklung ermöglichen würden.
Warum sind die Mondknoten so wichtig? Weil der Mond, dessen Weg sie beschreiben, der uns nächste Himmelskörper ist und unser alltägliches irdisches Leben am stärksten beeinflußt.
Die Mondknoten sind die Wegmarken der verschiedenen Inkarnationen einer Wesenheit.

Alle 18–19 Jahre kehrt der nördliche Mondknoten zu seiner ursprünglichen Position zurück. Das ist für den Horoskopeigner eine Möglichkeit zur Erneuerung, eine Möglichkeit, die negativen Aspekte seines Karmas zu verarbeiten, die durch das Zeichen und das Haus des südlichen Mondknotens angezeigt werden. Die Seele erlebt dann eine spirituelle Krise, die sich positiv auswirken kann, wenn sich die Seele entschließt, den nächsten Schritt zu tun, der vom nördlichen Mondknoten angezeigt wird. Mit ca. 37 Jahren (19 × 2) entsteht so wieder eine Möglichkeit, sich von den Schlacken der Vergangenheit zu reinigen und die in früheren Leben gemachten Errungenschaften, die der nördliche Mondknoten anzeigt, zu nutzen (wenn der Betreffende diese Chance nicht wahrnimmt, kann der südliche Mondknoten sich sehr negativ auswirken!).
Mit ungefähr 57 Jahren (19 × 3) macht der Horoskopeigner eine dritte spirituelle Krise durch. Er muß gewisse Entscheidungen treffen, die jetzt sehr schmerzhaft sind, wenn er sich ihnen bisher entzogen hat. Schließlich sollte der Horoskopeigner mit 76 Jahren (19 × 4‹), sofern er noch lebt, sich endgültig von den Lasten der Vergangenheit befreit haben und einen beträchtlichen Schritt auf dem vom Zeichen und Haus des nördlichen Mondknotens bezeichneten Weg vorangekommen sein.
Die Position der Mondknoten sollte man unter Abzug von 24° von ihrer gegenwärtigen Position für Geburten im 20. Jahrhundert betrachten, was manchmal zu einer Position im vorangegangenen Zeichen führt.

☋

Der südliche Mondknoten – Schlüssel zur Vergangenheit

Er beschreibt nicht nur eine unserer früheren Inkarnationen, sondern eine allgemeine Atmosphäre und ein umfassendes Resultat unseres Verhaltens, unserer Gedanken und Entscheidungen in mehreren früheren Leben. Es ist, als zeigte er uns gleichsam eine Bilanz – und den Grund, der uns zu dieser Reinkarnation geführt hat.
Hinter dem südlichen Mondknoten stehen 20 oder 50 Leben und Hunderte von Jahren: eine Vergangenheit, die uns vertraut ist, auch wenn wir uns bewußt nicht an sie erinnern. Viele von uns haben große Schwierigkeiten, sich von dieser Vergangenheit zu lösen, um sich neuen Horizonten zuzuwenden.

Für gewisse Menschen bedeutet der südliche Mondknoten eine sichere Basis, erforschtes Land. Für andere ist er eine Anhäufung von Irrtümern, von denen man sich unter Schmerzen befreien muß. Deshalb bedeutet er, wenn er schlecht aspektiert wird, den Schwachpunkt des Horoskops, die Passiva unserer Bilanz, die heruntergefallenen Maschen in der Strickarbeit. Nicht jeder ist mutig genug, um sich damit auseinanderzusetzen, deshalb ist ein Teil unserer früheren Leben uns auch verborgen; unsere Erinnerung hat schwarze Flecken – wir waren noch nicht stark genug, um den Schrecken der Vergangenheit ins Gesicht zu sehen.

Der südliche Mondknoten ist ein Hinweis auf die negativen Gewohnheiten, die zur Formung der seelischen Physiognomie beitrugen, übrigens oft auch zu der des Körpers! So ist es mir öfter passiert, daß ich Menschen begegnet bin, bei denen ich geschworen hätte, sie seien im Zeichen des Skorpions oder der Waage geboren, so eindeutig schien ihr Äußeres darauf hinzuweisen. Beim Überprüfen ihres Horoskopes erlebte ich eine Überraschung: nur der südliche Mondknoten stand in diesem Zeichen. Da ist dieser durch und durch ehrbare Mann, der ein bürgerliches Leben führt und sich keine Extravaganzen erlaubt, und doch sieht er aus, als hätte er mit Hexerei zu tun. In diesem Leben ist das zwar nicht mehr der Fall, die Position der Mondknoten in seinem Horoskop jedoch zeigt, daß er in früheren Leben wahrscheinlich mit schwarzer Magie und Hexerei zu tun hatte. So geben die Mondknoten höchst wichtige Auskünfte über den Weg einer Seele.

Die früher erworbenen schlechten Angewohnheiten lassen sich nicht an einem Tag ablegen. Immer wieder läuft die Seele Gefahr, sich selbst in die Falle zu gehen und das Ziel, das sie sich für die Gegenwart gesetzt hat, zu vergessen. Es ist ganz legitim, wenn man seine Vergangenheit so weit wie möglich zurückverfolgen will, daraus sollte jedoch der Wunsch, sich weiterzuentwickeln, entstehen. Manche Menschen haben Angst und klammern sich an die Gewohnheiten früherer Leben: Sie gehen immer wieder denselben Weg, der vom südlichen Mondknoten symbolisiert wird.

Der nördliche Mondknoten – Schlüssel zur Zukunft

Der nördliche Mondknoten symbolisiert neue Erfahrungen, die sich uns darbieten. Für unser innerstes Bewußtsein sind diese Erfahrungen keine Überraschung. Wir sahen sie schon vor unserer Geburt, wir wünschten sie uns oder wir stimmten, wenn auch ohne große Begeisterung, zu, uns ihnen auszusetzen.

Der nördliche Mondknoten zieht die Seele in die Richtung ihres zukünftigen Wachstums. Seine Position im Zeichen, im Haus, seine Aspekte weisen auf das hin, was dem Horoskopeigner helfen kann, sich weiterzuentwickeln. In jedem Fall werden wir alle eines Tages dorthin gelangen, wohin wir gelangen sollen, auch wenn es Menschen gibt, die sehr lange dazu brauchen oder die sich von anderen aufhalten lassen.

Wir müssen also unseren ganzen Mut und unseren ganzen Glauben auf diesen nördlichen Mondknoten richten und seine positiven Eigenschaften entwickeln. Die moderne Psychologie hat ganz klar gesehen, daß man sich nur in die Zukunft hineinentwickeln kann, wenn man sich von den Schlacken der Vergangenheit befreit hat. Jeder Schritt, den man in Richtung zum nördlichen Mondknoten tut, wird eine neue Dimension des Glücks eröffnen, das Gefühl, sich etwas wohler in seiner eigenen Haut zu fühlen.

Die Mondknoten in den Zeichen

Nördlicher Mondknoten im Widder –
südlicher Mondknoten in der Waage

In früheren Inkarnationen ist es dem Horoskopeigner nicht gelungen, seine Persönlichkeit zu festigen. Er spiegelte immer die anderen wider, versuchte ihnen zu gefallen und von ihnen geliebt zu werden. Er ging ganz in einer Familie oder in einer Gruppe auf und hatte keine eigene Individualität (wie man es heute noch bei einigen afrikanischen Stämmen beobachten kann). Von der Gruppe fühlte er sich gestützt, sie traf Entscheidungen für ihn, und so blieb ihm viel Angst erspart, aber auch der Stolz, sich selbst zu bestätigen. Der Horoskopeigner hat also viel Erfahrungen im sozialen Leben gesammelt, war jedoch unfähig, sich durchzusetzen und zwischen zwei Parteien

zu entscheiden. Seine Unentschlossenheit, sein Charaktermangel ließen ihn zu einem Opportunisten werden oder zumindest zu jemandem, der nicht wußte, wer er war.
Als sehr künstlerischer, sehr fein organisierter Mensch, stürzte ihn die kleinste Disharmonie in ein emotionales Wirrwarr.
Heute muß er lernen, diese übergroße Sensibilität zu überwinden. Seine gegenwärtige Aufgabe besteht ganz eindeutig darin, daß er ein Individuum sein will, selbständig leben und Freiheit erwerben möchte. Er wird lernen müssen, sich allein durchzuschlagen, mutig zu sein und eigene Entscheidungen zu treffen, ohne sich hinter einer familiären oder beruflichen Gruppe zu verstecken.
Die erste Hälfte seines Lebens könnte noch von dieser Sensibilität für Mißstimmungen geprägt sein, die im Kreis der Familie und Freunde auftreten. Der Kampf jedoch, für den er sich entschieden hat, wird seine Persönlichkeit festigen. Wenn er endlich eine Ahnung bekommen hat von der Wahrheit, wird er keine Angst mehr haben, sich allen anderen gegenüber durchzusetzen, selbst wenn er die ihm Nahestehenden schockiert. Er wird sich bemühen, ihren Besitzansprüchen zu entrinnen, und er wird sich eine berufliche Position suchen, in der er eine gewisse Unabhängigkeit hat.
Viele berühmte Menschen haben den nördlichen Mondknoten im Widder. Meist sind es starke und originelle Persönlichkeiten. (Auch beim ersten Mann, der den Mond betrat, Neil Armstrong, stand der nördliche Mondknoten im Widder!)

Nördlicher Mondknoten im Stier – südlicher Mondknoten im Skorpion

Der Horoskopeigner hat sich mutig ein schwieriges Schicksal gewählt. Das Gefäß der Seele, das durch den nördlichen Mondknoten im Skorpion versinnbildlicht wird, hat in früheren Leben so viel Unreines aufgenommen, daß sich der Horoskopeigner wie gelähmt fühlte; diesmal ist es sein fester Entschluß, seine Seele von all diesen Schlacken zu reinigen.
Aber auch wenn man stark motiviert ist, kann man keine Wunder vollbringen. Die früher angenommenen, schlechten Gewohnheiten bestehen weiter, und ihre Auswirkungen prägen den Horoskopeigner stark, zumindest in der ersten Hälfte seines Lebens. Menschen, die unter dieser Konstellation geboren

sind, wohnt ein Wissen über gewisse menschliche Niedrigkeiten inne. In diesem Leben haben sie einen großen Widerwillen gegen die Dinge, mit denen sie früher Mißbrauch trieben und durch die sie selbst zerstört wurden: finanzielle Unlauterkeit, sexuelle Perversion, Okkultismus, Hexerei, Schwarze Magie – vor all dem graut es ihnen.
Manche dieser Menschen wünschen sich, von diesen Dingen frei zu werden, besitzen aber noch nicht die Kraft dazu. Sie sind hin- und hergerissen zwischen ihrer Sehnsucht nach einem aufrichtigen Leben und der Last der früheren Gewohnheiten. So ging es dem Schriftsteller Jean Genet (südlicher Mondknoten auf 17 Grad Skorpion), dessen Werk und Leben, in denen er sich als »Bösewicht« zeigte, von dieser inneren Zerrissenheit zeugen.
Jene Seelen, die das Feuer der Hölle durchlitten haben, sehnen sich leidenschaftlich nach konstruktiven Werken im Leben. So ist es kein Zufall, daß Kommandant Cousteau (südlicher Mondknoten auf 27 Grad Skorpion) gegen die Verschmutzung der Ozeane kämpft. Der Skorpion galt immer als Zeichen des schmutzigen, stinkenden, schwarzen Wassers – und das schon bevor das Heizöl und anderer Unrat das Meer zu einem Grab für Fische und Vögel machte.
In vielen Fällen ist man erstaunt, daß diese Menschen die Qualitäten und Nachteile des Skorpion-Zeichens so deutlich zeigen, obwohl sie weder einen Planeten in diesem Zeichen noch im achten Haus haben – und auch AC, DC, MC oder IC den Skorpion nicht tangieren. Häufig machte es ihnen große Schwierigkeiten, mit ihrer Sexualität und ihrem Gefühlsleben ins reine zu kommen. Jene, die schon mit einem Fuß im Stier stehen, versuchen die Erschütterungen jedenfalls zu vermeiden, die ihre früheren Existenzen zerstört haben. Die Vulkane des Skorpions grollen noch, aber für diese Menschen ist die Zeit der Ausbrüche vorbei; man sieht nur noch den Rauch, der aus der Asche aufsteigt.
Sie haben sich mit einem ganz bestimmten Vorsatz inkarniert: das Leben zu verteidigen, nicht zu töten und Mäßigung zu lernen. Sind sie dem Skorpion sehr nahe, leben sie oft in Angst, fühlen sich von einem diffusen Schuldgefühl bedrückt und leicht von allen Seiten bedroht. Diese Angst ruft in ihnen heftige, für ihre Umgebung verheerende Reaktionen hervor: Sie

gehen so weit, das zu zerstören, was sie lieben, und sind darüber selbst sehr verzweifelt, da sie im Grunde davon träumen, etwas aufzubauen. Ihr Leben wird sich beruhigen, wenn sie sich zum Stierhaften hin entwickeln, und sie werden eines Tages zu einer heiteren, positiven Lebenseinstellung gelangen.

Nördlicher Mondknoten in den Zwillingen – südlicher Mondknoten im Schützen

Hier haben wir ein Wildpferd vor uns, eine Naturgewalt. Mit wehender Mähne durch die wilden Steppen seiner früheren Leben galoppierend, kannte es weder einen Herrn noch ein Gesetz. Trunken von Freiheit glaubte der Betreffende an die Tugend der Tat. Als sehr unabhängiger Mensch ging er seinen Weg, ohne jemanden um etwas zu bitten oder zu fragen. Heute ist die wilde Seite seiner Natur noch nicht ganz tot: In seinem Innersten bleibt die Sehnsucht nach weiten Reisen, Abenteuern, großen Räumen. Sein Bedürfnis nach Luft, Bewegung und Freiheit ist unbezwingbar. Er kann nicht stillsitzen. Immer in Eile, ein Hans-Dampf-in-allen-Gassen, beginnt er tausend Dinge, ohne etwas zu beenden. Er sollte endlich lernen, seine Aufmerksamkeit auf ein einziges Ziel zu konzentrieren – etwas, das ihm jetzt noch völlig gegen den Strich geht.

Seine früheren Leben waren bewegt, ein ganzer Roman, aus Episoden bestehend. Dieser Abenteurer muß jetzt lernen, sich in die Gesellschaft einzufügen. Die Aufgabe, um die es ihm jetzt geht, ist, Geduld zu lernen, dem Detail Aufmerksamkeit zu widmen und sich auf einen Dialog mit den anderen einzulassen.

Armes, wildes Pferd, dessen Horizont unbegrenzt war – es muß sich nun zähmen lassen. Um sich weiterzuentwickeln, muß dieser Mensch großmütig seine Freiheit jenen opfern, die er liebt, und den Idealen, denen zu dienen er sich entschlossen hat. Die Ehe erscheint ihm natürlich wie ein Gefängnis, deshalb braucht er einen liberalen Partner, weil er sonst früher oder später die Flucht ergreifen wird. Unbewußt egoistisch, ist er manchmal wie ein Elefant im Porzellanladen, der gar nicht merkt, was er alles zerbricht. Haben Sie Geduld mit ihm: Sein Mangel an Takt rührt von seiner früheren Wildheit her. Aber er ist ja willens zu lernen. Therapiegruppen könnten ihn lehren, sich in einer Gemeinschaft auszudrücken. In der Stadt zu leben, wird er

jedoch nicht aushalten. Ein Beruf, bei dem er viel reisen muß, würde ihm helfen, sich zu entspannen. Aber auch auf dem Land sollte er nicht zu lange leben.
In früheren Leben hatte er sich eine starke Sensibilität für die Natur und ein instinktives Wissen um die kosmischen Gesetze erworben, das er nun weitergeben sollte. Seine Lebensenergie und seine Begeisterung entspringen seinem tiefen Glauben: Wie das Unkraut, das selbst aus dem Straßenpflaster wächst und auf die Vorsehung hofft, glaubt er, daß Gott ihm schon immer das Nötigste beschaffen werde. Dieser Glaube und dieses Vertrauen sollte er an andere weitergeben.
Unter den mit dieser Konstellation geborenen Menschen findet man so düstere Gestalten wie Rasputin (südlicher Mondknoten bei 28° Schütze). Die Berichte über seinen Tod sind sehr verwunderlich. Jedesmal, wenn man glaubt, man hätte ihn getötet mit einem Schlag, der jeden anderen vernichtet hätte, erhob er sich wieder und ging zum Angriff über, so daß jene, die ihn töten wollten, glaubten, er sei unüberwindlich.
Das andere Extrem, das sich wesentlich stärker nach den Zwillingen ausrichtet, finden wir beispielsweise bei Proust, dessen Werk stark seine Beschäftigung mit dem gesellschaftlichen Leben widerspiegelt. Er war übrigens selbst unfähig, sich harmonisch in die Gesellschaft einzufügen und beweist in seinen Büchern, welche Distanz er zu allen Formen der sozialen Kommunikation empfand, wie neu sie also für ihn waren. Seine Krankheiten, seine Abgeschiedenheit, seine Trauigkeit erinnern an die Reaktionen eines wilden Tieres, das man eingesperrt hat. Hinter seinen Gittern beobachtet er die seltsame fremde Welt der Menschen (siehe sein Horoskop Seite 116).

Nördlicher Mondknoten im Krebs – südlicher Mondknoten im Steinbock

Dieser Mensch thront auf einem eisigen Berg; seine uralte Seele weiß viele Dinge. Deshalb verachtet er die anderen, diese unwissenden Kinder. In einem früheren Leben war er einmal sehr mächtig und führte andere Menschen. Welchen Beruf er auch gehabt haben mag (Aufschluß darüber gibt das Haus, in dem sich der Mondknoten befindet) – er verfügte über Autorität. In diesem Leben wundert er sich, daß die anderen ihm nicht den ihm gebührenden Respekt erweisen, an den er früher gewöhnt war. Deshalb wird er nach Kräften dafür arbeiten, das verlorene Ansehen wiederzugewinnen. In seiner Jugend sind ihm alle Mittel recht, die Aufmerksamkeit auf sich zu lenken. Insbesondere hat er eine eigentümliche Begabung, das Opfer zu spielen und Komplikationen zu schaffen, die andere zwingen, sich mit seiner Person zu beschäftigen. In früheren Leben hat er große Fähigkeiten erworben, er verzeiht sich jedoch keinen Mißerfolg, und so zieht er es vor, wenn er eine Situation vor sich sieht, die er nicht beherrschen wird, so zu tun, als sei er krank.

Sehr kritisch anderen gegenüber (vor allem, wenn Merkur mit dem südlichen Mondknoten in Konjunktion steht) erträgt er selbst nicht die geringste Kritik. Er zieht sich in seinen Elfenbeinturm zurück und erlaubt es niemandem, einen Blick hineinzuwerfen. Seine früheren Leben drehten sich vor allem um die Befriedigung seines Ehrgeizes. Er neigt zu Egoismus und Materialismus, zu kalter Berechnung seiner Interessen und zur Ausbeutung der Schwächen anderer, wobei er die seinen natürlich sorgfältig verbirgt (Hitler und Lenin hatten den südlichen Mondknoten im Steinbock).

Diese sehr alte Seele (das zehnte Zeichen ist das des Alters) hat sich inkarniert, um sich von der Enge und Kälte der Steinbocknatur zu befreien. In diesem Leben hat sie sich oft große Verantwortung und schwierige familiäre Situationen ausgewählt. Die Wesenheit sollte Sensibilität für die emotionalen Bedürfnisse der anderen entwickeln und lernen, ihre Schwächen – aber auch die eigenen – zuzugeben. Der Tag, an dem der Horoskopeigner in der Lage ist zu sagen: »Ich gebe zu, daß ich mich geirrt habe und bitte um Entschuldigung«, wird ihn einen großen Schritt weiterbringen, und er wird sehr überrascht sein, daß man ihn für dieses Zugeständnis nicht verurteilt.

Um sich in seinem Leben weiterzuentwickeln, sollte der Horoskopeigner sich darum bemühen, die Menschen, für die er Verantwortung hat, zu ernähren (Krebs ist das Zeichen des Magens). Eine Mahlzeit ist materielle Ernährung und vermittelt zugleich eine Atmosphäre der Wärme und Geborgenheit. Vielleicht verstehen Sie nun auch, warum Heinrich IV. wollte, daß all seine Untertanen am Sonntag ein Huhn im Topf hätten: bei ihm stand der nördliche Mondknoten bei 21° Krebs. Der »gute König Heinrich« war auf dem richtigen geistigen Weg –

während unter Lenin und Hitler die Menschen verhungerten. Ludwig XI., dieser große, selbst in Frankreich so wenig bekannte König (südlicher Mondknoten bei 24° Steinbock) schrieb in Erinnerung an seine diplomatischen Erfolge: »Mein Vater hat versucht, die Engländer mit Waffengewalt aus dem Reich zu vertreiben – ich hatte Erfolg durch die Macht der Wildpasteten und der guten Weine.«

Nördlicher Mondknoten im Löwen – südlicher Mondknoten im Wassermann

Im Tierkreis steht das Zeichen Löwe dem Wassermann, der die Freundschaft symbolisiert, gegenüber. Macht läßt auch wirklich einsam werden; so muß der Horoskopeigner, der den nördlichen Mondknoten im Löwen stehen hat, lange Perioden der Zurückgezogenheit erleben, wiederholte Prüfungen, die er sich vor seiner Geburt selbst gewählt hat, um seine Kraft zu entwikkeln. Am Beginn dieses Lebens wird er sich heftig beklagen, daß er niemanden hat, auf den er sich verlassen kann und daß seine Freunde sich nicht mehr sehen lassen, wenn er sie braucht. Diese innere Einsamkeit ist jedoch notwendig, um sein karmisches Schicksal zu erfüllen: ein Führer anderer Menschen zu werden.

In seinen früheren Leben hatte er seine Unabhängigkeit sehr kultiviert und sich an niemanden gebunden, wobei er zugleich vermied, daß sich andere zu stark an ihn banden (so sehr hatte er Angst davor, eingeengt zu werden). In diesem Leben wird er sich zwiespältig verhalten: Er wird die Einsamkeit lieben und sie zugleich fliehen. Er glaubt, andere zu brauchen, lehnt aber ihre Ratschläge ab. Seine Schwäche besteht darin, daß er zu heftig nach Freunden sucht. Eines Tages wird er begreifen, daß all dies nutzlos ist: Er muß sein Schicksal ganz alleine tragen. Dann wird er ein sehr starker Mensch werden.

Aus der durch den südlichen Mondknoten im Wassermann angezeigten Vergangenheit läßt sich auf große Verachtung aller Konventionen und Nachlässigkeit gegenüber festen Regeln schließen: Der Horoskopeigner glaubt immer, über den Gesetzen zu stehen (»quia nominor Leo«, sagte der Löwe Jean de la Fontaine; »der Staat bin ich«, sagte Ludwig XIV.). Eines Tages kommt jedoch der Augenblick, in dem er die Notwendigkeit empfindet, all seine Kräfte für ein Ziel einzusetzen. Dann wird

er glücklich sein, wenn er sich einer gerechten Sache ganz hingeben kann, wenn er der Menschheit zum Fortschritt verhilft. Steht er dem Löwen jedoch näher, so wird er in Versuchung geraten, seine Prinzipien zu vergessen und seine Macht zu mißbrauchen.
Die Kraft und das Organisationstalent des Löwen sollten ihm erlauben, die progressiven und originellen Ideen, die er früher entwickelt hat, auszudrücken – humanitäre Ideen, die er in früheren Existenzen nicht praktisch anwandte.
Als großzügiger Mensch ohne Falsch vergibt er denen, die ihr Unrecht einsehen, und würde sich niemals gegen den Feind wenden, der am Boden liegt. Für die Liebe tut er alles, begeht jedoch manchmal den Irrtum zu glauben, daß sie sich kaufen ließe. Eine Rest von Unabhängigkeit aus seinen früheren Leben macht die Ehe für ihn jedoch schwierig: Nicht selten beendet er sein Leben allein, getrennt von seinem Partner (wie Gandhi, der sich von seiner Frau trennte, um sich ganz seiner großen Aufgabe widmen zu können).

Nördlicher Mondknoten in der Jungfrau –
südlicher Mondknoten in den Fischen

Wurde diese Wesenheit in ihren früheren Leben ihrer religiösen Ideen wegen verfolgt? Jedenfalls hat sie viel gelitten und eine große Fähigkeit zum Mitleiden entwickelt. Vielleicht war sie auch nur innerhalb der Familie eine Art Sündenbock. Mehrere frühere Leben sind möglicherweise im Gefängnis, in Krankenhäusern oder in aufgezwungener Einsamkeit erlebt worden. Dieses Mitgefühl mit dem Leiden bestand jedoch zu sehr aus einer Mischung von Gefühl, Traum und Emotionen, als daß es zu einem klaren Urteil hätte führen können. Das bringt manchmal mit sich, daß der Horoskopeigner sich von den Schmerzen anderer so überwältigen läßt, daß er ihnen nicht mehr helfen kann, sondern mit ihnen untergeht, oder daß er jedes Leiden flieht, da das Leiden der anderen ihn an sein eigenes erinnert. Beim kleinsten Wehwehchen schreit er: »Ich sterbe!« Beim Anblick von Blut wird er ohnmächtig. Erwarten Sie nicht, daß er einen Arzt holen geht. Jeder Anblick von Krankheit und Leid löst in ihm einen unüberwindlichen Fluchtreflex aus.
Wenn er endlich soweit ist, sich von seiner selbstmitleidigen

Haltung zu lösen, kann er anderen vor allem im therapeutischen und medizinischen Bereich eine große Hilfe sein. Aus seinen früheren leidvollen Leben hat er einen Mangel an Selbstvertrauen und eine Neigung dazu, sich entmutigen zu lassen, übernommen; er braucht viel Unterstützung. Natürlich träumt er von einer idealen Welt, in der nur Zärtlichkeit und Schönheit herrschen. »Auf Erden wie im Himmel.« Er muß jedoch lernen, sich zu inkarnieren und seine Träume zu konkretisieren. Alle Menschen, die den südlichen Mondknoten in den Fischen haben, sind ein wenig wie die kleine Meerjungfrau: mit den Füßen auf der Erde zu gehen, bereitet ihnen die größten Schmerzen. Die kleine Meerjungfrau sollte jedoch zu einem klaren Urteil darüber kommen, ob der schöne Prinz die Mühe wert ist, anstatt sich zu beklagen, daß man sie nicht versteht.
Im religiösen Bereich war die Wesenheit mehr von Gefühlen als von Wissen bestimmt: In diesem Leben sollte sie sich bemühen, klare Vorstellungen zu entwickeln, was ihr besonders schwerfällt. Lebenstüchtigkeit, Aufmerksamkeit für Details, Selbstbeherrschung, Disziplin, ohne jedoch die Fähigkeit zum Mitleiden und zum Verzeihen aufzugeben – das sollten die Menschen mit dem nördlichen Mondknoten in der Jungfrau lernen (Marie Curie z. B. hat ihr ganzes Leben der wissenschaftlichen Forschung gewidmet).

Nördlicher Mondknoten in der Waage –
südlicher Mondknoten im Widder

Hier haben wir eine starke Persönlichkeit, die während mehrerer Leben einen ausgeprägten Individualismus und Pioniergeist entwickelt hat. In dieser Inkarnation geht es ihr darum, etwas zu lernen, was sie bisher ziemlich vernachlässigt hat: Gemeinsamkeit, Zusammenarbeit, Respekt vor Verpflichtungen, vor allem vor schriftlichen Verträgen, war nicht Stärke dieses Menschen. Er neigte zu cholerischem, impulsivem, egozentrischem Verhalten und kümmerte sich nicht um Gesetze. Das brachte ihm viele Schwierigkeiten ein und wird ihn auch weiterhin beeinträchtigen, wenn er sich nicht ernsthaft dazu entschließt, das Recht anderer Menschen zu achten. Im täglichen Leben sollte er auf die kleinste Kleinigkeit achten, die in seiner Ehe oder im beruflichen Leben Disharmonie bewirken könnte. Ein Beispiel für diese Konstellation finden wir in Prinz Philip, dem Gemahl

von Königin Elizabeth II., der sich eine Inkarnation voller sozialer Verpflichtungen gewählt hat. Sie scheinen ihn zu gewissen Zeiten so schwer belastet zu haben, daß er manchmal versuchte, ihnen zu entfliehen, sei es durch private Reisen oder ein Verhalten, das traditionellere Gemüter schockierte. Der südliche Mondknoten im Widder verleiht dem Horoskopeigner eine gewisse geistige Beschränktheit. Im früheren Leben hatte er vor allem die Eigenschaften Tatkraft und Initiative entwickelt; heute sollte er sich um eine meditative Haltung, um eine genaue Kenntnis des Rechts und um religiöse Toleranz bemühen – kurz gesagt, seinen geistigen Horizont erweitern. Wenn der Horoskopeigner in alten Verhaltensweisen steckenbleibt, wird er sich der Gesellschaft entfremden, so stark ist sein Egoismus, seine Mißachtung anderer Menschen, seine Impulsivität, seine Eitelkeit und seine Neigung zur Heftigkeit, ja Gewalttätigkeit. Er sollte lernen, seine martialische Energie in eine konstruktive Aufgabe einfließen zu lassen, bei der er auch bleibt. Er sollte sich, bevor er zur Tat schreitet, wenigstens ein paar Minuten Zeit nehmen, um nachzudenken.
Seine heftigen Leidenschaften ließen ihn oft kopflos handeln. In diesem Leben wird er lernen, andere zu achten, mit ihnen zu teilen, zu geben – nur weil er so viel bekommen hat. Der Horoskopeigner neigt zu Eifersucht. Er sollte erkennen, daß ihm nahestehende Menschen ein Recht auf ein individuelles Leben haben, das Recht, andere Wege zu gehen, als er es sich vorstellt. Seine Freiheit ist durch die Freiheit anderer eingeschränkt, darauf basiert das Recht, und das muß er einsehen.
Der südliche Mondknoten im Widder verleiht oft eine starke Anziehungskraft, in die sich auch ein gewisser Narzismus mischt. So haben diese Menschen die Neigung, aus anderen Menschen Kraft zu saugen, bis sie die Flucht ergreifen. Eines Tages jedoch könnte der Horoskopeigner in der Lage sein, von seiner vitalen Energie anderen abzugeben. Dann wäre er viel glücklicher. Vielsagend zu diesem Thema ist das Buch »Das Elefantenjunge« von Rudyard Kipling, der ebenfalls mit dem nördlichen Mondknoten in der Waage geboren wurde und sicher viel über diese Thematik nachgedacht hat (siehe sein Horoskop Seite 265).

☊ *Nördlicher Mondknoten im Skorpion –*
☋ *südlicher Mondknoten im Stier*

Sowenig Veränderung und soviel Kontinuität wie möglich, das erhofft sich der Horoskopeigner, der den südlichen Mondknoten im Stier hat. Sein Bedürfnis nach Sicherheit ist groß. Er hängt an der Vergangenheit, an alten Gewohnheiten und Vorstellungen. Unglücklicherweise jedoch hat er für dieses Leben die Veränderung und ganz und gar nicht die Kontinuität gewählt. In dem schwierigen und schmerzhaften Schicksal, das er akzeptiert hat, muß er alles verlieren, um sich weiterentwickeln zu können. Er erlebt das Sterben all dessen, was er liebt, den Verlust seines irdischen Besitzes, den realen oder symbolischen Tod der Menschen, an denen er hängt. Das Horoskop ist vielleicht dazu da, ihn daran zu erinnern, daß er sich für diese innere Revolution und nicht für Sicherheit und Bequemlichkeit entschieden hat.

In seinen früheren Leben hat er sich vermutlich sehr an seine materiellen Güter, seine Ehre und seine Familie geklammert. Autorität war ihm wichtig. Er neigte dazu, zu arbeiten um der Arbeit willen, ohne sich über Sinn und Zweck dieser Arbeit oder gar über spirituelle Vorgänge Gedanken zu machen. Seine starke Sinnlichkeit trieb ihn dazu, alle physischen Freuden dieser Welt auszukosten. Dinge und Menschen erfreuten ihn erst dann, wenn sie ihm gehörten. Er lebte jedoch immer in der Angst, er könnte sie verlieren, was zu den dramatischen Verlusten in diesem Leben führte. Er könnte sich viel Leid ersparen, wenn er diese Verluste zu akzeptieren lernte und bereit wäre weiterzugehen, ohne sich umzusehen – wie ein Konquistador seine Schiffe verbrennt, bevor er die neue Welt betritt. Erst wenn er Mut, Tatkraft und Großzügigkeit entwickelt hat, wird er glücklicher werden.

Einige Beispiele für diese Konstellation: der Maler Henri de Toulouse-Lautrec, Richelieu, Beethoven. Sie alle litten unter gesundheitlichen Schwierigkeiten, die sie dazu zwangen, vor allem auf ihr Familienleben zu verzichten (übrigens beenden viele Menschen mit dieser Konstellation ihr Leben allein oder unverheiratet). Ähnlich erging es auch der Zarentochter Anastasia: Die Ermordung ihrer gesamten Familie nahm ihr alle gesellschaftlichen Vorrechte, ja sogar ihre eigene Identität, da man sie nicht mehr offiziell anerkannte. Erstaunlich ist, daß sich hier auch Mussolini findet ... ist er nicht eher ein Beispiel für einen Menschen, der noch sehr an seinen früheren Inkarnationen hängt und ganz in der Welt des südlichen Mondknotens im Stier lebt? Der Zusammenbruch seines Regimes brachte für ihn den endgültigen Verlust all dessen, an das er sich geklammert hatte.

Nördlicher Mondknoten im Schützen – südlicher Mondknoten in den Zwillingen

Nach vielen zerstreuenden und unterhaltenden Erfahrungen empfand der Betreffende wohl den Wunsch, sich zu sammeln, seine Taten und Gedanken auf ein Ziel zu konzentrieren. Er begriff endlich, daß er sich stabilisieren, aus seiner Unentschlossenheit herauswachsen und sich engagieren mußte. Er hatte die meiste Angst davor, seine sakrosankte Freiheit zu verlieren, sich zu binden ... erwachsen zu werden!

Geschickt hängte er sein Mäntelchen stets nach dem Wind und bemühte sich immer, seine Schäfchen ins Trockene zu bringen. Er gab immer nur eine Hälfte seines Zwillingspaares hin, um eine Rückzugsmöglichkeit zu haben, wenn die Dinge nicht nach seinem Wunsch liefen. Er verführte, versprach ... und machte sich aus dem Staub, wenn man von ihm eine ernsthafte Verpflichtung forderte.

In der ersten Hälfte dieses Lebens wird der Horoskopeigner noch von der opportunistischen Haltung früherer Leben beeinflußt sein: Es kann ihm sehr gut passieren, daß er sich am gleichen Tag zu mehreren Abendgesellschaften einladen läßt und sich die Freiheit vorbehält, im letzten Moment abzusagen. Immer bemüht er sich, mehrere Eisen im Feuer zu haben. Vor allem auch im Bereich der Liebe. Wenn es jemandem schließlich gelungen ist, solch einen Menschen vor den Traualtar zu lokken, muß er sehr bald entdecken, daß er nur einen Teil des anderen geheiratet hat. Es ist sogar schon vorgekommen, daß solch ein Zwillinge-Mensch mit seiner Braut *und* seiner Geliebten auf die Hochzeitsreise ging.

Im beruflichen Bereich wirkt sich diese panische Angst vor Bindung in großer Instabilität aus: Der Horoskopeigner wechselt von einem Beruf zum anderen und entscheidet sich lieber für Jobs als für eine wirkliche Karriere. Im Alter von 35 bis 40 Jahren, dem Alter des Jupiter, des Herrn des Zeichens Schütze, beginnt er jedoch, sich zu stabilisieren. Nachdem er viele Erfahrungen mit verschiedenartigen Menschen gesammelt und vielerlei Techniken kennengelernt hat, wird er die Sehnsucht verspüren, sich ganz seiner Sache zu widmen. Dann wird er seine hervorragende Begabung und seine Fähigkeit zur Kommunikation endlich positiv einsetzen. Sein Urteils- und Unterscheidungsvermögen ist stark; sein Talent zum Handeln macht ihn zu einem tüchtigen Geschäftsmann (wenn das übrige Horoskop dafür spricht). Man wird ihn schätzen wegen seiner Fähigkeit, sich in jeder Situation zurechtzufinden und Schwierigkeiten anzupacken. Selbst in den kompliziertesten Situationen kann er die Atmosphäre durch seinen Humor aufheitern. Er hat die Neigung, sich zu übernehmen, und wird, wenn er sich mehr zum nördlichen Mondknoten hin entwickelt, versuchen, mit seiner Zeit sorgfältiger umzugehen. Er wird allmählich lernen, seine Aufmerksamkeit nur noch auf Ziele zu lenken, die es wert sind.

Die große karmische Lektion, die hier gewählt wurde, besteht in Loyalität, in völliger Hingabe an einen Menschen oder eine Sache. Der Horoskopeigner muß jedoch seine spirituelle Suche ernst nehmen, die er vernachlässigt hatte, weil er sich ganz auf praktische Erfahrungen und auf die Ansammlung intellektuellen Wissens konzentrierte. In der zweiten Hälfte seines Lebens werden die Menschen, die ihn gut kennen, sagen, daß er nun endlich seinen Weg gefunden habe, was auch er, der umherziehende Jongleur, der Vagabund und fahrende Sänger, selbst als wohltuend empfinden wird.

Man ist wohl nicht sehr überrascht, Ludwig XIII. unter den mit dieser Konstellation Geborenen Berühmtheiten zu finden. Aus der französischen Geschichte weiß man, daß er Schwierigkeiten hatte, sich im Gefühlsleben zu stabilisieren, und daß er die Ehe ablehnte. Im reiferen Alter fand er Richelieu, dessen starke Persönlichkeit ihn zwang, alle Kräfte auf ein einziges Ziel zu lenken: die Größe Frankreichs. Daran arbeitete er mit aller Intensität, Tag für Tag (denn dieser nördliche Mondknoten im Schützen steht im sechsten Haus) und widmete sich ganz dem Dienst an der Nation. Dieser sehr intelligente König hatte die charakteristische Geschicklichkeit des nördlichen Mondknotens in den Zwillingen: Er war für alles begabt, ebenso für den Umgang mit Waffen wie für das Kunsthandwerk, und als

Organisator großartiger Feste (Zwillinge lieben das soziale Leben). Eine ähnliche Geschicklichkeit und Klugheit findet man bei dem Cineasten Alfred Hitchcock, der mit der gleichen Konstellation geboren wurde.

Nördlicher Mondknoten im Steinbock – südlicher Mondknoten im Krebs

Der mit dieser Mondknotenachse Geborene hat viele Leben im Schutze einer Familie verbracht, hat als Kind die Aufmerksamkeit aller auf sich gezogen und war am liebsten der Mittelpunkt. Aber je mehr Zuneigung man ihm gab, desto mehr forderte er. Für die Eltern war das nicht gerade einfach. Geschwister, Onkel, Tanten, Cousins, Cousinen, Kameraden, Chefs und Kollegen wurden von diesem Menschen benutzt, um ihn vor dem wahren Leben, vor dem Erwachsenenwerden, zu schützen. Er verschanzte sich hinter starken, freien, unabhängigen Menschen, die ihm Stütze sein sollten. Systematisch weigerte er sich, die Häßlichkeiten und Widrigkeiten des wahren Lebens zu sehen. Kennen Sie sie nicht auch, diese ewigen Jünglinge, die sich hinter einer mutigen und mütterlichen Ehefrau verstekken? Oder diese verantwortungslosen Frauen, die ihren Mann allein lassen im Lebenskampf und sich damit begnügen, sein Geld auszugeben (man muß allerdings sagen, daß dieser infantile Frauentyp durch die katholische Kirche und die westliche Gesellschaft des 19. Jahrhunderts sehr gefördert wurde).
Der nördliche Mondknoten im Steinbock jedoch symbolisiert die Reife, zu der zu gelangen sich dieser Mensch im Grunde entschlossen hat. Er gelangt jedoch nicht ohne Schwierigkeiten dorthin, da er immer wieder dazu neigt, beispielsweise in eine Krankheit zu flüchten, wenn man etwas von ihm verlangt. Er benutzt diese Waffe immer wieder, um die Aufmerksamkeit und Liebe seiner Umgebung auf sich zu ziehen, was ihm natürlich auch gelingt. Gefühle kann er geschickt manipulieren. Warum hat solch ein Mensch im Grunde Angst vor dem Erwachsenenwerden? Das liegt daran, daß der Krebs nie etwas vergißt, vor allem nicht seine Gefühle. Traumata lassen sich nicht so schnell auslöschen. Die Illusion besteht darin, daß der Horoskopeigner auf das gegenwärtige Leben ähnlich reagiert wie auf die früheren. Er hat sich inkarniert, ohne seine früheren Ängste zu vergessen. Er muß lernen, loszulassen, Distanz zu

gewinnen (was der Steinbock sehr gut kann). In seiner großen Emotionalität und Sensibilität geht der südliche Mondknoten im Krebs leicht in seinen Gefühlen unter. Von außen kommende Aggressionen rufen in ihm so heftige emotionale Verstörung hervor, daß er manchmal Monate oder Jahre braucht, um diesen Zustand zu überwinden. Das muß er jedoch immer wieder versuchen. Um weiterzukommen, sollte er seinen Mut und seine gedankliche Klarheit entwickeln (seine heftigen Gefühle verschleiern seine Urteilsfähigkeit natürlich immer wieder). Er muß seine Neigung, zu emotional zu reagieren, beherrschen lernen.

Menschen, denen es nicht gelingt, diese Probleme zu lösen, vertreten auf politischer Ebene ultrakonservative Positionen. Natürlich können sie sich nicht dem Fortschritt öffnen. Menschen, die sich eher dem nördlichen Mondknoten genähert haben, spielen oft eine wichtige Rolle in den Angelegenheiten ihres Landes – das Heimatland ist nämlich die Verlängerung der Familie. Das gilt z. B. für John F. Kennedy, General MacArthur, Nasser, Trotzki.

Im Gedächtnis des Krebses werden viele bewußte Erinnerungen an frühere Leben bewahrt. Deshalb ist es kein Zufall, wenn man unter den von dieser Konstellation geprägten Menschen Rudolf Steiner (der viel von Reinkarnation sprach) und Goethe findet, dessen Inspiration aus früheren Erfahrungen schöpft, auf die er sich immer wieder bezieht. Er glaubte an Reinkarnation und besaß ein umfassendes esoterisches Wissen.

Was soll man dem Horoskopeigner mit dem südlichen Mondknoten im Krebs raten, damit er sich auf den Steinbock im nördlichen Mondknoten hin entwickeln kann? Vor allem, eine väterliche Rolle anzunehmen. Das wird ihm helfen, zu reifen und seine kindliche, hilfsbedürftige Haltung aufzugeben. Er könnte auch vor seiner Geburt die Wahl getroffen haben, gerade ohne familiäre Unterstützung leben zu müssen, was ihn zwingt, viel von sich selbst zu fordern (das war der Fall bei Ludwig XIV.).

Nördlicher Mondknoten im Wassermann – südlicher Mondknoten im Löwen

Der Horoskopeigner leidet unter einem überdimensionalen Ego, was ihn gerade daran hindert, seine wahre Identität zu suchen. In früheren Leben verhielt er sich sehr snobistisch. Er wollte nur mit interessanten und bekannten Menschen Umgang pflegen, alles übrige interessierte ihn nicht. Aus dieser menschenverachtenden Haltung versucht er sich heute zu befreien. Er zeichnete sich durch starken Willen und Machthunger aus, neigte dazu, die Menschen zu manipulieren, und hatte deshalb kaum Freunde. Er war von Schmeichlern und Snobs umgeben, versuchte aber durchaus, in einer großzügigen Haltung andere zu protegieren. Daß er möglicherweise für arme Maler und Dichter den Mäzen zu spielen versuchte, heißt nicht, daß er ihr Werk begriff oder schätzte: Seine Schützlinge waren für ihn nur zum Vorzeigen da.

Da er sich so an Äußerlichkeiten festhielt, verlor er eine innere Dimension. Er sollte in diesem Leben lernen, zu dienen und seine Geschicklichkeit im Umgang mit Geld für gute Zwecke einzusetzen. Mit seinem praktischen Sinn und seiner Tüchtigkeit könnte er idealistische Gruppen oder Gesellschaften unterstützen.

Eine Ehe ist bei dieser Mondknotenachse schwierig, da das Prinzip dieser Institution in einem Gleichgewicht zwischen beiden Partnern besteht, während der Horoskopeigner immer dazu neigt, sich den Löwenanteil zu sichern. An seine Pflichten denkt er weniger gern. Er benutzt den Partner womöglich nur, damit er ihm nütze und diene. Seine Herrschsucht führt meist auf irgendeine Weise zu einem Bruch, wenn der Horoskopeigner seinen Egoismus (des südlichen Mondknotens) noch nicht überwunden hat.

Hat er sich schon mehr zum nördlichen Mondknoten hin entwickelt, kann er sich mit allen Kräften einer guten Sache widmen. (Das ist beispielsweise bei Brigitte Bardot der Fall, die sich in jüngster Zeit mutig und energisch für die mißhandelten Tiere eingesetzt hat – ein »Publikum«, das sich nicht bedanken kann; dieser Kampf wurde in einer materialistischen Welt mißverstanden, die glaubt, das Recht zu haben, alles zu töten.) Unter den berühmten Persönlichkeiten mit dieser Konstellation finden wir außerdem Einstein, Papst Paul VI. und Sir Arthur Conan Doyle. Eine weitere bekannte Persönlichkeit, von der ich auf Seite 205 gesprochen habe, ist Kapitän Dreyfus. Sein Schicksal ließ ihn das Opfer eines tragischen Justizirrtums werden, der rassistischen Vorurteilen entsprang: Durch diese berühmt gewordene »Affäre« haben vielleicht Tausende von Menschen über die tragischen Folgen religiöser Diskriminierungen nachgedacht (ich möchte hier die Diskriminierung nicht »rassisch« nennen, da ich Juden nicht als eine »Rasse« betrachte!).

Nördlicher Mondknoten in den Fischen – südlicher Mondknoten in der Jungfrau

Es wird niemanden verwundern, wenn man unter den mit dieser Konstellation geborenen Menschen Persönlichkeiten wie Gurdjieff und Edgar Cayce findet, denen die religiöse Haltung und die visionäre Gabe gemeinsam ist. Für den Horoskopeigner ist das eine sehr schwierige Position. Während vieler Leben hat er sich einen kritischen Verstand, verbunden mit praktischem Organisationstalent, erworben. Dadurch lief er Gefahr, den Wald vor Bäumen nicht zu sehen. Im Denken und Fühlen war ihm eine gewisse Engstirnigkeit eigen.

In dieser Inkarnation hat er sich entschlossen, diese Barrieren zu überwinden, die Grenzen zu sprengen, die Türen aller Gefängnisse des Geistes, der Emotionen, des Körpers zu öffnen. In früheren Leben war die so vollkommen organisierte Seele die Personifizierung der Ordnung und des Dienstes am anderen – jedoch nur in einem gewissen Rahmen. Für sie war Disziplin kein leeres Wort. Heute muß sich der Horoskopeigner mit dem Unvorhergesehenen, das er immer so fürchtet, auseinandersetzen, sich auf das Abenteuer neuer Gedanken einlassen. In früheren Leben klammerte sich der Horoskopeigner sehr an Irdisches. Diesmal weht der Wind des Geistes sehr stark, und der Horoskopeigner wird sich von ihm davontragen lassen müssen – nicht ohne große Angst vor dem Ungewissen. Manche unter dieser Konstellation geborenen Menschen waren in ihren früheren Leben sehr materialistisch: Sie sollten heute lernen, an Dinge zu glauben, die sie nicht sehen, nicht anfassen können. Der Horoskopeigner, der sich von seinem Egoismus nicht befreien kann und sich hinter seiner Ordnung verschanzt, läuft Gefahr, auf gefühlsmäßiger und sexueller Ebene große Schwierigkeiten zu erleben. Als frigider, impotenter, puritanischer Mensch unterdrückt er möglicherweise seine Instinkte und verdammt andere Menschen, die den Mut hatten, sich zu befreien, und die er insgeheim beneidet.

Klammert er sich an den nördlichen Mondknoten, läuft er Gefahr, krank zu werden und diese Starrheit in Form einer Funktionsschwäche seiner Organe zu erleben. Seine Blockierungen und Verkrampfungen könnte er durch Therapiegruppen und durch eine Offenheit für geistige Welten lösen. Das wird ihn zu Freude, Liebe und Erkenntnis führen. Eine Befreiung seines Wesens wird auch in eine affektive und sexuelle Lösung münden. Der Friede für den Geist kann nur durch völlige religiöse Hingabe gefunden werden. Der nördliche Mondknoten in den Fischen weist darauf hin, daß ein spiritueller Dienst an der Menschheit geleistet werden sollte. Der Horoskopeigner muß das Licht, das er gefunden hat, anderen Menschen vermitteln.

Mit welcher Mondknotenachse sind Sie geboren (von 1900 an)?*

Nördlicher Mondknoten im Widder
Vom 8. November 1911 bis zum 26. Mai 1913
Vom 19. Juni 1930 bis zum 6. Januar 1932
Vom 29. Januar 1949 bis zum 17. August 1950
Vom 11. September 1967 bis zum 3. April 1969
Vom 21. April 1986 bis zum 8. November 1987

Nördlicher Mondknoten im Stier
Vom 19. April 1910 bis zum 7. November 1911
Vom 29. November 1928 bis zum 18. Juni 1930
Vom 12. Juli 1947 bis zum 28. Januar 1949
Vom 22. Februar 1966 bis zum 10. Dezember 1967
Vom 2. Oktober 1984 bis zum 20. April 1986

Nördlicher Mondknoten in den Zwillingen
Vom 30. September 1908 bis zum 18. April 1910
Vom 13. Mai 1927 bis zum 28. November 1928
Vom 24. Dezember 1945 bis zum 11. Juli 1947
Vom 6. August 1964 bis zum 21. Februar 1966
Vom 15. März 1983 bis zum 1. Oktober 1984

* Die Mondknoten werden entsprechend dem gewöhnlichen, nicht korrigierten Tierkreis angegeben.

Nördlicher Mondknoten im Krebs
Vom 14. März 1907 bis zum 29. Dezember 1908
Vom 23. Oktober 1925 bis zum 12. Mai 1927
Vom 4. Juni 1944 bis zum 22. Dezember 1945
Vom 14. Januar 1963 bis zum 5. August 1964
Vom 26. August 1981 bis zum 14. März 1983

Nördlicher Mondknoten im Löwen
Vom 24. August 1905 bis zum 13. März 1907
Vom 5. April 1924 bis zum 22. Oktober 1925
Vom 16. November 1942 bis zum 3. Juni 1944
Vom 4. Juli 1961 bis zum 13. Januar 1963
Vom 6. Februar 1980 bis zum 25. August 1981
Vom 18. September 1998 bis 31. Dezember 1999

Nördlicher Mondknoten in der Jungfrau
Vom 5. Februar 1904 bis zum 23. August 1905
Vom 16. September 1922 bis zum 4. April 1924
Vom 28. April 1941 bis zum 15. November 1942
Vom 9. Dezember 1959 bis zum 3. Juli 1961
Vom 20. Juli 1978 bis 5. Februar 1980
Vom 28. Februar 1997 bis zum 17. Dezember 1998

Nördlicher Mondknoten in der Waage
Vom 18. Juli 1902 bis zum 14. Februar 1904
Vom 27. Februar 1921 bis zum 15. September 1922
Vom 10. Oktober 1939 bis zum 27. April 1941
Vom 22. Mai 1958 bis zum 8. Dezember 1959
Vom 30. Dezember 1976 bis zum 19. Juli 1978
Vom 12. August 1995 bis zum 27. Februar 1997

Nördlicher Mondknoten im Skorpion
Vom 29. Dezember 1900 bis zum 17. Juli 1902
Vom 10. August 1919 bis zum 26. Februar 1921
Vom 22. März 1938 bis zum 9. Oktober 1939
Vom 5. November 1956 bis zum 21. Mai 1958
Vom 13. Juni 1975 bis zum 29. Dezember 1976
Vom 22. Januar 1994 bis zum 11. August 1995

Nördlicher Mondknoten im Schützen
Vom 10. Juni 1899 bis zum 28. Dezember 1900
Vom 20. Januar 1918 bis zum 9. August 1919
Vom 2. Dezember 1936 bis zum 21. März 1938
Vom 13. April 1955 bis zum 4. November 1956
Vom 23. November 1973 bis zum 12. Juni 1975
Vom 5. Juli 1992 bis zum 21. Januar 1994

Nördlicher Mondknoten im Steinbock
Vom 3. Juli 1916 bis zum 19. Januar 1918
Vom 13. Februar 1935 bis zum 1. September 1936
Vom 3. Oktober 1953 bis zum 12. April 1955
Vom 6. Mai 1972 bis zum 22. November 1973
Vom 16. Dezember 1990 bis zum 4. Juli 1992

Nördlicher Mondknoten im Wassermann
Vom 14. Dezember 1914 bis zum 2. Juli 1916
Vom 26. Juli 1933 bis zum 12. Februar 1935
Vom 8. März 1952 bis zum 2. Oktober 1953
Vom 16. Oktober 1970 bis zum 5. Mai 1972
Vom 29. Mai 1989 bis zum 15. Dezember 1990

Nördlicher Mondknoten in den Fischen
Vom 27. Mai 1913 bis zum 13. Dezember 1914
Vom 7. Januar 1932 bis zum 25. Juli 1933
Vom 18. August 1950 bis zum 7. März 1952
Vom 4. April 1969 bis zum 15. Oktober 1970
Vom 9. November 1987 bis zum 28. Mai 1989

Die Mondknoten in den Häusern

Die Bedeutung der Mondknoten in den Häusern nähert sich natürlich ihrer Bedeutung in den jeweiligen Tierkreiszeichen an, da jedes Haus einem Zeichen entspricht und der gleichen Grundtendenz folgt. Manche Autoren identifizieren Häuser und Zeichen sogar völlig: Für sie hat der nördliche Mondknoten in den Fischen genau die gleiche Auswirkung auf das Temperament wie der nördliche Mondknoten im zwölften Haus. Das stimmt auch größtenteils. Da die Häuser jedoch »Orte« sind, Bereiche, in denen wir unsere Energie anwenden, geben sie noch detailliertere und ergänzende Auskünfte über die früheren Leben. Die Position der Mondknoten in den Häusern verändert sich nicht, wenn man die 23° ayanamsa abzieht.

Nördlicher Mondknoten im ersten Haus – südlicher Mondknoten im siebenten Haus

Liegt die Mondknotenachse beinahe auf dem Horizont (auf der Achse Aszendent–Deszendent), hat das Kind bei der Geburt Schwierigkeiten mit der Atmung. Das liegt daran, daß die Wesenheit sich vor der gewählten Inkarnation fürchtet, da sie die Prüfungen und Schwierigkeiten deutlich vor sich sieht. Das Leben ist für sie besonders schwierig, da es einen unaufhörlichen Kampf bedeutet. In früheren Leben war der Horoskopeigner sehr passiv, und es fehlte ihm an Mut; er begab sich in Abhängigkeit von Menschen, die ihn benutzten und mißbrauchten. In seinem Wunsch zu gefallen und geliebt zu werden, tat er alles, um sich bei anderen beliebt zu machen; in diesem Leben muß er sich davon befreien und sich um eine affektive Autonomie bemühen. Anderen zu helfen, war für ihn ein Mittel, vor sich selbst zu fliehen. (Die Gesellschaft ermutigte ihn übrigens dazu; die christlichen Religionen betonen immer die Pflichten anderen gegenüber und vernachlässigen es häufig, auch von den wesentlichen Pflichten des Gläubigen sich selbst gegenüber zu sprechen!) Seine Meinung über sich selbst las er immer aus den Augen der anderen ab. Nun muß er seine Urteilsfähigkeit und Unabhängigkeit festigen. Lange litt er darunter, immer den Befehlen anderer folgen zu müssen. Wenn er in dieser Inkarnation ein Vorgesetzter wird (im Prinzip ist das vorgesehen), wird er sich menschlich und verständnisvoll zeigen. Er wird es jetzt vermeiden, sich auf Kompromisse einzulassen, bei denen er seine Würde verliert.

Manche Menschen, die noch sehr nahe beim südlichen Mondknoten im siebenten Haus sind, brauchen die Ehe zwar, fürchten jedoch, ihr Partner könnte ihnen ihre Freiheit nehmen. Andere, die sich schon mehr zum nördlichen Mondknoten hin entwickelt und ihre Autonomie entdeckt haben, finden ein wenig Zärtlichkeit mit dem Verlust ihrer Freiheit zu teuer bezahlt und binden sich nicht.

Ein Beispiel für diese Konstellation finden wir in Martin Luther King: Sein südlicher Mondknoten im siebenten Haus und im

Skorpion weist darauf hin, daß er in früheren Leben viel gelitten hat und von gewalttätigen Menschen abhängig war; so entschloß er sich in seinem letzten Erdenleben, für den Frieden zu kämpfen.

Nördlicher Mondknoten im zweiten Haus – südlicher Mondknoten im achten Haus

Niemand kennt diesen Menschen wirklich, nicht einmal seine nächsten Angehörigen. Er jagt sogar ein wenig Angst ein, denn man fühlt, daß er sich mit Geheimnisvollem beschäftigt hat. Sind die Mondknoten negativ aspektiert oder mit Pluto oder Skorpion verbunden, hat der Horoskopeigner in einem seiner früheren Leben womöglich sogar kriminelle Handlungen begangen. Vielleicht hatte er mit Hexerei zu tun; jedenfalls riecht er ein bißchen nach Schwefel...

Man ist sich nie sicher, ob man diesem Menschen ganz vertrauen kann. Auch wenn er jetzt ein bürgerliches Leben führt, bestimmen ihn noch starke, vor allem sexuelle Instinkte. Das liegt daran, daß er in früheren Leben Sexualität als ein Mittel benutzt hat, über andere zu herrschen. Er wird in diesem Leben in Versuchung sein, das weiterhin zu tun, wenn er sich noch nicht von seinem südlichen Mondknoten im achten Haus gelöst hat. In dieser Inkarnation bedrückt ihn oft ein diffuses Schuldgefühl. Ist er schon weiter entwickelt, wird er den Mut haben, sich selbst zu analysieren, ja zum philosophischen Sucher werden. So ging es Carl Gustav Jung, einem der Väter der Psychoanalyse: sein nördlicher Mondknoten im Widder weist auf den Wunsch sich weiterzuentwickeln hin, während sein südlicher Mondknoten in der Waage von venusbestimmten früheren Leben spricht. Da Waage jedoch das Zeichen der Reflexion und der Weisheit ist, hat Jung sein Werk auf die Erfahrungen seiner früheren Leben gebaut.

Um sich zum nördlichen Mondknoten hinzuentwickeln, sollte der Horoskopeigner sich von seinen negativen Erinnerungen befreien. Er muß sich ganz dem Leben und dem Schaffen eines positiven Werkes zuwenden; in der Liebe sollte er sich von Eifersucht freimachen und daran denken, daß unrechtmäßig erworbenes Gut niemals Glück bringt.

Zwei weitere tröstliche Beispiele sind Johann Wolfgang von Goethe und Helen Keller. Der erstere, der sich durch sein poetisches Schaffen von den alten Dämonen befreit hatte, gelangte zu wahrer Seelenfreude. (Man weiß, daß Nachbarn, Verwandte und Freunde himmlische Musik in seinem Sterbehaus hörten. Darüber gibt es erstaunliche historische Zeugnisse.) Die Amerikanerin Helen Keller wurde taubstumm geboren. Dennoch gelang es ihr, das Leben auf wunderbare Weise zu meistern. Sie schrieb Bücher und errang literarischen Ruhm. Ihre Taubstummheit und Blindheit, durch die sie in Resignation und Passivität hätte verfallen können, trieben sie dazu, eine positive Haltung und große Lebensenergie zu entwickeln. In ihren früheren Leben hatte sie so viel Wissen gesammelt, daß sie in ihren Büchern zum Nutzen anderer davon sprechen konnte.

Nördlicher Mondknoten im dritten Haus – südlicher Mondknoten im neunten Haus

Wundern Sie sich nicht, wenn dieser ewige Student immer seine Nase in ein Buch steckt. Lesen ist seine Droge. Er häuft ein enzyklopädisches Wissen an, mit dem er an seine Forschungen in früheren Leben anknüpft. Sicher hat er sich damals intensiv mit Philosophie und Religion beschäftigt. Das Karma, das diese Mondknotenachse anzeigt, besteht darin, das Wissen anderen mitzuteilen, den Umgang mit den Worten zu lernen, um eine Botschaft vermitteln zu können.

So untersucht der englische Psychiater Ronald D. Laing (nördlicher Mondknoten in den Zwillingen im dritten Haus) die »Knoten« der menschlichen Seele, das *Geteilte Selbst* (das durch dieses Doppelzeichen der Zwillinge besonders symbolisiert wird). Wie immer sind die Titel eines Autors seinen persönlichen astrologischen Konstellationen »entnommen«. Seine literarischen Themen drücken sein Geburtshoroskop aus.

Der Horoskopeigner wird mit Gewinn an Kommunikationsmethoden arbeiten. Es fällt ihm nicht immer sehr leicht, sich in die Gesellschaft einzuordnen, den Umgang mit anderen zu lernen, sich ihnen anzupassen. Sein Nonkonformismus rührt einfach daher, daß er die Dinge aus einer größeren Distanz und einer sehr weiten Perspektive sieht. So wird Ronald D. Laing als einer der Gründer der »Antipsychiatrie« betrachtet: Seine kühnen und neuen Methoden zur Heilung der Menschen zeugen von einem sehr alten Wissen um die Seele.

Der früher an große Gedanken- und Ausdrucksfreiheit gewöhnte Horoskopeigner wird Angst haben, diese Freiheit in der gegenwärtigen Inkarnation zu verlieren. Es wird ihm schwerfallen, auch nur ein Gran dieser Freiheit für irgendeinen sozialen Vertrag zu opfern. Er braucht sehr viel Spielraum.

Menschen mit dem nördlichen Mondknoten in den Zwillingen fühlen jedenfalls in sich die Berufung, Botschafter zu sein und zu übermitteln. Manchmal schlägt diese Botschaft wie eine Bombe ein. Dann ist der Horoskopeigner wie Dschen☳, der Blitz, der »Erwecker« aus dem I Ging, der die Erschütterung bringt (wenn der nördliche Mondknoten oder das gesamte Horoskop einen sehr explosiven Charakter hat).

So war es bei Rasputin, der den nördlichen Mondknoten im dritten Haus in den Zwillingen hatte, in Opposition zu Saturn im neunten Haus, zum MC und zum Mond. Seine Sonne im Löwen steht nahe bei Uranus (Symbol des Blitzes und des heftigen Umschwunges). Pluto findet sich im ersten Haus, und das gesamte Horoskop ist sehr stark, da der Aszendent in den Widder läuft (siehe Seite 136). Rasputin, der die kaiserliche Familie in Mißkredit brachte, beschleunigte damit deren Ende und das Ausbrechen der Russischen Revolution. In seinem Fall scheint die Last des südlichen Mondknotens sehr schwer zu wiegen; diese Konjunktion von südlichem Mondknoten und Saturn im Steinbock ist ungünstig aspektiert (Quadrat zu Mars und Opposition zum nördlichen Mondknoten). Sie weist deutlich auf einen Mißbrauch von Macht in früheren Leben hin. Macht war für diese Wesenheit sicherlich schon sehr lange von eminenter Bedeutung, und ihre Inkarnation im Jahre 1871 zeugte von einem unstillbaren Machthunger. Rasputin stellte sich als Prophet dar und täuschte den Zaren und die Zarin. Er gab sich als Botschafter, aber Neptun, der Planet der Illusion, am Aszendenten (im Quadrat zu Jupiter, in Opposition zu Mars) deutet den dubiosen Wert dieser Botschaft an. Rasputin hat sich einer pseudoprophetischen Gabe bedient, um den Zaren als Mittel zur Macht zu benutzen. (Wenn Sie sein Foto betrachten, fühlen Sie noch, welche negative Ausstrahlung davon ausgeht!)

Wenden wir uns einer weniger düsteren Gestalt zu: dem Dichter Marcel Proust. Bei ihm steht, wie bei den anderen vorangegangenen Beispielen, der nördliche Mondknoten im dritten Haus und in den Zwillingen. *Auf der Suche nach der verlorenen*

Zeit, ein Titel, der darauf hinweist, daß der Horoskopeigner kein Mensch von heute war. Sein ganzes Werk bestand darin, Ausdrucksformen für früher erlebtes Atmosphärisches, für Seelenzustände und Gefühle zu finden. Die subtile, kritische Analyse des gesellschaftlichen Lebens rührt natürlich vom nördlichen Mondknoten im dritten Haus her, der auf die Schwierigkeit des Dichters hinweist, sich in die von ihm beschriebene Gesellschaft einzuordnen.
In diesem Leben sollte der Horoskopeigner also versuchen, Erkenntnis zu wecken, zu vermitteln und zu lernen. Manchmal macht er das jedoch zunächst auf sehr ungeschickte Weise, daß er nicht sofort verstanden wird. Im alltäglichen Leben wird er von seiner Umgebung als jemand sehr Nervöses, Unruhiges (auf der physischen und der geistigen Ebene) wahrgenommen. Er sollte darauf achten, seine Energie nicht zu verschwenden, sondern sie auf ein bestimmtes Ziel zu konzentrieren.

Nördlicher Mondknoten im vierten Haus – südlicher Mondknoten im zehnten Haus

Jean ist acht Jahre alt. »Was möchtest du später einmal werden?« fragt man ihn. »Ich? Papst!« antwortet er in aller Ernsthaftigkeit. Die Erwachsenen machen sich über ihn lustig, aber das Kind möchte sagen: »Ich erwarte ein außergewöhnliches Schicksal. Ich möchte, daß mich alle als den großen Menschen erkennen, der ich war und der ich wieder werden möchte!«
Der mit dem südlichen Mondknoten im zehnten Haus Geborene ist ein Fels des Hochmuts: Die karmische Aufgabe dieses Lebens wird für ihn darin bestehen, von seinem Thron herabzusteigen. Es ist gut möglich, daß er früher ein mächtiger Fürst, ein Staatschef, jedenfalls ein Vorgesetzter war, also eine Autorität, die anerkannt war. Diese Macht übte er jedoch einsam aus. Er hatte sein Gefühlsleben seinem Ehrgeiz geopfert. Seine karmische Prüfung in diesem Leben wird in einem Hin- und Hergerissensein zwischen Familie und Karriere bestehen (da das zehnte Haus, das den beruflichen Erfolg symbolisiert, dem vierten Haus, dem der Familie, gegenübersteht). Am Beginn dieses Lebens wird er versuchen, seinen als übermächtig empfundenen Eltern zu entfliehen. Später werden seine Aufgaben so schwer sein, daß sie ihm mit den Erfordernissen des gesellschaftlichen und beruflichen Erfolges unvereinbar erscheinen.

Opfert er das private Glück, die familiären und emotionalen Freuden, wird er sich wieder in die frühere Situation begeben. Opfert er jedoch seine Karriere, wird ihn das mit unaufhörlicher Bitterkeit erfüllen. Manchen gelingt es, beides zusammenzubringen, jedoch um den Preis, sich innerlich immer zerrissen zu fühlen, bis sie schließlich erkennen, daß es wichtiger ist, sich der Familie zu widmen. Andere finden eine Möglichkeit, den beruflichen Ehrgeiz mit einem familiären Ideal zu verbinden, was zum Beispiel bei Rudyard Kipling der Fall war (siehe das Horoskop rechts).

Es ist interessant, sich mit der Karriere von Rudyard Kipling in Zusammenhang mit dieser Mondknotenachse zu befassen. Man weiß, daß das vierte Haus nicht nur die Familie im engeren Sinn betrifft, sondern auch das Vaterland, die mütterliche Erde. Nun hat Kipling den britischen Patriotismus so verherrlicht, daß man schon von einer »imperialen Mystik« sprach, die die englische Kolonialexpansion gefördert habe. Hier haben wir also einen Menschen vor uns, dem es gelungen ist, seine Karriere mit dem Heimatkult zu verbinden. Das ist kein Zufall: Beide Achsen im Horoskop von Kipling liegen auf der Achse der englischen Nationalhoroskope. Man weiß, daß die Proklamation der Monarchie durch Wilhelm den Eroberer am Tag der Schlacht von Hastings am 25. Dezember 1066 mittags stattfand. Zu diesem Zeitpunkt stand die Sone genau in Konjunktion mit dem MC bei 9° Steinbock. Acht Jahrhunderte später fand die Proklamation des Vereinigten Großbritannien (also der Zusammenschluß von Schottland, Wales, Irland und England) statt, die am 1. Januar 1801 um Mitternacht ausgerufen wurde: Die Sonne stand damals wiederum im Steinbock, fast beim gleichen Grad (10° 20 Minuten), der Mond und das MC in Konjunktion im Krebs (Zeichen Schottlands). Sie werden mit Erstaunen sehen, daß im Horoskop Kiplings die AC-DC-Achse Krebs und Steinbock verbindet und gradgenau auf der seines Landes liegt. Tatsächlich steht die Sonne von Rudyard Kipling bei 8° Steinbock in Konjunktion mit der britischen Sonne. Es ist also nicht verwunderlich, daß sich Kipling ganz mit seinem Land identifiziert hat. Sein Aszendent, bei 9° Krebs, liegt genau über dem MC (9° Krebs) des Vereinigten Königreichs.

Aber das ist nicht alles: Die Mondknotenachse viertes auf zehntes Haus verstärkt die Koinzidenz beträchtlich, da diese Häuser

Rudyard Kipling
30. Dezember 1865, 17.00 Uhr, Bombay (Indien)

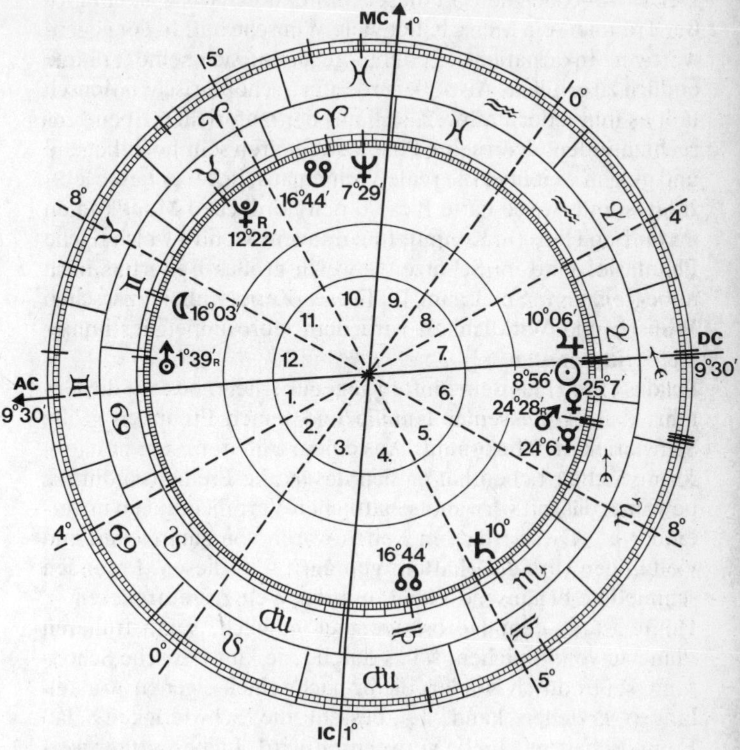

Südlicher Mondknoten im 10. Haus
Nördlicher Mondknoten im 4. Haus
Innerer Kreis: gewöhnlicher Zodiakus
Äußerer Kreis: korrigierter Zodiakus (ayanamsa etwa 23°).

die gleiche Bedeutung wie das IV. und das X. Zeichen haben. Um zu den früheren Leben zurückzukehren: Kiplings Horoskop ist ein deutlicher Hinweis auf frühere Inkarnationen, die im Vereinigten Königreich gelebt wurden (der rückläufige Uranus weist auf die Rückkehr der gleichen Freunde, der gleichen gesellschaftlichen Gruppen hin, ebenso wie Pluto im neunten Haus im Trigon zu Jupiter und zur Sonne im Steinbock).

Nördlicher Mondknoten im fünften Haus – südlicher Mondknoten im elften Haus

Der Horoskopeigner mit dieser Mondknotenachse ist ein großer Träumer, ein Mensch, der viele Wünsche hat. In der gegenwärtigen Inkarnation ist es ihm gegeben, sich seine Träume endlich zu erfüllen. Als außerordentlich schöpferischer Mensch fällt es ihm jedoch schwer, sich auf der materiellen Ebene zurechtzufinden, denn seine Phantasien waren sehr hochfliegend und gingen weit über die reale Welt hinaus, in der er heute lebt. Interessanterweise hatte Picasso den nördlichen Mondknoten im fünften Haus (in Konjunktion mit dem Mond – welch reiche Phantasie! Und im Schützen – welch großes Bedürfnis nach unbegrenztem Spielraum!). Diese Zerrissenheit zwischen Wunsch und Wirklichkeit wird dem Horoskopeigner immer viel Leid bereiten.

Da das elfte Haus dem fünften gegenüberliegt, besteht die Gefahr, daß er mit seiner Familie und seinen Freunden große Schwierigkeiten bekommt. Aus einem früheren, sehr nonkonformistischen Leben hat er sich das starke Freiheitsbedürfnis bewahrt, das mit verwandtschaftlichen Verpflichtungen unvereinbar ist. Diese früheren Leben waren von zahlreichen und vielfältigen Freundschaften geprägt; mit diesen Freunden schmiedete er tausend Pläne, um die Welt zu reformieren.

Heute ist es dem Horoskopeigner möglich, seine früheren Pläne zu verwirklichen, sei es durch eine künstlerische Schöpfung, sei es durch Kinder, die er nach seinen eigenen Vorstellungen erziehen kann. Es besteht die Schwierigkeit, daß Freundschaft mit Liebe verwechselt wird. Liebespartner werden oft als Kinder betrachtet, und so entstehen unausgeglichene Beziehungen, die die Partnerschaft zerstören. Pygmalion sieht, wie ihm seine »Fair Lady« entgleitet; der Schöpfer erträgt es nicht, daß sein Geschöpf auf eigenen Füßen stehen möchte.

Der nördliche Mondknoten im fünften Haus unterstreicht die große Bedeutung des Zeugens, die im Karma des Horoskopeigners liegt. Sie werden sich erinnern, daß Pablo Picasso, dessen Horoskop diese Konstellation aufweist, sehr viele Kinder hatte. Diese Kinder können auch geistige oder spirituelle Schöpfungen sein, wie im Fall von Gurdjieff (*Beelzebubs Erzählungen an seinen Enkel*). Auch Anastasias Horoskop zeigt

Anastasia, Zarentocher
18. Juni 1901, 7.30 Uhr, Leningrad (Rußland)

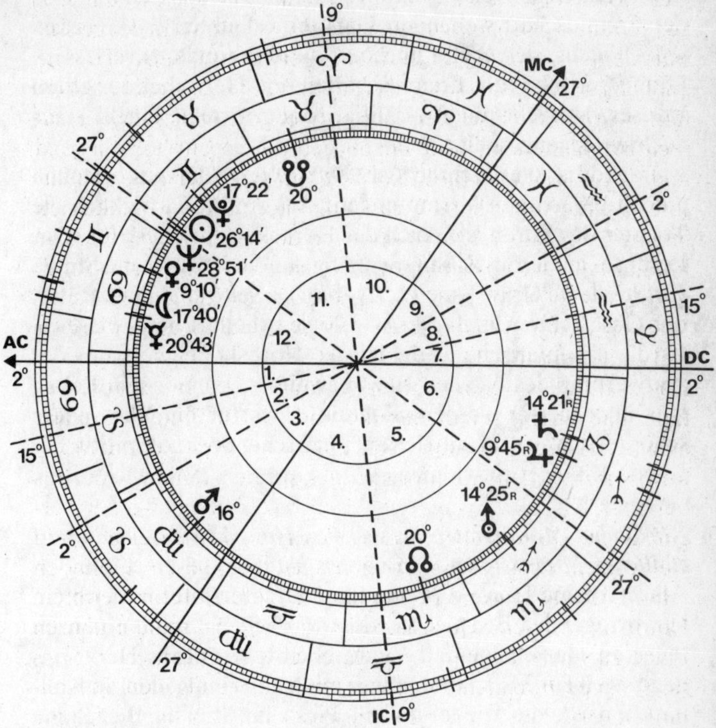

Innerer Kreis: gewöhnlicher Zodiakus
Äußerer Kreis: korrigierter Zodiakus (ayanamsa etwa 23°)

den nördlichen Mondknoten im fünften Haus. Das wundert einen zunächst, da sie weder auf leiblicher noch auf geistiger Ebene viele Kinder hatte, noch ein Werk hervorbrachte. Das Kind, das sie zur Welt bringen mußte, ist sie selbst. Das Ziel ihres Lebens und ihre karmische Prüfung bestand in dem Kampf, sich als wahres Kind des Zaren anerkannt zu sehen. Möglicherweise wurde sie nach dem Massaker von Jekaterinenburg durch einem ergebenen Freund gerettet. (Die Bedeutung der Freundschaften in einem früheren Leben zeigt sich in diesem Horoskop dadurch: der südliche Mondknoten steht im elften Haus, im Haus der Freundschaften und im Stier, dem Zeichen des Lebens.) Die negativen Aspekte von Uranus zu den drei im Haus der Freundschaft stehenden Planeten erlaubten es Anastasia jedoch nicht, sich später noch auf diese Freunde zu verlassen. Uranus, Symbol der Freundschaften und Herrscher des elften Hauses, ist nicht nur rückläufig, sondern steht seinem Haus auch entgegengesetzt.

Niemand hat diese schreckliche Affäre je geklärt, es bestehen jedoch berechtigte Vermutungen, daß Anastasia wirklich die Tochter des Zaren ist. Auch das Horoskop spricht dafür. Der Leser sei in diesem Zusammenhang auf die interessante Studie von Joëlle de Gravelaine (*L'Astrologie,* Seite 283: »Die Rätsel der Geschichte, durch die Astrologie erhellt«) hingewiesen.

Ist die schöpferische Tätigkeit des Horoskopeigners nur der Aufwertung des eigenen Egos gewidmet, könnte sein Leben leer und einsam werden. Wichtig ist es für ihn, für andere schöpferisch zu sein und sich auf physischer oder auf spiritueller Ebene Kindern zu widmen.

Nördlicher Mondknoten im sechsten Haus – südlicher Mondknoten im zwölften Haus

Als ich meine Horoskopsammlung durchforstete, fand ich ein hervorragendes Beispiel für den nördlichen Mondknoten im sechsten Haus: Sigmund Freud höchstpersönlich. Hervorragend, weil der Mondknoten hier mit Venus im Widder in Konjunktion ist, die wiederum mit Pluto im Stier in Beziehung steht. Versuchen wir Sigmund Freud zu psychoanalysieren...

»Herr Dr. Freud, wollen Sie sich bitte auf mein Papier legen (es ist genauso bequem wie eine Psychoanalytikercouch!).«

»›Auf der schwarzen Leinwand Ihrer weißen Nächte‹ haben Sie so viele Bilder vorüberziehen sehen, daß sie unmöglich alle aus diesem Leben stammen können. In Wirklichkeit haben Sie früher schon sehr viel erlebt und nichts vergessen. Die einzige Reise, die Sie interessiert, ist jene, die ins eigene Innerste führt. Die Menschen versuchen Sie daran zu hindern, verschanzen sich hinter Moral, Religion und angenehmem Leben... Sie lassen sich jedoch von ihnen nicht beirren und steigen weiter hinab, immer tiefer hinab. Ihre intuitive Erkenntnis der tiefsten Tiefen ist außergewöhnlich (um so mehr, als Ihr Aszendent im

Sigmund Freud
6. Mai 1856, Freiberg in Mähren, 18.30 Uhr

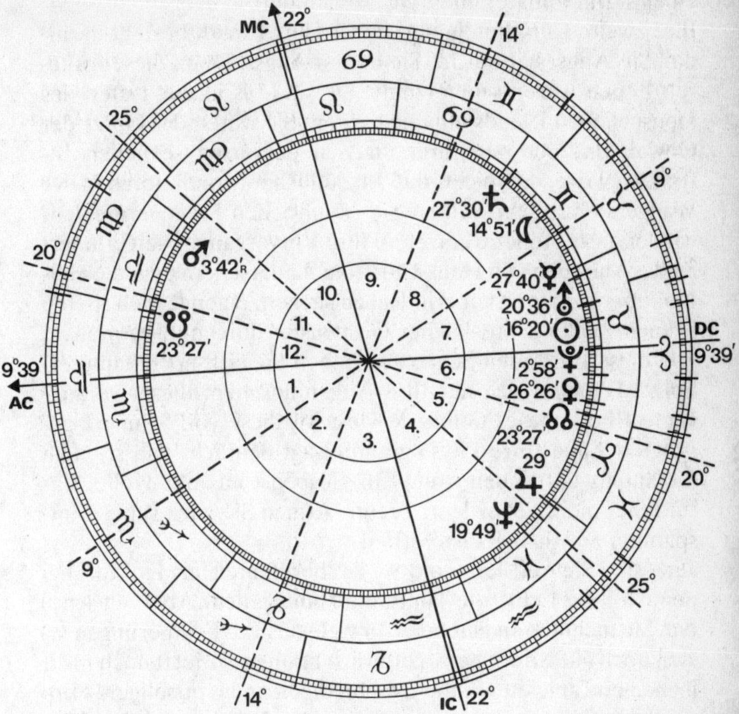

Südlicher Mondknoten im 12. Haus
Nördlicher Mondknoten im 6. Haus
Innerer Kreis: gewöhnlicher Zodiakus
Äußerer Kreis: korrigierter Zodiakus (ayanamsa 22°43′ für 1856)

Skorpion steht!). Ihre Analyse der Mechanismen der Seele reizt Sie dazu, die Türen zum Unbewußten zu öffnen, und so wird man diese Arbeit ›Psychoanalyse‹ nennen.
Etwas haben Sie jedoch nicht gewagt: in die Erinnerung der früheren Leben hinabzusteigen. Sie entschuldigten sich damit, daß die Zeit dafür noch nicht reif war: Der Materialismus des 19. Jahrhunderts umhüllte alles mit einem dichten Schleier, selbst dieses grundlegende esoterische Wissen.

Sie selbst mit Ihrer Sonne und Ihrem Merkur im Stier waren mehr als andere darin verfangen, denn dieses Zeichen ist von einer starken materiellen Dichte geprägt.
Ihre zweite Entschuldigung, lieber Herr Freud, besteht darin, daß Sie Angst hatten. Ja, Sie hatten Angst. Denn diese früheren Leben waren schmerzhaft. Sie sind bis in die Tiefen des menschlichen Elends hinabgestiegen. Sie waren das Opfer der Gewalt anderer und ihrer eigenen perversen sexuellen Instinkte (wissen Sie nicht, daß Ihr südlicher Mondknoten in der Waage steht?). So wollten Sie es um jeden Preis vermeiden, wieder diese Hölle zu betreten. Ihre Vorvergangenheit erinnert an das Märchen von Hans-Christian Andersen, in dem die Heldin, um bei einer Zauberin Rat zu suchen, einen langen, tiefen Schacht voller schrecklicher Gespenster durchqueren muß ... von diesen früheren Schrecken haben Sie sich noch kaum erholt. Man muß sich nur Ihre Augen ansehen: dieser verängstigte Blick, dieses tiefernste Gesicht, diese von Schmerz geprägten Züge. Ihre Physiognomie sagt deutlich, daß sie dem Gefängnis entronnen sind. Ein Gespenst aus der Hölle, das sind Sie, mein lieber Herr Freud. Atmen Sie ganz ruhig. Entspannen Sie sich. Es ist vorbei!
Jetzt sind Sie frei! Jetzt sind Sie der berühmte Herr Doktor, bei dem sich die Leute die Tür in die Hand geben. Aber ich sehe, daß Sie nicht daran glauben. Zu viele düstere Erinnerungen lasten noch auf Ihrer Seele. Natürlich können Sie jetzt noch nicht lachen und spielen wie die Unschuldigen und Gottseligen! Hinter Ihren Gitterstäben haben Sie viel beobachtet und sind fähiger als irgendein anderer, die subtilen geistigen Gefängnisse zu erkennen, in denen Ihresgleichen eingeschlossen ist: Traumata, Komplexe, Verdrängungen ...
So werden Sie sich nach Kräften bemühen, die Menschen zu heilen, das heißt sie zu befreien, damit sie endlich beginnen können zu leben. Der Sinn Ihres nördlichen Mondknotens im 6. Haus ist der Dienst am anderen durch die Therapie, die Hilfe zur Wiedergeburt (denn Ihre Sonne steht im Stier, dem Zeichen des Lebens!).
Ihre Neurose besteht darin, zu glauben, die anderen betrachteten Sie mit ebenso kritischen Blicken wie Sie ihre Umgebung. Selten hat ein mitteleuropäischer Mensch solch ägyptische Augen wie Sie. Die meisten Menschen sehen und ahnen nichts

vom Wesentlichen. Sie begreifen nicht, was Sie beschäftigt, und im übrigen sind diese Menschen weit davon entfernt, das diffuse Schuldgefühl zu empfinden, das Sie selbst belastet und das vom zwölften Haus im Skorpion herrührt.
In diesem Leben haben Sie eine gute Wahl getroffen: Menschen zu helfen, anstatt über das eigene Unglück zu weinen (was die große Versuchung des südlichen Mondknotens im zwölften Haus ist!). Die alltägliche Anforderung, die die Patienten stellen, hat Sie gezwungen, Ihre Zeit rationell zu organisieren, was für Menschen mit dieser Mondknotenachse sehr schwierig ist. Nachdem Sie wohl viele Leben in einem passiven Masochismus verbracht haben, sind Sie nun dabei, den Mut zum Handeln zu entwickeln (deshalb haben Sie am 6. Mai 1856 einen Skorpion-Aszendenten und einen nördlichen Mondknoten im Widder gewählt – zweimal Mars!).
Früher waren Sie vor Angst wie gelähmt. Jetzt werden Sie, in dem Maß, wie Sie sich selbst befreien, fähig sein, die in Ihrem Beruf notwendige Verantwortung zu übernehmen. Es ist wohl kein Zufall, daß Sie sich dem Medizinstudium zugewandt haben. Krankenhäuser, Gefängnisse, Asyle, Sozialstationen – das kennen Sie schon seit Jahrhunderten, vielleicht auch noch länger. Glauben Sie nicht, daß die Liebe, die Sie geben, nicht geschätzt wurde. Aber bemühen Sie sich darum, sie großmütig und so zu geben, wie jeder sie braucht (so wie man für jeden Kranken die Nahrung auswählt, die ihm guttut). Vertrauen Sie Ihrer Mission, Ihren Sternen, Ihrem nördlichen Mondknoten. Freilich mußten Sie früher Liebe entbehren, und das sieht man: Venus im Stier steht bei Ihnen dem südlichen Mondknoten gegenüber! Das aber kommt daher, daß Sie selbst vor sehr langer Zeit mit der Liebe gegeizt haben.
Sie lieben Ihren Beruf, Sie lieben es, Ihren Patienten zu helfen. Sie werden aber nur dann wirklich den Menschen nützen und glücklich werden können, wenn Sie zu der Erkenntnis gekommen sind, nun eine Inkarnation der Hingabe und des Opfers gewählt zu haben. Wie alle Heiler – diese Gabe haben Sie – werden Sie zu einer Art dauerndem Selbstopfer getrieben werden. Die Patienten werden Sie zu keiner Tages- und Nachtzeit in Ruhe lassen, selbst wenn Sie müde sind. Und vor allem lenken all diese Menschen Sie von Ihrer Forschungsarbeit ab, für die Sie so viel Ruhe bräuchten.

Fahren Sie fort, und beschäftigen Sie sich nicht zu bald mit Ihren früheren Leben, denn zunächst müssen Sie die Kraft haben, die Ihnen diese schrecklich-schmerzhafte Vision erträglich machen wird. Es wird ein solcher Schock sein, daß Sie sehr viel Gelassenheit brauchen, um ihn zu ertragen...«

Nördlicher Mondknoten im siebenten Haus – südlicher Mondknoten im ersten Haus

Hier gilt das gleiche wie für die umgekehrte Mondknotenachse, von der wir zu Beginn dieses Kapitels sprachen: Die Geburt des Horoskopeigners geht oft nur unter Schwierigkeiten vonstatten. Als ausgeprägter Individualist hat er in seinen früheren Leben seine Persönlichkeit geformt. Er hat vor allem die sogenannten männlichen Eigenschaften entwickelt: Mut, Kühnheit, Eroberungsgeist, Freude an einem durchtrainierten Körper und an physischer Anstrengung. Der Horoskopeigner könnte früher ein Wachtsoldat, Pionier oder mutiger Partisan gewesen sein. Er hat gelernt, sich durchzuschlagen; jetzt aber muß er sich zügeln und zivilisieren.

Es wird zwei wunde karmische Punkte für ihn geben: die Ehe und geschäftliche, kulturelle oder soziale Gemeinschaften. Er wird in jeder Situation versuchen, die Dinge in der Hand zu haben, sich nicht unterkriegen zu lassen. Er ist zwar bereit, sich für andere zu opfern, jedoch nur, wenn es ruhmvoll, grandios, ein wahres Spektakel ist. Vor aller Augen die Märtyrerkrone zu gewinnen, das gefällt ihm. Leider. Denn die Ehe und das Gemeinschaftsleben fordern unsichtbare, alltägliche kleine Opfer, vor allem eine Partnerschaft und ein enges Zusammenleben. Dieser große Schauspieler wird es schwer haben, wenn er sich um seinen Ruhm betrogen sieht. Ist er noch sehr nah am südlichen Mondknoten, wird er überhaupt nicht heiraten oder eine eher unglückliche Ehe eingehen. Seine Lebensfreude strahlt jedoch auch auf die Menschen aus, denen er begegnet. Nur festhalten kann man dieses Feuer nicht. Schwierigkeiten wird er mit seiner Impulsivität, seinem Egoismus, seiner Aggressivität haben, die oft wie ein Bumerang zu ihm zurückkehren. Er ist zu unabhängig und zu sehr auf seine Freiheit bedacht, um irgend jemandem oder irgend etwas treu zu sein, und so muß er lernen, sich zu binden und in dieser Bindung Beharrlichkeit zu zeigen. Bisher war er nur sich selbst treu.

Die Lektion, die er für diese Inkarnation gewählt hat, besteht darin, Geduld und Respekt vor den anderen Menschen zu lernen – Dinge, die ihm besonders schwerfallen.
Der nördliche Mondknoten im siebenten Haus muß die menschlichen Gemeinschaften an all seiner Kraft, seiner großen Vitalität, seinem Mut und Optimismus teilhaben lassen. Ist seine Großzügigkeit nicht durch Eitelkeit getrübt, ist sie wirklich selbstlos geworden, können die anderen ihm sich rückhaltlos anvertrauen. Dadurch wird sein oft schnell vergängliches Feuerwerk menschlicher, wärmender. Er wird seinen Hochmut und seinen Männlichkeitswahn allmählich ablegen können. Sein Partner (seine Partnerin) und seine Geschäftspartner sind wieder Menschen, die er schon jahrhundertelang kennt. Er hat sie sich bewußt gewählt, um seine karmische Lektion zu lernen.
Diese Mondknotenachse ist bei Ludwig van Beethoven und Winston Churchill zu finden. (Bei letzterem haben wir einen südlichen Mondknoten im ersten Haus, der es verstand zu kämpfen, um so mehr, als der nördliche Mondknoten im Widder plaziert war.)

Nördlicher Mondknoten im achten Haus – südlicher Mondknoten im zweiten Haus
Ständig von Angst vor Enttäuschung geplagt, war der Horoskopeigner vermutlich ein außerordentlich eifersüchtiger Mensch in seinen früheren Leben. Eifersucht und Besitzdenken sind die beiden Dämonen, mit denen er sich in diesem Leben herumschlagen muß. Der Kampf ist schwer: Die Fangarme der Hydra wachsen immer wieder nach, sobald er sie abgeschlagen hat! Das Leben des Horoskopeigners ähnelt einem Schlachtfeld. Eifersucht ist etwas, das man nicht unterschätzen sollte: nach der Apokalypse ist sie der Grund für den Fall der Engel. (Luzifer scheint auf die Macht, die den Frauen als letzte Tat des Schöpfers gegeben wurde, eifersüchtig gewesen zu sein. Deshalb soll er sich aufgelehnt und sich geweigert haben, dort weiter zu dienen.) Die zerstörerische Besitzgier unseres Horoskopeigners wirkte sich in früheren Leben vermutlich vor allem auf sexuellem Gebiet aus: Der physische Besitz anderer Menschen nahm ihm seine existentielle Angst – eine Zeitlang, denn die Unzufriedenheit wuchs immer wieder. Die Schwierigkeit

dieser Mondknotenkonstellation besteht darin, daß der Horoskopeigner nichts halb tat. »Verflucht sei der Mann, der auf Menschen vertraut und auf gebrechliches Fleisch sich stützt und dessen Gesinnung vom Herrn abweicht! ... nimmer erlebt er, daß Gutes kommt; er wohnt im dürren Wüstenland, auf salzigem, unbewohnbarem Boden!« (Jeremia XVII, 5 und 6) Viele Menschen mit dieser Konstellation haben sich früher ihren heftigen Leidenschaften hingegeben, die sie förmlich verbrannten.

Im gegenwärtigen Leben haben sich manche von ihnen eine Behinderung oder Krankheit gewählt, durch die sie lernen wollen zu schätzen, was ihnen gegeben ist, anstatt immer andere um das zu beneiden, was sie ihnen voraus haben. Diese Prüfungen werden auch manchmal auf sexueller Ebene gelebt. Der Horoskopeigner muß gleichsam eine Wüste durchqueren, die den realen oder symbolischen Tod ihrer Liebe und ihrer unglückseligen Triebe bedeutet. Auch der Verlust von Vermögen, Geld, Grundbesitz, Kunstgegenständen und lieben Gewohnheiten gehört zu seinen Prüfungen.

Unter den mit dieser Konstellation Geborenen finden sich bedeutende Menschen, die auf spiritueller, esoterischer oder wissenschaftlicher Ebene Großes leisteten (beispielsweise Einstein), denen es aber nicht gelang, sich von ihren irdischen Bindungen zu lösen, und die eine negative, in seltenen Fällen eine tödliche Ausstrahlung hatten. Das war sicherlich der Fall bei Victor-Antoine Ardisson, der »Vampir von Muy« genannt, ein bedauernswerter Nekrophiler, dessen Leben ein klassischer Fall der Psychoanalyse wurde.

Nördlicher Mondknoten im neunten Haus –
südlicher Mondknoten im dritten Haus

Wenn Sie die Blicke erheben und den Himmel betrachten, werden Sie ganz oben vor dem Zenit (oder dem Medium Coeli) das neunte Haus sehen: Dort schimmern die Sterne, an die sich unsere Träume heften. Der nördliche Mondknoten beschreibt, wenn er dort oben steht, den starken Wunsch, der die Reinkarnation der Wesenheit bestimmte. Im Horoskop des Malers Raoul Dufy sieht man beispielsweise den nördlichen Mondknoten in den Fischen, was seine Malerei in ihrer schwebenden Traumhaftigkeit zum Ausdruck bringt. Die durch den Mondknoten bestimmten Wünsche können eine mystische Haltung hervorbringen. Dieser Mystizismus kann allerdings auch pervertiert werden: Im Horoskop von Hitler (Seite 138) sieht man einen nördlichen Mondknoten im neunten Haus und sogar im Krebs, dem Zeichen, das das Vaterland regiert. So wurde aus dem nationalistischen Mystizismus »ein Land, ein Volk, ein Führer« eine monströse Verzerrung. Das ist nicht sehr verwunderlich, da der nördliche Mondknoten Hitlers in einem sehr ungünstigen Aspekt zum Aszendenten und zum Uranus in der Waage stand. Der aggressive Nationalismus, der durch diesen nördlichen Mondknoten im Krebs und im neunten Haus gekennzeichnet ist, läßt sich mit einem Friedenszeichen wie der Waage nicht vereinbaren. Der südliche Mondknoten im dritten Haus und im Steinbock weist auf einen Menschen hin, der in seinen früheren Leben lernte, Worte als Machtinstrumente zu benutzen.

Diese Position der Mondknoten weist auf eine Vergangenheit als Schriftsteller, Journalist, als Student oder Wissenschaftler hin, manchmal auch als geschickter und schlauer Geschäftsmann – auf Inkarnationen, die nicht immer in aufrichtigem Geist gelebt wurden. Der Horoskopeigner hat jedenfalls früher sehr viel Informationen angesammelt und eine unablässige geistige Aktivität entwickelt. Mit Wort und Schrift wußte er geschickt umzugehen. Jetzt geht es für ihn darum, mit diesen Worten eine Botschaft mitzuteilen, und das ist nicht immer leicht. Die Errungenschaften der früheren Leben sind wohl möglicherweise nicht immer so positiv. Und wenn diese Mondknoten negativ aspektiert sind, hat der Horoskopeigner immer Angst, sich nicht klar genug ausdrücken zu können. Diese Angst lähmt ihn, da er immer mit der Befürchtung lebt, seine Worte könnten mißverstanden werden.

In diesem Leben kann er auch eine Art »Guru-Komplex« haben. Auch wenn man ihn nicht um Rat fragt, kann er sich nicht im Zaum halten, und versucht allen Leuten vorzuschreiben, was sie zu tun haben. Gerne spielt er den Moralisten oder den Propheten. (Im Fall von Hitler sieht man, was daraus unter negativen Umständen werden kann.) Ein anderes Beispiel für einen inspirierten Guru: Aleister Crowley, Astrologe und Magier, der vorgab, die Inkarnation des »Tieres« aus der Apokalypse zu sein!

Das neunte Haus sollte zur Vollkommenheit führen, denn die Neun ist die Zahl der Vollkommenheit. In seinen früheren Leben war der Horoskopeigner, von Neugier erfüllt, ein ewiger Student: das könnte sich in diesem Leben fortsetzen. Sehr wahrscheinlich hat er sich viel Schuld gegenüber seinen Nächsten (Cousins, Cousinen, Geschwistern, Mitschülern) aufgeladen. Er neigte dazu, ihren Enthusiasmus durch seine Kritik zu unterhöhlen und ihr Vertrauen ins Leben zu zerstören. Natürlich wird er diesen Menschen im gegenwärtigen Leben wiederbegegnen. Jetzt sollte er sie warmherzig aufnehmen und ihnen das Feuer seiner Begeisterungsfähigkeit übermitteln. Deshalb wird er in diesem Leben sehr viele Bekanntschaften machen; er neigt jedoch in der ersten Hälfte des Lebens dazu, sich zu sehr in seinen gesellschaftlichen Verpflichtungen zu zerstreuen und sich dadurch in seiner Freiheit einschränken zu lassen.

Er hat eine Botschaft zu übermitteln, aber zunächst muß er lernen, sich selbst zu organisieren. Er wird Ihnen sagen, daß es ihm schwerfällt, zum Handeln zu kommen, da seine Intuition den Methoden rationaler Analyse widerspricht, Methoden, die er in seinen früheren Leben im Übermaß angewandt hat. Er mußt lernen, Logik und Intuition in Einklang zu bringen und dabei eine Glaubenshaltung zu entwickeln, die Hand in Hand mit dem Vertrauen in sich selbst geht: das ist die karmische Lektion, die er gewählt hat. Im Laufe seines Lebens macht er sich mit der physischen Welt vertraut. Er muß sehr darauf achten, seinen Körper und seine Muskeln zu üben, nicht nur sein überfordertes Gehirn. Auch sollte er sich auf allen Ebenen weiterbilden, ohne sich auf eine fixe Idee festzulegen. Reisen könnten ihm viel helfen. Eines Tages wird es ihm vielleicht gelingen, seine Rationalität mit der Liebe in Harmonie zu bringen, und das ist im Grunde das Ziel seiner Reinkarnation.

Nördlicher Mondknoten im zehnten Haus – südlicher Mondknoten im vierten Haus

In meiner Horoskopsammlung fand ich unter dieser Konstellation das Horoskop Mahatma Gandhis, dessen Leben der Achse zehntes Haus – viertes Haus sehr entspricht. Es geht hier um einen Menschen, der in seinem früheren Leben die Hände, die ihn nährten, verachtete. In diesem Leben versucht er sich an die Stelle der Menschen zu versetzen, die er früher mißver-

Mohandas Karamchand Gandhi
2. Oktober 1869 zwischen 10.00 und 11.00 Uhr vormittags
Porbandar, Katiawar (Indien)

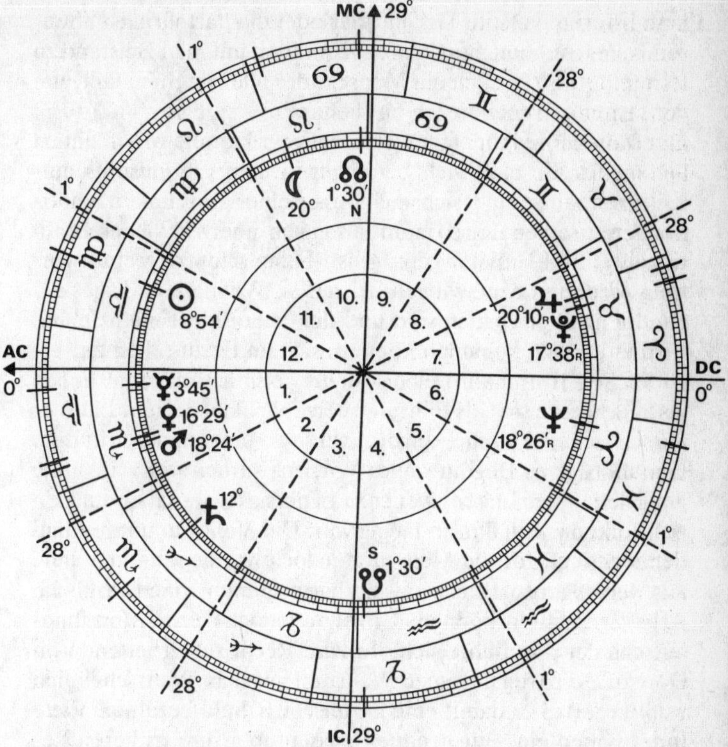

Nördlicher Mondknoten im zehnten Haus
Südlicher Mondknoten im vierten Haus
Innerer Kreis: gewöhnlicher Zodiakus
Äußerer Kreis: korrigierter Zodiakus (ayanamsa ungefähr 22°)

stand. Der Horoskopeigner wird mehrere Kinder haben, für die er, wenn es sein muß, sein letztes Hemd geben wird, ohne Dankbarkeit dafür zu verlangen. Auch als Hausfrau und Mutter opfert sich dieser Horoskopeigner auf, was kaum jemand bemerkt. Das Karma liegt hier auf familiärer Ebene. Die Last der Verpflichtungen ist so groß, daß sie den Horoskopeigner (und noch öfters die Horoskopeignerin) daran hindert, beruflich Karriere zu machen. Ruft das Bitterkeit hervor, sollte der Betreffende seine früheren Leben zu erforschen versuchen – dann wird er verstehen. Sehr oft liegt die familiäre Last auf einem Elternteil allein. Der Partner oder die Partnerin ist abwesend oder tot, manchmal durch Krankheit unfähig, Beistand zu leisten. Oft ist es auch ein Mensch, der alles im Stich läßt, um vor seiner Verantwortung zu fliehen.

Der arme Horoskopeigner sitzt in seiner Familie wie in einem Gefängnis. Er muß sich bemühen, seinen Optimismus aufrechtzuerhalten und sich nicht von seiner Einsamkeit unterkriegen zu lassen, um so mehr, als er von einer kindlichen Emotionalität und Naivität geprägt ist. Seine schwere Verantwortung wird ihn dazu zwingen, zu reifen. Wenn eines Tages die Kinder groß geworden sind und die Eltern nicht mehr leben, wird er endlich beginnen können, sich im Berufsleben zu verwirklichen. Dann wird er möglicherweise mehr Erfolg haben als andere und sich als Führungspersönlichkeit zeigen. Läuft er jedoch einer Familie davon, wird er eine andere finden. Gandhi, der zu Beginn seines Wirkens verheiratet war, hatte am Ende seines Lebens weder Frau noch Kinder, aber ein ganzes Volk, das von ihm abhängig war. Das Volk war untereinander zerkriegt, für die Menschen jedoch war er wie ein Vater. Als vermögener Rechtsanwalt hätte Gandhi handwerkliche Arbeit verachten können. Er folgte jedoch seiner Mondknotenachse und bemühte sich, ihr zum Recht zu verhelfen: Von Dorf zu Dorf trug er seinen Webstuhl mit sich. Wahrscheinlich wußte er, daß er damit eine karmische Schuld bezahlte. Viele Inder haben ein sehr genaues Wissen über ihre früheren Leben.

Der südliche Mondknoten im vierten Haus steht im Krebshaus, das den Magen und die Nahrung regiert – sie erinnern sich, welche Waffe Gandhi in seinem Kampf gebrauchte? Den Hungerstreik. Das war ein sicheres Mittel, um sich zum nördlichen Mondknoten im 10. Haus (dem Haus der Politik!) hinzuentwikkeln. So gelang es dem Mahatma, sein Ziel zu erreichen: den Abzug der Engländer und die Unabhängigkeit Indiens.

Der nördliche Mondknoten steht nicht umsonst ganz oben am Himmel, von wo aus er das übrige Horoskop beherrscht. Dieses Karma führt zu einer väterlichen, ja zu einer göttlichen Aufgabe.

Nördlicher Mondknoten im elften Haus – südlicher Mondknoten im fünften Haus

»I am a genius«, sagt sich der Horoskopeigner immer wieder. Er betrachtet sich im Spiegel und findet sich so schön. Er ist ein wenig kurzsichtig und hält die anderen Leute ebenfalls für Spiegel. Seine große Schwäche besteht darin, daß er immer gelobt werden muß. Natürlich ist ein Schmeichler kein wahrer Freund. Um ehrlich zu sein, muß ich hinzufügen, daß dieses Porträt die Wesenheit eher in einer früheren Inkarnation beschreibt, in der sie eine weltliche Machtposition innehatte. Diese Macht ist ihm zu Kopf gestiegen. Da er dieses Leben oft als einfacher Bürger verbringen muß, ist er untröstlich über den Verlust seiner Ehrenstellung. Er ist gewöhnt, für alle anderen zu entscheiden und zu befehlen – und das möchte er weiterhin tun!

Er hat sich jedoch ein für das Wassermannzeitalter würdiges Karma gewählt, in dem alle Menschen Brüder sind: »Freiheit, Gleichheit, Brüderlichkeit.« Er muß sich große Mühe geben, um dieses edle Prinzip umzusetzen. Freundschaft war in seinen früheren Inkarnationen nicht seine Stärke. Er war ja viel zu sehr mit sich selbst beschäftigt.

Der südliche Mondknoten im fünften Haus weist auf starke sexuelle Probleme hin, die nicht aus diesem Leben stammen. Der Horoskopeigner, der Sensationen liebte, benutzte seine Liebespartner als Objekte. Seine hohe Position erlaubte es ihm, sich zu nehmen, was er wollte, und es wieder wegzuwerfen, wobei er die Grundrechte der Menschen verletzte. Seine Geliebten behandelte er im besten Fall wie Kinder. Im Grunde war er jedoch selbst ein großes Kind, ein Kind, das Angst hatte davor, seine Macht, seine Krone, seine Schmeichler und seine sexuellen Machtmittel zu verlieren.

Seine Aufgabe in diesem Leben ist klar: Er muß sich von seinem übermächtigen Ego zu befreien versuchen und darauf verzichten, sich an geliebte Menschen anzuklammern, um sie zu versklaven; er muß lernen, sie uneigennützig und in Freiheit zu lieben und allmählich die Wirklichkeit objektiv zu sehen. So wird er langsam diesen Berg von Hochmut abtragen, der seinen großen Mangel kaschierte: den Komplex des ewig Frustrierten.

Vielen Horoskopeignern gelingt es hervorragend, sich von ihrem südlichen Mondknoten zu lösen. Das hilft ihnen oft, sich ihre Träume zu merken und zu lernen, sie zu interpretieren. Daraus schöpfen sie oft wichtige Inspirationen. Unter den bekannten Personen mit dieser Mondknotenachse fand ich den furchterregenden Charles Manson, der in Kalifornien die Frau des Regisseurs Polanski, Sharon Tate, ermordete. Natürlich ist im Fall von Manson der südliche Mondknoten ins Extrem getrieben, was durch eine Konjunktion zwischen Sonne und Venus im Skorpion, die sehr negativ aspektiert ist, noch besonders betont wird.

Beim Durchblättern meiner Unterlagen fand ich viele Kriminelle, die die Mondknotenachse auf der Achse der fixen Häuser 2–8 und 5–11 haben, Häuser, die den vier fixen Zeichen Stier, Löwe, Skorpion und Wassermann entsprechen. Diese Achsen symbolisieren heftige Leidenschaften. Der Besitzhunger der Horoskopeigner, ihr Mangel an Beweglichkeit, ihre Sturheit machen es ihnen sehr schwer, sich von ihren früheren Leidenschaften zu lösen. Sie laufen Gefahr, durch sie nicht nur sich selbst, sondern auch andere zu zerstören. Haben sie sich endlich entschlossen, ihr Leben zu verändern, wird ihre große Handlungskraft sie dazu befähigen, diese Leidenschaften zu überwinden. Sie werden weiterkommen als andere, motiviert von dem Ekel vor sich selber, der sich in früheren Leben angestaut hat.

Nördlicher Mondknoten im zwölften Haus – südlicher Mondknoten im sechsten Haus

Man trifft unter dieser Konstellation so verschiedenartige Menschen wie Benito Mussolini, den Maler Henri de Toulouse-Lautrec, Maurice Chevalier oder Neil Armstrong, den Kosmonauten. Für letzteren habe ich ein Faible. Ich finde, daß er einen guten Kopf hat und wie ein ewiger Jüngling aussieht, der immer noch darüber staunt, daß er der Mensch auf dem Mond war (das paßt gut zu seinem Zwillinge-Aszendenten!). All diese Horoskopeigner haben in früheren Leben gelernt, sich zu organisieren. Disziplin ist übrigens die wichtigste Eigenschaft, die die NASA von den Astronauten verlangt. Man kann jedoch auch die Disziplin in der täglichen Arbeit bei Toulouse-Lautrec bewundern. Durch sie erarbeitete er sich den sicheren Strich, den wir noch heute bewundern. Es war übrigens niemand da, der diesen wohlhabenden, vornehmen Herrn dazu zwang, so-

Henri de Toulouse-Lautrec
24. November 1864, 6.00 Uhr, Albi, Tarn (Frankreich)

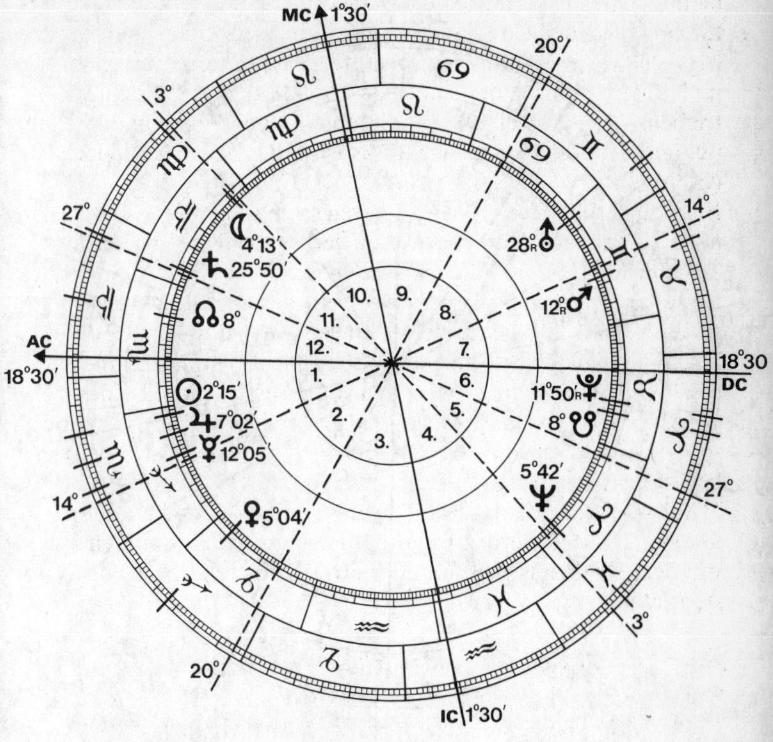

Innerer Kreis: gewöhnlicher Zodiakus
Äußerer Kreis: korrigierter Zodiakus (ayanamsa etwa 22°)

viel zu arbeiten. Er hatte die Mittel, sich dem Nichtstun hinzugeben, was in der dekadenten, katholischen französischen Aristokratie jener Zeit durchaus an der Tagesordnung war.
Das gleiche gilt für Maurice Chevalier, auch er arbeitete gerne hart, und niemand sollte sagen, daß die Bühnenberufe nicht tägliche Anstrengung und Disziplin erforderten. Und Mussolini? Auch er ist sicherlich nur deshalb zur Macht gelangt, weil er sich äußerste Disziplin auferlegte. Leider wollte er seine übertriebene Ordnungsliebe und Arbeitsdisziplin, die für die Jungfrau, also für das sechste Haus, so typisch sind, einem gan-

Benito Mussolini
29. Juli 1883, 14.00 Uhr, Dovia di Predappio, Romagna (Italien)

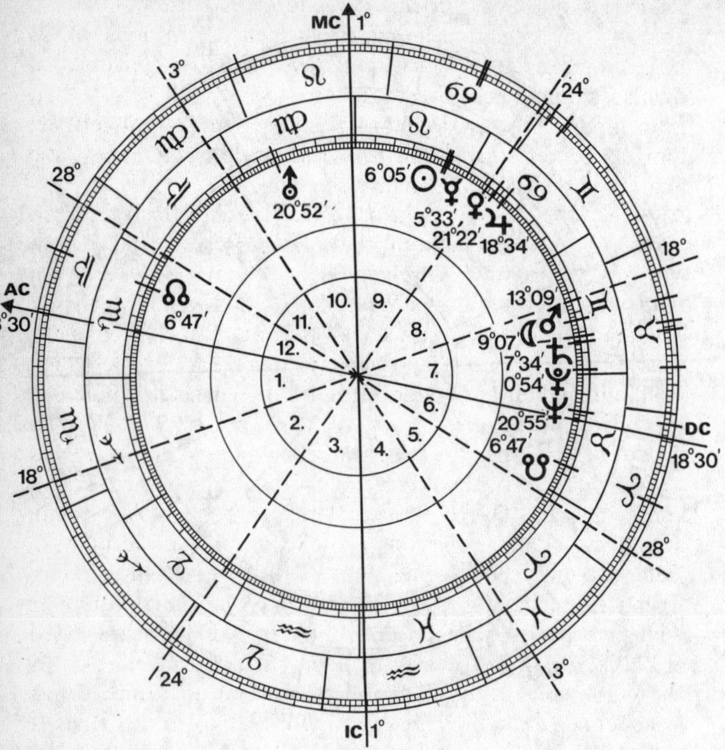

Innerer Kreis: gewöhnlicher Zodiakus
Äußerer Kreis: korrigierter Zodiakus (ayanamsa etwa 23°)

zen Volk mit Gewalt aufzwingen, was unangenehme Erinnerungen hinterlassen hat. Die außerordentliche Härte seines südlichen Mondknotens rührt daher, daß er im Widder, dem Feuerzeichen, steht, von Mars beherrscht, im Quadrat zur Sonne und zu Merkur.
Mit der Arbeit hat der mit dieser Mondknotenachse Geborene also schon jahrhundertelang Erfahrung. Mit dem, was einem das Leben schwer macht, ist er sehr vertraut, und das kann sich auch in der gegenwärtigen Inkarnation fortsetzen. Seine frühe-

ren Leben waren von einem genauen Ordnungs- und Sauberkeitssinn geprägt. Vor allem war er ein Mensch, der geradezu schuftete und das oft in einer subalternen Position.
Dauert diese Situation im gegenwärtigen Leben noch an, so liegt das daran, daß er sich vom südlichen Mondknoten und den damit verbundenen Frustrationen noch nicht befreit hat. Manchmal wählt sich der Horoskopeigner eine Krankheit, die ihm bei seiner spirituellen Entwicklung hilft, indem sie die Schlacken der Vergangenheit verbrennt.
Als sehr kritischer Mensch, der dadurch sein Selbstvertrauen untergräbt und die anderen in die Flucht schlägt und einsam wird, sollte er endlich einsehen, daß Vollkommenheit eher ein Attribut der Götter als der Menschen ist. Als ein für Mechanik begabter Mensch war er in seinen früheren Leben möglicherweise Ingenieur, Kunsthandwerker, Chemiker oder Alchimist; Vollkommenheit konnte er leichter bei Gegenständen als bei Menschen finden.
Er wird Ihnen sagen, daß die Menschen nicht mehr bereit sind zu arbeiten, daß sie den Beruf nicht mehr ernst nehmen, daß es keine solide Handwerksarbeit mehr gäbe. Möglich! Aber wenn er sich im Zeitalter von Ramsch und Konsum inkarniert hat, so vielleicht, um sich von seinen Perfektionszwängen zu befreien. Er hat eine Neigung zum Masochismus. Manchmal nimmt er schlecht bezahlte Arbeiten an, die er verachtet. Manchmal wird er krank, um sich in Selbstmitleid ergehen zu können. Das erlaubt ihm, sich eine Zeitlang zu isolieren, um auch einmal zum Nachdenken zu kommen (was er besonders gern tut). Immer befindet er sich in Auflehnung gegen die Gesellschaft, da er der Ansicht ist, sie habe ihm den Platz verwehrt, der ihm gebührt.
Eine weitere Schwierigkeit ist für ihn, Wesentliches von Nebensächlichem zu unterscheiden. Auch auf sexueller Ebene kann er Probleme haben, hier lähmt ihn die Angst, nicht perfekt genug zu sein. Empfängnisverhütung ist ein ständiges Problem für die Menschen mit dieser Mondknotenachse. Manchmal ziehen sie es vor, allein zu leben und alle Energie in die Arbeit zu investieren, nur um diesen Schwierigkeiten zu entgehen.
Das Karma dieser Menschen besteht oft darin, längere Perioden der Zurückgezogenheit zu erleben, die sehr fruchtbar sein können, wenn sie nicht in Selbstmitleid versinken.

Wenn der Horoskopeigner sich zum nördlichen Mondknoten hin entwickelt, wird er Mitleid und Mitgefühl zu empfinden lernen. Dann kann er auch helfen und heilen. Wenn er das Leiden anderer mildert, wird er sich von seinem eigenen Egoismus und seiner übertriebenen Kopflastigkeit befreien und nicht mehr so kleinlich sein. An dem Tag, an dem er fähig sein wird, sich seinen Gefühlen mehr zu überlassen, wird er einen großen Schritt zur Überwindung seines Karmas getan haben. Dann braucht er seine Krankheiten auch nicht mehr, weil er erkennt, daß sie Deformationen seines Seelen- und Geistleibes sind. Dafür wird er dann mehr Einsicht haben als andere, vor allem wenn er sich der Pflege anderer Menschen widmet.

Die Mondknoten und ihre Aspekte

Wenn Sie die Aspekte der Mondknoten analysieren, sollten Sie nur einen recht kleinen Orbis – weniger als fünf Grad – gelten lassen. Die Aspekte zwischen den Mondknoten, den Planeten und den AC/DC- und IC/MC-Achsen sind Wegweiser zu vielen Bildern aus früheren Leben. Jeder Aspekt zum südlichen Mondknoten ist ein Hinweis auf das, was in früheren Leben an Positivem oder Belastendem erworben wurde. Wenn ich Horoskope deute, bemühe ich mich, so die Talente des Horoskopeigners zu erkennen und herauszufinden, welcher Planet im Zeichen und im Haus ihm helfen könnte, sein durch den nördlichen Mondknoten definiertes Lernprogramm zu erfüllen.
Glauben Sie nicht, daß jeder sich nur so auf seinen nördlichen Mondknoten stürzt. Die Menschen entschließen sich erst dazu, wenn sie alle positiven und negativen Möglichkeiten ihres südlichen Mondknotens ganz ausgeschöpft haben. Das geschieht manchmal sehr spät oder zu spät im Leben. Manche Menschen, deren Existenz uns erschreckend erscheint, wollten oder konnten ihren südlichen Mondknoten nicht überwinden. Es ist auch gar nicht so einfach, denn er beinhaltet im allgemeinen das Ergebnis mehrerer, ja beinahe unendlich vieler früherer Inkarnationen. Manche Spuren sind zu tief eingegraben, als daß man sich in einem einzigen Leben daraus befreien könnte. Der südliche Mondknoten soll nach einigen Astrologen einen saturnalen Wert haben, was logisch ist, da Saturn, der Planet der Zeit, der Vergangenheit, früherer Jahrhunderte ist.

Planeten in Konjunktion mit dem südlichen Mondknoten

Je enger ein Planet in Konjunktion zu diesem Mondknoten steht, desto stärker ist der Hinweis auf Karmisches. (Das muß nicht negativ sein. Es kann auch nur darauf hinweisen, daß eine Aufgabe nicht ganz vollendet wurde, daß noch eine Vervollkommnung notwendig ist.) Konjunktionen mit dem südlichen Mondknoten sind auch deshalb faszinierend, weil sie auf Personen hinweisen, denen der Horoskopeigner in früheren Inkarnationen schon begegnet ist.

Sonne in Konjunktion mit dem südlichen Mondknoten
Sie weist augenscheinlich auf einen Vater, Chef oder Vorgesetzten hin, der das schon früher war. Die Aspekte präzisieren, wie diese frühere Beziehung gelebt wurde. Natürlich muß der Horoskopeigner oder die Horoskopeignerin in Beziehung auf diese Person etwas lernen, wenn die Aspekte zahlreich und negativ sind oder die Konjunktion problematisch ist. Ist die Konjunktion harmonisch, kann das erworbene Wissen in der Entwicklung auf den nördlichen Mondknoten hin angewandt werden.

Mond in Konjunktion mit dem südlichen Mondknoten
Hier ist zu vermuten, daß die Mutter oder die Ehefrau in diesem Leben in gleicher Verbindung zu einem bereits in vergangenen Leben stand. Der Mond könnte auch ein Hinweis darauf sein, daß der Horoskopeigner in früheren Leben einer größeren Menschengruppe bekannt war.

Merkur in Konjunktion mit dem südlichen Mondknoten
Man findet einen Bruder, eine Schwester, einen Cousin, eine Cousine aus früheren Inkarnationen wieder. Ebenso sind schon gewisse geistige Fähigkeiten wie die Begabung für Sprachen, für das Schaffen von Kommunikation und für die Heilkunst vorhanden. Zeichen und Haus geben Hinweise darauf, in welchem Gebiet die Aktivitäten ausgeübt wurden. Ist die Konjunktion ungünstig aspektiert, kann man daraus eine gewisse Anlage zur Unaufrichtigkeit, zur Unreife, zu einem Mangel an Gleichgewicht oder gar geistiger Krankheit ablesen.

Venus in Konjunktion mit dem südlichen Mondknoten
Die Schwestern und Geliebten kehren in diesem Leben zurück. Der Horoskopeigner oder die Horoskopeignerin haben viel Er-

fahrung in Liebesdingen und strahlen Verführungskraft aus. Wenn die Konjunktion negativ aspektiert ist, könnte das ein Hinweis auf Berufe sein, in denen der Körper verkauft wurde, in denen Verschwendung und Luxus eine Rolle spielten und in denen ein zu stark nach außen orientiertes Leben den Horoskopeigner geschwächt hat.

Mars in Konjunktion mit dem südlichen Mondknoten
Je nach dem Gewicht der Konjunktion kann man ablesen, ob die in früheren Leben stark entwickelte, kriegerische Energie negativ genutzt wurde oder ob sie, diesmal, in den Dienst höherer Ziele gestellt werden kann. Mars steht auch für den Geliebten: Man begegnet seinen früheren Partnern wieder.

Jupiter in Konjunktion mit dem südlichen Mondknoten
Der Horoskopeigner könnte früher religiöse Macht innegehabt haben, was sich in diesem Leben durch ein starkes Interesse für Theologie, Philosophie und Religion oder eine heftige Abneigung (im Falle eines dissonanten Aspektes) zeigt, daß eine verstärkte Beschäftigung mit diesem Gebiet zu seiner Befreiung notwendig wäre. Jupiter in Konjunktion mit dem südlichen Mondknoten weist auch auf die Möglichkeit hin, daß man in diesem Leben Onkeln und Tanten wiederbegegnet, die in gewissen früheren Inkarnationen eine Rolle spielten.

Saturn in Konjunktion mit dem südlichen Mondknoten
Einige Leben voller Enttäuschung, Armut, Nachgrübeln. Der Horoskopeigner begegnet den gleichen Großeltern oder alten Menschen, von denen er früher schon gelernt hat; aber er muß noch mehr von ihrer Weisheit übernehmen. Ist die Konjunktion sehr negativ aspektiert, weist sie auf harte frühere Lebensbedingungen, Strenge und auf Arbeit hin, für die man keinen Dank erhielt. Der Horoskopeigner hat Geduld gelernt. Früher hatte er vielleicht eine politische Macht inne, die er mißbrauchte. Dieser Mensch ist sicher eine sehr alte Seele.

Uranus in Konjunktion mit dem südlichen Mondknoten
Dieselben Freunde kehren wieder (welche Freude, daß der Tod enge Freundschaften nicht sterben läßt!). Bei einem negativen Aspekt jedoch könnten diese Freunde eine unheilvolle Rolle gespielt haben. Der Horoskopeigner muß die Dinge heute ins Lot bringen. Uranus in Konjunktion mit dem südli-

chen Mondknoten könnte auf sehr freie, unabhängige, für ihre Zeit unkonventionelle Leben hinweisen. Oft ist eine Gabe der Prophetie und technischer Erfindungsgeist vorhanden.

Neptun in Konjunktion mit dem südlichen Mondknoten
Der Horoskopeigner liebte das Meer und lebte nahe am Element Wasser (tatsächlich oder im übertragenen Sinn). Eine dissonante Konjunktion könnte auch auf frühere Leben hinweisen, die von Trunksucht und Drogen geprägt waren (was es nicht nur im zwanzigsten Jahrhundert gibt). Sind Planet und Mondknoten sehr gut aspektiert, kann man sicher sein, daß der Horoskopeigner über sehr hoch entwickelte parapsychologische Fähigkeiten verfügte und vielleicht ein oder sogar schon mehrere Male Wahrsager, Astrologe, Hellseher oder ähnliches war. Bei disharmonischen Aspekten könnte es sich um Schwarze Magie, Hexerei und mehr oder weniger unheilbringende religiöse Praktiken gehandelt haben.

Pluto in Konjunktion mit dem südlichen Mondknoten
Auch hier sind die parapsychologischen Fähigkeiten sehr stark, und zwar unabhängig davon, ob die Konjunktion harmonisch oder unharmonisch aspektiert ist. Die Wesenheit besaß früher außergewöhnliche Fähigkeiten, die sie noch weiterentwickeln kann. Vielleicht hat sie diese Fähigkeiten aber auch mißbraucht; dann sind sie blockiert und können nicht für eine konstruktive Arbeit eingesetzt werden.
Hier finden wir ein stark entwickeltes Sexualleben und bestimmende Instinkte; die Sexualität war früher ein Mittel, andere zu beherrschen, woraus eine noch heute bestehende, starke Anziehungskraft resultiert. Bei negativen Aspekten sind manchmal große Schwierigkeiten vorhanden, dem Partner ohne Besitzgier und Gewalt zu begegnen. Der Horoskopeigner scheint Macht gehabt zu haben. Es war jedoch eine okkulte Macht, die er in diesem Leben vermutlich wiederzugewinnen versucht, diesmal vielleicht in einer öffentlich anerkannten Weise und in dem Wunsch, die Verantwortung zu übernehmen, für die er sich fähig fühlt.

Planeten in Konjunktion mit dem nördlichen Mondknoten

Sie geben genaue Hinweise auf die Aufgabe für dieses Leben, die akzeptiert oder abgelehnt werden kann; im letzteren Fall wird sie auf spätere Leben verschoben, und der nördliche Mondknoten wäre ein Hinweis auf das, was der Horoskopeigner in zukünftigen Inkarnationen vorhat. Diese Zukunft ist jedoch nicht bis in alle Einzelheiten festgelegt. Die Freiheit, die der Mensch in der gegenwärtigen Inkarnation hat, kann vieles sehr verändern.
Man interpretiert diese Konjunktionen nach der gleichen Symbolik wie die Konjunktion mit dem südlichen Mondknoten, mit dem Unterschied, daß es sich hier um einen zu vollziehenden Schritt, um eine noch zu lernende Lektion handelt. Der Planet in Konjunktion ist ein Indiz für die Person oder den Beruf, die mit dieser Aufgabe in Zusammenhang stehen (siehe das Kapitel über die Symbolik der einzelnen Planeten). Es gibt wenige Menschen, die sich schon in früher Jugend dem nördlichen Mondknoten zuwenden, da sie noch viel zu sehr beschäftigt sind, den südlichen Mondknoten zu bewältigen. Der nördliche Mondknoten wird seine Potentiale erst im Reifealter zeigen (was der astrologischen Tradition nahekommt, die diesem Mondknoten einen Jupiter-Charakter zuschreibt – Jupiter als der Planet der Ausdehnung und der glücklichen Reifezeit).
Es kommt eine Periode (die manchmal ein ganzes Leben lang dauert), in der der Horoskopeigner ständig zwischen diesen beiden Mondknoten hin und her schwankt; jedesmal jedoch, wenn er sich wieder dem südlichen Mondknoten zuwendet, bringt ihm das solches Ungemach, daß er sich wieder zum nördlichen Mondknoten hin orientiert. Eines Tages wird er dieses Scheitern wohl nicht mehr ertragen und sich ganz und gar den Aufgaben des in die Zukunft weisenden nördlichen Mondknotens widmen.

Planeten in Konjunktion mit beiden Mondknoten

Stellen Sie sich vor, die Sonne stünde in Konjunktion mit dem nördlichen Mondknoten und der Mond mit dem südlichen Mondknoten, Mars mit dem einen und Venus mit dem anderen – dann ist es unvermeidlich, daß einer der Mondknoten in Opposition zu dem Planeten steht, der mit dem anderen Mond-

knoten in Konjunktion ist (beispielsweise stünde die Sonne in Konjunktion mit dem nördlichen Mondknoten dann in Opposition zum südlichen Mondknoten).
Bei dieser Konstellation erlebt der Horoskopeigner eine ständige innere Zerrissenheit, die zu einer Art Lähmung führen kann. Er muß in diesem Leben eine Entscheidung treffen, sonst wirkt dieser Zustand selbstzerstörerisch (besonders, wenn es um eine Opposition zwischen Sonne und Mond oder dem Herrscher des Aszendenten geht). Von beiden Planeten ist immer einer etwas besser aspektiert und plaziert: Dieser Planet ist es auch, den man wählen muß und auf den man seine Kräfte konzentrieren muß. So wird man allmählich den Konflikt überwinden, denn der Aspekt der Opposition gibt einem viel Kraft (d. h., er erzeugt ein solches Unbehagen, daß der Betroffene alles unternimmt, um sich davon zu befreien).

Planeten im Quadrat zu den Mondknoten

Es ist hier wie an einer Straßenkreuzung: Es können nicht alle Wagen zur gleichen Zeit fahren; ebensowenig passen die Schwingungen der verschiedenen Planeten zusammen, der eine blockiert den anderen, und so können sie nur getrennt oder nacheinander ihre Wirkung entfalten. So weist ein Quadrat, das die Mondknoten (immer beide gleichzeitig) verbindet, auf etwas hin, das sich negativ auf die Lebensachse auswirkt. Unser Horoskopeigner hat sich zwar eine Aufgabe gewählt, es gibt jedoch Dinge oder Menschen, die ihn ablenken und seine Energie auf andere Ziele richten.
Diese Planeten symbolisieren Versuchungen, sich zu zerstreuen. Schon in früheren Leben haben sie den Horoskopeigner daran gehindert, sich vollkommen zu verwirklichen. Diese negativen Einflüsse können ihm Illusionen vorgaukeln, es handle sich um den richtigen Weg. Aber wenn er sich an die Achse seiner Mondknoten hält, wird er einen schmerzhaften Verzicht auf die Dinge leisten müssen, die durch die im Quadrat stehenden Planeten symbolisiert werden. Man muß also das gesamte Horoskop betrachten, um zu sehen, über welche Wege und Umwege der Horoskopeigner diese Planeten in seine Lebensaufgabe integrieren kann, ohne sich zu verzetteln oder seine wahre Bestimmung zu verraten.

Diese Planeten repräsentieren oft notwendige Opfer, schmale Pforten, durch die man sich mühsam hindurchquälen muß. Einmal überwunden, erwartet den Horoskopeigner aber das ersehnte Licht.

Planeten im Sextil und im Trigon zu den beiden Mondknoten

Da 60° und 120° zusammen 180° ergeben, bildet ein Planet, der mit einem der Mondknoten im Trigon steht, ein Sextil mit dem anderen.
Alle guten Aspekte, die den südlichen Mondknoten betreffen, geben dem Horoskopeigner die Möglichkeit, die Vergangenheit zu läutern, indem er sie noch einmal erleben kann (so wählt der Horoskopeigner vor der Geburt eine Familie, ein Land, eine Religion und eine Sprache, welche die früheren Bedingungen wiederherstellen.)
Die astrologische Tradition warnt uns jedoch vor dem harmonischen, einfachen Trigon-Aspekt. Der Horoskopeigner läuft Gefahr, sich auf seinen Lorbeeren auszuruhen und es sich zu einfach zu machen. Wir kennen alle jene »glücklichen« Menschen, die sich von ihrem Wohlergehen einschläfern lassen. Trigone zum südlichen Mondknoten können, wie Quadrate, den Horoskopeigner dazu verführen, seine Zeit zu verlieren und seine Energien zu verschleudern; hier handelt es sich um eine subtilere Falle als beim Quadrat, da alles so scheinbar leicht und mühelos geht und man sich der Vorgänge nicht bewußt wird. Denn die positiven Aspekte des nörlichen Mondknotens geben natürlich eine beträchtliche Stütze. Die innere Weiterentwicklung wird durch die Lebensumstände ganz natürlich herbeigeführt, und der Horoskopeigner vermeidet quälende Konflikte in den durch die aspektierten Planeten angegebenen Bereichen.
Das Halbsextil (30°) in Verbindung mit einem Mondknoten hat ebenfalls einen guten Einfluß, bewirkt jedoch einen Quincunx-Aspekt (150°) zum anderen Mondknoten, der sich nicht immer harmonisch auswirkt.

Rezeption und Mondknoten

Es kommt wie beim Horoskop von Churchill vor, daß der nördliche Mondknoten im Widder im Haus der Waage (dem sieben-

ten) steht, während der südliche Mondknoten in der Waage (im Haus des Widders) zu finden ist. Es gibt auch Fälle, in denen der Herrscherplanet eines Mondknotens (d. h. der Planet, der das Zeichen beherrscht, in dem sich dieser Mondknoten befindet) im entgegengesetzten Zeichen steht.
In beiden Fällen sind die Fäden zwischen Gegenwart und Vergangenheit so verwirrt, daß man nur seine Zeit verliert, wenn man versuchen wollte, sie voneinander zu lösen. Die Erinnerungen an frühere Leben können so stark sein, daß der Horoskopeigner nicht mehr weiß, zu welchem seiner Leben sie gehören.
Die gleichen Begegnungen, die gleichen Orte, die gleichen Probleme begegnen ihm, begleitet von einem starken *déjà-vu*-Gefühl. In meinem eigenen Horoskop findet sich ebenfalls eine solche Konstellation, und mitunter gelingt es mir nicht, mich zu erinnern, ob ich diesen Sonnenuntergang oder jenes Bauernhaus in meinem gegenwärtigen oder in einem früheren Leben gesehen habe – ganz zu schweigen von den Menschen, bei denen man überzeugt ist, sie aus diesem Leben zu kennen, die jedoch zu einem früheren Leben gehören.

Die Mondknoten in der Partnerschaftsastrologie

Häufig erlebe ich, daß ich die Horoskope von zwei Menschen vergleiche (bei Konsultationen vor einer Eheschließung, bei freundschaftlichen oder beruflichen Beziehungen etc.) und mich dann frage: Was zieht die beiden Menschen zueinander hin? Sehr häufig fällt dann ein Planet des einen genau mit einem Mondknoten des anderen zusammen.
Ein Beispiel: Eine junge Frau fühlte sich sehr stark von einem kleinen Jungen angezogen, der mit ihrem Sohn befreundet war. Sie studierte sein Horoskop und entdeckte mit Überraschung, daß der südliche Mondknoten des Kindes genau in Konjunktion mit ihrem Mond stand. Sie ging der Sache nach und entdeckte nach und nach, daß dieses Kind, das offiziell nicht das ihre war, in einem früheren Leben ihr eigener Sohn gewesen sein mußte (in der Vergangenheit des Kindes, symbolisiert durch den südlichen Mondknoten, ist sie als Mutter zu finden – symbolisiert durch den Mond).
In anderen Horoskopen kann der Uranus des einen in Kon-

junktion mit dem südlichen Mondknoten des anderen stehen, was auf eine sehr alte Freundschaft hinweist. Manchmal ist es noch komplizierter. Mir liegen zwei Horoskope eines Ehepaares vor. Der südliche Mondknoten der Frau in den Zwillingen steht in Konjunktion mit dem Jupiter des Ehemannes. Für ihn ist es ganz klar, daß das Glück, mit ihr zusammenzusein, nicht von heute stammt. Man versteht dadurch so manches. In diesem Fall sind es zwei Menschen, die geheiratet haben, weil sie sich schon längst kannten. Das Gefühl der Vertrautheit, der Sicherheit, das sie im gemeinsamen Leben empfinden, rührt von einer Menge gemeinsamer Erinnerungen her.

Kapitel 9

Beziehungen und Aspekte zwischen den Planeten

»Was bedeutet dieses Netz von Fäden?« fragte mich ein Neuling der Astrologie, der das erste Mal in seinem Leben ein Horoskop sah. Ich hatte wie gewöhnlich die »positiven Aspekte« schwarz und die »negativen« rot eingezeichnet. Der Ahnungslose sah darin ein Netz, und er hatte recht, denn diese »Ariadne-Fäden« verweben unsere früheren Leben mit unserer gegenwärtigen Inkarnation.

Die *Lectures* über Astrologie von Edgar Cayce erwähnen die Aspekte zwischen den Planeten nur selten; er scheint ihnen weniger Bedeutung beizumessen als die heutigen Astrologen. Möglicherweise verstehen wir beim gegenwärtigen Stand der Astrologie die Interaktionen zwischen den Planeten noch nicht sehr gut. Wir haben sie in Form von Aspekten, d. h. von meßbaren Winkeln geordnet – es gibt jedoch wahrscheinlich noch andere Zugänge.

Beispielsweise benutzen wir sehr wenig die Fixsterne, die das Spiel der planetarischen Einflüsse jedoch stark zu modifizieren scheinen. Auch der Planet, der sich genau zwischen zwei anderen befindet, ist immer sehr bedeutungsvoll, selbst wenn er nicht durch einen Aspekt mit ihnen verbunden ist.

Auch das Umfeld von Planeten spielt, wie Volguine gezeigt hat, eine viel größere Rolle, als man glaubt, selbst wenn kein Aspekt zwischen den betreffenden Planeten besteht. So soll der Planet, auf den der Mond bei der Geburt zuläuft, den von der Seele für diese Inkarnation gewählten »Plan«, Dinge, die sie sich vorgenommen hat, und die Menschen, denen sie begegnen will, anzeigen. Wenn sich der Mond auf Uranus zu bewegt, würde das beispielsweise auf ein uranisches Leben hinweisen: ein Studium von Technik und neue Erfindungen, Begegnungen mit der Freundschaft, mit der Unabhängigkeit im Handeln und Urteilen etc. Der Horoskopeigner wird uranisch, wassermanngeprägte, betonte Menschen, schätzen: Erneuerer, Pioniere, Revolutionäre, inspirierte Freunde.

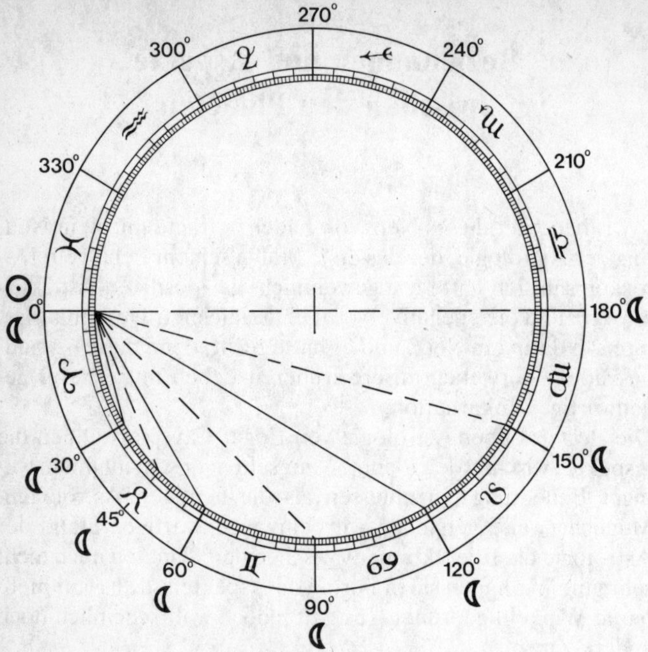

Die Aspekte zwischen den Planeten

Abbildung oben:
Die »harmonischen« oder »guten« Aspekte sind mit einem durchgehenden Strich gekennzeichnet.
Die »disharmonischen« oder »dissonanten« Aspekte sind mit einer gestrichelten Linie eingezeichnet.
Der Quincunx-Aspekt, der sowohl das eine als auch das andere sein kann, ist durch eine anders gestrichelte Linie gekennzeichnet.

Abbildung rechts oben:
Der Davidsstern wird durch sechs sich überkreuzende Trigone gebildet (zwei große Dreiecke, die sich symmetrisch schneiden)

Abbildung rechts:
Umrahmung: Der Mond ist hier von Mars und Uranus flankiert. Da Mars vor dem Mond steht (in der Reihenfolge der Zeichen), gibt er einen Hinweis auf die früheren Leben.
Halbsummenpunkt: Der Planet Mars steht hier in gleichem Abstand von Sonne und Mond.

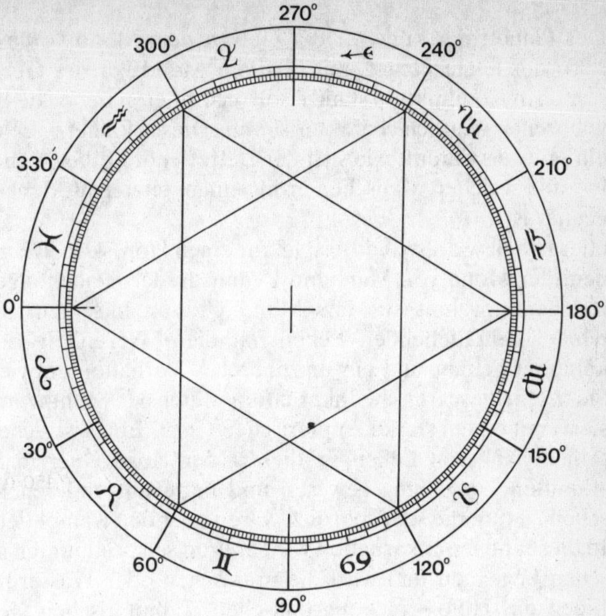
270°
300°
240°
330°
210°
0°
180°
30°
150°
60°
120°
90°

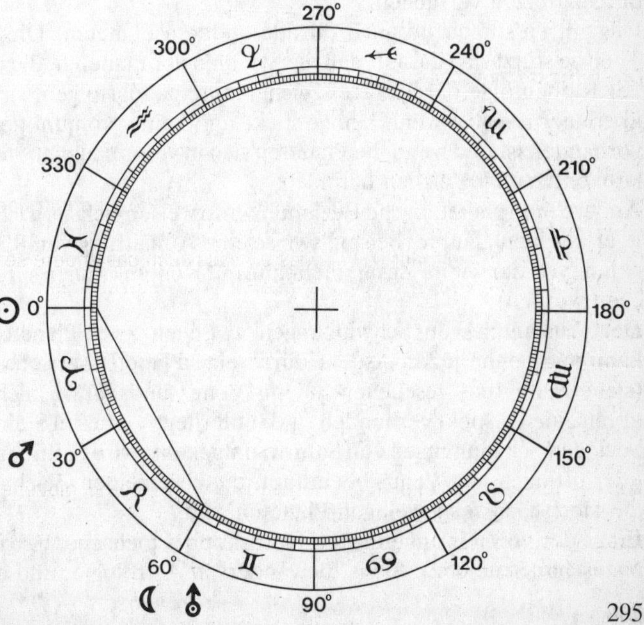
270°
300°
240°
330°
210°
0°
180°
30°
150°
60°
120°
90°

Der Planet, der kurz vor der Geburt dem Mond vorausgeht (also der letzte Planet, mit dem der Mond vor der Geburtsstunde in Konjunktion stand), soll die früheren Leben des Neugeborenen deutlich charakterisieren. Dieser Planet wäre dann ein Hinweis darauf, wie sich der Betreffende früher verhalten hat und welchen Menschen er in seinem letzten Vorleben begegnet ist.
Hier haben wir also ein Beispiel für einen Horoskopeigner, bei dem der Mond von Mars und Uranus in der Reihenfolge der Zeichen umrahmt ist: Mars–Mond–Uranus. In seinem unmittelbar vorhergehenden Leben hat diese Wesenheit viel zu kämpfen gehabt und ein martialisches Verhalten entwickelt. Sie tritt in diese irdische Inkarnation (durch den Mond symbolisiert) mit einem stark kämpferischen Geist. Eines ist sicher: In seinem früheren Leben ist dieser Mensch in einer marsbestimmten Umgebung gewesen und hatte mit anderen Menschen zu tun, die sehr sportlich waren oder den Kampf liebten. In dieser neuen Inkarnation wird er uranisch bestimmten Menschen begegnen und wird die uranischen oder Wassermann-Ideen mit Hilfe seines martialischen, kämpferischen Geistes durchzusetzen versuchen.
Das gilt entsprechend auch für alle anderen Planeten. Diese Theorie stützt sich darauf, daß die Strahlen der Planeten, die in der Reihenfolge der Tierkreiszeichen aufeinanderfolgen, sich überlagern, selbst wenn kein Aspekt und keine Konjunktion vorhanden ist und wenn die Planeten sich in verschiedenen, relativ entfernten Zeichen befinden.
Andere interplanetarische Beziehungen erweisen sich als wichtiger, als man glaubte: beispielsweise eine Anhäufung von Planeten (von der wir im Zusammenhang mit Konjunktionen sprechen werden).
Der Austausch von Schwingungen zwischen zwei Planeten kann auch ohne jeden Aspekt durch eine Planetenherrschaft (siehe Seite 106) geschehen. Wenn Venus und Saturn nicht durch einen Aspekt verbunden sind, unterliegt Venus im Steinbock den Schwingungen von Saturn; umgekehrt wird Saturn im Stier oft auch von Venus beeinflußt, da diese beiden Zeichen die Herrscher der jeweiligen Planeten sind.
Eines der von mir angeführten Horoskopbeispiele ist das von Natascha (Seite 352). Sie ist bewandert in Astrologie, und es

bekümmert sie, daß der Mars in ihrem Geburtshoroskop in einem Zeichen im Fall steht, also nichts dort verloren hat. Verlassen steht er in einer Ecke des Schützen. Kein wichtiger Aspekt verbindet ihn mit einem anderen großen Planeten, nur gerade ein Quincunx-Aspekt. Nun weiß jeder, daß Mars das Symbol für Energie ist. In Astrologiehandbüchern kann man nachlesen, ein schwacher und nicht aspektierter Mars weise auf eine willen- und mutlose Persönlichkeit hin.
Natascha ist jedoch sportlich-dynamisch und von tonischer Energie bestimmt. Ihre Erscheinung und ihr Charakter sind eher martialisch. Wie also soll man die Isolierung dieses Planeten in ihrem Horoskop erklären? Betrachtet man ihn, so sieht man, daß er ganz außerhalb der Reihe von großartigen Trigonen plaziert ist, die den Himmelsraum bedecken.
Nimmt man die karmische Astrologie zu Hilfe, so findet man dafür eine Erklärung: Mars geht der Sonne unmittelbar voraus und gibt ihr seine Kraft. Natascha hat in früheren Leben Mut und Energie entwickelt. Sie erinnert sich daran, Nonne gewesen zu sein: Das zeigt der Schütze, das Symbol der Religion, in dem dieser »vereinsamte« Mars steht. Es war ihr Glaube, der ihr in diesem früheren Leben die Kraft gab, mutig zu kämpfen – und dieser Mut ist noch heute spürbar.
Andererseits ist Mars durch Zeichenherrschaft mit der Sonne im Steinbock verbunden (da Mars der zweite Herr des Zeichens ist). Naraschas Sonne wird deshalb durch einen martialischen Einfluß verstärkt.
Zudem spielt die Verwandtschaft der Elemente eine große Rolle. Hier täuscht sich unsere westliche Astrologie manchmal. Sie betrachtet Mars theoretisch als deplaziert im Zeichen Schütze, das heißt weder erhöht noch im Fall noch als Zeichenherrscher. Nach der Theorie der Zeichenherrscher hätte Mars also im Schützen nichts zu suchen. Nun ist der Schütze aber ein Feuerzeichen, und natürlich ist der rote feurige Planet hier sehr gut plaziert; seine Strahlung wird durch das Feuer des Schützen nur noch angefacht. Betrachtet man schließlich den korrigierten Zodiakus, sieht man, daß Mars an der Grenze zwischen Skorpion und Schütze steht; er verläßt also gerade ein Zeichen, in dem er Herr war und aus dem er große Kraft bezieht.
Beziehungen zwischen den Planeten werden auch durch die Häuser hergestellt, selbst wenn kein Aspekt vorhanden ist. Im

Horoskop von Natascha gibt es fünf Planeten in den Häusern mit ›martialischer‹ Symbolik: Mond, Uranus und Saturn, Herrscher der Sonne, stehen im achten Haus, dem Haus, das dem Skorpion entspricht; Jupiter und Pluto stehen im zehnten Haus, das dem Steinbock entspricht, einem anderen marsbetonten Zeichen. Das ist also der Grund, warum Nataschas Aktivität nur so sprudelt und sich mutig durchsetzt, also die besten Eigenschaften von Mars in sich vereinigt.

Im Horoskop von Mario (Kapitel 6) verleiht die Konjunktion Merkur–Venus (CR) im 4. Haus (dem Krebs-Haus) dem Mond mehr Bedeutung, als er sie durch seine Aspekte oder durch seine zodiakale Position hätte. Marios starke Motivation, die ihn dazu trieb, sich zu reinkarnieren und seine verlorene Mutter zu suchen, einen Menschen, der im Grunde seine einzige Liebe war, intensiviert die Mond-Symbolik viel stärker in seinem Horoskop, als es auf den ersten Blick erscheint. Übrigens war Marios Verhalten in der ersten Hälfte seines Lebens sehr unbeständig und vielseitig, also »mondhaft«. Die Sonne am IC ist ein deutlicher Hinweis auf die Suche nach dem verlorenen Zuhause und der vermißten Mutter (4. Haus). Der Astrologe darf nie die Analogie zwischen Zeichen, Planet und Haus aus dem Auge verlieren. Beispielsweise kann zwischen Saturn und Mond folgende Beziehung hergestellt werden:

1. Aspekte: Saturn im Quadrat zum Mond oder in Opposition oder sogar in Konjunktion;
2. die Planetenpositionen im Zeichen ohne Aspekte: Mond im Steinbock (beherrscht von Saturn) oder im Gegenteil Saturn im Krebs (beherrscht vom Mond);
3. die Position der Planeten in den Häusern: Mond im zehnten Haus (analog zum Steinbock) oder Saturn im vierten Haus (analog zum Krebs).

In allen drei Fällen wird der Astrologe gleichermaßen die vereinigten Einflüsse beider Planeten als einen Mangel an mütterlicher Zärtlichkeit, als kalte oder abwesende oder zu strenge Mutter oder als den Mangel an häuslicher Geborgenheit etc. etc. interpretieren. Das gilt für dieses oder für frühere Leben, je nach den aus dem gesamten Horoskop hervorgehenden Hinweisen.

Im Fall von Mario (Kapitel 6, Seite 126), von dem wir gerade sprachen, ist keine dieser Kombinationen zu finden. Mario

fehlte es in diesem Leben weder an mütterlicher Liebe noch an Geborgenheit in einem Zuhause. Dieser Mangel rührt jedoch aus einem früheren Leben her und wird durch eine rückläufige Venus im vierten Haus angezeigt, während die beiden Herrscher des von Venus bewohnten Hauses, beide rückläufig, Saturn und Uranus (Frustration, Trennung, Distanz) sind. Diese beiden Zeichenherrscher stehen im Haus der Ehe (das Heim, das man sich selber schafft). Venus (die Zuneigung) im Quadrat zu Saturn, beide rückläufig, weist auf den Mangel an Zuneigung in einem früheren Leben und in der Kindheit (Haus vier) hin.
Zudem ist der letzte dem Mond vorangehende Planet Merkur, das Symbol der Jugend, im vierten Haus in Konjunktion zu Venus: Mario war in seinem früheren Leben vor allem ein frustriertes Kind (Quadrat Merkur–Saturn rückläufig). Der Mond läuft jetzt auf die Anhäufung von Planeten hin, zu denen Mars (der Kampf), Saturn und Uranus gehören: Mario wird kämpfen, um in Form der Ehe sein verlorenes Zuhause aus einem früheren Leben wiederzufinden. Man sieht, daß die Interpretation der planetarischen Einflüsse die verschiedensten, sehr subtilen Mechanismen beinhaltet; hat man jedoch den roten Faden gefunden, bestätigt das Horoskop diese Zusammenhänge von allen Gesichtspunkten aus.

Die Musik der himmlischen Sphären – das Horoskop als Synthese

Die Seher und Sensitiven, die ein Horoskop betrachten, sehen manchmal leuchtende Linien, die von einem Planeten zum anderen gehen. Die rosenkreuzerischen Astrologen wie Max Heindel verwenden das Wort »Strahl« mit gutem Grund: Ein Aspekt repräsentiert ein Bündel von Lichtschwingungen, die zwischen zwei Planeten ausgetauscht werden und die energetisch wirken. Diese von allen Himmelskörpern ausgestrahlten Energien harmonisieren miteinander oder bringen Dissonanzen hervor. Es sind farbige Lichtschwingungen, die auch zugleich klingen: die Sphärenmusik, die von Initiierten gehört wurde, existiert durchaus (was durch gewisse akustische Experimente in amerikanischen Observatorien bestätigt zu werden scheint). Pythagoras hatte recht.

So ist das Horoskop eine Synthese aus all den Licht- und Klangschwingungen der Planeten. Manche Medien hören diese himmlische Musik, wenn sie das Horoskop betrachten. Andere können sie zum Erklingen bringen, und da diese Welt nicht vollkommen ist, kann es dabei auch falsche Töne geben!

Gute und schlechte Aspekte

Die Kodifizierung der Aspekte ist uralt und beruht auf der ehrwürdigen Weisheit der Zahlenlehre, einer heiligen Wissenschaft, die den ganzen Kosmos beherrscht.
Warum gelten die Winkel von 30, 60 und 120 Grad als »gut«, während die Winkel von 45, 90 und 180 Grad einen schlechten Ruf haben? Die ersteren umschreiben das Sechseck, die letzteren das Quadrat.
Das Sechseck gilt als die Urform, aus der die lebendigen Zellen aufgebaut sind: die Zellen des Bienenstocks, in denen die Bienen ihren Honig lagern beispielsweise oder die Schneekristalle und die Getreidekörner. Dazu gehören alle Formen, die in dem Kreis beschrieben werden. Das Sechseck, das den Kreis harmonisch aufteilt, ist eine in der Natur häufig vorkommende geometrische Form. Sie ist konstruktiv, stabil und gibt Sicherheit. Das Sechseck besteht aus zwei Dreiecken; man weiß, daß die Pyramide unzerstörbar ist. So sind die Aspekte von 30, 60 und 120 Grad, Elemente des Sechsecks und des Dreiecks, sehr dauerhaft: sie stellen das dar, was in vielen Leben erworben wurde und für immer bleiben wird.
Auch in der Natur gibt es jedoch Quadrate und Oppositionen. Sie haben eine andere Funktion. Man kann sie als die instabilen und die zerstörerischen Formen interpretieren, die durch diese Eigenschaften gewisse Kräfte freisetzen.
Und das ist ebenso notwendig.
Der Wechsel zwischen diesen Formen und Kräften bildet die Grundlage unseres Lebens. In Zusammenhang mit dem Kreis und dem Quadrat sagte der Schwarze Falke, ein alter amerikanischer Indianer: »Ich bin gekommen, um hier zu leben, auch andere kamen, und man hat uns jene kleinen grauen Häuser erbaut, die quadratisch sind. Das ist eine schlechte Form zum Bauen. Denn im Quadrat kann keine Kraft liegen. Sie haben bemerkt, daß ein Indianer immer alles aus dem Kreis entstehen

läßt, da die Kraft der Welt immer im Kreis wirkt; alle Dinge tendieren dazu, rund zu sein. In der Vergangenheit, als wir ein glückliches kraftvolles Volk waren, kam unsere ganze Kraft vom runden Lagerplatz des Stammes. Wenn er intakt war, erblühte unsere Kultur. Der blühende Baum war das lebendige Zentrum, der viergeteilte Kreis nährte ihn. Der Osten gab Frieden und Licht, der Süden Wärme, der Westen Regen; der Norden mit seinem starken, kalten Wind gab die Kraft, um auszuharren. Dieses Wissen haben wir mit unserer Religion aus der äußeren Welt; der Himmel ist rund. Ich habe gehört, daß die Erde rund ist wie ein Ball; die Sterne sind rund. Der Wind macht Wirbel, wenn er am stärksten ist. Die Vögel bauen ihre Nester rund, denn ihre Religion ist die gleiche wie die unsere. Die Sonne geht auf und unter auf ihrer runden Bahn. Der Mond tut das gleiche, und beide erscheinen immer wieder dort, wo sie schon vorher waren. Das Leben des Menschen ist ein Kreislauf von Kindheit zu Kindheit.« (Der Schwarze Falke glaubt an die Reinkarnation.) »So ist es mit allen Dingen, in denen Kraft wirksam ist. Unsere Zelte waren rund wie die Nester der Vögel. Wir stellten sie immer im Kreis auf, dem Lagerplatz des Stammes, ein Nest unter anderen Nestern, in dem wir nach dem Willen des großen Geistes unsere Kinder großziehen sollten. Aber die Wasichus (die weißen Männer) haben uns in diese quadratischen Schachteln gesteckt. Unsere Kraft hat uns verlassen; wir sterben, denn von nun an ist keine Kraft mehr in uns. Ihr könnt euch unsere Söhne anschauen und sehn, wie es um uns steht. Als wir noch lebten, wie man es soll, nach der Macht des Kreises, waren unsere Knaben mit zwölf oder dreizehn Jahren schon Männer. Nun aber brauchen sie viel Zeit, um zu reifen. Gut! Was ist, das ist. Wir sind Gefangene des Krieges, solange wir hier ausharren. Aber es gibt eine andere Welt«!*

Quadrate (und Oppositionen) sind also gewiß destruktive Aspekte. Sie sind dazu da, um negatives karmisches Verhalten, das uns noch anhaftet, zu zerstören. Sie weisen auf das hin, wovon die Wesenheit sich in diesem Leben befreien möchte. Die »schlechten Aspekte« enthüllen eine innere Spannung, die wahrscheinlich nicht aus diesem gegenwärtigen Leben stammt.

* In: *Le 34 catalogue des Ressources,* Librairie Parallèle, Paris.

Eine Spannung, die unfehlbar Konflikte mit der Umgebung erzeugt, da das Individuum seine Strukturen auf die äußere Welt projiziert.
Quadrate und Oppositionen sind mehr als ein Indiz für alte Konflikte, die während früherer Leben nicht gelöst werden konnten; in ihnen liegt die Möglichkeit zu einer Lösung in diesem Leben. Gelingt das jedoch nicht, so kann man erwarten, daß sie im folgenden Leben wieder erscheinen.
So sind diese »negativen« Aspekte anregend und schöpferisch, sie zwingen den Horoskopeigner, sich zu ändern, um weiterzukommen. Die positiven Aspekte, die es ihm leichtmachen, beschwören die Gefahr herauf, daß er sich auf seinen Lorbeeren ausruht. So hatte der unglückliche Charles de Foucauld eines der dissonantesten Horoskope, die man sich vorstellen kann: nicht weniger als vierundzwanzig Quadrate, Halbquadrate und Oppositionen; und bei all dem drei unglückliche Trigone und zwei Sextile, die in dieser Kakophonie untergingen... ein unmögliches Horoskop. Aber diese schlechten Aspekte sind Erwecker! (Siehe Horoskop Seite 307.)
So müssen zu strenge Etikettierungen der Aspekte gewiß gemildert werden. Zahlreiche heutige Astrologen haben in dieser Richtung gearbeitet, wie zum Beispiel Dane Rudhyar und Stephen Arroyo. Die »schlechten« Aspekte sollten aus einer taoistischen Perspektive gesehen werden, das heißt als das notwendige dunkle Gegenstück zum Licht, der Wechsel zwischen Handlung und Ruhe, zwischen Aufbau und Zerstörung. Weisen die »schlechten« Aspekte auf Probleme hin, die in früheren Leben nicht gelöst wurden, sind sie ebenso notwendig wie die guten. Wären alle Aspekte gut, so wäre unsere Entwicklung beendet, und wir müßten uns nicht mehr auf der irdischen Ebene inkarnieren. Mit guten Aspekten weisen uns die Sterne einen Weg, den wir schon kennen – wir gehen ihn mit schlafwandlerischer Sicherheit.
Menschen, deren Horoskop sich auf eine Reihe von Trigonen stützt, die das ganze Horoskop harmonisch aufteilen, verfügen über ein großes inneres Gleichgewicht und über eine jahrhundertealte Weisheit, die es ihnen ermöglicht, den Widrigkeiten des Lebens zu widerstehen. Siehe beispielsweise das sehr schöne Horoskop des Kaisers Julian (Seite 330). Besonders zu erwähnen sind Horoskope, die in Form eines »Davidsterns« er-

scheinen; diese Menschen scheinen früher Initiierte gewesen zu sein und wichtige religiöse und charismatische Funktionen ausgeübt zu haben. In jedem Fall zeichnen sie sich durch psychologische Kenntnisse und ein tiefgründiges Wissen um die menschliche Seele aus. Es kommt jedoch vor, daß sie dieses Wissen für ihr persönliches Weiterkommen zum Schaden anderer benutzen.
Bei einer Konjunktion addieren sich die planetarischen Energien. Im Quadrat widersprechen sie sich bis zur gegenseitigen Aufhebung, und in der Opposition geschieht einmal das eine und einmal das andere. Die Opposition erlaubt manchmal eine Koordination zweier Energien, die das Quadrat nicht erlaubt, da die einander gegenüberstehenden Planeten auf der gleichen Wertachse liegen.

Stärkerer oder schwächerer Einfluß der Aspekte

Warum wirken sich manche Aspekte nicht so aus, wie man es erwartet? Das hat verschiedene Gründe.
Man spricht oft von »alten Seelen« oder von »jungen Seelen«. Obwohl alle Seelen zur gleichen Zeit geschaffen worden sein sollen, sind sie nicht dem gleichen Weg gefolgt und haben nicht das gleiche Entwicklungsniveau erreicht.
Die Menschen, die auf ihrem Weg nur langsam vorankamen, sind jene, denen während ihrer Inkarnationen ihre Ziele nicht wichtig genug waren. Sie lebten passiv und gingen den Weg des geringsten Widerstandes, so daß sie ihre ursprüngliche Aufgabe aus den Augen verloren. (Deshalb ist es so wichtig, diese Aufgabe kennenzulernen. Sokrates hatte recht: Selbsterkenntnis ist der Schlüssel zu jeder Entwicklung.)
Die »alten Seelen« sind jene, die vielfältige irdische Erfahrungen gesammelt haben; sie sind in der Kunst des Umgangs mit den Planetenkräften vertraut. Nach vielen stagnierenden Leben kam der Augenblick, in dem sie genug davon hatten. Anstatt auf der Stelle zu treten, entschlossen sie sich, einen großen Schritt zu tun, um sich endlich weiterzuentwickeln. Aus ihren zahllosen Erfahrungen auf der irdischen Ebene haben sie ein tiefes Wissen von gewissen menschlichen Mechanismen und kosmischen Vorgängen gewonnen. Die »sehr alten Seelen« gehen um mit ihren Aspekten, wie andere ihren Wagen durch die

Kurven lenken. Sie haben sicher mehr Freiheit als andere in ihrer Weise, mit den planetarischen Einflüssen umzugehen. Das faßten die antiken Astrologen in dem Spruch zusammen: »Der Weise beherrscht die Sterne.« Daher kommt es, daß bei den verschiedenen Menschen die gleichen Aspekte verschiedene Wirkungen haben und variabel genutzt werden. Spirituell sehr weit entwickelte Wesenheiten umgehen auf bewundernswerte Weise ihre »negativen« Aspekte. Sie benutzen sie auf positive Weise und machen das Bestmögliche aus ihren widerstreitenden Energien. Für spirituell hoch entwickelte Menschen, die manchmal sehr nah an ihrer endgültigen Befreiung sind, kann man schwer Voraussagen machen. Ihre innere Freiheit gibt ihnen auch eine äußere Freiheit und erlaubt es ihnen, ihre schlechten Aspekte zu überwinden. Diese beinahe befreiten Seelen machen Vorhersagen zunichte und führen zu enge astrologische Interpretationen ad absurdum – vor allem, wenn sie von Astrologen gemacht wurden, die nicht ihre geistige Dimension erreichen!
Horoskopeigner, die an ihrer ursprünglichen Konstellation, so wie sie durch die Aspekte des Radix-Horoskopes angegeben ist, »kleben«, sind für den Astrologen ein dankbareres Objekt als jene, die ihren Weg unabhängig vom Geburtshoroskop gehen; bei letzteren entspricht im Lauf der Jahre das Geburtshoroskop immer weniger dem, was sie inzwischen geworden sind.
Das gilt auch für die Menschen, die ihre Konflikte gelöst und im zweiten Teil ihres Lebens zu einer inneren Harmonie gefunden haben. Das Geburtshoroskop entspricht ihrem menschlichen Entwicklungsstand nicht mehr. Sie sind andere geworden, weil sie diese Wahl getroffen haben.
Bei vielen Menschen steht im reiferen Alter das wahre Ich im Konflikt mit der Persönlichkeit, die sie gerne zeigen möchten. Es ist nicht unnormal, daß das wahre Selbst der Wesenheit sich von der in diesem Leben äußerlich gezeigten Persönlichkeit unterscheidet. Für jedes Erdenleben wählt die Wesenheit ein Lernprogramm, auf das sie sich mit wenigen wesentlichen Schritten (symbolisiert durch Zeichen und Planeten) konzentriert. Die Wesenheit wird all ihre Anstrengungen darauf richten. Während dieser Existenz jedoch verbleiben andere Bereiche ihres Selbst verborgen.

Die indische Tradition spricht in diesem Zusammenhang von drei Arten von Karma:

1. *Das Pralabh-Karma* ist dasjenige, das wir in dieser Inkarnation leben müssen – unsere Aufgabe, die Gesamtheit der Ziele, die uns diesmal zur Wiedergeburt drängten. Ist es sehr schwer, kann es durch Geduld, durch unsere Bemühungen, es zu bewältigen, und durch das Gesetz der Gnade erleichtert werden. Dieses Karma ist im Geburtshoroskop vor allem durch die interplanetarischen Aspekte symbolisiert.

2. Das *Kriyaman-Karma* ist das Karma, das wir durch unseren eigenen Willen und unsere Entscheidungsfreiheit in diesem Leben schaffen. Mißachten wir Gerechtigkeit und Liebe, so ist es verständlich, daß wir für das folgende Leben Schulden aufhäufen. Dieses Karma kann aus dem Todeshoroskop teilweise abgelesen werden.

3. Schließlich ist das *Sinchit-Karma* für dieses Leben genotypisch, nicht aber phänotypisch. Es ist jenes Karma, das übrigbleibt; denn nicht alles kann in einem Leben abgetragen werden. Die meisten von uns haben so viel Karma angesammelt, daß sie noch viele Leben brauchen, um sich davon zu lösen. Dieses *Sinchit-Karma* ist aus dem Horoskop nicht ersichtlich. Es wird für die nächste Inkarnation »aufgehoben«; erst dann wird man es im Geburtshoroskop finden. Oftmals wurden die jüdisch-christlichen Religionen sehr kritisiert wegen der Schuldgefühle, die sie hervorrufen; sie existieren jedoch auch in anderen Religionen, da Karma in Indien als ein notwendiges Mittel zur Reinigung der Seele betrachtet wird. Gutes und schlechtes Karma muß immer aus dem Blickwinkel inneren Fortschrittes gesehen werden, dann verliert es viel von seinen bedrückenden Aspekten, ohne daß man sich an seinen Schuldgefühlen zu sehr aufhielte. »Ein schlechtes Gewissen fügt dem ersten Fehler einen weiteren hinzu«, sagte Spinoza, zu dessen Zeit dieses lähmende christliche Schuldbewußtsein eine große Rolle spielte.

Das von uns für diese Inkarnation gewählte Karma ist also an den Aspekten der Planeten abzulesen. Leider gibt es Horoskopeigner, die beschließen, sich von ihren ursprünglichen Aufgaben ganz zu entfernen. Sie haben die Freiheit, das heißt die Möglichkeit, gewisse Planeteneinflüsse zu blockieren. Diese Einflüsse können sich auch negativ auswirken, was gar nicht ihrem ursprünglichen Ziel entspricht. Diese Horoskopeigner schaffen so ein schweres *Kriyaman-Karma.*

Hatte Dr. Petiot von Geburt an das Horoskop eines Mörders? Nein. Nicht unbedingt. Übrigens beweist die Interpretation, die manche Astrologen gaben, ohne zu wissen, daß es das Horoskop eines berühmten Kriminellen war, keineswegs die Irrigkeit der Astrologie. Wenn Dr. Petiot ein »gutes Horoskop« hatte und er es »benutzte«, um Menschen zu ermorden, beweist das nur, daß der durch die Geburtskonstellation gesteckte Rahmen sehr weit ist – im guten wie im schlechten Sinn!

Warum wurde Charles de Foucauld, der ein wesentlich dissonanteres Horoskop als Petiot hatte (siehe unten), nicht auch zum Mörder? Ganz im Gegenteil, er wurde zu einer wichtigen spirituellen Gestalt, die ihrerseits ermordet wurde.

Manche Horoskopeigner akzeptieren die Dissonanzen in ihrem Horoskop, die sie sich schon vor ihrer Geburt selbst gewählt haben. Sie benutzen diese negativen Aspekte als »Sprungbrett«. Andere geben den Kampf auf, obwohl sie wesentlich weniger problematische Aspekte haben. Der ureigenste Mut, sich weiterzuentwickeln, der Gebrauch, den der Horoskopeigner von seiner Freiheit macht, all das ist nicht wirklich im Horoskop zu finden, vor allem nicht bei einem Erwachsenen. Es ist eine tägliche Entscheidung, die auf der Basis des Geburtshoroskops getroffen wird. Und es sind gerade diese täglichen Entscheidungen, die aus den »schlechten Aspekten« notwendige Stimuli machen.

Charles de Foucauld und die negativen Aspekte

Hier haben wir eines der dissonantesten Horoskope, die man sich vorstellen kann: 7 Oppositionen, 11 Quadrate (sic!), 5 Halbquadrate – zumindest liegt darin sehr viel Energie. Die religiöse Orientierung stammt aus früheren Zeiten (rückläufiger Neptun in den Fischen). Die letzten Leben scheinen recht bewegt verlaufen zu sein. War die Wesenheit schon im militärischen Bereich tätig (Mars vor dem Mond)? Der südliche Mondknoten im siebenten Haus in Löwe–Jungfrau scheint auf einen Mißbrauch von Autorität und unloyales Verhalten in Gruppen hinzuweisen. Es mögen bewegte, unruhige Leben gewesen

Charles de Foucauld
15. September 1858, 17.00 Uhr, Strasbourg (Elsaß)

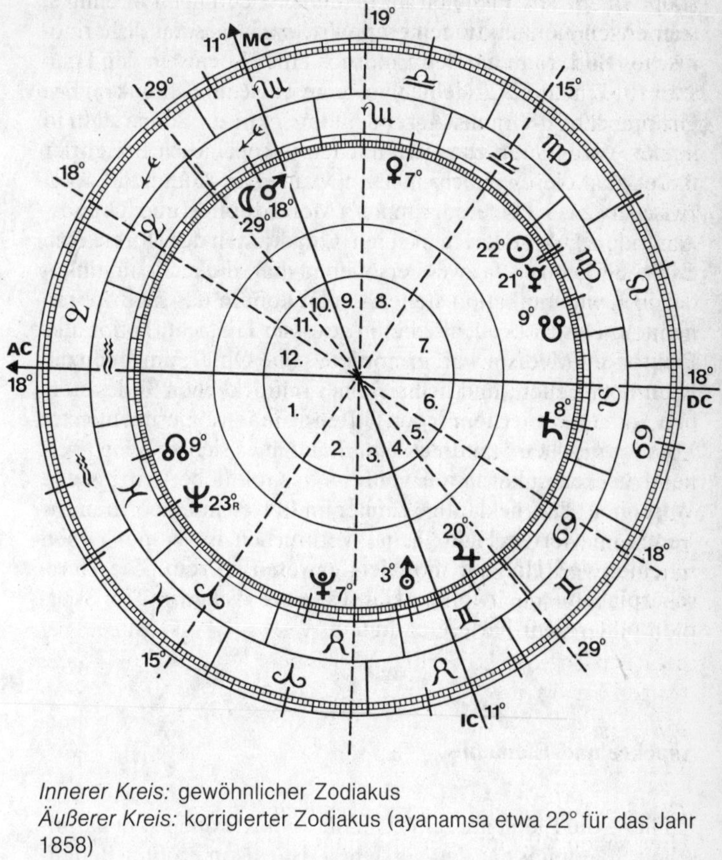

Innerer Kreis: gewöhnlicher Zodiakus
Äußerer Kreis: korrigierter Zodiakus (ayanamsa etwa 22° für das Jahr 1858)

sein, die in anderen Ländern zugebracht wurden. Abenteuer in allen Vatiationen! Aber in diesen abenteuerlichen Leben hat sich Energie und die Lust an Anstrengung und eine starke Dynamik entwickelt (Mars ist in seinem Zeichen nicht schlecht plaziert und hat zwei der äußerst raren guten Aspekte des Horoskops).

Der finstere Doktor Petiot

In diesem Horoskop gibt es Gemeinsamkeiten mit dem Horoskop von Hitler: Planeten und Himmelsrichtungen in einigen sehr engen Konjunktionen gruppiert, ein insgesamt disharmonisches Bild. Man hat den Eindruck eines Loches in den Häusern 10, 11 und 12 (als fehle ihm »eine Tasse im Schrank«). Die Gruppe Saturn-Uranus-Aszendent im Sextil zur Sonne steht in keiner Verbindung zum übrigen Horoskop. Auch bei Hitler findet man dieses »Loch«, diesen Mangel an Kommunikation zwischen zwei Planetengruppen (Mond-Jupiter und Uranus-Aszendent), diese Leere in einem Quadranten des Horoskops. Es ist, als gäbe es da zwei Personen in ihm, die nicht miteinander in Kommunikation stehen – man könnte das schizophren nennen. Das ist es auch sicher in gewisser Hinsicht. Petiot, der Doktor der Medizin war, ermordete seine Opfer, um ihnen die Haut abzuziehen, und ließ sie eines schrecklichen Todes sterben, indem er mit chemischen Giften an ihnen experimentierte. Vom karmischen Standpunkt aus handelt es sich um eine in einer früheren Inkarnation völlig vom Goldfieber zerfressene Wesenheit: der rückläufige Jupiter im Löwen in Opposition zur Venus im vierten Haus; seine Verbrechen in diesem Leben scheinen von Habgier motiviert gewesen zu sein. Die Herrscherplaneten des zwölften Hauses in der Waage und im Skorpion bilden sehr harte Quadrate.

Aspekte und Elemente

Ich liebe die Elemente sehr. Um die Aspekte auch vom karmischen Standpunkt aus zu verstehen, ist es von größter Bedeutung festzustellen, welche Elemente eine Rolle spielen.

Oppositon (180°): Sie weist im allgemeinen auf eine karmische Lektion hin, die mit der Beziehung zu anderen Menschen zu tun hat: Es geht darum, ihren Standpunkt respektieren zu lernen. Die Opposition drückt aus, daß wir in unseren früheren Leben den Dialog mit anderen versäumt oder uns gegen ihn gewehrt haben. Dieses Gegenüber zweier Planeten, die in verträglichen Elementen, d. h. auf der gleichen Achse, plaziert

Marcel Petiot
17. Januar 1897, 3.00 Uhr, Auxerre, Yonne (Frankreich)

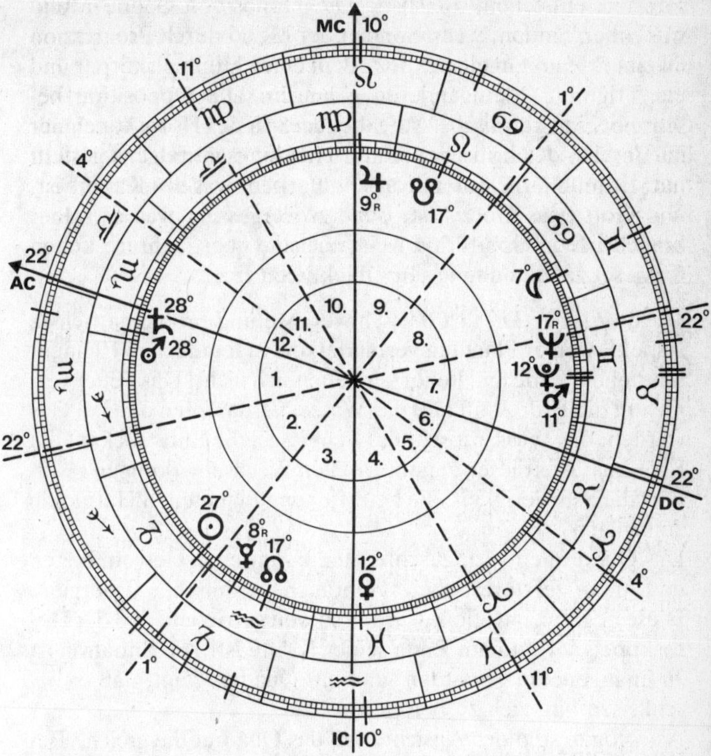

Innerer Kreis: gewöhnlicher Zodiakus
Äußerer Kreis: korrigierter Zodiakus (ayanamsa 23°)

sind, macht es einem jedoch leichter als das Quadrat. Steht der Löwe in Opposition zum Wassermann, so wird man endlich eine Verständigungsebene finden, denn Luft und Feuer sind Freunde.

Die Elektrizität lehrt uns, daß Strom nur zwischen zwei verschiedenen Polen fließen kann: einem negativen und einem positiven. Die Opposition drückt diesen notwendigen Unterschied von Potentialen aus. Im allgemeinen wird ein dritter Planet, also ein dritter Pol, die Spannungserhöung regulieren. Findet sich die planetarische Lösung nicht im Geburtshoroskop, wird sie früher oder später durch einen Transit oder eine Progression entstehen. Beispiel: Die Opposition Sonne–Mond wird überwunden, wenn Sonne oder Mond durch Progression an einem Punkt in ein Sextil zu dem einen Himmelskörper und ein Trigon zu dem anderen gelangen. Die Opposition beschreibt eine karmische Aufgabe, die sich der Horoskopeigner im Bereich des kritischen Unterscheidungsvermögens gestellt hat: Er muß lernen, dem Kaiser zu geben, was des Kaisers ist, und Gott, was Gottes ist, ohne zu vergessen, was er selber braucht. Jede Opposition weist auf eine über mehrere Leben fortgesetzte Bemühung um Objektivität hin.

Quadrat (90°): Dies ist der schwierigste und problematischste Aspekt, weil er Planeten verbindet, die in feindlichen Elementen stehen. Erde und Feuer verstehen sich nicht. Das Feuer vernichtet die Erde. Luft läßt das Wasser verdampfen oder zu Gas werden, das Wasser löscht das Feuer aus, die Luft trocknet die Erde aus. Aus diesen zerstörerischen Wechselwirkungen resultiert die Schwierigkeit, die betreffenden Planeten in Harmonie zu bringen.
Das Quadrat entspringt schlechten karmischen Gewohnheiten und dem zerstörerischen Gebrauch kosmischer Energien. Diese negativen Reflexe wurden so weit getrieben, daß der Horoskopeigner nun am Ende seiner Kräfte ist: Die Situation ist zu unangenehm geworden, und das Quadrat zeigt, daß er beschlossen hat, sich zu befreien.
Astrologen sind der Ansicht, daß das Quadrat die gleiche Bedeutung wie Saturn habe: eine erschreckende Frustration, die einen mit der Notwendigkeit konfrontiert, sich zu entwickeln. Das Quadrat hat mit Angst zu tun... der notwendige Prozeß von Fall und Aufstieg dauert mehrere Leben; das Quadrat jedoch ist wirklich der Tiefpunkt, vor allem wenn es exakt und zwischen zwei fixen Zeichen oder zwei rückläufigen Planeten besteht.
In jedem Fall ist das Quadrat ein Symbol für einen Kampf, der geführt werden muß und dem man nicht entrinnen kann. Es ist der zwingendste »negative« Aspekt.

Konjunktion (0–10°). Sie ist der stärkste Aspekt. Er bezieht seine Kraft aus der Tatsache, daß die Planeten im gleichen Element vereint sind.* Die Konjunktion ist besonders einflußreich, wenn sie schnelle Planeten (Venus, Merkur, Mars) zueinander in Beziehung setzt. Die langsamen Planeten scheinen vor allem alte Seelen zu beeinflussen. In jedem Horoskop muß man sich zunächst auf die Konjunktionen konzentrieren. In ihnen haben Sie einen der Schlüssel für die gegenwärtige Inkarnation. Die Konjunktion beschreibt, je nach ihrem Gewicht, die tieferen Motivationen, die den Horoskopeigner dazu bewegten, sich wieder auf der irdischen Ebene zu verkörpern und hier zu arbeiten. Wenn auch noch rückläufige Planeten beteiligt sind, ist es, als hätten wir ein großes Hinweisschild vor uns, auf dem mit riesigen Buchstaben steht: »Achtung!« Leider sind wir alle ein bißchen kurzsichtig. Wenn ein Quadrat Angst und eine Opposition Unterscheidungsvermögen bedeutet, so könnte man die Konjunktion mit Aktion gleichsetzen. Wir werden sehen, daß der Horoskopeigner vor allem im Bereich und in der Richtung, die durch die Konjunktion angegeben werden, kämpft und handelt. Das Horoskop von Charles de Foucauld (siehe Seite 307) ist in dieser Hinsicht deutlich. Die Konjunktion von Mars und Mond brachte ihn dazu, seine Aktivität in großen menschlichen Zusammenhängen zu entwickeln. Da der Mond auch die Frauen verkörpert, begann er als Don Juan des Regiments. Dann ändert sich der Schauplatz: Er reist als Reporter nach Marokko, und es gelingt ihm inmitten maghrebinischer Stämme, die damals Ausländern gegenüber sehr feindselig waren, unbemerkt zu leben und akzeptiert zu werden, um die Informationen zu sammeln, um die es ihm ging. Interessant ist übrigens, daß Marokko das Land des Schützen ist, über dem diese Konjunktion leuchtet. Es scheint, daß Charles de Foucauld schon ein früheres Leben in Marokko verbracht hat. Der Schütze an der Spitze des zwölften Hauses weist darauf hin; Jupiter, der Herrscher dieses Zeichens, bewohnt das vierte Haus, das Haus der Erinnerung, und steht in den Zweillingen, was in ihm den Wunsch auslöste, wieder in dieses Land zu reisen und dort Entdeckungen zu machen (die Zwillinge sind ja so neugierig!). Später ging es Charles de Foucauld mehr um theologische Entdeckungen (Schütze), denen er sich aktiv widmete (Mars),

* Manche Astrologen halten eine Konjunktion nicht für gültig, wenn die Planeten in verschiedenen Zeichen bzw. Elementen stehen.

unter Anleitung einer Frau (Mond), die seine Cousine ist (Merkur). Betrachtet man dieses starke Quadrat, so hat man den Eindruck, daß der arme Mond mit aller Kraft an der Konjunktion zwischen Sonne und Merkur gerüttelt hat. Schließlich gelang es der Merkur-Mond-Cousine, die turbulente Mars-Mond-Konjunktion in eine positive Richtung zu lenken. Hier haben wir ein kleines Beispiel dafür, wie das Leben eines Horoskopeigners sich im wesentlichen innerhalb der Quadratur zwischen zwei Konjunktionen abspielte. Die Dynamik des Horoskopes stammt jedoch aus früheren Leben, in denen dieser starke Mars und dieser wissensdurstige Merkur entwickelt wurden. Venus im achten Haus weist auf leidenschaftliche, besitzgierige frühere Leben hin, auf eine Sehnsucht nach unerreichbaren Freuden, die dieses Leben in Liebesangelegenheiten sehr schwierig gestalteten. In diesem Fall ist man vielleicht glücklicher, wenn man Mönch wird.

Quincunx (150°): Das Horoskop von Hitler, das wir auf Seite 138 ausführlich besprochen haben, ist durch die Zahl der Quincunx-Aspekte ungewöhnlich.
Zwei Planeten, die 150° voneinander entfernt stehen, sind sich durchaus nicht gleichgültig. Sie können sehr starke Energien miteinander austauschen. Dieser Winkel ist jedoch nicht klar und eindeutig, und es ist für den Horoskopeigner eine schwierige Aufgabe, zu erkennen, wie er die beiden Energien koordinieren kann. Beispiel: ein Planet im Stier und ein anderer im Schützen mit 150° Entfernung. Venus ist hier der gemeinsame Nenner; Erde und Feuer sind jedoch unvereinbar, da sie nicht den gleichen Zeitbegriff haben. Es wird immer zu Widersprüchen und Spannungen kommen. Anderes Beispiel: Ein Planet im Skorpion und ein anderer in den Zwillingen können in ihrer Fähigkeit zur Analyse in ihrer intellektuellen Wachheit und praktischen Tüchtigkeit, die beiden gemeinsam ist, eine Verständigungsebene finden. Die Elemente Luft und Wasser sind jedoch keine Freunde. Quincunx-Aspekte üben, wenn sie im Horoskop häufig sind, einen dauernden Druck auf den Horoskopeigner aus. Manche Astrologen meinen, daß sie etwas mit »Dienen« zu tun hätten, andere sagen, der Quincunx-Aspekt sei ein Aspekt, der mit dem Tod in Zusammenhang stehe. Vom

Aszendenten ausgehend läuft der Quincunx-Aspekt jedenfalls auf das 6. oder 8. Haus – er muß also durch eine dienende Haltung gelöst werden, sonst führt er möglicherweise zum Tod. In dem merkwürdigen Horoskop von Hitler ist das sehr deutlich. Der Quincunx-Aspekt ist ambivalent und weist auf alte karmische Gewohnheiten hin, die sich noch nicht positiv oder negativ fixiert haben. Es ist also ein Aspekt, der auf eine Entwicklung hindeutet.

Trigon (120°). Es umfaßt die gleichen Elemente, läßt also eine »elementare« Harmonie entstehen. Das Trigon beschreibt die Fähigkeit des Horoskopeigners auf beruflichem, künstlerischem, literatischem, erzieherischem, sozialem, finanziellem Gebiet etc. Diese Anlagen und Fähigkeiten sind als Folge wiederholter Bemühungen in verschiedenen Leben so natürlich geworden, daß sich der Horoskopeigner ihrer nicht mehr bewußt ist. Er hat sie im Überfluß. Die durch das Trigon angezeigte Harmonie wird nicht in einem einzelnen Leben erworben, sondern durch Wiederholung, so daß die damit verbundenen Fähigkeiten ein fester Bestandteil der Persönlichkeit zu sein scheinen. Es ist ein Aspekt der Entspannung, der Lebensfreude, der Stabilität.

Sextil (60°): Es verbindet verschiedene, aber verträgliche Elemente, wie die Opposition es tut. Etwas weniger stabil als das Trigon führt es eher zur Weiterentwicklung und zum Erwerben neuer Fähigkeiten. Es weist auf eine karmische Lektion hin, die man im Augenblick lernen möchte und bei der man gute Fortschritte macht, ohne allzu viele Schmerzen zu erleiden. Vom Aszendenten ausgehend zielt das Sextil auf das 3. und 11. Haus: Lufthäuser, die vor allem mit geistigen Fähigkeiten zu tun haben. Das Sextil wäre also ein Hinweis auf eine Öffnung für Neues oder für geistige Errungenschaften. Es geht hierbei um ein Karma der Entwicklung von Wissen und Erkenntnis.

Parallele (0° Deklination): Hier geht es um Planeten, die entweder über oder unter dem Horizont auf gleicher Höhe stehen. In diesem Fall ähnelt der Aspekt der Konjunktion. Überkreuzt die Achse dieser beiden Planeten den Horizont, wäre das eher eine Opposition; die Auswirkungen der Parallele sind jedoch noch wenig bekannt.

Die Interpretation der Aspekte muß intuitiv geschehen und darf sich nicht nach einem starren Schema richten. Man muß immer die betroffenen Elemente im Auge behalten. Wenn zwei Planeten beispielsweise 123° voneinander entfernt sind, ist das theoretisch ein Trigon. Sind diese beiden Planeten jedoch in zwei verschiedenen Elementen, beispielsweise die Sonne in den Fischen und der Mond im Löwen, wird das Trigon nicht mehr die gleiche Leichtigkeit haben, da die betreffenden Planeten in unvereinbaren Elementen stehen (wobei man nie vergessen darf, die ayanamsa-Verschiebung zu berücksichtigen!). Andererseits können zwei Planeten im gleichen Zeichen, die für die klassische Astrologie zu weit voneinander entfernt sind, um eine Konjunktion zu bilden, ihre Einflüsse durchaus harmonisch überlagern wie in einer klassischen Konjunktion. Das ist eine praktische Feststellung, die man oft in den Horoskopen von Klienten macht; sie gibt den indischen Astrologen recht, für die zwei Planeten im gleichen Zeichen bei jedem Orbis in Konjunktion stehen. Beispielsweise werden von europäischen Astrologen Venus bei 5° Schütze und Mars bei 20° des gleichen Zeichens nicht als Konjunktion betrachtet; oft jedoch rufen sie die gleiche Wirkung hervor wie eine echte Konjunktion. Vom karmischen Standpunkt aus wird man in Betracht ziehen, welcher Planet vor dem anderen steht, was Genaueres über die karmischen Probleme dieses Planeten, vor allem, wenn er rückläufig ist, aussagt.
Bei der Interpretation der Aspekte betritt man eine ganz andere Dimension, wenn man als Astrologe das Gesetz des Karmas anerkennt. Die Überprüfung der Aspekte läßt zwar keine sicheren Aussagen beispielsweise darüber zu, in welchem Land der Horoskopeigner in seiner letzten Inkarnation lebte oder welchen Beruf er ausübte; sie ergibt jedoch auf jeden Fall Hinweise auf die tiefen Sehnsüchte und Frustrationen, die ihn zur Reinkarnation getrieben haben und die sein Handeln in diesem Leben bestimmen.

Hier finden Sie eine kleine Übersicht über die karmische Bedeutung der Aspekte in den Elementen:

Wasser symbolisiert ein emotionales Karma, das sehr belastend ist. Der Horoskopeigner sollte versuchen, Ordnung in seinen unbewußten Bereich zu bringen. Er hängt zu sehr an emotionaler Sicherheit, an vergangenen Gefühlen, an geliebten Wesen. Wasserzeichen: Krebs, Skorpion, Fische. Wasserhäuser: 4., 8., 12.

Luft ist viel losgelöster von emotionalen Wurzeln. Aspekte mit Luftzeichen (Zwillinge, Waage und Wassermann) oder mit Lufthäusern (3., 7., 11.) weisen auf ein Karma im Bereich der Ideen und des Wissens hin: Der Horoskopeigner muß daran arbeiten, seine seelischen Augen auf die Realität zu richten. Er sollte lernen, verschiedene Denkweisen zu entwickeln, die er willentlich wie Werkzeuge verwenden kann.

Erde symbolisiert ein zu großes Hängen an Materiellem, wenn ein Planet in diesem Element schlecht aspektiert ist. Da die Erde langsam ist, stammen diese Bindungen nicht aus dem gegenwärtigen, ja nicht einmal aus dem gerade verflossenen Leben, sondern wahrscheinlich aus der Dunkelheit vergangener Zeiten. Der Horoskopeigner hat sich so sehr an irdische Sicherheit geklammert, daß er seine spirituellen Ziele aus den Augen verloren hat. Dissonante Aspekte in den Erdzeichen (Stier, Jungfrau, Steinbock) oder in den Erdhäusern (2., 6., 10.) können durch bewußte Übungen in Loslassen gemildert werden.

Feuer zeigt recht aktive frühere Leben an. Ein negativer Aspekt, der sich auf dieses Element bezieht, zeigt an, daß der Horoskopeigner so sehr an die Tugend des Handelns glaubte, daß er das Nachdenken (oder das Lieben) vergessen hat. Er sollte dieses Feuer ein wenig dämpfen und sein vulkanisches Ego an die Kandare nehmen. Feuerzeichen: Widder, Löwe, Schütze. Feuerhäuser: 1., 5., 9.

Kapitel 10

Horoskop-Beispiele

Bei manchen sogenannten primitiven Stämmen ist es üblich, daß ein noch Lebender seine nächste Reinkarnation ankündigt.

So hat sich Dr. Ian Stevenson, dessen Buch über Reinkarnation ich schon zitiert habe, mit dem Fall eines alten Indianers aus Alaska beschäftigt, der seinen Kindern angekündigt hatte, er werde als ihr Sohn wiedergeboren und man würde ihn an einem bestimmten narbenartigen Körpermerkmal wiedererkennen. Das Kind, das etwa zehn Monate nach seinem Tod geboren wurde, trug tatsächlich an der vorhergesagten Stelle die Narbe und zeigte sehr bald die physischen und seelischen Merkmale seines verstorbenen Großvaters.

Sitting Bull, der berühmte Sioux-Häuptling und Medizinmann, erzählte, daß nach der Schlacht am Little Big Horn der Geist des verstorbenen Generals Custer mit ihm gesprochen und ihm gesagt habe, »daß sie in einem früheren Leben Brüder gewesen seien und es wieder sein würden«.

Die großen Initiierten des Westens haben manchmal ähnliche Intuitionen erlebt: So hat Edgar Cayce für sich selbst eine Reinkarnation vor dem Ende des Jahrhunderts vorausgesehen.*

In Tibet sehen die Lamas gewisser Klöster ihre nächste Geburt voraus und wählen mit Hilfe der Astrologie das genaue Datum für diese Reinkarnation. Es gibt sogar eine Methode mit geheimen Zaubersprüchen, die von den Mönchen sorgsam gehütet wird. Diese Mönche zeichnen das Horoskop für die Todesstunde, um etwas über die mögliche zukünftige Inkarnation des Sterbenden zu erfahren. Natürlich ist es, wie wir im ersten Kapitel sahen, in Tibet höchstes Ziel, sich endgültig vom »Rad der Wiedergeburten« zu befreien. Ein sehr spiritueller Mönch, der keiner irdischen Buße mehr bedarf, kann jedoch einzig aus dem Grund zurückkehren, um seinen Brüdern zu helfen.

Dieses Prinzip der Reinkarnation zu bestimmten Zeitpunkten

* Edgar Cayce, *On Reincarnation,* Warner Books, New York.

war auch bei den Initiierten der antiken westlichen Welt nicht unbekannt. Selbst in der Bibel heißt es, daß die Zeit durch die Sterne bestimmt wird und daß es für Geburt und Tod gewisse festgelegte Zeitpunkte gibt. Die esoterischen Astrologen des Westens geben heute zu, daß man zur Todesstunde ein Horoskop erstellen kann, um die postmortale Entwicklung des Verstorbenen verfolgen zu können.* Sicher folgt der Reinkarnationsplan einer Seele gewissen Gesetzen, die mit den Gesetzen des Kosmos übereinstimmen. Wir wissen jedoch noch sehr wenig von diesen Dingen. Der Horoskopeigner jedoch, der sich auf andere kosmische Ebenen begibt, unterliegt damit den gleichen universellen Gesetzen. »Wie oben, so auch unten« heißt ein altes Gesetz. Deshalb ist von Interesse, auch Todeshoroskope zu analysieren.

Reinkarniert man sich zu bestimmten Zeitpunkten?

Die Platoniker waren der Ansicht, daß die Seele sich nicht gleich nach dem Tod, sondern alle tausend Jahre reinkarniere. Der Gedanke, der dem zugrunde lag, ist folgender: Es gibt planetarische Zyklen, die die Seelen durchlaufen müssen. Diese Zyklen werden von einigen Initiierten zwar erwähnt, man weiß jedoch wenig darüber. Sie sind auf jeden Fall mit astronomischen Konstellationen verbunden, die für uns durch den Kalender symbolisiert werden. Das Ergebnis ist manchmal eine erstaunliche Übereinstimmung zwischen den verschiedenen Inkarnationen derselben Wesenheit.
Edgar Cayce sprach darüber, und Margaret H. Gammon** zitiert drei Fälle aus den *Lectures* von Cayce.

* Siehe zu diesem Thema das letzte Buch von Germaine Holley.
** Margaret H. Gammon, *Astrology and the Edgar Cayce Readings.*

Molière

Ein am 15. Januar 1942 geborener Mann erfuhr von Cayce, daß er früher als Jean Poquelin, bekannt als der große französische Dramatiker Molière, gelebt habe. Dieser war am 15. Januar 1622 geboren worden. Man hat sein Radix-Horoskop, das ich hier wiedergeben möchte:

Molière (I)
15. Januar 1622, 2.00 Uhr, Paris

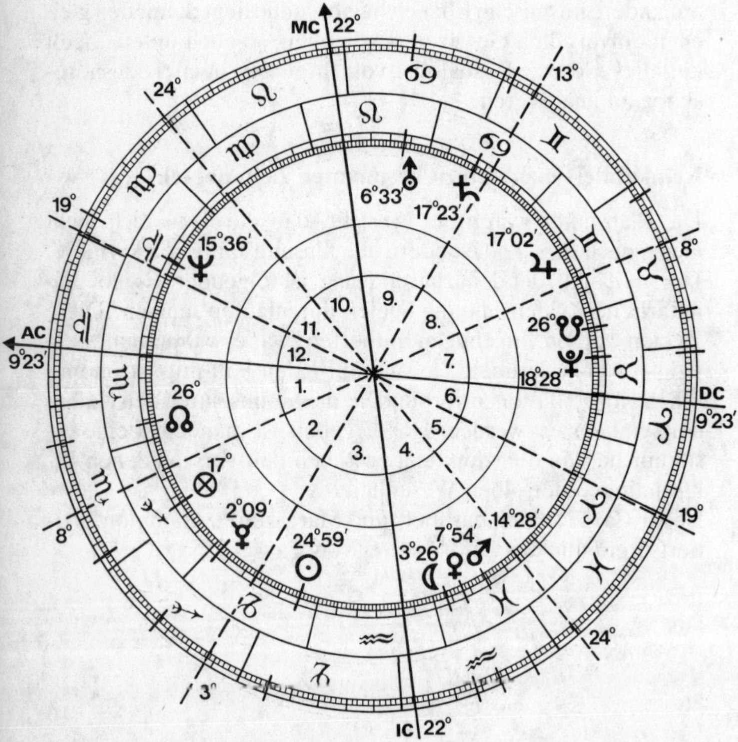

Innerer Kreis: gewöhnlicher Zodiakus
Äußerer Kreis: korrigierter Zodiakus (nach Abzug von 19°28′ ayanamsa für das Jahr 1622)

Und hier haben wir den reinkarnierten Horoskopeigner, der am 15. Januar 1942 geboren wurde (Ort und Stunde sind nicht gegeben, das Horoskop ist nicht in Häuser eingeteilt):

Molière (II)
15. Januar 1942

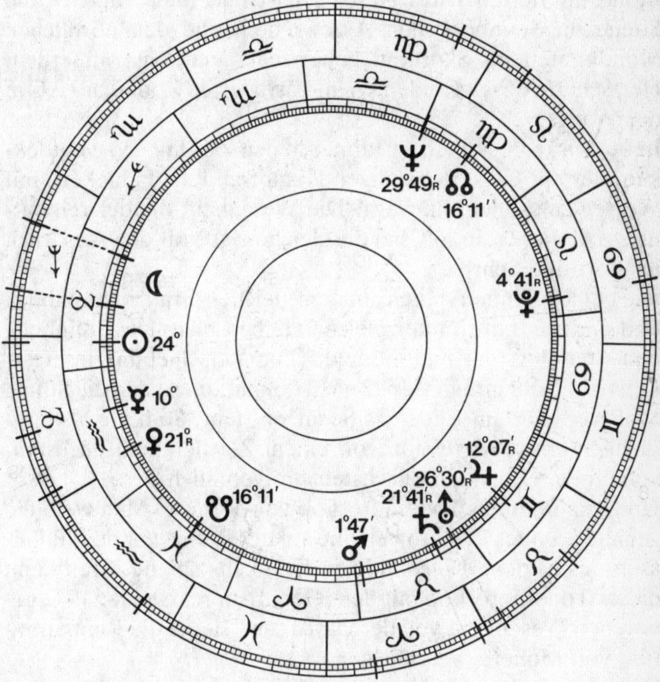

Innerer Kreis: gewöhnlicher Zodiakus
Äußerer Kreis: korrigierter Zodiakus (23 ° ayanamsa)

Das Horoskop der 1942 geborenen Wesenheit fällt auf durch die ungewöhnlich hohe Zahl von rückläufigen Planeten, nämlich sechs. Zweifellos haben wir hier eine sehr, sehr alte Seele vor uns, die viele Erfahrungen und viel Wissen angesammelt hat. Es ist zu vermuten, daß sie sich gerne der Philosophie und der Psychologie zuwenden wird. In diesem Horoskop steht der südliche Mondknoten, der die vorige Inkarnation beschreibt, in den Fischen bzw. im Wassermann (korr. Tierkreis). Das Horoskop Molières ist nun gekennzeichnet durch eine Anhäufung von Planeten eben in diesem Zeichen (Konjunktion Mond–Venus–Mars). Diese Anhäufung ist um so einflußreicher, als der Mond im vierten Haus Herrscher ist und Mars zugleich die Sonne im Steinbock den Aszendenten und den nördlichen Mondknoten im Skorpion beherrscht. Venus ist außerdem Herrscherin des Aszendenten im korrigierten Zodiakus (AC in der Waage).
In beiden Horoskopen ist Jupiter in den Zwillingen zu entdekken, der auf Geist, lebendigen Humor und die Fähigkeit, mit Worten zu spielen, hinweist. Die Wesenheit, die der reinkarnierte Molière sein soll, hat die gleiche Gabe für den Ausdruck in Wort und Schrift.
Die beiden Sonnen stehen auf dem gleichen Grad im Steinbock und sind ein Indiz für den gleichen Lebensplan: Der Steinbock bedeutet Weisheit und Geduld. (Die Verschiebung im Tierkreis erreichte im Jahre 1622 nicht einmal 20°, so daß die Sonne Molières eher am Ende des Schützen steht. So hätte also tatsächlich eine Progression von einem Zeichen zum nächsten, von einem Leben zum nächsten stattgefunden.)
Und nun folgt das Todeshoroskop von Molière. Man weiß die genaue Stunde: Er starb beinahe auf der Bühne vor dem Publikum, als er den »Eingebildeten Kranken« spielte. Man kann dieses Todeshoroskop mit dem Geburtshoroskop der 1942 geborenen Wesenheit, von der Cayce sagt, sie sei die Reinkarnation von Molière, vergleichen.
Dieses Todeshoroskop ist sehr überraschend: Vier Planeten, darunter die Himmelskörper Sonne und Mond, stehen im fünften Haus, dem Haus des Theaters. In diesem fünften Haus finden wir auch den Wassermann, das Zeichen der Kommunikation, und die Fische, das Zeichen der Krankheit, vor allem chronischer Krankheiten, wie die Tuberkulose, die den Künst-

Molières Tod
17. Februar 1673, 22.00 Uhr, Paris

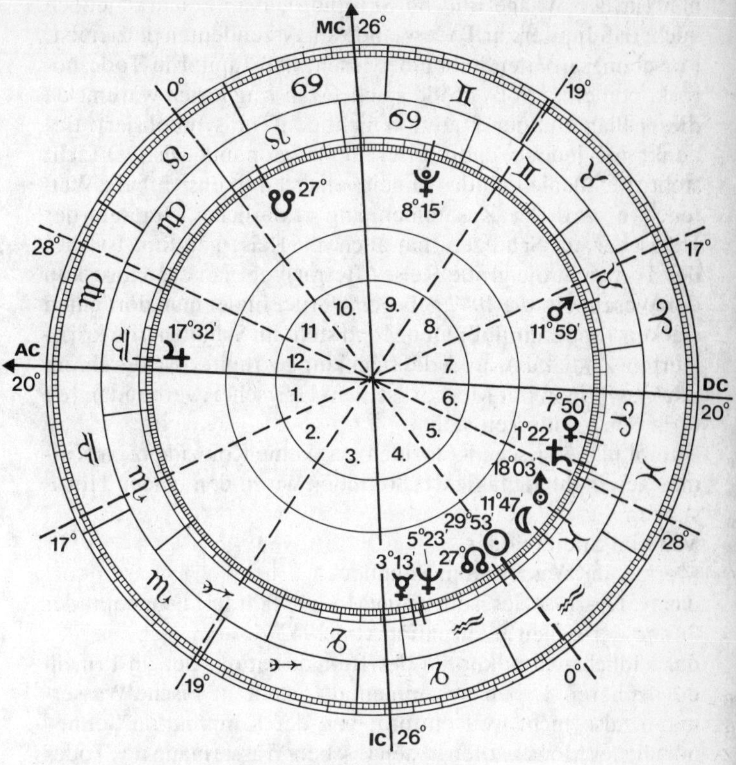

Innerer Kreis: gewöhnlicher Zodiakus
Äußerer Kreis: korrigierter Zodiakus (ayanamsa für 1673 etwa 20°11′)

ler dahingerafft hat. Aber diese Konjunktion nördlicher Mondknoten–Sonne–Mond–Uranus–Saturn–Venus weist auf mehr als einen Tod vor aller Augen hin: Das fünfte Haus ist auch oft ein Symbol für all das, was man geschaffen hat. Molières Werk ist überstrahlt von dieser außergewöhnlichen Anhäufung von Planeten. Die Sonne sicherte ihm den Ruhm, der Mond (ein Symbol für das Publikum) in Konjunktion mit Uranus sichert ihm also ein zukünftiges Publikum, das bis in die uranische Zeit des Wassermannes Bewunderung für ihn hegen würde. Ver-

gleicht man sein Geburts- und sein Todeshoroskop, so entdeckt man, daß in beiden die Aszendenten sehr nahe beieinanderstehen (in der Waage und im Skorpion), man bemerkt jedoch auch, daß Jupiter zur Todesstunde am Aszendenten plaziert ist. Forschungsarbeiten haben bewiesen, daß Jupiter in Todeshoroskopen eine große Rolle spielt. Man fragte sich warum, da dieser Planet in der Tradition nicht den Tod symbolisiert. Bedenkt man jedoch, daß Jupiter für Religion und geistiges Licht steht, für Ideale und das Hineinversetzen in unsichtbare Welten, wo wird der Zusammenhang erklärlicher. Jupiter, der Herrscher des Schützen, hat auch mit Reisen zu tun. Ist aber der Tod nicht die große Reise? Betrachtet man das Horoskop der Wesenheit, die 1942 geboren wurde, findet man dort einen starken Jupitereinfluß: Der Mond steht im Schützen (im korrigierten Zodiakus), und der rückläufige Jupiter ist durch ein schönes Trigon mit Merkur, seinem Herrscher, verbunden (da er in den Zwillingen steht).
Es gibt planetarische Koinzidenzen (keine Koinzidenz im Kosmos geschieht »zufällig«!). So finden wir in den beiden Horoskopen:
Mars im Stier/Widder,
Merkur im Wassermann/Steinbock,
das IC (Karma) des Todes von Molière fällt fast genau mit der Sonne der neuen Inkarnation von 1942 zusammen,
der südliche Mondknoten der Reinkarnation, der im Prinzip die früheren Leben zusammenfaßt, steht in Fische/Wassermann, also nicht weit entfernt von der Konjunktion Sonne–nördlicher Mondknoten in den Fischen/Wassermann des Todes von Molière. Mit anderen Worten nimmt die Aufgabe der neuen Inkarnation jene der früheren an dem Punkt wieder auf, an der sie durch den Tod liegengeblieben war.

Franz Liszt

Der zweite Fall betrifft eine Wesenheit, die am 2. Oktober 1940 geboren wurde. Edgar Cayce sagte, daß diese Wesenheit vor ihrer gegenwärtigen Inkarnation »in Österreich oder Ungarn unter dem Namen Franz Liszt als Komponist und Musiker geboren worden« sei. Dieser kam am 22. Oktober 1811 um 1.00 Uhr morgens in Raiding (Ödenburg) in Ungarn zur Welt.
Hier das Horoskop von Franz Liszt:

Franz Liszt (I)
22. Oktober 1811, 1.00 Uhr morgens, Raiding/Ödenburg (Ungarn)

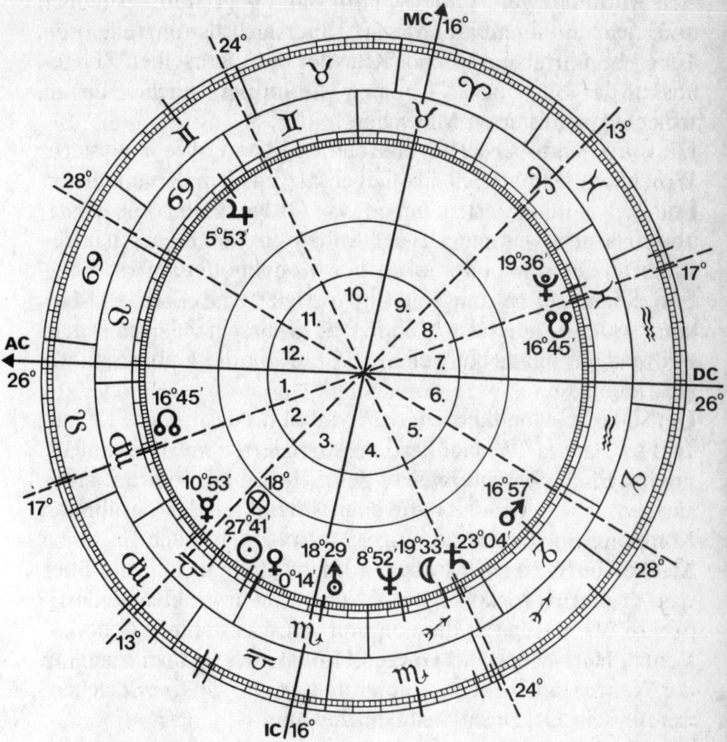

Innerer Kreis: gewöhnlicher Zodiakus
Äußerer Kreis: korrigierter Zodiakus (ayanamsa für 1811: 22°06′)

Aus dem Geburtshoroskop von Franz Liszt kann man ablesen, daß er schon bei seiner Geburt eine Vergangenheit als Musiker in sich trug: Pluto und der südliche Mondknoten in Konjunktion im Wassermann und in den Fischen weisen auf ein außergewöhnliches musikalisches Gedächtnis hin.
Die Konjunktion Sonne–Venus in der Waage, Uranus in der Waage (im korrigierten Zodiakus), der Aszendent im Löwen sind ein Indiz für eine besondere künstlerische Sensibilität. Der Mond (die Öffentlichkeit) im Skorpion (im Zeichen des Todes)

in Konjunktion zu Saturn (der Zeit) ist ein Hinweis auf eine oft über den Tod hinaus wirkende Berühmtheit.
Als warmherziger, leidenschaftlicher, begeisterungsfähiger und leicht entflammbarer Mensch, aber auch als vom religiösen Leben berührter, mystischer Künstler bot Liszt seinen Zeitgenossen das Bild ebenso genialen wie im persönlichen Leben schlecht organisierten Menschen.
Die am 2. Oktober 1940 geborene und von Cayce analysierte Wesenheit scheint sich im Gegensatz zu dem Komponisten Franz Liszt inkarniert zu haben, um Ordnung und Selbstdisziplin zu lernen (was man aus der Anhäufung von Planeten in der Jungfrau ablesen kann: nördlicher Mondknoten auf 18° Jungfrau, Sonne auf 16° Jungfrau (im korrigierten Zodiakus), Mars bei 5° (idem); auch der Mond steht in diesem Zeichen – man weiß jedoch nicht, bei welchem Grad, da die Geburtsstunde unbekannt ist.
Der südliche Mondknoten, das Symbol für das frühere Leben, liegt hier auf 11° Widder bzw. im korrigierten Tierkreis auf 18° Fische: Fische beschreibt sehr deutlich den inspirierten, großzügigen, aber etwas verworrenen Charakter des berühmten Komponisten. Der rückläufige Saturn spricht auch für einen Mangel an Strenge in früheren Inkarnationen. Hier im Stier wird er den Horoskopeigner zwingen, mehr praktische Disziplin zu üben – das ist die von ihm selbst gewählte Lektion.
Venus, Herrscherin des vorigen Horoskopes, wo der Planet in der Waage stand, finden wir hier im Löwen – ein fixes Zeichen, das für sein Organisationstalent bekannt ist.

Franz Liszt (II)
2. Oktober 1940 (Geburtsstunde unbekannt)

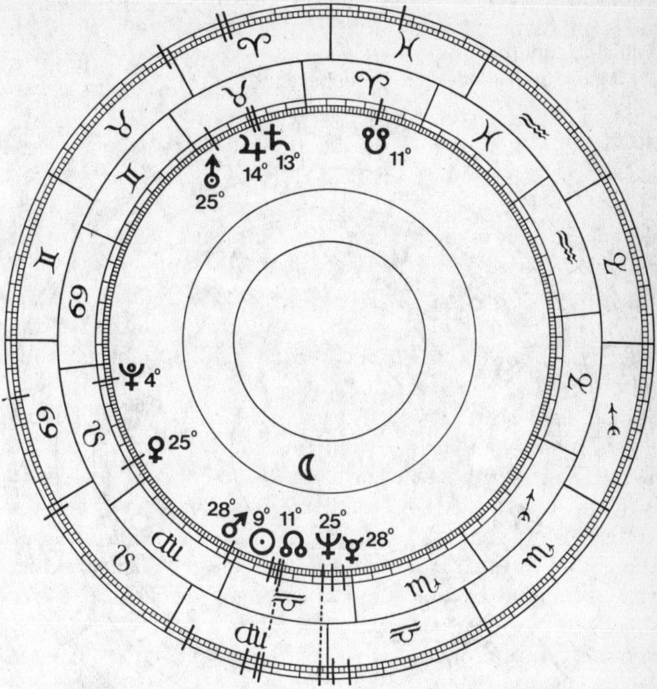

Innerer Kreis: gewöhnlicher Zodiakus
Äußerer Kreis: korrigierter Zodiakus (ayanamsa für 1940 ca. 23°23′)

Ein Unbekannter des 18. Jahrhunderts: Patrick Henry

Das letzte von Edgar Cayce gegebene Beispiel, das Margaret H. Gammon erwähnt, spricht von zwei Unbekannten – man ist ja schließlich nicht immer die Reinkarnation eines berühmten Künstlers! Die Überprüfung ist natürlich bei historischen Persönlichkeiten, über die man mehr biographische Einzelheiten weiß, leichter.

Man konsultierte Cayce wegen eines Kindes, das am 27. Mai 1940 um 6.07 Uhr morgens in Norfolk (Virginia) geboren wurde. Cayce sagte, daß die Wesenheit in ihrem letzten früheren Leben Patrick Henry geheißen habe und am 29. Mai 1736 geboren worden sei. Hier zum Vergleich beide Horoskope:

Patrick Henry (I)
29. Mai 1736 (Stunde und Ort unbekannt)

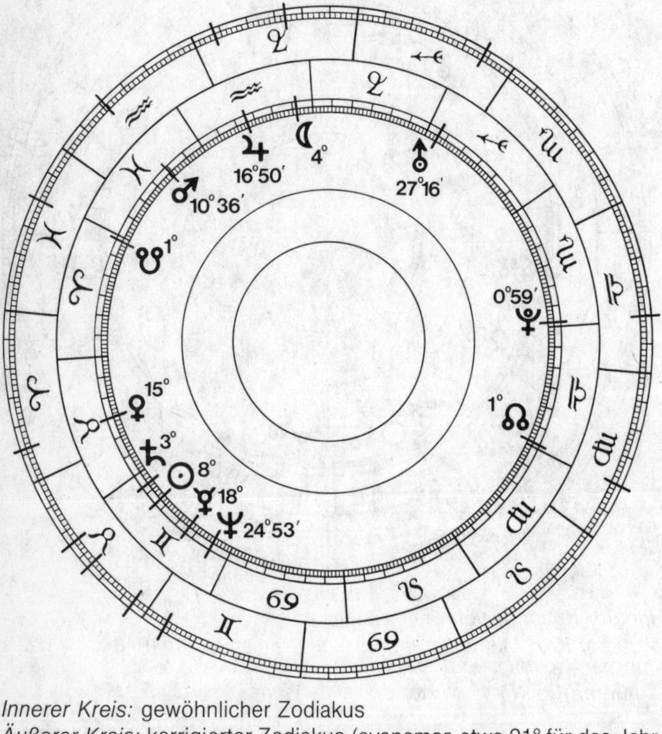

Innerer Kreis: gewöhnlicher Zodiakus
Äußerer Kreis: korrigierter Zodiakus (ayanamsa etwa 21° für das Jahr 1736)

In beiden Horoskopen ist der Akzent auf die Zeichen Stier/Zwillinge gelegt. Bei der Geburt von 1736 stehen fünf Planeten in diesen beiden Tierkreiszeichen in Konjunktion: Venus, Sonne, Saturn, Merkur und Neptun. In dem Horoskop von 1940 finden sich nicht nur Sonne, Merkur und Aszendent in den Zwillingen und Uranus, Saturn und Jupiter im Stier (im gewöhnlichen Zodiakus), sondern auch Mars und Venus in den

Patrick Henry (II)
27. Mai 1940, 6.07 Uhr, Norfolk, Virginia (USA)

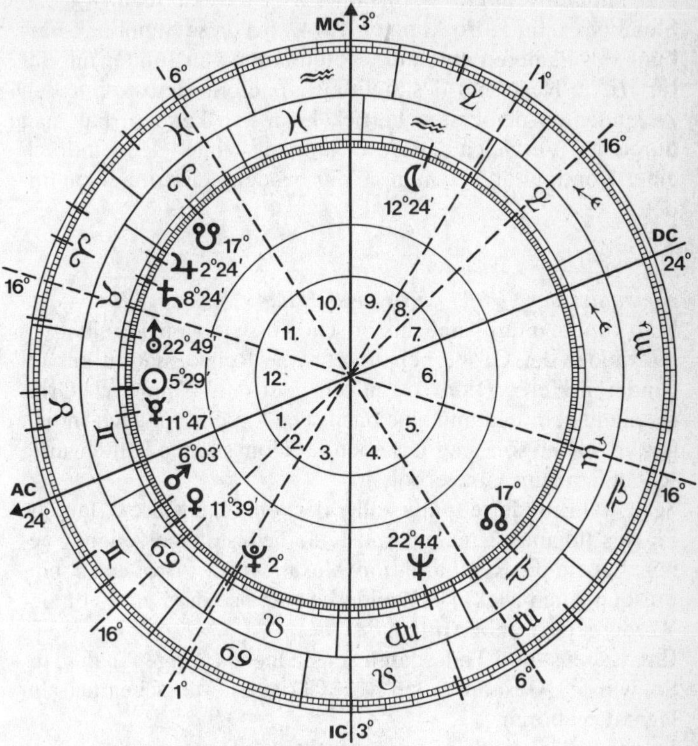

Innerer Kreis: gewöhnlicher Zodiakus
Äußerer Kreis: korrigierter Zodiakus (ayanamsa etwa 24°)

Zwillingen (im korrigierten Zodiakus). Auch der Mond steht in den gleichen Zeichen Wassermann/Steinbock! Die beiden Horoskopeigner haben viele Gemeinsamkeiten: die Schwierigkeit, ihre Ziele zu verfolgen, die Neigung zu plötzlichen Umbrüchen, auch ein gewisser Geiz…
Bemerkenswert ist zudem die merkwürdige Kontinuität von einem Horoskop zum nächsten, die durch die Analogie zwischen Zeichen, Häusern und Planeten gekennzeichnet ist: Die Venus von 1736 steht auf 15° Stier (= 24° Widder). Im Horoskop von

1940 finden wir sie an der Grenze zwischen den Häusern 1 und 2, die dem Stier und dem Widder entsprechen.
Der Jupiter von 1736 steht auf 16° 50′ Wassermann (= 25° Steinbock). Im Horoskop von 1914 wird diese Steinbock-Färbung des Planeten durch die Konjunktion von Jupiter mit Saturn (dem Herrscher des Steinbocks) betont. Selbst ohne den Aszendenten des ersten Patrick Henry zu kennen, hat man durch den Vergleich der Horoskope tatsächlich den Eindruck einer Kontinuität, wie man sie nur bei der gleichen Person findet.

Alexander der Große und Kaiser Julian

Man könnte interessante historische Forschungen betreiben ... Alexander der Große behauptete, die Reinkarnation des legendären Heros Dionysos zu sein, der den Wein nach Griechenland gebracht und eine pazifische Expedition nach Indien gewagt haben soll. Der Urheber der dionysischen Kulte wurde schließlich zum Gott erhoben.
Sechs Jahrhunderte später sollte der römische Kaiser Claudius Flavius Julianus, genannt Apostata, die feste Überzeugung gehegt haben, die Reinkarnation Alexanders des Großen zu sein. Für den einen wie für den anderen war also die Lehre von der Wiedergeburt unbestritten.
Ihre Lebens- und Todesdaten zeigen merkwürdige Analogien. So wurde Alexander 356 vor Christus, wahrscheinlich im Herbst, geboren.
Im Jahre 335 wurde er unangefochtener Herr von ganz Griechenland und im Jahre 333 Herrscher des Persischen Reiches. Er starb 323 in Babylonien.
Julian wurde beinahe genau sechs Jahrhunderte später im November 331 nach Christus geboren. Zunächst Gouverneur der Gallier in Lutetia (335) wurde er im Jahre 361 Kaiser von Rom. Er starb im Jahre 363 – und wissen sie wo? Am gleichen Ort wie Alexander (an den Mauern von Ktesiphon, das nur wenige Kilometer von Babylon entfernt liegt).
Der eine wie der andere kamen sehr früh an die Macht, getragen von einer Popularität, die ihre persönliche Ausstrahlung ihnen geschaffen hatte. Sie sollten beide in der Blüte ihrer Jahre eines vorzeitigen Todes sterben: Alexander mit 33 Jahren (man

hatte ihn wahrscheinlich vergiftet)*; Julian starb mit 32 Jahren, von einem Soldaten ermordet – im gleichen Alter und am gleichen Ort! Kann das ein Zufall sein?

Historische Nachforschungen ergaben nicht nur diese merkwürdige Analogie der Schicksale, sondern auch zahlreiche gemeinsame Charakterzüge. Beide Kaiser waren hervorragende Verwalter, gebildete, an allem interessierte und recht nonkonformistische Menschen. Ihren Liberalismus muß man besonders betonen. Alexander war von einer außergewöhnlichen religiösen Toleranz, und Julian, der sich den »Mysterien des Heidentums« widmete, gab sich nie zu einer blutigen Verfolgung der Christen her, wie sie bei seinen Vorläufern üblich gewesen waren.

Diese Koinzidenzen der Daten, diese Charakter- und Schicksalsähnlichkeiten beweisen in den Augen der Rationalisten gar nichts. Aber warum? Alexander und Julian, die beide außergewöhnlich große Geister waren, hatten über diese Dinge eine innere Gewißheit, die wir nicht a priori aus unserer Sicht ablehnen sollten.

Was sagt das Horoskop Julians dazu? Nun, ich muß sagen, daß es für die Reinkarnation einer großen Persönlichkeit spricht. Der südliche Mondknoten, der Auskünfte über die frühere Inkarnation gibt, ist hier von zwei Symbolen der Autorität umrahmt: Saturn (politische Macht) und Jupiter (rechtliche und religiöse Macht). Man weiß, daß die Alten dem Umfeld der Planeten große Aufmerksamkeit widmeten; in diesem Fall scheint diese Konstellation auf eine zumindest »königliche« Vergangenheit hinzuweisen.

Der südliche Mondknoten steht in der Jungfrau, dem Zeichen der Verwaltung, für die Alexander sicher genial begabt war. Die Jungfrau ist ein Erdzeichen – Alexander hatte unglaublich große Territorien erobert – und ein merkurbetontes Zeichen, das auf einen zugleich realistischen und kultivierten Mann hinweist.

Man kennt die Geburtsstunde Julians nicht, man weiß jedoch,

* Siehe die ausgezeichnete Biographie über Alexander den Großen von Roger Peyrefitte. Über das Geburtsdatum Alexanders ist man sich jedoch nicht einig. Über Julian empfehle ich folgendes Werk: *L'empereur Julien, ou le rêve calciné,* von Benoist-Méchin (Librairie académique Perrin, Paris 1977).

Kaiser Julian
6. November 331 n. Chr., Konstantinopel (Stunde unbekannt)

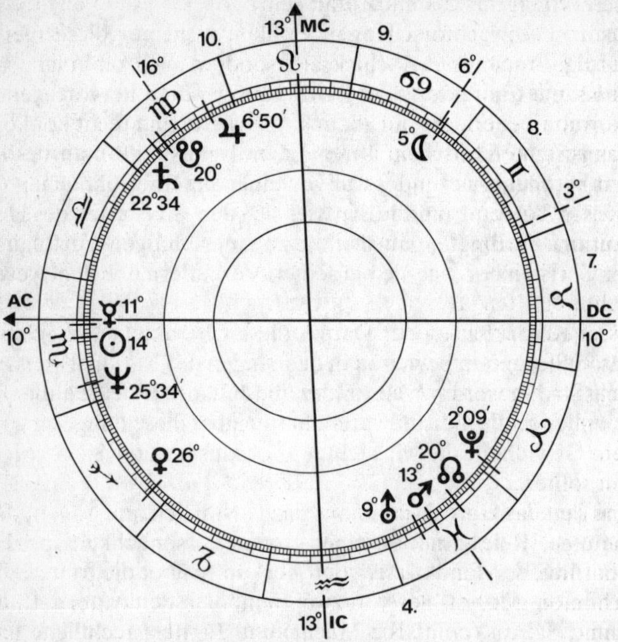

Es gibt keinen äußeren Kreis, da im Jahre 331 unserer Zeitrechnung die Verschiebung zwischen Zeichen und Konstellationen nur so schwach war, daß das *ayanamsa* hier zu vernachlässigen ist

daß er Merkur einen großen persönlichen Kult widmete; seine Bildung, seine Fähigkeit, sich schriftlich auszudrücken, seine große geistige Aktivität legen den Gedanken nahe, daß der Planet sich im Augenblick seiner Geburt am Horizont erhob. Dem Entgegenkommen meines Freundes Henry Le Corre, der auf diesem Gebiet außerordentlich kompetent ist*, verdanke ich das Horoskop Kaiser Julians. Vom Computer errechnet, geht es von einer Geburt am frühen Morgen aus, wonach der Aszen-

* Henry Le Corre, *Régimes horaires,* Editions Traditonelles, Paris 1980. Was den Aszendenten Kaiser Julians anbelangt, so sagt Manly Palmer Hall in seinem Buch *Astrology and Reincarnation* (siehe Bibliographie), er stünde in den Zwillingen. Diese Meinung teile ich nicht.

dent im Skorpion und Merkur am Aszendenten stünde, während das königliche Zeichen des Löwen am MC zu finden ist. Die Zwillinge sind im achten Haus plaziert, was auf einen frühen Tod hinweist; der Herrscher dieses Todeshauses ist Merkur, der, im Skorpion stehend, gut zu einem Soldaten paßt, der im Kampf durch einen Verräter fällt – und das in einem vom Skorpion beherrschten Land wie Assyrien (heute Irak).

Das gesamte Horoskop ist um so mehr Merkur-Skorpion-betont, als Saturn und Jupiter, ebenfalls unter der Herrschaft von Merkur, in der Jungfrau stehen.

Von den christlichen Historikern wurden die nonkonformistischen religiösen Ansichten Julians (Uranus in den Fischen) nicht begriffen. Dennoch spricht aus allen historischen Zeugnissen, daß er sich durch Selbstlosigkeit, durch geistige Größe, durch Strenge in seiner Lebensführung und Treue im Dienst dem Staat gegenüber auszeichnete. Es ist jedoch das Los der Skorpione (mit Aszendent Skorpion), mißverstanden zu werden.

Der nördliche Mondknoten im Zeichen der Fische weist auf eine Lebensaufgabe hin, in der die spirituelle und mystische Suche eine Rolle spielt. Nun weiß man, daß Julian sich leidenschaftlich der Philosophie und der Religion hingab; er hatte sich in die Mithras-Mysterien initiieren lassen und weihte der Sonne (Helios) einen Kult, was diesem sich an seinem Aszendenten erhebenden Gestirn, das sein ganzes Horoskop überstrahlt, sehr entspricht. Wenn er dem Christentum den Rücken zukehrte, so deshalb, weil er zutiefst empört war über die Korruption, die in der »christlichen Partei« herrschte, eine Partei, die sein Cousin, der Kaiser Konstantin, unterstützte. Dieser hatte seine ganze Familie ermorden lassen, als Julian erst sechs Jahre alt war; das Kind hatte nur »zufällig« überlebt (in der Reinkarnations-Astrologie gibt es natürlich keinen »Zufall«). Später, als Konstantin ihn unter grausamen Bedingungen gefangenhielt, zwang er Julian, sich taufen zu lassen. Unter diesen Umständen versteht man, daß er »abtrünnig« (apostata) war, was ihm die Christen niemals verziehen haben.

Die Christen waren eine ebenso korrupte politische Partei geworden wie alle anderen Parteien. Als er ihnen ihre steuerlichen Privilegien nahm, machte Julian sie sich zu Erzfeinden. (12. Haus im Skorpion... man vermutet übrigens, daß er von

einem christlichen Soldaten aus seinen eigenen Truppen getötet wurde.)
Auch ohne Aszendent ist dieses Horoskop übrigens außergewöhnlich. Die beiden Planetenanhäufungen im Skorpion und in den Fischen im Trigon zueinander, unterstützt vom Mond im Krebs, geben ihm eine ungewöhnliche Kraft und ein starkes inneres Gleichgewicht. Julian wird ebenso durch die schnelle Handlungsfähigkeit (Mars in Konjunktion mit Uranus), inspiriert durch eine mediale Intuition (in den Fischen) und durch uranische Originalität, charakterisiert, ebenso wie Alexander der Große. Alexander hatte nie den Eindruck erweckt, ein Mystiker zu sein. Er galt als fröhlicher Geselle, der sich von allen physischen Vergnügungen des irdischen Lebens verführen, wenn nicht gar beherrschen ließ. Julian hingegen führte das Leben eines Lamas, nüchtern wie ein Mönch; er arbeitete und betete Tag und Nacht.
Nach der wohlbegründeten Tradition der esoterischen Astrologie wäre das Zeichen an der Spitze des 12. Hauses der Aszendent der letzten Inkarnation. Das ist hier die Waage. Ein venusbetontes Zeichen, ein Zeichen des Glückes, der Toleranz, der Liebe zur Kunst, das sowohl der Aszendent als auch das Sonnenzeichen Alexanders des Großen gewesen sein könnte oder beides (man nimmt an, daß er im Herbst geboren wurde).
Um die Geschichte dieser beiden besonders bemerkenswerten Gestalten zu beschließen, möchte ich einen Kommentar des Dichters Alfred de Vigny zitieren: »Ich habe immer eine unauslöschliche Sympathie für Julian Apostata gehabt. Wenn es die Seelenwanderung gibt, so war ich dieser Mann. Es ist der Mann, dessen Auftreten, dessen Leben, dessen Charakter mir in der Geschichte am besten gefallen« (Tagebuch, 18. Mai 1833, zitiert von Benoist-Méchin in seiner Biographie Julians). Es sei hinzugefügt, daß Vigny ein gewisses Verdienst zukommt, im heuchlerischen und klerikalen 19. Jahrhundert diesen überzeugten Heiden derart hochzuloben. Eine solche Behauptung gründete sich wahrscheinlich auf karmische Reminiszenzen. Ich mißtraue jedoch der Phantasie der Romantiker ein wenig... für jene, die es interessiert, seien jedoch hier die Daten von Alfred de Vigny genannt: 27. März 1797, 20.00 Uhr, Loches, Indre-et-Loire (Frankreich).

Napoleon und Karl der Große

Ein weiterer merkwürdiger Fall: Napoleon. Leider haben wir aus den erwähnten Gründen keine genaue Geburtsstunde von ihm. Es sei jedenfalls erwähnt, was Talleyrand berichtet (die Szene spielte sich 1811 während einer heftigen Diskussion mit französischen und italienischen Bischöfen ab): »›Meine Herren‹, rief er ihnen zu, ›Sie wollen mich behandeln, als sei ich Louis le Débonnaire. Verwechseln Sie den Sohn nicht mit dem Vater... Sie sehen in mir Karl den Großen. Ich bin Karl der Große, ja, ich bin Karl der Große!‹ – dieses ›Ich bin Karl der Große‹ wiederholte er immer wieder.« (*Memoires de Talleyrand*, ed. Calmann-Lévy, Paris, Band II, Seite 101)

Größenwahnsinn? Vielleicht... es müßte einem leid tun um ihn. Aber warum soll eine Gestalt von dem Format Napoleons nicht behaupten, früher der Kaiser des Römischen Reiches gewesen zu sein? Die außergewöhnlichen politischen und militärischen Fähigkeiten, die Napoleon schon in seiner Jugend an den Tag legte, sprechen für eine Wesenheit, die diese Eigenschaften schon in früheren Leben erworben hat. Übrigens hat Napoleon seine Zeitgenossen mehr als einmal durch seine medialen Fähigkeiten, seine Gabe des doppelten Gesichts und seine erstaunlichen Intuitionen überrascht.

Die Koinzidenz der Daten spricht für seine Behauptung: Karl der Große wurde im Jahre 800 zum Kaiser gekrönt und Napoleon am 2. Dezember 1804. Karl der Große starb 814, und Napoleons Sturz (Rückkehr der Bourbonen und Abdankung) geschah 1814.

Man wird dabei an den Zyklus von tausend Jahren erinnert, von dem die Platoniker sprachen. Gewiß ist, daß Karl der Große und Napoleon ebenfalls Gemeinsamkeiten hatten: die Schnelligkeit ihrer Entschlüsse, die Lernbegierigkeit, ein militärisches Genie, verbunden mit einem ausgeprägten Verwaltungstalent, die Gabe, sich mit erstklassigen Mitarbeitern zu umgeben... und diese europäische Vision, die bei Napoleon im Kontext seiner Epoche sehr erstaunlich war (zu seinem Pech war der Mißbrauch von Eroberungskriegen im 19. Jahrhundert nicht mehr so akzeptabel wie im 9. Jahrhundert!). Es wäre interessant, die Geburtshoroskope zu vergleichen, was jedoch schwierig ist, da die Daten von Karl dem Großen (2. April 742?) wie die Napoleons (15. August 1769) nicht verbürgt sind.

Edgar Cayce
Hier haben wir das Geburtsbild des großen Mediums. Edgar Cayce hatte selbst Einzelheiten über seine unmittelbar vorangegangenen früheren Leben gegeben. Zu Beginn des 19. Jahrhunderts will er in den Vereinigten Staaten eine Art »Grenzschutzpolizist« auf den Vorposten des jungen Amerika gewesen sein. Seine Arbeit bestand darin, Zivilisten gegen die Angriffe der Indianer zu schützen, die Schwarzhändler im Auge zu behalten, die Sicherheit der Reisenden zu gewährleisten etc. Während eines Angriffes von Indianerstämmen versuchte er das Leben einer Gruppe von amerikanischen Kolonisten zu retten, indem er sie auf einem behelfsmäßigen Floß unterbrachte. Der Ohio mußte überquert werden, damit er und die Flüchtlinge am anderen Ufer Schutz fänden; offensichtlich mißlang der Versuch jedoch, und die Mehrzahl der Flüchtlinge, Cayce eingeschlossen, erfroren oder verhungerten.
Kann man im vorliegenden Geburtshoroskop von Edgar Cayce Spuren dieses früheren Lebens finden? Sicherlich.
Das 12. Haus, das auf die frühere Inkarnation hinweist, endet bei 20° Löwe (auf etwa 27° Krebs im korrigierten Zodiakus, d. h. nach Abzug der 23° ayanamsa). Der Krebs ist das Zeichen der Familie und des Vaterlandes. Uranus, hier am Aszendenten stehend, stellt den Horoskopeigner in den Dienst der Gemeinschaft. Dieser Uranus ist rückläufig, betrifft also die früheren Leben, und steht bei 28° Krebs (im korrigierten Zodiakus): Er beschreibt also eine Inkarnation im Dienst der nationalen Gemeinschaft. Zudem charakterisiert er ein sehr unabhängiges, freiheits- und bewegungsfreudiges Leben.
Herrscher des 12. Hauses ist hier der Mond: er steht im 9. Haus, dem Haus der Ideale, und weist also auf Ideale hinsichtlich des Dienstes am Vaterland hin, die im Berufsleben verwirklicht werden, da dieser Mond mit dem MC in Konjunktion steht. Andererseits ist der Mond bei 12° Stier im gewöhnlichen Tierkreis in Wirklichkeit bei etwa 19° Widder im korrigierten Zodiakus zu plazieren. Nun gibt der Mond im Widder physischen Mut, ein Bedürfnis nach sportlicher Verausgabung und Lust am Risiko. Der Widder ist das Zeichen des Soldaten. So beschreibt Cayce auch sein früheres Leben, in dem seine Tätigkeit die einer Art Polizist war. Diese Arbeit erforderte Mut und Kraft, Opferbereitschaft und Abenteuerlust.

Edgar Cayce
18. März 1877, nachmittags, Hopkinsville, Kentucky (USA)

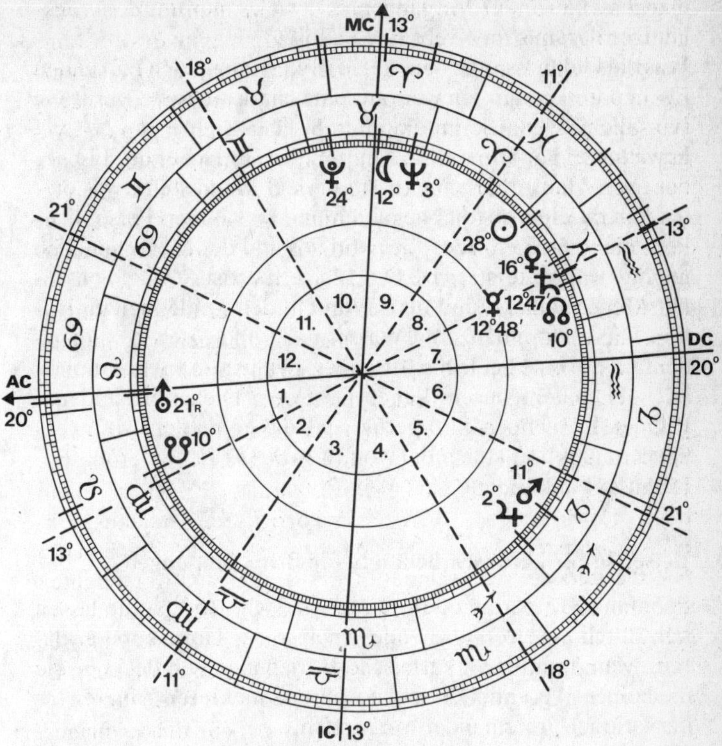

Innerer Kreis: gewöhnlicher Zodiakus
Äußerer Kreis: korrigierter Zodiakus (ayanamsa 23°)

Der südliche Mondknoten, der die Atmosphäre der früheren Leben beschreibt, steht im 1. Haus und legt das Gewicht auf Dynamik, Energie und Mut (da dieses Haus die gleiche Symbolik wie der Widder hat). Im gewöhnlichen Zodiakus bei 10° Jungfrau stehend, gehört dieser Mondknoten eigentlich auf 17° Löwe und spricht dafür, daß der Horoskopeigner sich bemühte, die Schwachen zu schützen (eine der positiven Eigenschaften des Löwen). Der nördliche Mondknoten bei 17° Wassermann entspricht einer prophetischen Mission, die im Was-

sermann-Zeitalter entwickelt wurde (der Wassermann ist ja das Zeichen der Erleuchtung, der inspirierten Zukunftsvision und manchmal auch der Vergangenheit, wie es hier mit dem rückläufigen Uranus im Krebs der Fall ist).
Was die Geburtssonne betrifft, so steht sie auf jeden Fall in den Fischen und ist ein Hinweis auf eine charismatische Berufung (vor allem, wenn sie im okkulten 8. Haus steht)
Erwähnt sei vor allem auch Neptun, der Herrscher der Fische, der im 9. Haus in Konjunktion mit dem Mond steht, was dieses Porträt einer medial begabten und mystischen Persönlichkeit, die von einem Ideal des Mitleids und der Menschenliebe geprägt war, unterstreicht. Das 12. Zeichen ist geprägt von seiner Menschenliebe und dem Wunsch, den Leidenden zu helfen. Diese Dominanz von Wassermann und Fischen weist jedenfalls auf eine Seele hin, die einen Zyklus von Inkarnationen beendet, indem sie ein Leben ganz dem Dienst am anderen widmet. Es sei noch hinzugefügt, daß dieser mit dem MC in enger Konjunktion stehende Mond für dieses Leben große Berühmtheit ankündigte.

Beispiele für karmisch bedingte familiäre Bindungen

Spontane Sympathie oder unüberwindliche Antipathie lassen sich durch eine vergleichende Analyse der Horoskope erklären. Man kann darin karmische Beziehungen entdecken, die die beiden Wesenheiten schon während mehrerer früherer Inkarnationen miteinander verbanden.

Gilles und Joe, die karmischen Zwillinge
Hier geht es um zwei enge Freunde, deren starke Beziehung dadurch erklärbar ist, daß sie in einem früheren Leben oder gar in mehreren früheren Leben Zwillinge waren. Man weiß, daß in der Astrologie die realen Zwillinge durch das Zeichen Zwillinge, beherrscht durch Merkur, symbolisiert werden. Bei einem der Knaben, Gilles, steht der Mond in den Zwillingen, ebenso wie der nördliche Mondknoten (Aufgabe für diese Inkarnation). Merkur ist rückläufig, was auf ein früheres Leben hinweist, in dem ein Bruder einen starken Eindruck hinterlassen hat. Der rückläufige Merkur kann auch als die Wiederkehr des zweiten Bruders interpretiert werden (siehe Kapitel 5).

Gilles
29. Dezember 1963, 15.00 Uhr, Meknes (Marokko)

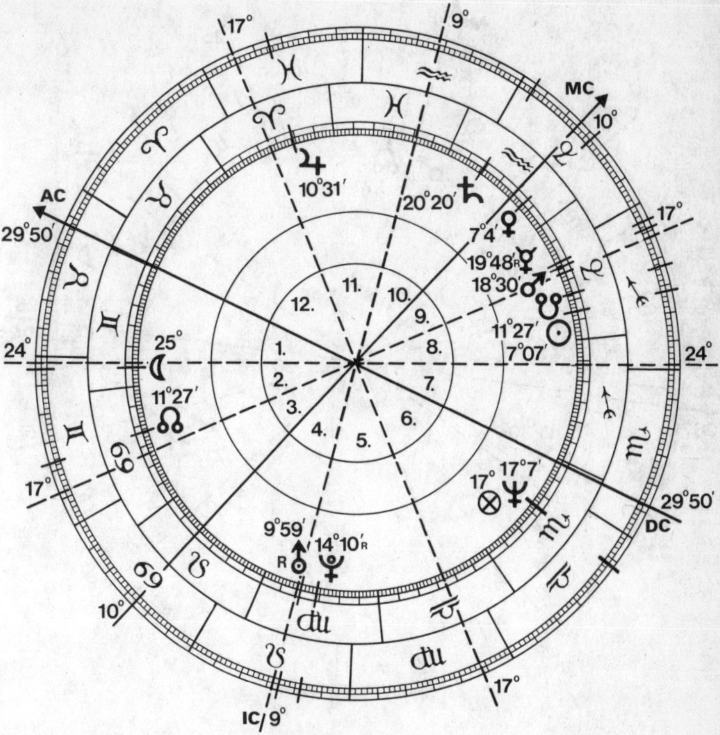

Innerer Kreis: gewöhnlicher Zodiakus
Äußerer Kreis: korrigierter Zodiakus (ayanamsa 23°)

Bei dem anderen Knaben, Joe, befindet sich das Zeichen Zwillinge im 8. Haus (Tod und Wiedergeburt). Merkur im Wassermann weist auf eine Freundschaft mit einem oder mehreren Brüdern hin. Vergleicht man die Horoskope (ausgehend von 0° Widder), fällt der rückläufige Merkur von Gilles auf das 3. Haus von Joe, was man als Rückkehr des gleichen Bruders interpretieren kann (das 3. Haus ist das Haus der Geschwister). Die Spitze des Zeichens Zwillinge bei Joe fällt genau auf den Aszendenten von Gilles (im gewöhnlichen Zodiakus)! Und was noch erstaunlicher ist, der südliche Mondknoten (Schlüssel zu

Joe (Zwilling aus einem früheren Leben)
11. März 1963, 22.00 Uhr, Paris

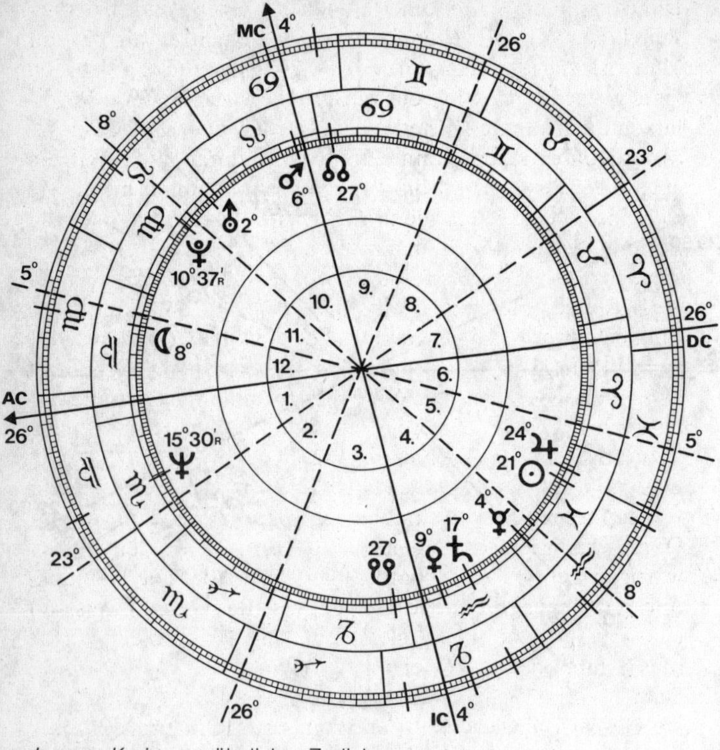

Innerer Kreis: gewöhnlicher Zodiakus
Äußerer Kreis: korrigierter Zodiakus (ayanamsa 23°)

den früheren Leben) von Joe fällt in die Nähe des rückläufigen Merkurs seines Freundes, während sein nördlicher Mondknoten mitten im dritten Haus von Gilles steht (von dem wir sagten, es ist das Haus der Geschwister). Da sie mit neun Monaten Abstand im gleichen Jahr geboren wurden, könnte man annehmen, daß sie sich vor der Geburt geeinigt haben, etwa zur gleichen Zeit auf die Welt zu kommen.
Diese karmischen Zwillinge haben zudem beide eine Venus-Saturn-Konjunktion, die auf eine Dauerhaftigkeit von Zuneigungen über lange Zeiträume hinweg hinweist.

Antoinette, Ehefrau in einem Leben, Schwester in einem anderen Leben

Das ist der Fall von Antoinette. Sie hatte einen Bruder, den sie sehr liebte. Trotz zweier Ehen, die sie einging, war das der Mensch, dem sie sich im Grunde am nächsten fühlte. Während ihres ganzen langen Lebens blieben die Geschwister eng verbunden. Ich kannte sie: Jeder beklagte sich über die Fehler des anderen, aber keiner konnte ohne den anderen sein. »Wie ein altes Ehepaar«, sagten die Freunde. Und wußten nicht, wie wahr ihre Worte waren, denn Antoinettes Bruder war in einem früheren Leben ihr Ehemann.

Zunächst sei folgendes festgestellt: Merkur, Symbol des Bruders, ist hier rückläufig, was uns direkt auf eine karmische Ebene hinweist (siehe Kapitel »Die rückläufigen Planeten«, Seite 140ff.). Der in diesem Horoskop erscheinende Bruder ist also eine wiederkehrende Wesenheit, er stammt aus einer Verbindung aus einem früheren Leben. Für unsere Horoskopeignerin ist er auf keinen Fall ein Fremder.

Dieser Merkur steht im 9. Haus. Man weiß, daß dieses Haus von Jupiter regiert ist; Jupiter steht in Konjunktion mit Venus. Daraus kann man schließen, daß der Bruder aus dem gegenwärtigen Leben leidenschaftlich geliebt wurde. Die Konjunktion von Venus (die Liebe) und Jupiter (das Gesetz) weist auf eine Ehe hin, vor allem, da diese Planeten hier in der Waage (das Symbol der Ehe) stehen.

Das ist jedoch nicht alles. Sehen Sie, was das dritte Haus, das die Geschwister beschreibt, aussagt. Es fällt in zwei Zeichen: den Wassermann und die Fische (im gewöhnlichen wie im korrigierten Zodiakus). Der Bruder, um den es geht, wurde nun tatsächlich mit einer Konjunktion Sonne–Mond im Wassermann geboren. Der Herrscher dieses Zeichens ist Uranus. Wo befindet sich Uranus? Im zwölften Haus (dem Haus, das auf das Karma hinweist) und im Skorpion. Die beiden Herrscher des Skorpions (Mars und Pluto) stehen wie zufällig im siebenten Haus, dem Haus der Ehe!

In diesem Horoskop fällt auf, daß das zweite Zeichen im dritten Haus, das den Bruder beschreibt, das Zeichen der Fische ist, beherrscht von Neptun und Jupiter. Finden Sie es einen Zufall, daß Neptun nun gerade im 7. Haus, dem Haus der Ehe, steht? Von Jupiter sprachen wir bereits: Er ist eine Konjunktion mit

Antoinette
27. August 1898, 14.00 Uhr, Morbihan, Frankreich

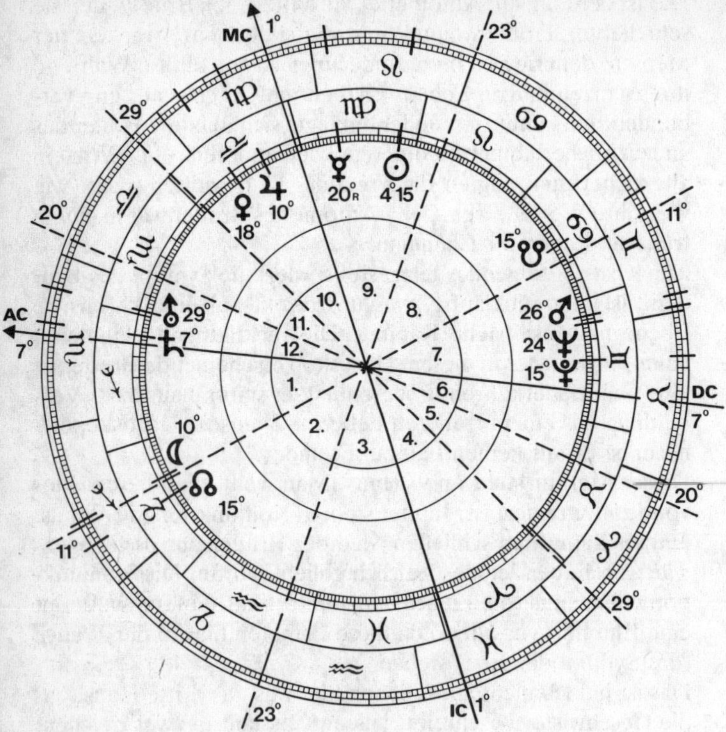

Innerer Kreis: gewöhnlicher Zodiakus
Äußerer Kreis: korrigierter Zodiakus (ayanamsa 23°)

dieser schönen Liebes-Venus, hoch oben in der Waage, eingegangen.
Das ist jedoch nicht alles. Ist es nicht bewundernswert, wie man die gleiche Wahrheit auf allen Ebenen des Horoskopes findet? Analysiert man noch einmal des Ehehaus, so findet man zwei Zeichen darin: den Stier, dessen Herrscherin Venus uns wieder auf die eheliche Verbindung verweist, von der ich oben sprach, und die Zwillinge, das Zeichen der Geschwister unter der Herrschaft von Merkur.
Und zum Schluß noch das »Happy-End«: unsere Zwillinge fin-

den sich im korrigierten Zodiakus im achten Haus, dem Haus des Todes. Nun ist Antoinette an der Seite ihres Bruders in der gleichen Nacht und in der gleichen Klinik (wenn auch aus verschiedenen medizinischen Gründen) gestorben. Sie waren so stark miteinander verbunden, daß sie sich beide gleichzeitig auf die große Reise in das Astralreich begeben wollten. Die Liebe ist stärker als der Tod, so heißt es in den alten Schriften. Und denen, die sich liebten, wird die Gnade gewährt, einander wiederzubegegnen.

Elizabeth - das Karma einer Mutter

Das erste, was einem in ihrem Horoskop auffällt, ist die hohe Zahl der rückläufigen Planeten: es sind vier. Es handelt sich also um eine sehr alte Seele, die schon sehr viel erlebt hat. Das zweite, was ins Auge springt, ist der Davidstern – das königliche Wahrzeichen, das durch zwei sich überkreuzende Dreiecke gebildet wird; es handelt sich um eine Wesenheit, deren Leben einer wichtigen, beinahe königlichen Mission gewidmet war und die Zugang zu einem Wissen hatte, das wenigen Initiierten vorbehalten ist.

Elizabeth konsultierte mich wegen ihrer Kinder, die all ihre Gedanken, all ihre Kräfte und all ihre Zeit in Anspruch nahmen. Was sind im allgemeinen die Signifikatoren für Kinder im Horoskop? Natürlich das fünfte Haus, die Zeichen Löwe und Krebs; Venus beschreibt eher die Töchter, Merkur die Söhne (Elizabeth hat beides).

Werfen wir zunächst einen Blick auf das fünfte Haus: Es fällt in den Stier und in die Zwillinge, und seine beiden Herrscher sind Venus und Merkur. Venus und Merkur wiederum stehen in Konjunktion im Löwen (und, im korrigierten Zodiakus, im Krebs). Jeder Astrologe, auch ein Anfänger, würde daraus sofort schließen, daß ihre Kinder für die Horoskopeignerin das wichtigste sind.

Was uns auf der Suche nach den früheren Leben von Elizabeth besonders interessiert, ist die Rückläufigkeit von Merkur: es besteht eine starke karmische Bindung zwischen ihr und ihren Kindern.

Die Anhäufung von Planeten in Krebs–Löwe ist auffallend: Venus und Merkur, beide rückläufig, sind dort von Sonne und Pluto umrahmt. Die Sonne im Löwen, die königliche Sonne,

Elizabeth
15. August 1939, 20.00 Uhr, La Fontaine-Chaalis, Oise (Frankreich)

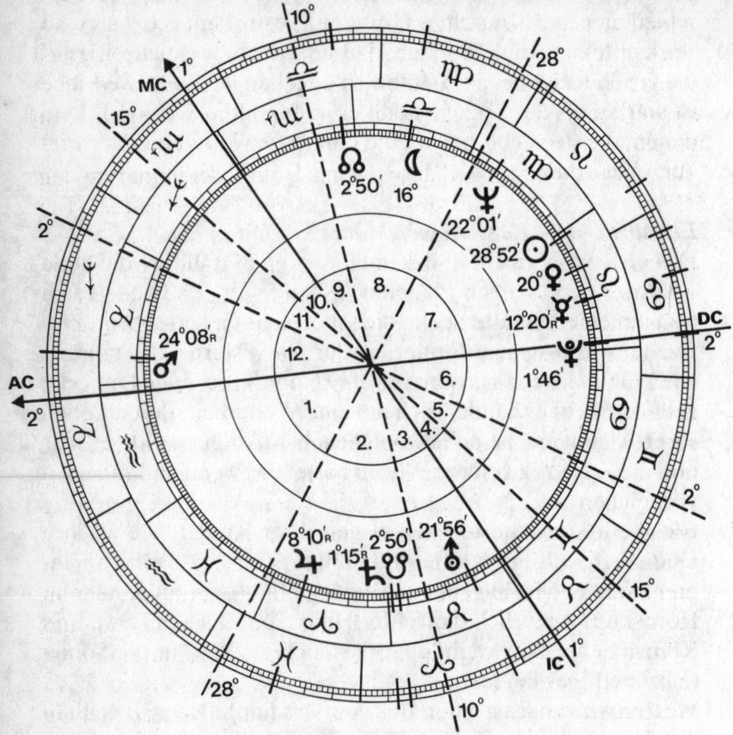

Innerer Kreis: gewöhnlicher Zodiakus
Äußerer Kreis: korrigierter Zodiakus (ayanamsa 23° 53′)

die die Planetenanhäufung überstrahlt, steht im ersten Dekanat des Löwen, wird somit als Löwe–Löwe gewertet, wodurch die Bedeutung der Kinder noch unterstrichen wird.
Pluto, der hier bei 1° 46′ Löwe (d. h. 17° 53′ Krebs im korrigierten Zodiakus) steht, bedeutet im allgemeinen: Tod und Auferstehung, und im besonderen im Krebs: Wiederkehr derselben Familie (oder derselben Kinder, die sicher schon in einem früheren Leben Elizabeths Kinder waren).
Warum aber, um alles in der Welt, stehen die Kinder im siebenten Haus, dem Haus der Ehe? Die Sonne, Signifikator für den

Ehemann, und die Kinder (Venus und Merkur), die sich alle in diesem Haus versammeln, weisen auf die Reinkarnationsaufgabe von Elizabeth hin, sich um eine Familie zu kümmern, einen Mann und Kinder zu haben. Diese Aufgabe ist so drängend, daß sie jedes Berufsleben ausschließt: Das Medium Coeli weist keinen einzigen Planeten auf, die Plazierung im Skorpion deutet wieder auf den »familiären« Pluto hin, von dem ich oben sprach.

Betrachten wir den nördlichen Mondknoten, der immer für den »Plan« der Wesenheit, die sich inkarniert, Ausdruck ist. Bei Elizabeth steht dieser nördliche Mondknoten bei 2° 50′ Skorpion (im gewöhnlichen Zodiakus), was 18° 57′ Waage im korrigierten Zodiakus ergibt: Das ist das Zeichen, das die Ehe symbolisiert! Sicher haben nicht alle Frauen eine solche mütterliche Aufgabe, die sich ganz auf die Ehe konzentriert.

Elizabeth wollte sich inkarnieren, um Kinder zu haben, und zwar nicht irgendwelche Kinder, sondern genau jene, die sie schon kannte. Sie wollte ihnen ein richtiges Nest bereiten, eine einige und wärmegebende Familie, ein Zuhause, das auch auf rechtlicher und sozialer Ebene anerkannt sein und ihnen die nötige Geborgenheit geben würde.

Warum diese Entscheidung?

Der südliche Mondknoten könnte darauf eine Antwort geben. Er steht in enger Konjunktion mit Saturn, dem Planeten der Zeit, aber auch dem Planeten der Beschränkung, und zudem ist er noch rückläufig; hier haben wir das Bild einer bitteren Enttäuschung in früherer Zeit. Der Aszendent und Mars, der ebenfalls rückläufig ist, stehen im Steinbock, dem Saturnzeichen und dem Zeichen der Geduldsproben.

Es ist sehr bedeutsam, daß dieser rückläufige Saturn im Quadrat mit dem Mars steht: Die Horoskopeignerin hat in ihrem früheren Leben eine lange seelische Durststrecke erlebt und nur in sehr weiter Ferne einen Hoffnungsschimmer gesehen.

Alter Kummer – das geht aus der Rückläufigkeit der Planeten hervor und aus der Tatsache, daß Mars im Haus der Prüfungen steht. Dieser Kummer war um so frustrierender, als Saturn, bei 1° 15′ Stier, also tatsächlich im Widder, in einer wechselseitigen Beziehung zu Mars steht, da beide Planeten jeweils Herrscher des Zeichens sind, in dem sich der andere befindet. Der Spannungsaspekt ist somit verstärkt.

Womit aber hing diese Frustration, dieser uralte Kummer zusammen, die Elizabeth dazu trieben, sich zu reinkarnieren? Natürlich mit den Kindern: Pluto im Krebs steht im Quadrat mit der Konjunktion Saturn–südlicher Mondknoten und in Opposition zu Mars.

Dieses Schlüsselwort »Enttäuschung« wird auch noch durch die Opposition zwischen dem Mond (Mutterschaft) und Jupiter (Legalität) unterstrichen. Hier kann diese Opposition als nicht legal anerkannte Mutterschaft interpretiert werden. Da Jupiter rückläufig ist, geht dieses Erlebnis also auf eines oder mehrere frühere Leben zurück. Die Mutterschaft wird einerseits auch durch die Beziehung zu Jupiter und zu der Konjunktion Venus–Merkur und andererseits dem Trigon Jupiter–Merkur ausgedrückt. Zudem steht Jupiter im 2. Haus, das zur Venus gehört.

Da nun diese Analyse von Elizabeths Horoskop die Enttäuschung und den Kummer im Bereich eines Mutterseins in einem früheren Leben klar zum Ausdruck gebracht hat, soll hier die Geschichte ihres Vorlebens, wie sie im Licht eines hellseherischen Geistes erschienen ist, wiedergegeben werden: Elizabeth ist die Gouvernante der königlichen Kinder, von denen wir auf Seite 341 sprachen. Mit welcher Liebe zog sie diese Kinder groß, die nicht die ihren waren, wobei man sie inmitten der Hofintrigen wie eine Domestikin behandelte! Wäre sie wenigstens physisch ihre Mutter gewesen, so hätte sie zumindest das Recht gehabt, als Mutter respektiert zu werden. In einem Fall wie dem ihren jedoch gibt es noch zusätzliche Konkurrenz zwischen der wirklichen Mutter und der Erzieherin.

Das Leiden, Kinder als die eigenen zu lieben, an denen man ihr kein Recht zugestand, erklärt, warum sie diese Kinder diesmal in einer »normalen« Familienstruktur wiederfinden wollte. Es sei hinzugefügt, daß Elizabeth, wie ihr Mann, aus Familien der französischen Aristokratie stammen, in denen die Erinnerung an die Höfe Ludwigs des XIV. und Ludwigs des XV. noch sehr lebendig ist. Außerdem ist es kein Zufall, wenn das Horoskop von der Sonne des Löwen, dem Symbol des Königtums, geprägt ist!

Vater–Bruder und Tochter–Schwester

Jean sagte eines Tages auf einem Spaziergang zu seiner Tochter Marie: »Wie merkwürdig, du kommst mir vor wie meine kleine Schwester. Ich habe gar keine Vatergefühle dir gegenüber!«

Es macht Marie große Freude, mit ihrem Vater zusammenzusein: Sie teilen ihre Leidenschaft für Schokolade, für alte Keramik, für das Hôtel Drouot und Reisen. So besuchen sie zusammen am Mittwoch, dem Tag, an dem Marie frei hat, Museen und Bäckereien. Marie hat keinen »heiligen Respekt« vor ihrem Vater, der übrigens auch nicht versucht, ihr seine Autorität und seine Ansichten aufzuzwingen. Sie sprechen ganz offen über all ihre Probleme und gestehen einander sogar ihre Mißerfolge ein. Kurz, es ist eine freundschaftliche Atmosphäre, in der ein Besitzdenken gar nicht aufkommt. Keine Eifersucht, keine Gezwungenheit, kein Ödipuskomplex, der überwunden werden müßte...

Man hat kameradschaftliche Beziehungen zwischen Kindern und Eltern oft sehr kritisiert: Hier haben wir jedoch einen Fall, in dem diese Beziehung auf gleicher Ebene sehr gelungen ist.

Später, als Jean gestorben war, dachte Marie viel über diese ungewöhnliche Vater-Tochter-Beziehung nach. Schließlich entdeckte sie, daß diese seltene Kameradschaft aus einem früheren Leben stammte, in dem Jean ihr Bruder war, ein sehr vertrauter, geliebter Bruder, mit dem sie in ihrer Kindheit sehr viel Zeit verbrachte. Viele Leben lang war sie mit diesem Bruder verbunden, und das schon in sehr alten Zeiten (beispielsweise in Ägypten, woher ihr gemeinsames Interesse für dieses Land und seine Geschichte stammte).

Marie hatte sich diesen Bruder aus vergangenen Zeiten, mit dem sie eine uralte Zuneigung verband, diesmal als Vater gewählt. Das Studium beider Geburtshoroskope bestätigt diese Realität ganz und gar. Man weiß, daß Venus der Tradition nach die Töchter und Schwestern beschreibt, während Merkur für die Brüder und Söhne steht. Was den Vater anbelangt, so wird er durch die Sonne symbolisiert. Das 5. Haus regiert die Kinder, das 3. die Geschwister.

Im Horoskop von Marie steht nun der Sonnen-Vater in Konjunktion mit dem Merkur-Bruder im 3. Haus: Zweifellos ist für sie ihr Vater vor allem eine geschwisterliche Wesenheit. Da Merkur nicht rückläufig ist, handelt es sich nicht um eine »kar-

Jean
25. Januar 1895, 20.20 Uhr, Vannes, Morbihan (Frankreich)

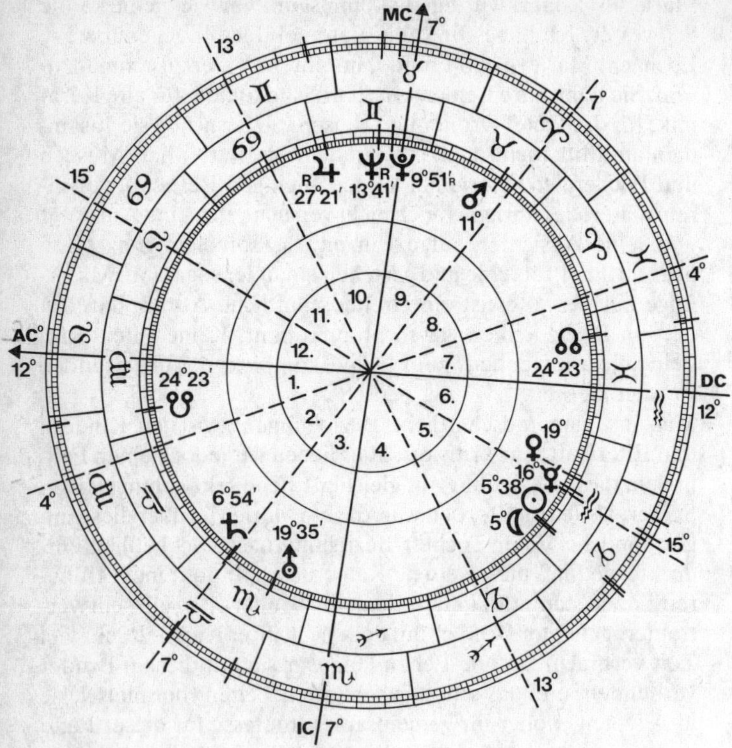

Innerer Kreis: gewöhnlicher Zodiakus
Äußerer Kreis: korrigierter Zodiakus (ayanamsa 23°)

mische Schuld«, sondern um eine freie, aus Zuneigung entsprungene Wahlverwandtschaft.
Diese Konjunktion zwischen Sonne und Merkur ist durch viele Aspekte mit anderen Planeten verbunden, also für Marie sehr wichtig. Das Bild dieses Vater-Bruders ist übrigens sehr positiv: Dic Sonne hat nur gute Aspekte und ist stark gestützt durch einen rückläufigen Saturn und einem rückläufigen Pluto (wobei diese doppelte Rückläufigkeit auf die Intensität der karmischen Bindung hinweist), durch Jupiter, durch Neptun im 12. Haus.

Marie
17. November 1937, 2.42 Uhr morgens, Paris

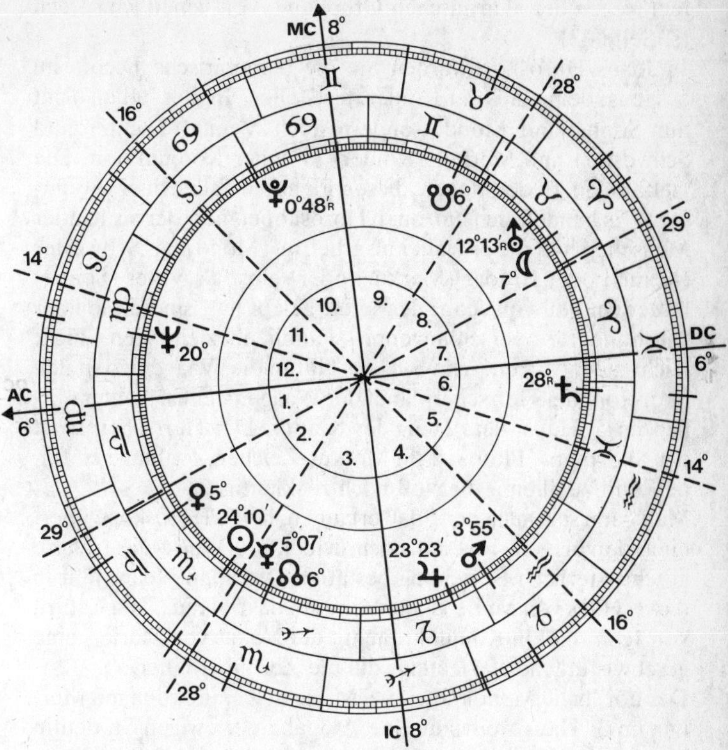

Innerer Kreis: gewöhnlicher Zodiakus
Äußerer Kreis: korrigierter Zodiakus (ayanamsa 23°)

Dies ist ein weiterer Hinweis auf karmische Gegebenheiten, da das unmittelbar vergangene Leben in diesem zwölften Haus zu finden ist, das natürlich in einem merkurbetonten Zeichen, der Jungfrau, steht. Dadurch werden wir wieder auf diesen starken Merkur des 3. Hauses verwiesen.
Und das Horoskop von Jean? Es entspricht dieser familiären Situation vollkommen.
Die hohe Zahl rückläufiger Planeten in beiden Horoskopen weist auf sehr alte Seelen hin: Sie haben so viele Verbindungen

geschaffen, daß sie gar nicht anders können, als heute ihren vertrautesten Menschen von früher wiederzubegegnen (vor allem wegen der »karmischen Gruppen«, von denen ich sprach (s. Seite 23).
In Jeans Horoskop werden Sie die planetarische Dichte im 5. Haus, dem Haus der Kinder, feststellen. In ihm stehen nicht nur Sonne und Mond, sondern auch Venus (Tochter und Schwester) und Merkur (Kinder) in enger Konjunktion. Die vielfältigen Bedeutungen dieser Planeten fallen hier zusammen: Es handelt sich um einen Horoskopeigner, der als Kinder Menschen hat, die er früher als Ehefrau (Mond), als Schwester (Venus) oder Bruder (Merkur) oder selbst als Vater (Sonne) hatte. Im Fall von Jean, der so oft gelebt hat, sind diese über Jahrhunderte verschlungenen Familienbeziehungen nicht leicht zu entwirren. Sein 3. Haus fällt in die Waage und in den Skorpion; der Herrscherplanet der Waage, Venus, steht natürlich im 5. Haus, dem Haus der Kinder. Der Herrscherplanet des Skorpions, Pluto, ist im Merkur-Zeichen Zwillinge zu finden und zu allem Überfluß noch rückläufig.
Man kann sich auch den Spaß erlauben, beide Horoskope übereinanderzulegen, was auf noch evidentere Weise die frühere geschwisterliche Beziehung bestätigt: Die Sonne Jeans fällt in das 3. Haus von Marie, seine Venus in das 5. Haus. Der Saturn von Jean steht in Konjunktion mit der Venus von Marie – eine geschwisterliche Beziehung, die die Zeit überdauert.
Der nördliche Mondknoten bei Marie in Konjunktion mit Merkur im 3. Haus weist auf eine Aufgabe der ewigen Studentin hin: Marie, die sich für alles interessiert, stürzt sich immer begeistert auf jedes neue Studiengebiet. Da diese Konjunktion im Schützen steht, hat sie zudem die Berufung, den anderen zu übermitteln, was sie gelernt hat. Die Konjunktion Merkur–nördlicher Mondknoten von Marie fällt ebenfalls in das 3. Haus von Jean. So war ihr Vater früher ihr Lehrer und Ratgeber in allen Bereichen, in denen er sich kompetent fühlte. Die väterliche Hilfe ist sehr dauerhaft; denn der nördliche Mondknoten von Jean steht in Konjunktion mit dem rückläufigen Saturn von Marie, was zunächst darauf hinweist, daß Marie sich wieder dazu entschlossen hat, eine alte Verantwortung zu übernehmen, der sie früher entfliehen wollte, und zweitens, daß Jean es als eine seiner Aufgaben betrachtet, Marie zu helfen, ihre kar-

mische Schuld zu begleichen. Und das in einer freudvollen Beziehung, da der nördliche Mondknoten von Jean im Sextil zum Jupiter von Marie steht. So könnte man noch seitenlang fortfahren, denn zwei durch zahllose energetische Beziehungen so eng verbundene Horoskope, die schon über mehrere Leben miteinander verflochten gewesen sind, können nie in wenigen Zeilen vollständig analysiert werden. Wer könnte sich rühmen, das menschliche Herz bis in die Tiefen zu kennen?

Berufliches Karma

Kann man durch die Astrologie etwas über die Berufe erfahren, die wir in früheren Leben ausgeübt haben? Ja, sicher. Es folgen hier einige Beispiele gegenwärtiger Horoskope (die Namen der Personen wurden geändert, um die Anonymität zu wahren). Bei jedem von ihnen geben die Konstellationen den Beruf (oder »Stand«, wie man früher sagte) an, den die Betreffenden in ihren früheren Leben hatten. Man kann nicht immer genau feststellen, ob es sich um das gerade verflossene oder um ein älteres früheres Leben handelt. Die Fähigkeiten und Einflüsse bleiben über mehrere Leben erhalten, obwohl sie sehr oft während einer gewissen Zeit überhaupt nicht in Erscheinung treten. Man kann in einem früheren Leben Arzt, Künstler oder Prostituierte gewesen sein, ohne daß die entsprechenden Fähigkeiten und Eigenschaften im gegenwärtigen Leben zutage träten.
Die meisten von uns, die schon viele frühere Leben hinter sich haben, verfügen über verschiedenartige berufliche Fähigkeiten. Da uns die Gesellschaft jedoch dazu zwingt, eine von ihnen auszuwählen, machen wir aus ihr unseren Beruf und lassen die anderen zu unseren »Steckenpferden« werden: So war es auch bei dem Zöllner Rousseau, dem »Sonntagsmaler«, und Ludwig dem XVI., der sich als Schlosser wohler fühlte als in seiner Rolle als König.
Manche Talente scheinen während eines Lebens völlig verschwunden zu sein, tauchen aber später wieder auf. So zeigte Edgar Cayce in seinem vorangegangenen Leben keine der medialen Fähigkeiten, die seine Berühmtheit im 20. Jahrhundert ausmachten (Fähigkeiten, die auf eine sehr alte Inkarnation im Mittleren Orient zurückgehen).

Zwei Nonnen

Blanche und Natascha (ihre Horoskope sind im folgenden wiedergegeben) haben etwas gemeinsam: Sie waren beide in einem früheren Leben Nonnen. Blanche hat Hunderte von Kranken hingebungsvoll gepflegt; in der frühen Jugend ihres gegenwärtigen Lebens verbrachte sie Stunden damit, Doktorspiele zu machen. Natascha hatte in einem Kloster im 18. Jahrhundert ganzen Generationen kleiner Zöglinge das Singen beigebracht. Noch heute hat sie eine Schwäche für den Gregorianischen Gesang, von dem sie nicht genug hören kann. Ich kenne sie beide; obwohl sie sich in sehr unterschiedlichen Familien reinkarniert haben, sind ihnen viele Züge ihrer Existenz als Nonne gemeinsam. Die beiden Signifikatoren der Religion sind in der Astrologie Neptun und Jupiter. Neptun steht für Inspiration und Nächstenliebe und Jupiter für die organisierte, hierarchisierte Religion und den Glauben.

Im Horoskop meiner beiden Freundinnen ist Neptun rückläufig, und Jupiter steht in Konjunktion mit dem MC, was auf ein berufliches Leben in Zusammenhang mit Religion und Glauben hinweist. Bei Natascha ist Jupiter rückläufig, woraus hervorgeht, daß es sich um ein früheres Leben handelt; und bei Blanche steht Jupiter, ohne rückläufig zu sein, in einem genauen Quadrat zum südlichen Mondknoten. Meiner Meinung nach hatte Blanche Autoritätsprobleme mit ihren Vorgesetzten. Jupiter weist zudem noch auf eine Lehrerposition hin. Da er bei Natascha rückläufig ist, läßt sich daraus ablesen, daß sie früher als Lehrerin gewirkt hat.

Bei Blanche ist der rückläufige Neptun Herrscher des 6. Hauses (Gesundheit und Dienst am anderen) in den Fischen (das »Krankenhaus« des Tierkreises!). Dieser Neptun bildet ein exaktes Trigon mit Merkur, und man weiß, daß Merkur für den Arzt steht. Merkur steht bei Blanche in Konjunktion mit dem MC und im 11. Haus (das Haus der religiösen Ideale, das die gleiche Symbolik wie der Planet Jupiter und das Sternbild Schütze hat). Aus dieser Gesamtheit von Beziehungen zwischen Zeichen, Planeten und Häusern entsteht ganz klar das Bild eines früheren Lebens, das als Krankenschwester, Nonne oder Ärztin verbracht wurde.

Bei Natascha ist die ärztliche Berufung viel deutlicher zu sehen, da ihr Merkur, auch wenn er im Aspekt mit dem rückläufigen

Blanche
22. Juni 1967, 14.55 Uhr, Paris

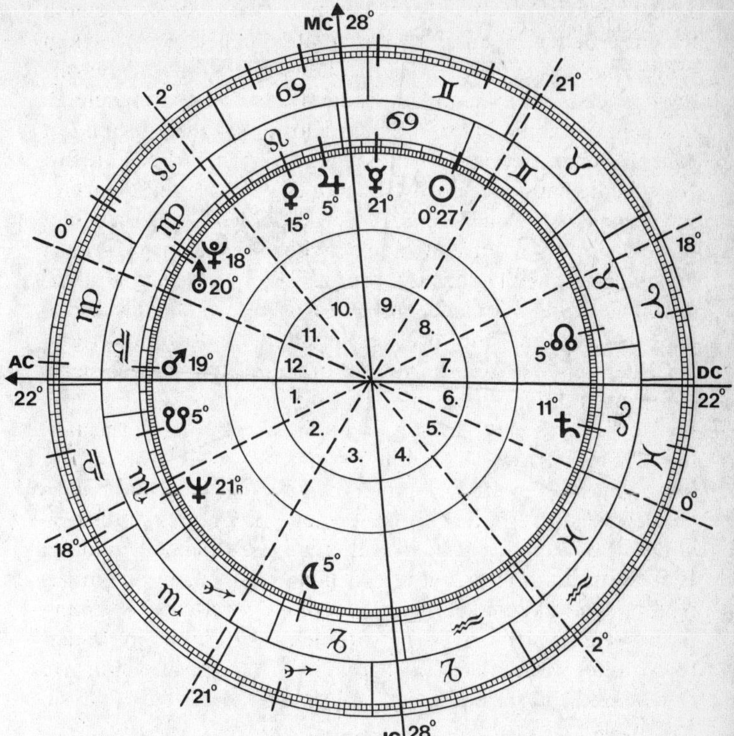

Innerer Kreis: gewöhnlicher Zodiakus
Äußerer Kreis: korrigierter Zodiakus (ayanamsa 23°)

Neptun steht, nicht wie bei Blanche am MC zu finden ist. Er hat eine andere Bedeutung.
Betrachten wir zunächst jedoch Saturn: Beide Horoskopeignerinnen haben einen sehr stark aspektierten Saturn, der bei Natascha Herrscher der Sonne im Steinbock und bei Blanche Herrscher des Mondes im Steinbock ist.* Der Planet Saturn ist

* Im gewöhnlichen Tierkreis; im korrigierten Zodiakus stehen beide Himmelskörper im Schützen, dem Zeichen der Religion!

Natascha
16. Januar 1943, 0.15 Uhr, Moulins/Allier (Frankreich)

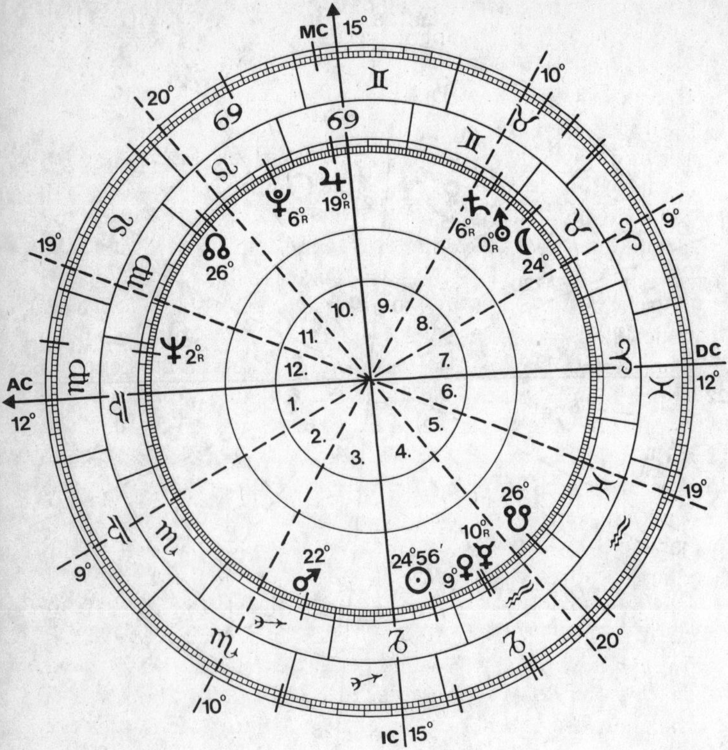

Innerer Kreis: gewöhnlicher Zodiakus
Äußerer Kreis: korrigierter Zodiakus (ayanamsa 23°)

das Symbol der Geduld und der Meditation (»Ich kann nicht meditieren«, sagt Natascha, »das ist etwas, was man mir für immer verleidet hat, da man mich früher stundenlang dazu zwang!«)
Saturn bedeutet auch Schweigen und Einsamkeit, die von beiden Horoskopeignerinnen oft zum Erstaunen ihrer Umgebung gesucht wird. Er steht auch für Strenge und Kargheit: Blanche und Natascha zeichnen sich durch saturnhafte Zurückhaltung bis zur Grenze der kühlen Reserviertheit aus. Sie wirken seriös und vertrauenswürdig. Ihren Pflichten gegenüber waren sie si-

cher sehr gewissenhaft. Natürlich behält man von einem Leben als Nonne keine Eigenschaften einer Prostituierten zurück...
Und noch etwas: Da unsere beiden Nonnen an starre Regeln (die harte Saturn-Disziplin) gewöhnt waren, haben sie auch heute noch eine ausgeprägte Vorliebe für Ordnung und Hierarchie auf allen Ebenen. Darin sind sie sogar manchmal konformistisch.
Während der Saturn von Blanche im Haus der Gesundheit (dem 6.) und im Zeichen der Fische steht, ist Nataschas Saturn viel weniger medizinisch ausgerichtet: in Konjunktion mit Uranus und mit dem Mond im Stier (dem Zeichen der Kunst und vor allem des Gesangs). Ganz unten, im 4. Haus, stehen Venus (Musik) und Merkur (verbale Äußerung) in Konjunktion und bilden einige wunderschöne Trigone mit der im Stier stehenden Konjunktion Saturn–Uranus–Mond. In der Gesamtheit der Aspekte sind drei von fünf Planeten rückläufig! Also haben die Musik und der Gesang in der Vergangenheit eine wichtige Rolle gespielt. Daß es sich um religiösen Gesang gehandelt haben mag, wird durch die Aspekte mit Neptun ausgedrückt.
Und nun werden Sie mich fragen: Wird das Leben als »barmherzige Schwester« im 18. Jahrhundert eine Qualifikation für einen beruflichen Erfolg im 20. Jahrhundert mit sich bringen?
Das ist sehr wahrscheinlich: Natascha hat Erfolg als Psycho-Astrologin, da sie in ihrem Beruf ihren religiösen Ernst und ihre hart erworbene Fähigkeit zum Dienen einsetzt. Bei Blanche, die sehr viel jünger ist, findet sich der gleiche Ernst und die gleiche Gewissenhaftigkeit, durch die sie in ihren Studien großen Erfolg hat. Sie möchte Ärztin werden.

Alexandre Lenoir, Konservator gefährdeter Kunstwerke
Michel Bouchard (das ist nicht sein wirklicher Name) ist offiziell Geschäftsmann. Aber er ist auch Archäologe, und man wagt es kaum zu sagen, Amateur-Archäologe, da er in dieser Disziplin so kompetent ist.
Er wurde vor ein paar Jahren durch die Entdeckung riesiger Statuen, Meisterwerke der mittelalterlichen Skulptur, die man seit der Revolution verloren glaubte, bekannt.
Es ist nicht das erste Mal, daß er wertvolle Kunstgegenstände ausgegraben hat. Dafür hat er wirklich eine Nase. Warum entdeckt Michel Bouchard, was die anderen vergeblich suchen?

Diese Intuition, diese archäologische Spürnase, ist eine Erinnerung aus früheren Leben, wo er schon gesehen hat, was er sucht, ohne es zu wissen.
Es genügt natürlich nicht, irgendwo ein Loch zu graben, um einen Schatz zu finden. Dazu braucht man eine weitreichende Bildung und ziemlich detaillierte kunstgeschichtliche Kenntnisse. Archäologie, Ausgrabungen, alte Geschichte, kulturelle Bildung, Nachdenken über die Vergangenheit stehen unter der Herrschaft Saturns und des Steinbocks. Als Signifikatoren sind hier wichtig: Saturn, der Herrscher des Mondes (im Steinbock) und Jupiters (im Steinbock im korrigierten Zodiakus), steht im Sextil zu Merkur und zur Sonne, die ihn erhellen. Andererseits steht er im gewöhnlichen Zodiakus im Skorpion (die verborgenen Dinge) und bildet zudem noch ein Trigon mit Pluto, dem Herrscher des Skorpions; im korrigierten Zodiakus steht Saturn in der Waage und weist so auf alte Kunstwerke hin.
Der südliche Mondknoten, der Schlüssel zu den früheren Leben, steht im siebenten Haus, das der Waage entspricht, und ist sicher ein Indiz für eine Vergangenheit, in der die Liebe zur Kunst den Horoskopeigner motiviert. Im nicht korrigierten Zodiakus steht er im Steinbock, was uns auf das oben Gesagte verweist, und im korrigierten Zodiakus im Schützen: Die Wesenheit war früher besonders für religiöse Kunst empfänglich. Jupiter, Herrscher des Schützen und Symbol der Religion, bestätigt diese Interpretation zugleich durch seine Position im 9. Haus und seine Rückläufigkeit.
Uranus ist der Planet der Erfinder, der überraschenden Entdeckungen, der starken Intuition, die zu einem Fund führt: Er unterstützt Saturn durch ein Trigon und den Mond im Steinbock durch ein Sextil. Es ist die Intuition im Dienst von Entdekkungen. Aber wie ich oben schon sagte, kommt diese Intuition von weither, da Uranus rückläufig ist.
Michel Bouchard, der glaubt, er sei Jungfrau, weil er die Sonne und Merkur in dem Zeichen hat, ist in Wirklichkeit viel stärker plutonisch bzw. skorpionbeeinflußt. Übrigens ist auch seine äußere Erscheinung entsprechend; sein Blick ist intensiv, und er liebt das Geheimnis. Pluto regiert die in der Erde verborgenen Schätze. Der Herrscher der Unterwelt, der denselben Namen trägt, regierte über die unterirdischen Reichtümer. In der Reinkarnations-Astrologie bedeutet Pluto »Tod und Auferste-

Michel Bouchard
17. September 1926, 23.45 Uhr, Étampes, Seine-et-Oise (Frankreich)

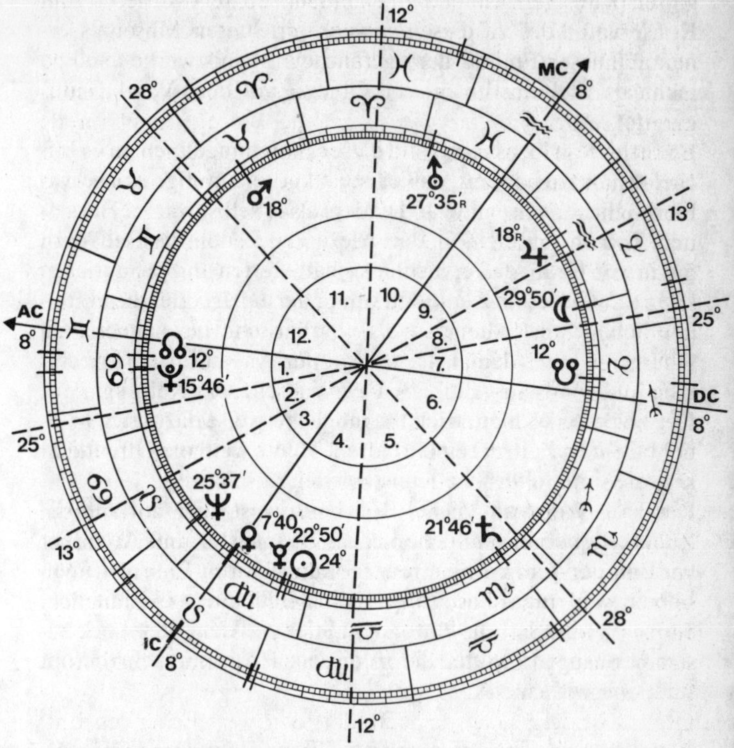

Innerer Kreis: gewöhnlicher Zodiakus
Äußerer Kreis: korrigierter Zodiakus (ayanamsa 23°)

hung« oder »Wiederkehr der alten Dinge«. Der nördliche Mondknoten in Konjunktion mit Pluto weist darauf hin, daß man es sich zur Lebensaufgabe gemacht hat, alte Dinge hervorzuholen, was auch durch das Trigon Pluto–Saturn unterstrichen wird.

Michel Bouchard suchte in den Archiven nach der Geschichte der Kunstdenkmäler und Statuen, die er entdeckt hatte. Als er uns erzählte, daß einige dieser Kunstwerke von einem Mann, der sie retten wollte, versteckt worden waren, berichtete er von Alexandre Lenoir. Diese während der Revolution sehr wich-

tige Persönlichkeit hatte im Jahre 1790 der Nationalversammlung vorgeschlagen, die aus Kirchen und Klöstern geholten religiösen Kunstgegenstände zu sammeln. Später wurde er zum Konservator des zu diesem Zweck errichteten Museums ernannt. Dieser Freund der »gefährdeten Kunstwerke« soll so mehr als 500 kunsthistorische Objekte vor dem Vandalismus gerettet haben.
Im Licht des Horoskopes und dieser Forschungen schien es Michel Bouchard und uns, daß dieser kluge und mutige Konservator möglicherweise niemand anders als er selbst war... Bei seinem Tod im Jahre 1807 nahm Alexandre Lenoir das Bedauern mit in sein Grab, daß er nicht alles hatte retten und restaurieren können. Zu diesem Zeitpunkt war er der einzige, der die mittelalterliche Kunst, die man als »barbarisch« bezeichnete, zu schätzen wußte (damals hatte man nur Augen für die griechische und römische Antike!). Der Wunsch, sein Rettungswerk fortsetzen zu können, trieb ihn möglicherweise dazu, sich in einer besseren Zeit zu reinkarnieren. Heute weiß die Öffentlichkeit die mittelalterliche Kunst wieder zu schätzen.
Das Horoskop von Michel Bouchard weist noch auf andere, frühere Leben hin, in denen er als Baumeister und Architekt am Bau der Kathedralen teilgenommen hatte. In sehr frühen Leben sieht man eine Tätigkeit als Bildhauer, die mit dem Skorpion, mit Saturn, Pluto, dem Stier und dem Steinbock zusammenhängt (Punkte, die in diesem Horoskop sehr betont sind, wie wir sahen).

Laurence, eine ehemalige indische Tempeltänzerin

Nadine hat eine entzückende kleine Tochter mit großen, schwarzen, mandelförmigen Augen, die ihr ein sehr exotisches Aussehen verleihen. Die kleine Laurence hatte, sobald sie die ersten Schritte tun konnte, die Angewohnheit, zu jeder Tageszeit zu tanzen, so daß ihre Mutter schließlich zu dem Schluß kam, sie sei wohl am besten bei den kleinen Ballettratten in der Oper untergebracht.
Als sie alt genug war, besprachen sich Mutter und Tochter mit einer Ballettmeisterin, die Laurence probehalber bei sich aufnahm. »Nein«, sagte sie zu Nadine, »es geht nicht. Ihre Tochter ist noch so klein, aber sie hat schon die falschen Reflexe, die Fußspitzen zeigen nach innen. Ich kann sie nicht nehmen.«

Es stimmte: Laurence setzte ihre Füße ganz spontan in Positionen, die der westlichen Ballett-Tradition völlig widersprachen.
Dann begegnet Nadine einer indischen Tanzlehrerin, die Laurence und ihre merkwürdige Art, die Fußspitzen nach innen zu stellen, beobachtete. »Das ist genau die Tausende Jahre alte Technik der indischen Tänzerinnen.«
Später brachten auch andere Nachforschungen Nadine zu der Überzeugung, daß ihre Tochter in Indien Tempeltänzerin gewesen sein mußte. Übrigens ist das dunkelhaarige, exotische Äußere von Laurence bei belgisch-elsässischen Eltern absolut ungewöhnlich.
Was sagt das Horoskop? Man muß immer von den astrologischen Signifikatoren ausgehen. In diesem Fall sind es Merkur (die Bewegung) und die Zwillinge (Luft-Element), Venus (die Harmonie) und Waage (die Kunst). All das weist auf Tanz hin. Die kleine Laurence war nicht nur Tänzerin in dem Sinn, wie man es im Westen versteht, sondern Tempeltänzerin, das heißt, daß jede ihrer Gesten auch einen spirituellen Inhalt zum Ausdruck bringen mußte. Die religiösen Signifikatoren, denen wir schon in den vorangegangenen Horoskopen begegneten, sind natürlich Neptun, Jupiter, das neunte und das zwölfte Haus. Das erste, was wir hierbei feststellen: Die Horoskopeignerin hat ihr unmittelbar vorangegangenes Leben in einem Steinbock-Land verbracht, was für Indien durchaus zutrifft. Wir wissen auch, daß Merkur und sogar die Zwillinge (diese quecksilbrigen Kobolde, die immerzu von einem Fuß auf den anderen springen) den Horoskopeigner dem Tanz geneigt machen. Nun steht Venus ausgerechnet in den Zwillingen. Merkur in Konjunktion zur Sonne ebenso wie Saturn, der Herrscher des Aszendenten, sind eng verbunden im dritten Haus, dem Haus Merkurs und der Zwillinge.
Was sagen die Mondknoten? Der südliche Mondknoten, die Zusammenfassung vergangener Leben, steht im neunten Haus (dem Haus der Religion) bei 6° Skorpion (heilige Mysterien), was im korrigierten Zodiakus auf 13° Waage fällt.
Es sind mir noch nie tanzbegabte Menschen begegnet, die nicht einen oder mehrere Planeten im Zeichen Waage gehabt hätten: die Harmonie, die sich durch eine luftige Bewegung ausdrückt, – damit ist alles gesagt. Der »Tempeltanz« wird durch einen

Laurence
7. Mai 1967, 1.40 Uhr, Paris

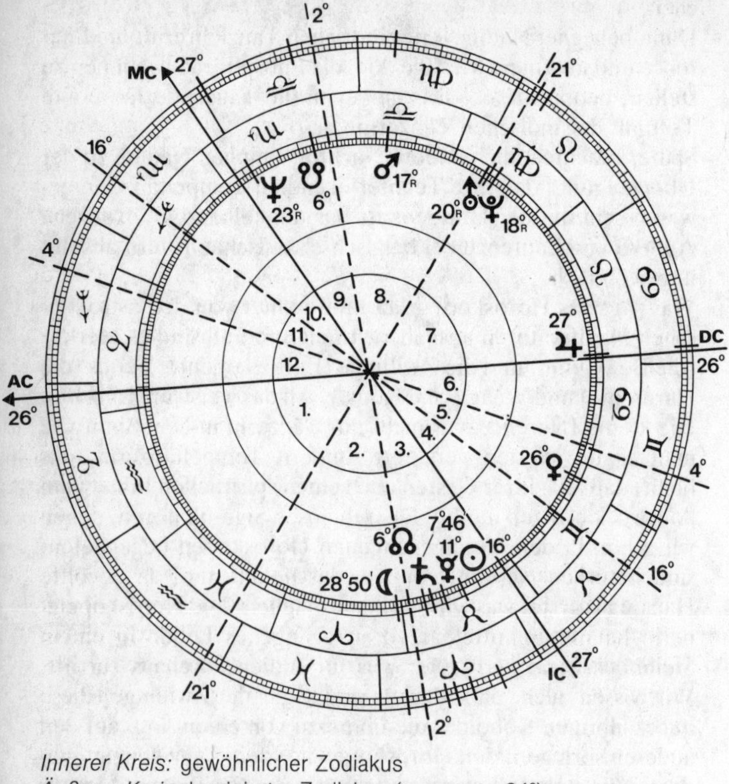

Innerer Kreis: gewöhnlicher Zodiakus
Äußerer Kreis: korrigierter Zodiakus (ayanamsa 24°)

südlichen Mondknoten in der Waage und im Haus der Religion sehr deutlich zum Ausdruck gebracht.
Es steht aber auch noch ein anderer Himmelskörper in der Waage – unser Freund Neptun. Bei 23° Skorpion (im korrigierten Tierkreis 29° Waage) steht der rückläufige Neptun (die religiöse Inspiration, die früheren Leben) in der Waage (Kunst) und im neunten Haus (religiöse Kulte); überdies ist er in Konjunktion mit dem MC, was auf den Beruf hinweist.
Venus, die Herrscherin der Waage, steht nicht umsonst im fünften Haus, dem Haus der Bühne: Natürlich tanzte die kleine

indische Tänzerin vor einem Publikum (das allerdings aus Gläubigen im Tempel bestand). Jupiter, der andere Signifikator des religiösen Kults, unterstützt Venus durch ein kleines bescheidenes Halbsextil, das jedoch fast exakt ist. Er unterstützt zudem Neptun und das MC, was unterstreicht, daß die Tänzerin wohl zur Priesterschaft gehörte. Es ist wirklich schade, daß man die Nonnen der westlichen Klöster keinen Tempeltanz lehrt: Es fehlt ihnen viel, wenn sie nicht lernen, auch ihren physischen Leib in das Gebet zu integrieren.

Schließlich haben wir noch einen Hinweis auf den »heiligen Tanz vor Publikum« in dem Horoskop von Laurence: Pluto und Uranus, beide rückläufig, im Löwen in Konjunktion (18° und 20° Jungfrau = 15° und 17° Löwe) im Sextil zu Neptun Konjunktion MC. Die Pluto–Uranus–Konjunktion findet im achten Haus, dem Haus der initiatischen Mysterien, statt.

Die beeindruckte Mutter der Tempeltänzerin sagte daraufhin zu mir: »Meine Tochter ist eine sehr fortgeschrittene Seele... sicher kann ich viel von ihr lernen. Ich glaube, daß die Erziehung europäischer Mütter durch indische Tempeltänzerinnen unterschätzt wird...«

Ein schrecklicher Beruf: Großinquisitor!

Aus Berichten über frühere Leben erfährt man manchmal von Fällen, in denen jemand an der Inquisition beteiligt war. Diese Menschen, die ein schweres Karma abzutragen haben, brauchen sicher außerordentlich reinigende Reinkarnationen.

In dem hervorragenden Buch von Max Heindel, *Botschaft der Sterne*, das ich meinen Lesern sehr empfehle, findet man die Analyse des Horoskopes eines jungen Mannes, der durch nervliche und urogenitale Störungen, von krampfartigen Anfällen begleitet, ans Bett gefesselt war. Dieser junge Mann war in seinem früheren Leben Jesuit und Großinquisitor gewesen. Als Max Heindel ihn an seinem Krankenbett besuchte, kämpfte er ganz allein gegen ungeheuerliche Gedankenobsessionen, die den Grausamkeiten und Perversitäten der Vergangenheit entsprangen. Mit freundlicher Genehmigung der Rosenkreuzer-Bruderschaft erlaube ich mir hier das Horoskop zu veröffentlichen (Seite 464 der französischen Ausgabe von »Botschaft der Sterne«). Die umfassende Analyse, die Max Heindel von diesem Horoskop anfertigte, sollte man gründlich studieren.

Junger Patient, von Max Heindel im Jahre 1910 besucht, 3. April 1893, Kalifornien

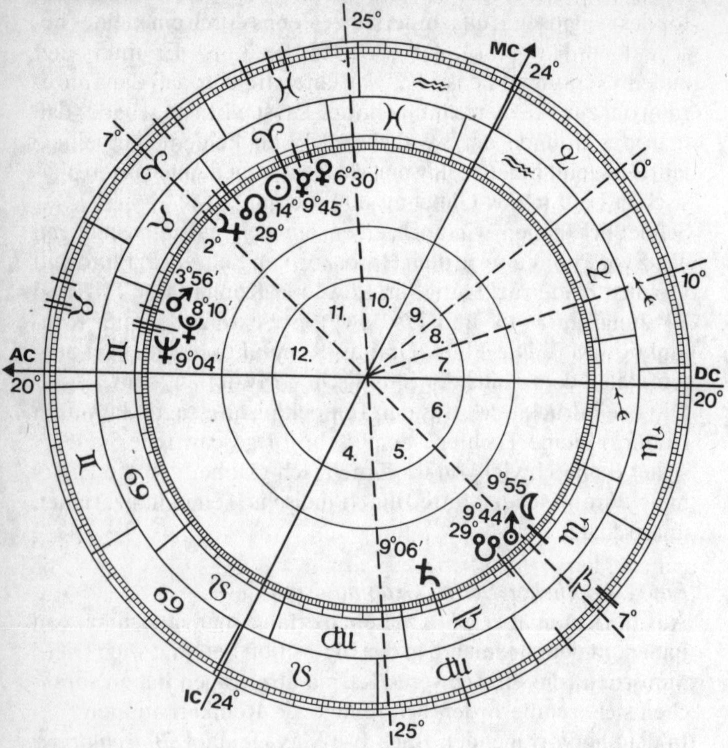

Innerer Kreis: gewöhnlicher Zodiakus
Äußerer Kreis: korrigierter Zodiakus (ayanamsa 23°)

Ich möchte die Aufmerksamheit des Lesers nur auf die Beschreibung dieses Lebens als Inquisitor richten, wie man sie am zwölften Haus ablesen kann: Die Konjunktion von Mars (Kampf) und Neptun (Religion) beschreibt einen Jesuiten sehr gut – der Orden wurde von Ignatius von Loyola, der selbst Offizier war, in einem kämpferischen Geist gegründet. Die Jesuiten betrachteten sich als »Soldaten Christi«, und astrologisch sind sie nicht treffender als durch diese Mars-Neptun-Konjunktion zu definieren. Obwohl sie im Horoskop nicht negativ aspektiert ist, ist diese Konjunktion doch sehr problematisch, da Merkur als ihr Herrscher (gewöhnlicher Tierkreis) durch Saturn sehr beeinträchtigt ist. Betrachtet man die Konjunktion jedoch im korrigierten Tierkreis, ist es das gleiche: Mars und Neptun stehen dann im Stier, dessen Herrscherplanet Venus ebenso negativ von Saturn aspektiert ist! Diese blockierte Venus ist ein Indiz für das mangelnde Mitleid des Großinquisitors mit den Opfern. Uranus im Quincunx mit Pluto, Neptun, Venus und Merkur ist recht beunruhigend. Solche Aspekte können manchmal gut, manchmal aber auch schlecht sein; der Mond im Skorpion ist jedoch fast immer ein Indiz für neurotische Phantasien, um so mehr, als der rückläufige Uranus auf eine karmische Schuld hinweist, vor allem, wenn er wie hier, in Opposition zu Jupiter steht.

Beachten Sie bitte auch die Mondknotenachse: Der südliche Mondknoten in der Waage (dem Zeichen der Gerechtigkeit) steht in Opposition zu Jupiter (dem Gesetz und der Religion).

Pascal, Feldherr der indischen Armee

Der dreijährige Pascal sagt zu seiner Mutter: »Als ich groß war, da war ich Feldherr der indischen Armee. Ich bin gestorben und als kleiner Junge wiedergekommen.«

In diesem Alter hört er einmal die Explosion einer Mine und sagt aufgeregt: »Nein! Ich habe schon mal einen Krieg erlebt, ich hoffe, daß das nicht schon wieder anfängt!« Pascal, der im Jahre 1945 in Paris geboren wurde, erlebte als Kind jedoch nur Friedenszeiten.

Im nächsten Jahr – er ist inzwischen vier – hört er ein Feuerwehrauto. Als man ihm erklärt, zu was es dient, sagt er: »Ach ja, als ich Feldherr war, ließ man Kanonen einfrieren, indem man sie mit Wasser bespritzte!«

Ein andermal, als er etwa sieben oder acht Jahre alt ist, sagt er zu seiner Mutter: »Man darf nicht glauben, daß die Leute dort in Indien dumm sind: Sie wissen mehr als unser Herr Pfarrer hier!«

Pascals Horoskop ist hochinteressant, denn es bestätigt nur, was dieses kleine Kind schon in jungen Jahren äußerte.

Sehen wir uns das zwölfte Haus an: Seine Spitze steht im Widder (im gewöhnlichen Zodiakus); im korrigierten Zodiakus ist das gesamte Zeichen des Widders von diesem Haus eingeschlossen. Widder, das ist das Zeichen des Kampfes und des

Pascal
10. Januar 1945, 13.45 Uhr, Paris

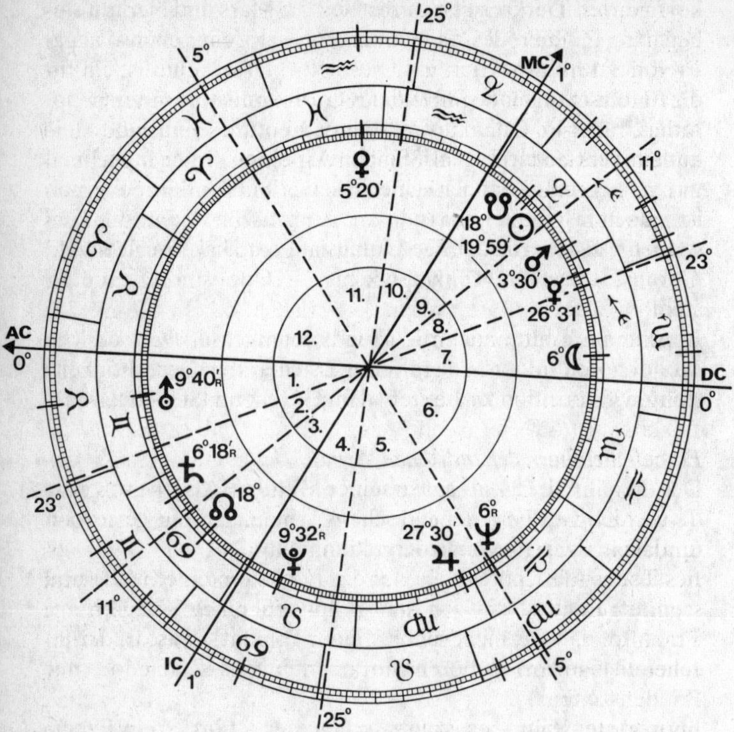

Innerer Kreis: gewöhnlicher Zodiakus
Äußerer Kreis: korrigierter Zodiakus (ayanamsa 23° 58′)

Krieges. Sein Herrscher ist der rote Mars, Planet des Eisens und des Feuers, der Kanonen und des Krieges.
Nun steht Mars im achten Haus, dem Todeshaus. Dieser Mars ist sehr stark betont: im Steinbock/Schützen stehend und stark aspektiert, zieht er die Aufmerksamkeit des Astrologen auf sich. Er entspricht jedenfalls sehr gut dem, was der kleine Pascal ganz unbefangen berichtete. Man könnte sogar noch Genaueres daraus ablesen: Pascal scheint jung gestorben zu sein (Mars steht in Konjunktion mit Merkur, dem Zeichen der Jugend), und zwar durch eine Verletzung durch eine Feuerwaffe.

Mars ist auch ein Symbol für Unfälle. Im achten Haus stehend, sagt er möglicherweise einen gewaltsamen oder plötzlichen Tod voraus. Der Planet befindet sich auf 9° 33′ Schütze im korrigierten Zodiakus. Das Feuerzeichen symbolisiert, wie der Pfeil des Schützen auch unterstreicht, Feuerwaffen!
Der Herrscher des Steinbocks, Saturn, ist hier besonders auffallend: Er ist durch eine Opposition mit Mars verbunden und zudem rückläufig; hier also haben wir einen sicheren Hinweis auf vergangene Zeiten. (Haben Sie ›La Maison à vapeur‹ von Jules Verne gelesen, ein Roman, der in Indien spielt? Dieses Thema ähnelt sehr dem Reinkarnationsthema von Pascal.) Überdies steht Mars im korrigierten Zodiakus im Zeichen der Zwillinge, was unsere Aufmerksamkeit noch einmal auf den Merkur im Todeshaus in Konjunktion mit Mars lenkt. Übrigens war für die Alten Saturn der Signifikator für den Tod: In den Zwillingen bedeutete er Tod in der Jugend. Seine Rückläufigkeit weist auf die Jugend des vergangenen Lebens hin.
Haben Sie den südlichen Mondknoten bemerkt? Er steht in enger Konjunktion mit der Sonne in Schütze/Steinbock. Diese beiden Zeichen im neunten Haus weisen, das eine auf das Ausland, das andere auf den indischen Kontinent hin. Das Haus des Todes fällt ebenfalls in den Schützen: Pascal hat in einem fremden Land gelebt und ist dort gestorben (im Verhältnis zu Frankreich, wo er diesmal geboren wurde), und das wahrscheinlich sogar mehrere Male.
Ich habe seine Mutter gefragt, ob er sprachbegabt sei. »Oh«, antwortete sie mir, »er mußte nie Englisch lernen. Er erriet den Sinn der Worte von selbst! Noch heute spricht er es fast ganz ohne französischen Akzent!«
Ein weiteres interessantes biographisches Detail: In seinem gegenwärtigen Leben hat sich Pascal viel mit Rennpferden beschäftigt, die er sehr liebt und gut kennt. Der Feldherr der indischen Armee könnte zu Pferd gekämpft haben. Das Pferd ist Symbol des Schützen, was die Vertrautheit Pascals mit diesen Tieren erklären würde. Man ist sogar versucht zu glauben, daß er auf einem Pferd starb! Dieses Detail läßt die Datierung seines früheren Lebens deutlicher werden: im 19. bis zum Beginn des 20. Jahrhunderts, bevor die englische Armee sich aus Indien zurückzog, vor der Schaffung einer modernen Armee, bei der man nicht mehr zu Pferd kämpfte.

Noch ein anderes interessantes Element dieses Lebens eines Kolonialoffiziers ist zu sehen: der rückläufige Uranus am Aszendenten. Dieser Planet verweist auf sein Lieblingszeichen, den Wassermann, der die Häuser zehn und elf besetzt. Uranus symbolisiert Abenteuer, Reisen, weiten Raum, großzügige Vorstellung von Brüderlichkeit, nicht nur gegenüber den Kameraden in der Armee, sondern auch gegenüber den Menschen, die man bekämpfen (»kolonisieren«) soll! Deshalb wohl protestierte Pascal und sagte, daß die Inder nicht so dumm seien, wie man glaube. Was heißt: man? Sicherlich nicht seine Mutter, die Ethnologin war und deren liberales Denken nicht einen Funken Rassismus zuließ. Es ist sehr wahrscheinlich, daß Pascal, der junge Offizier einer Besatzungsarmee, entsetzt darüber war, zu sehen, wie die Weißen die Inder als minderwertig behandelten.
Es ist jedoch noch mehr in diesem Horoskop zu finden. Als ich es untersuchte, merkte ich, daß das Interesse für Indien noch ältere Wurzeln hatte. Unser junger Heerführer war keine so junge Seele. War er vielleicht absichtlich zurückgekommen, von einem Land angezogen, das er von einem früheren Leben kannte? Und warum fällt das zwölfte Haus in Fische? Die beiden Herrscher der Fische, Neptun und Jupiter, die in Konjunktion stehen, verbergen sicher alte Geschichten. Neptun ist rückläufig, und die Konjunktion ist stark aspektiert: mit dem rückläufigen Uranus, ebenso mit dem MC im Steinbock, mit den rückläufigen Planeten Saturn und Pluto und mit dem südlichen Mondknoten und mit Mars. Dieses Netz von verschlungenen Fäden bringt eines deutlich zutage: Es muß noch ein früheres, von der Religion bestimmtes Leben gegeben haben, das wahrscheinlich in Indien seinen Schauplatz hatte (die beiden Signifikatoren der Religion, Neptun und Jupiter, stehen in Konjunktion).
Als ich mit Pascals Mutter darüber sprach, erzählte sie mir: »Ach ja, als er klein war, erregte er in den Katechismusstunden Aufsehen, als er sagte: ›Ich mag die katholische Religion nicht, ich mag nur die hinduistische Religion.‹ Er sagte auch, daß er mit dem Pfarrer nicht einig sei über die Auferstehung des Fleisches, weil er an die Reinkarnation glaube...«
Pascals Mutter zeigte mir dann ein Heft, in das sie seine kindlichen Aussprüche notierte. Erstaunlicherweise beschreibt er

tatsächlich ein in einem indischen Kloster verbrachtes Leben – was das Horoskop ja auch klar zum Ausdruck bringt. Er erzählt seiner Mutter, was er dort tat und wie er lernte, seine Gedanken und seinen Willen zu schulen: »Es gibt bestimmte unterschiedliche Arten zu denken, die sehr nützlich sind und mit denen man zum Beispiel Menschen heilen oder Flüssigkeiten in Festes verwandeln kann; andere wieder helfen einem, nachts den Körper zu verlassen...« Der kleine Pascal erzählte auch von der Seele der Tiere, der Blumen, des Meeres und der Felsen. Er fügte hinzu, daß er denen nicht widersprechen wollte, die den Katechismus lehrten und behaupteten, daß die Tiere keine Seele hätten, daß er aber sicher sei, sie täuschten sich und hätten die Verbindung mit Gott verloren. Pascals Überlegungen, die von einer erstaunlichen Reife zeugen, gründen sich mehr auf buddhistische als auf westliche Weisheit und können wohl kaum einem katholischen Katechismus entnommen sein.
Auf eigentümliche Weise erinnern sie an die Berichte des Colonel Churchward. Dieser faßte als sehr junger Offizier der britischen Armee, wie Pascal auch einer gewesen war, Zuneigung zu einem alten Rishi oder spirituellen Meister, der ihm uralte Dokumente zeigte. Er übermittelte dem jungen Engländer viele esoterische Wahrheiten und nahm ihn am Abend vor seiner Abfahrt auf eine Reise in die Zeit mit, auf der er erkannte, daß der Rishi in einem früheren Leben sein Vater gewesen sei! (Conférence de Churchward à la Société americaine de recherches psychiques, New York, 20. April 1931, in: M. Santesson, *Le Dossier Mu*, éditions J'ai lu)
Diese beiden Geschichten regten mich zu weitreichenden Gedanken an: Waren unter den britischen Militärs, die sich dazu entschlossen, Indien zu erobern, viele frühere reinkarnierte Inder? Sind die Kolonisatoren durch karmische Schuld mit den Kolonisierten verbunden? Gibt es hier ein allgemeines Gesetz? Hat das etwas mit der Existenz eines Gruppenkarmas zu tun? Wir sahen, daß Sitting Bull glaubte, in einem früheren Leben der Bruder Custers gewesen zu sein. Und Cayce meinte, die Conquistadores seien frühere Atlanter gewesen!

Bibliographie

Edgar Cayce, *Visions de l'Atlantide,* éditions J'ai lu, 1979
L'Homme du Mystère, idem, 1978
Jess Stearn, *Der schlafende Prophet,* Knaur TB, München 1984
Dr. Harmon Bro, *Traumdeutungen in Trance,* Ariston, Genf 1980
Gina Cerminara, *Erregende Zeugnisse von Karma und Wiedergeburt,* Knaur TB, München 1983
Allan Kardec, *Das Buch der Geister – Das Buch der Medien,* H. Bauer, Freiburg 1977
Dr. Bertholet, *La Réincarnation,* éditions rosicruciennes, Paris 1949
Head and Cranston, *Reincarnation*, Warner Books, New York 1979
Isola Pisani, *La Vie avant la vie,* Robert Laffont, Paris 1981
Platon, *Timeas* und *Critias*
Origenes, *Contra Celsum, De Principiis*
H. P. Blavatsky, *Die Geheimlehre*, Adyac, Graz 1984
Rudolf Steiner. In den gesammelten Werken ist überall von Reinkarnation die Rede (z. B. in *Theosophie*).
Alexandra David-Neel, *Heilige und Hexer in Tibet*, F.A. Brockhaus, Wiesbaden 1981
I. Stevenson, *Reinkarnation,* Aurum, Freiburg 1979
Denise Desjardins, *La Mémoire des Vies antérieures,* La Table Ronde, Paris 1980
Colonel de Rochas, *Les vies successives,* éd. Chacornac, Paris 1911
M. Schneider, *Apollonius von Tyana,* Drei Eichen, München 1980
Morey Bernstein, *Protokoll einer Wiedergeburt,* Knaur TB, München 1984
Anna-Katherina Emmerich, *Vie et récits,* Tequi éditeur, Paris
Annie Besant, *Réincarnation,* éditions Adyar, Paris 1948
Joan Grant, *Winged Pharao,* Sphere Bks., London 1937/81
Rose-Marie Tristram, *Lettres de Christopher,* éd. La Colombe, Paris 1954
Albert Pauchard, *L'Autre Monde,* éd. Amour et Vie, Genève 1976
Pierre, *Lettres de Pierre,* éd. Fernand Lanore, Paris 1981

Über die Reinkarnations-Astrologie
Margaret H. Gammon, *Astrology and the Edgar Cayce Readings,* A. R. E. Press, P. O. Box 595, Virginia Beach, Va, 23451. Edgar Cayce sprach viel von Astrologie und Reinkarnation, und die Association for Research and Enlightenment (A. R. E.), die Cayces Werke herausgibt, veröffentlicht in Heften sehr interessante Artikel über die Caycesche Astrologie.
Max Heindel, *Botschaft der Sterne,* Rosenkreuzer-Gemeinschaft,

Darmstadt. Ein ausgezeichnetes Buch über die Grundlage der Reinkarnations-Astrologie.
Max Heindel, *Die Weltanschauung der Rosenkreuzer,* Rosenkreuzer-Gemeinschaft, Darmstadt 1973
Stephen Arroyo, *Astrologie, Karma und Transformation,* Hugendubel, München 1980
Jane Evans, *Twelve Doors to the Soul,* A Quest Book, The Theosophical Publishing House, Wheaton, Illinois, USA
Donald Yott, *Astrology and Reincarnation,* S. Weiser, New York
Martin Schulman, *Karmische Astrologie,* 4 Bände, Urania, Waakirchen 1983/84
Manly Palmer Hall, *Astrology and Reincarnation,* The Philosophical Research Society, Los Angeles 1980

Unter den französischen Titeln gibt es wenige, die Reinkarnation besprechen, außer:

Germaine Holley, *Astrologie pour de nouvelles générations* (mit Charles Vouga), éditions du Rocher, Paris 1982 (alle Astrologiebücher von Germaine Holley sind ausgezeichnet)
Tinia Faery, *Expérience d'un astrologue,* auteur-éditeur, 5 rue du Petit-Jouy, 78350 Les Loges-en-Josas

Über astrologische Grundlagen allgemein

Alle Bücher von André Barbault sind interessant. In ihnen wird jedoch Reinkarnation mit keinem Wort erwähnt. Da die Grundlagen die gleichen sind, ist die Lektüre aber auf jeden Fall ein Gewinn.

J. Dorsan, *Retour au Zodiaque des Etoiles,* la roue céleste, Dervy-Livres, Paris 1980. (Dorsan hat die Arbeiten von Cyril Fagan, dem amerikanischen Astrologen, der sein Leben der Forschung der Präzession der Tagundnachtgleichen widmete, publik gemacht. Ich finde, daß man dieses Buch unbedingt gelesen haben sollte.

Wichtige Nachschlagewerke

Schweizer Ephemeride, 1. Band 1900–1950, 2. Band 1950–2005, S. A. Metz, Zürich
The American Ephemeris for the 20th Century 1900–2000 at midnight (Neil F. Michelsen, Hrsg.), ACS Publications, San Diego, USA
Die Globalen Häusertabellen, Scherz, München 1981

Der Anfänger kann sich Horoskope von Astrodata, Zürich, errechnen lassen, was ich durchaus sinnvoll finde; später wird der Leser das Errechnen von Horoskopen, das im Grunde gar nicht schwierig ist, sicher lernen. Ich glaube jedoch nicht, daß man damit unbedingt beginnen sollte, da der technische Aspekt viele davon abhält, sich intensiver mit Astrologie zu beschäftigen.

Verzeichnis der besprochenen Horoskope